贵州师范大学思雅传媒丛书
黄葵 主编

移动传播与关系网络构建

农村社区村民移动媒介使用与影响研究

石迪◎著

中国社会科学出版社

图书在版编目（CIP）数据

移动传播与关系网络构建 ：农村社区村民移动媒介使用与影响研究 / 石迪著. -- 北京 ：中国社会科学出版社，2024. 11. --（贵州师范大学思雅传媒丛书）.

ISBN 978-7-5227-4261-8

Ⅰ. G206.2

中国国家版本馆 CIP 数据核字第 2024HT6102 号

出 版 人　赵剑英
责任编辑　田　文
责任校对　郝阳洋
责任印制　张雪娇

出　　版　中国社会科学出版社
社　　址　北京鼓楼西大街甲 158 号
邮　　编　100720
网　　址　http://www.csspw.cn
发 行 部　010－84083685
门 市 部　010－84029450
经　　销　新华书店及其他书店

印刷装订　北京市十月印刷有限公司
版　　次　2024 年 11 月第 1 版
印　　次　2024 年 11 月第 1 次印刷

开　　本　710×1000　1/16
印　　张　23.25
插　　页　2
字　　数　343 千字
定　　价　138.00 元

目　录

绪 论

第一节 研究缘起

一 移动通信技术的发展

进入21世纪以来，人类社会的科学技术发展日新月异。最为引人瞩目、渗透最为深远的当数移动通信技术。移动通信技术在全球的扩散速度，超越了以往的任何一种通信技术。这种传播媒介所具备的移动便携式和交互性等特征，引发了以网络社会为基础的政治、经济和文化等方面的全方位变迁。据“互联网女皇”玛丽·米克尔在2017年6月发布的互联网趋势报告显示：“全球互联网用户超过34亿人，全球智能手机用户达28亿，中国已经成为全球互联网领袖。”[①] 而中国互联网络信息中心（CNNIC）2023年3月发布的第51次《中国互联网络发展状况统计报告》的数据显示：“中国网民规模达到10.67亿，较2021年12月增长3549万，互联网普及率达到75.6%。我国手机网民规模达10.65亿，较2021年12月增长3636万，网民使用手机上网的比例为99.8%。截

① [美]玛丽·米克尔：《2017年互联网趋势报告》，http: //www.cbdio.com/BigData/2017-06-02/content_5531246.htm，2017年6月2日。

至 2022 年 12 月，我国农村网民达 3.08 亿，占网民整体的 28.9%。”[①]

移动媒介所具有的特殊性能，使得移动通信在人们生活的许多领域都发挥着巨大的作用，其技术更新速度快，在全球不同的文化环境和背景下，移动通信模式的推广和运用总是不断产生新的现象，对各地社会组织结构层面和文化层面形成了广泛而深远的影响。

移动通信技术在世界的各个角落展开变革，不仅改变了城市的面貌，其效应也在广袤的农村地区扩散开来，包括中国的西部农村地区。据贵州省通管局发布的《2021 年贵州省互联网发展报告》显示，截至 2021 年 12 月贵州省网民规模达 2741.8 万人 ，全年增加网民 344.2 万人。互联网普及率 71.1%, 增加 4.5 个百分点。贵州省城镇网民规模为 765.7 万人，占全省网民总数的 64.4%；农村网民规模为 976.1 万人，占全省网民总数的 35.6%，农村网民占比比全国高 6.2 个百分点。[②] 随着移动通信技术的飞速发展，尤其是智能手机生产成本的降低和使用的普及，人类社会网络化的程度日益加深，并在人们生活的各个领域展现出来，使整个社会的生活方式都产生了改变。不断更新换代的信息技术，在人们的生活中不断渗透，构成了整个社会结构的物质基础。社会的生产方式也发生了改变，生产资源的核心变成了信息技术和文化资源。同时，信息技术革命还提高了社会的生产效率，人们的日常生活在发生翻天覆地的变化，无论是现实空间还是虚拟空间都在拓展。人们的学习、娱乐、消费和人际交往都可以在网络中实现，尤其是人际交往的方式和范围，颠覆了传统式的熟人社会，向陌生人社会拓展。信息技术的变革，不仅会引发生产方式的改变，也会导致社会资源的重新分配，以及社会结构和文化形态的变迁。移动通信技术的影响已深入人类社会的骨髓，以至于人类要想阅读和理解当代社会，甚至了解我们自己，如果离开了网络，几乎是无法想象的。

---

① 中国互联网络信息中心:《第 51 次中国互联网络发展状况统计报告》, http: //www.199it.com/archives/1573087.html, 2023 年 3 月 24 日。

② 贵州省通管局:《2021 年贵州省互联网发展报告》, http: //www.100ec.cn/detail-6613126.html，2022 年 6 月 15 日。

二 社会网络呈现新特点

随着网络和移动媒介的发展，人类进行人际交往的工具和媒介也产生了翻天覆地的变化，社交媒体如雨后春笋般涌现，据全球最大的社会化媒体传播公司 We Are Social 发布的《2023 年全球数字报告》的最新数据显示，人们每天花在社交平台上的时间已超过 2.5 小时，比听广播和看有线电视的时间多 40 分钟。自 2019 年新冠疫情暴发以来，社交媒体广告投资增长了一倍多，到 2022 年达到 2260 亿美元；2023 年，全球手机用户 54.4 亿人，相当于全球总人口的 68.0%。

2022 年，手机用户同比增长 3.2%，相当于 1.68 亿人；全球网民 51.6 亿人，相当于全球总人口的 64.4%；2022 年网民同比增长 1.9%，相当于 9800 万人。[①] 而在中国，微信 2022 年第四季度的月活跃用户数为 3.13 亿人，同比增长 3.5%，继续保持着“第一国民 App”的地位。[②]

互联网和移动媒介对人类生活最重要的影响就是，极大丰富了人类信息沟通的方式和人际交往的范围。以此为基础，人类的社会网络也呈现出新的特点，从原有的传统社会网络或者说相对封闭的社会网络，开始向开放式的社会网络拓展。传统的社会网络一般具有以下特征：第一，大都规模有限，受物理空间的局限；第二，偏重于强关系，也就是熟人圈子的交流；第三，弱关系很难被启用，因为没有在人们的社会网络中凸显出来，人们难以明确知晓和查找自己社会网络中的弱关系。[③]

移动互联网技术时代的社会网络则呈现出了完全不同的景观：第

---

① We Are Social:《2023 年全球数字报告》，https: //finance.sina.com.cn/tech/roll/2023-04-14/doc- imyqhyiv2925905.shtml，2023 年 4 月 14 日。

② 中新网广东:《腾讯 2022 年第四季度营收 1449.5 亿元净利润同比增长 19%》，http: //www.gd.chinanews.com.cn/2023/2023-03-24/426994.shtml，2023 年 3 月 24 日。

③ “强关系”“弱关系”的理论概念出自美国社会学家马克·格兰诺维特（Mark Granovetter）。他认为，人与人关系之间的强度，是“认识时间的长短”“互动的频率”“亲密性”（相互倾诉的内容）及“互惠性服务的内容”的组合，根据这四个因素的强弱程度，可以把人们之间的关系分为强连带、弱连带和无连带。（[美]马克·格兰诺维特:《弱连带的优势》，载《镶嵌：社会网与经济行动》，罗家德等译，社会科学文献出版社 2015 年版，第 57—58 页。）

一，在规模上，社会网络大大扩展，甚至可以突破时空限制；第二，在结构上，社会网络的构成更加多元和开放；第三，各种工具、媒介和手段的利用，提高了人们的人际交往质量；第四，把人类社会网络从强关系为主发展为强关系和弱关系并存互依；[①]第五，移动互联网时代的社会网络趋于显性化。彭兰认为："（传统）社会网络没有显性化，也就是很多时候人们也不完全了解自己所拥有的社会关系究竟有哪些，它们之间的关系又是怎样的。"[②]传统社会网络中隐藏式的弱关系，现在可以在各种媒介工具上随时查看，人们可清晰明了地查看自己的社会关系构成和社会网络范围。

20 世纪 90 年代以来，手机的应用和普及是人类社会通信技术的一大进步，直接推动了移动媒介研究的兴起，成为诸多学者关注的焦点，直到进入 21 世纪仍方兴未艾。世界学术出版排名第五的 SAGE 出版社创办了《移动媒介与传播》（*Mobile Media & Communication*）杂志，在 2013 年的创刊号中，其声明："《移动媒介与传播》，一个移动媒介和传播动态领域的国际、跨学科的学术研究同行评议论坛。利用宽广和持续更新的学科范围，广泛涉及移动本身的概念。"[③]该刊物的创办，是一个研究领域占据前沿和趋于成熟的表现。从学术研究上来看，通过梳理多项研究成果可见（详见第一章的文献综述部分），现有的与媒介和网络有关的社会网络研究呈现出以下特点：第一，多集中在虚拟社区的研究。这些研究较多的从微观层面或宏观层面进行探讨，而较少从中观或者说从个人与家庭的层面进行研究；第二，虚拟社区中形成的社会网络研究，多研究弱关系，考察从陌生人（网友）处获得的社会支持和社会资本，而没有考察媒介对血缘、地缘和业缘形成的强关系有何影响，又如何因新媒介从熟人圈子中发展出新的弱关系；第三，有关于社会网络

① 格兰诺维特等学者认为跟一个人的工作和事业关系最密切的社会关系是"弱关系"，弱关系能够使网络当中的成员获得更丰富的信息。边燕杰、张其仔等学者则肯定了"强关系"的作用。他们在实证研究中发现，在中国，以人情关系为主的强关系更为重要，比如人们更经常通过强关系来找工作，而不是弱关系。

② 彭兰：《从社区到社会网络——一种互联网研究视野与方法的拓展》，《国际新闻界》2009 年第 5 期。

③ 《移动媒介与传播》门户网站，http: //mmc.sagepub.com/. html，2016 年 3 月 16 日。

的研究多集中在城市，少部分涉及农村，但对于西南经济落后地区的社会网络，尤其是移动媒介影响下的农村社区村民群体的社会网络少有提及。

三 个人学术兴趣

因本研究者工作和生活在西南地区的关系，多年来与农村居民群体打交道，对其有着较为深厚的感情，他们的生活和思想观念的变迁一直是研究者关注的焦点。自从事传播学的学习和研究以来，更是对现代通信技术发展影响下的村民群体产生了浓厚的兴趣。移动媒介的发展与使用，对农村社区村民群体的日常生活和观念看法产生了什么样的影响？尤其是对他们的人际交往和社会网络产生了什么影响，又是如何产生影响的？从目前来看，我国地区之间、城乡之间、人群之间的信息技术扩散和使用水平都是不均衡的，尤其是西部低收入水平地区，移动媒介给这些地区的群体带来了怎样的影响？在脱贫攻坚结束以前，数字贫困和传统贫困之间有无关系？低收入水平地区的村民群体的媒介使用、社会网络的建构和社会资本的获取又呈现出什么新特点？这些问题成为本研究的出发点，也是研究者意图探究的学术问题和学术旨趣所在。

第二节 研究意义

社会网络在移动媒介的推动下获得了极大的拓展，增加了全社会的社会资本总量，也提高了获取社会资本的可能性。林南认为电脑网络等媒介“不是抑制了社会资本，而是在新的层面上为社会资本拓展了更大的空间。并且电脑网络给社会生活带来的变化展现在社会制度、生活方式和交往方式各个方面，特别是它引起了人类社会在经济、政治和文化等方面的全球共振效应，人类社会的整体联系更为紧密，地球村的现象不可否认地迅速展现，这是社会资本在更广阔空间展开的明证，也是人类社会在宏观层面上的崭新变化”。[①] 社交媒体的出现，更是推动了不同于“熟人社会”的社会网络的建构，以及社会资本的主动选择与获取。人类社会的传统社会网络结构产生了改变，价值观念随即产生了变迁。村民在这场移动通信技术的扩散中，其原有的社会关系结构与人际交往模式也发生了变化。从社会网络的理论视角对移动媒介在西南农村社区的使用和影响进行探讨，不仅能对移动媒介的社会功能有更全面的了解，而且能更深入地理解和阐释农村社区的人际交往、思想观念、制度规范和社会结构的变迁，有着较高的学术价值和现实意义。

因此，本研究将分析农村居民在移动媒介的影响下，社会网络和社会资本的变化及其基本过程，同时，对社会网络中的农村居民的人际交往关系的发展变化和行为演变进行深度研究。这是建立在质的研究基础上对人、技术和社会动态发展的深层探究和理解，是多个学科和理论交叉研究的成果体现，有利于政府部门、公共媒体以及学者对农村社区村民群体的社会网络、人际交往、信息传播和社会资本获取的理解和管理。具体来说，本研究有以下几个方面的理论价值和现实意义。

一　理论意义

第一，本研究试图了解农村社区社会网络的变迁，并探讨移动媒介在具体语境中的作用，将有助于我们从理论层面深刻理解农村社会结构正在发生变化的过程。

第二，透视农村社区内村民这一文化群体在传播技术的变革下，其人际关系网络和社会资本的变化和发展。

第三，对村民的社会网络的研究和分析，能够更好地了解随着新媒体的出现，农村社会复杂而充满规律的社会经济体系，为解释各类和社会网络结构相关的研究问题提供理论指导。

第四，分析移动媒介在农村发展中的作用，从个案的角度诠释社会、传播技术和人三者之间的关系，对传播学本土化建构作出贡献。

---

① Lin, N., *Social Capital, A Theory of Social Structure and Action*, Cambridge: Cambridge University Press, 2002.

二 现实意义

第一，对多民族国家的信息传播、有效沟通提出具有实践价值的参考案例。

第二，促进我国有效利用新技术调节家庭、地方乃至整个农村与现代社会的关系，使其适应外部环境变化。

第三，对村民在移动媒介时代参与经济、社会、文化建设和对外传播，提出可行性策略，促进新农村建设和内源式发展。

第四，本研究关注了低收入水平地区的社会网络和社会资本问题。20 世纪 80 年代以来，贫困问题成为世界性研究问题的聚焦点，本研究肇始于 2015 年贵州省脱贫攻坚冲锋号吹响，贯穿于贵州省脱贫攻坚至彻底“摘帽”全过程，以其时作为重点脱贫攻坚对象的贫困地区农村作为社会网络研究的基本单位和范围，在移动媒介发展背景下考察其村民的社会网络和社会资本的情况，对于贫困农村地区摆脱贫困具有积极作用和意义，对于促进我国农村建设和发展、创建和谐社会具有现实意义。

第三节 研究目标与结构安排

一 研究目标

本研究主要探索人、技术和社会网络三者之间的关系。基于此，本研究的主要目标是：第一，通过分析河坝村村民的移动媒介使用，探讨其社会网络现状与建构过程，并了解他们如何动员社会网络资源；第二，通过参考扎根理论的研究策略，生成和概括出对村民社会网络构成及社会资本获取的基本理解；第三，探索贫困对村民的移动媒介使用和社会网络的影响，并揭示移动媒介在农村地区的社会和经济发展中所起的作用及意义。

二 研究结构安排

根据研究目标，本研究共分为7个部分。

首先是绪论部分。绪论介绍了本研究的研究缘起、研究方法、研究过程、研究意义、研究目标和全书的结构安排，最后辨析了本研究涉及的主要核心概念。

第一章是文献综述与问题的提出。根据研究内容，首先对国内和国外的移动媒介与农村社区的研究进行了爬梳，其次梳理了国内外移动媒介与社会网络的研究，并对这些文献的贡献和不足分别进行了研究评述。最后，在全面深入地分析文献的基础上，提出了研究问题。

第二章是田野工作地点的概述。本章介绍了本研究田野调查地点河坝村及其村民独特的传统文化及习俗。为了更好地理解村民的行为和思想，本章还从婚配、教育、经济活动、人口流动和职业结构变迁几个方面介绍了河坝村的社会变迁和经济发展情况。在此基础上，本研究以口述史的方式介绍了河坝村的媒介发展情况。

第三章论述了移动媒介对于社会网络构成和社会资本获取的价值，即研究“为什么”的问题，主要研究移动媒介时代构成的新的社会网络，以及新的社会网络对村民有何价值和作用。第一节论述村民们从强关系发展到弱关系的社会网络关系的变迁，并分析强关系和弱关系对他们而言，差别是什么，哪个更有价值；第二节分析移动媒介时代的亲密关系，探讨了移动媒介何以成为村民的情感和精神支持，以及在移动媒介的影响下，隐私观念是如何变化的；第三节分析青少年在使用移动媒介时如何构建自我身份以及同伴群体；第四节则探讨河坝村村民利用媒介跨越地方小社会获取到的新的社会资本。

第四章是探讨村民在移动媒介使用和社会网络建构的过程中，其行动的过程和原则，解决的是“是什么”的问题。本章重点研究移动媒介在建构社会网络中的运作方式和过程，比如村民使用社会网络和社会资本的特点，如何动员社会资源以及新的社会网络构型的特征。第一节主要探讨移动媒介建构的社会网络是一个动态的网络，村民是如何使用移动媒介进行互惠与互动的，如何激活媒介建构起来的社会网络和资本；第二节研究社会网络和人际交往的结构制约性特征；第三节探讨河坝村作为一个地方小世界的传播原则，即关系传播。关系传播以关系和平衡性作为传播原则，具有排除性的逻辑和不对称性，而且移动媒介对其有扩大作用。

第五章论述了在移动媒介的影响下，村民获取社会资本的差异，即村民在社会网络中的地位与人际交往效果，解决的是“怎么样”的问题，即造成怎样的影响，村民利用移动媒介建构的社会网络的今昔差别，对人际交往和社会资本的获取产生了什么影响。第一节探讨乡村精英是如何利用社交媒体建构社会网络和获取社会资本的，以及其结构性的位置对资本获取有何影响；第二节探讨的是农村妇女的人际交往和移动媒介使用，论述受教育程度和经济发展水平对媒介使用和社会网络建构的影响；第三节探讨低收入水平作为一种结构性的因素对移动媒介使用和社会网络建构的影响，包括河坝村的孩子们如何通过蹭网进行媒介实践和社会交往，以及村民的低水平化媒介使用，并重点论述了传统贫困和数字贫困之间的关系和相互影响。

最后一个部分为结论。首先对本研究作出了总结性的概括，然后论述本研究的创新之处和局限性，最后对未来的此类研究作出展望和建议。

第四节 研究方法与研究过程

一 研究方法

（一）研究方法的选取：质的研究和量的研究的差异

在传播学领域，量的研究可谓是主流。在社会学领域，有关社会网络和社会资本的研究也多为量的经验研究。这些量的研究对我们了解媒介的使用效果和社会变迁之间的关系，具有突出的作用。但是，这些效果研究通常无法企及研究的具体情境，无法在具体的文化背景和整体层次上对媒介效果与社会变迁的关系作出解释。本研究试图用质的研究方法，以更具体化而具整体性的方法来理解西部农村社区村民的移动媒介使用，并关注在移动媒介使用下产生变迁的社会网络和人际交往。更重要的是，从本研究的研究问题来考虑，质的研究方法更适合做出回答。

第一，质的研究可以描述具体的文化情境。陈向明认为："在对一个事件进行考察时，不仅要了解该事件本身，而且要了解该事件发生和变化时的社会文化背景以及该事件与其他事件之间的关系。质的研究认为，任何事件都不能脱离其环境而被理解，理解涉及到整体中各个部分之间的互动关系。"[①] 研究的本质、感情、体验和行动都蕴藏在具体的情境之中，具体情境的描述无疑能帮助研究更清晰而准确地传达意义。同时，与量的研究相比，具体情境的描述也意味着能描述社会存在的不确定性。正如学者迈尔斯和休伯曼所说："成功收集质的数据有何重要性呢？质的数据的一个关键特征就是它们关注自然情境下自然发生的、平常的事件，这样我们就有了一个研究'现实生活'是什么样的强有力的抓手。"[②] 社会网络和社会资本，涉及个人和群体实际拥有或者主观感知到的社会资源的动态关系，要较好地把握移动媒介影响下，社会网络对于农村社区的意义，就必须将对这些概念的理解放置于具体的文化情境中。对于村民群体来说，独有的文化观念和传统必然渗透在生活的方方面面。情境不仅为理论和概念的阐发奠定基础，而且可以最大限度地减少歪曲或者误传意义和事实的可能性。

第二，质的研究可以阐发理论。虽然并不是所有质的研究最终都能够总结、阐发和建构理论，但是质的研究有一个突出共性，即重视对社会现象的观察、理解和描述。同时，由于质的研究本身具有归纳性的特征，决定了质的研究在建立和阐发理论上占有天然优势。在进行资料收集时，不同于量的研究，质的研究是通过自下而上的顺序，重视第一手的调查资料，强调深入地调查和观察，在此基础上来建立理论假设，从而提炼出核心类别。之后还需要不断地进行检验和比较，最后形成充实与系统化的理论。质的研究的理论一般被我们称为"实质理论"，与

---

① 陈向明：《质的研究方法与社会科学研究》，教育科学出版社 2000 年版，第 7 页。

② Miles，M.B., Huberman, A.M., *Qualitative Data Analysis*, Thousand Oaks, CA: Sage, 1994, p.10.

“形式理论”区分开来。“形式理论”一般指可以用来说明、预测和论证社会现象规律的理论，是一种系统的观念体系和逻辑架构。而“实质理论”则是指以第一手资料建立起来的，适合解释特定情境中的特定社会现象的理论。

第三，质的研究的本质具有动态性。任何有关于媒介效果和社会变迁的研究，都必须建立在这是一个动态的考察过程的理解基础上。任何媒介都不是静止不变的，和其他科学技术的变革一样，信息技术也处于飞速发展与更新中。我们难以预料下一次技术变革会给人类社会带来怎样的变化。本研究对于村民个体行动者的移动媒介使用和影响的研究，也必须建立在动态的观察和理解当中。人、技术、社会和文化的互动与影响都在不断变化发展之中。作为特色鲜明而植根深厚的传统地域文化，在技术与文化变革的全球化过程中，会产生什么样的变化，是会更好地保存与发扬还是走向消亡，站在当前的时间节点来看，我们只能谨慎地观察。这种观察过程也将是一个动态延续的过程。正如科宾和施特劳斯所言，“致力于质性研究的人之所以倾向于质性研究是因为，与那些更加严格和形式上结构化了的量化研究相比，质性取向研究的流动的、演进中的即动态的本质更加吸引他们”。①

第四，质的研究适合对小规模社会现象进行深入的描述和分析。质的研究一般适合关注人类互动的社会研究，通常会细致和深入地描述研究对象的实践活动和日常生活，并会详细审视参与者的观点，也就是说希望通过特定的案例来形成对其深入的理解和解释，所以就必须对观察对象的行动和实践进行详细描述。这也就意味着质的研究适合于个人进行的小规模社会研究。② 由于经费和人力的限制，本研究选择了贵州黔东南州的一个中型规模的村庄展开研究，该村庄的地理形势、文化习俗、经济发展以及人口规模等情况，都较为适合进行此项研究。

第五，质的研究中的数据和分析结果是基于事实的实证研究，可以

---

① [美]朱丽叶·M. 科宾，安塞尔姆·L. 施特劳斯：《质性研究的基础：形成扎根理论的程序与方法》，朱光明译，重庆大学出版社2015年版，第15页。

② 可参见[英]马丁·登斯库姆《怎样做好一项研究——小规模社会研究指南》，陶保平译，上海教育出版社2011年版。

对不了解的社会现象进行探索式研究。质的研究最能抵御质疑的特点之一，就是质的研究对研究进行的描述和得出的结论都是基于事实的，尽管这并不代表质的研究对社会事实的描写就一定等同于社会现实。[①]但是，质的研究的数据和分析都是从生活世界或者说社会存在中而来，可以对不了解的社会现象进行探索式的研究，这和思辨性的研究有着本质区别，质的研究者可以说从书斋里的椅子上站起来走进了社会生活之中。

第六，质的研究对复杂或者模棱两可的社会事实具有包容性。之所以说质的研究无法还原社会现实，理由之一是社会存在具有很大的不确定性以及流动变化性。对于质的研究者来说，永远无法宣称自己掌握了社会事实和真理，这是因为研究对象是流动和变化中的社会事实，任何研究者只能说自己掌握了这一瞬间的历史事实。但是，这一瞬间的事实也是具有社会意义和研究意义的。对于本研究来说，移动媒介未来往何处发展，发展到什么程度，是消失还是高度演化，都是现在的我们难以预测的。但是，在人类媒介发展史中，移动媒介终将占有一席之地。从目前的发展情况来看，移动媒介对这一历史时期的人类形成了不可磨灭的影响也是无可争辩的事实。质的研究对社会存在的复杂性和模棱两可性，表现出比量的研究更大的包容性和解释性。因此，从处理和描述复杂社会情境的优势方面考虑，本研究选择质的研究方法。

（二）质的研究的局限性

尽管本研究最终选取质的研究方法，但这并不代表质的研究不具备缺点和局限性，而只能说较为适合解答本研究提出的问题。事先对其有明确的认知，能适当规避研究中的一些误区。总的说来，质的研究方法对于本研究主要具有以下局限性。

数据可能会缺乏代表性。第一，不能像量的研究那样对研究的结果的信效度进行工具性的准确测量。第二，研究的结果不具备量的研究的推广性和普遍性。如前文所述，质的研究能够很好地驾驭对生活情境的详细描述和解释。但是，从另一面来看，对小规模社会的深度描述和研究结果能在多大程度上进行推广，就值得商榷了。可以肯定的是无法具

---

① 陈向明:《质的研究方法与社会科学研究》，教育科学出版社 2000 年版，第 7—24 页。

备量的研究的推广性和普遍性，较难进行大范围推广。

研究者的个人身份、背景以及观念将对数据的解释产生影响。在整个质的研究的过程中，研究者都将不可避免地带着个人身份、背景和观念介入研究。不管是提出问题、进入田野、深度访谈、参与观察还是资料分析，质的研究中的“自我意识”将是相伴相随的影子，不可能做到完全客观。当然质的研究也从不标榜自己是完全客观的，质的研究从本质上来说是一种建构主义。根据极端建构主义代表人物格拉泽菲尔德的观点：“所谓事实是多元的，因历史、地域、情境、个人经验等因素的不同而有所不同。因此，用这种方式建构起来的事实不存在真实与否，而只存在合适与否的问题；因为我们只可能判断某一个行为或一种想法是否达到了自己的预期，而无法知道他们是否真实。”① 如此说来，质的研究只能说是研究者的创造物，而不能说是对事实的再现。

分析过程费时费工。质的研究得到的资料相当庞杂。以本研究为例，虽然在调查阶段可以由个人完成调研工作，但是在经过田野调查阶段以后，共获得田野笔记约 28 万字，深度访谈录音转文字资料 100 余万字，各级政府部门的各类文献资料约 20 万字。如此体量的资料，给整理和分析资料带来很大的困难，再加上后期撰写的备忘录，整个分析过程漫长而复杂，工作量较大。

（三）研究的可信度问题

对质的研究来说，研究的检验和量的研究一样重要。研究的可信度不可能是理所当然的结果，需要研究者证明所有的研究发现源于实践和具有事实根据。这是一项合格的质的研究的必备条件。

但是，质的研究的可信度的检验又有其特殊性，不可能和量的研究或者自然科学研究一样，可以不断重复研究过程来检验研究的质量和结果。其特殊性在于：第一，对于根植于社会情境中的质的研究来说，任何社会情境都无法复制。质的研究学者陈向明提出：“质的研究将研究者作为研究的工具，强调研究者个人的背景以及他与被研究者之间的关系对研究结果的影响。因此，即使是在同一地点、同一时间、就同一问

---

① Glasersfeld, E.V., “Questions and Answers about Radical Constructivism”, *Scope, Sequence and Coordination of Secondary School Science*, Vol.11, 1992, pp.169-182.

题、对同一人群所作的研究，研究的结果也有可能因不同的研究者而有所不同。更何况，所谓同一时间、同一地点、同一人群和同一问题这些概念都不是一成不变的，它们随着研究的进程而变化，在与研究者的互动中共同重新构筑自己。”[①] 第二，每个深入研究的研究者都是不一样的，尤其是质的研究要求深度参与数据的收集和分析，不同的研究者和同一研究对象打交道获得的信任和资料可能差异很大，因此可能得出有差异性的理论总结。第三，对于质的研究来说，结果不是研究的旨趣和目的。研究对象是怎样的，发展过程如何以及其意义阐释才是研究的最终目的。从建构主义的角度来看，研究者和研究对象具有主体间性，说到底是一个相互建构的互动的过程。

与量的研究不同，质的研究很难检测研究结果，但是质的研究者仍然非常重视研究中检验的过程。具体到本研究，我们将通过以下方面来保证研究的可信度：一是资料、方法及理论的三角检验，即对已经得出的结论进行三方面的检验。用不同的方法、不同的样本和不同的情境对同一结论进行检验，以最大限度地达到结论的真实可靠性。二是寻找差异证据。建立了初步假设后，试图寻找证据看能否推翻，直至找到最为合理的假设。三是运用比较法，同学术界目前普遍认可的成果进行比较，确定结论是否能成立。四是收集尽可能丰富的原始资料，为研究提供充分的证据。五是重视反馈，在得出初步的结论后，把研究结果向被调查者以及对此类研究有经验者进行反馈，听取他们的意见，试图从多方面分析和理解调查结果，从而验证结论的可信度。[②]

（四）伦理问题

本研究就移动媒介对村民群体的社会网络、社会资本和人际交往等问题进行考察，有些部分可能涉及隐私或者利益，本研究针对他们的采

---

① 陈向明:《旅居者和“外国人”——留美中国学生跨文化人际交往研究》，教育科学出版社 2004 年版，第 42 页。

② 参见陈向明《旅居者和“外国人”——留美中国学生跨文化人际交往研究》，教育科学出版社 2004 年版；［美］朱丽叶 · M. 科宾、安塞尔姆 · L. 施特劳斯《质性研究的基础：形成扎根理论的程序与方法》，朱光明译，重庆大学出版社 2015 年版；［英］马丁 · 登斯库姆《怎样做好一项研究——小规模社会研究指南》，陶保平译，上海教育出版社 2011 年版。

访和访谈将经过本人允许，告知采访对象访谈目的，并在研究成果中对他们的身份保密。

二 研究过程

本研究探索移动媒介对农村社区中村民的社会网络、社会资本和人际交往等方面的影响。整个研究是一个不断积累和发展的过程，研究的方向随资料收集过程中形成的概念与看法而调整和进一步深入，可以说是一个动态的和互动的研究过程。整个研究过程基本经历了三个主要阶段：准备和探索阶段，田野调查的核心阶段，资料分析和理论建构阶段。

（一）准备和探索阶段

在研究的准备和探索阶段，本研究最为重要的就是熟悉研究问题，寻找合适的田野调查地点。在正式的田野调查开始的前一年时间里，本研究即开始寻找田野地点。因为研究者工作地点在贵州省，出于研究便利的考虑，就将田野地点定位在贵州，并进行了前期的踩点和调研工作。确定具体的研究村落之后，在当地村民家居住了两天，掌握了村落的基本信息，并与当地的村委会工作人员建立了联系。在正式进入田野调查之前，研究者一直与认识的当地村民保持联系、了解情况，并尝试与当地政府工作人员、学校老师等人员联系，就研究问题做了诸多相关调研和准备工作。

1. 选择调查地点和进入田野的准备工作

根据研究问题，本研究确定选择农村社区的标准有以下六点。

第一，调查对象为在贵州的世居居民。河坝村的绝大部分居民自称育族，后来被称为绕家。自元朝开始有文字记载，在长达 700 多年的时间里处于未识别民族状态，较少受到关注。1992 年，国家认定绕家为瑶族。[①] 但是，绕家人却认为自己的文化和瑶族相去甚远，并立传“要自称育（族）是久远的，应以我们自称的族名为证”。[②] 绕家人认为，本

---

① 1992 年，贵州省政府下发《关于麻江县绕家认定为瑶族的批复》（黔府通〔1992〕247 号），根据“国家民委（1986）民政字第 252 号及省委〔1986〕29 号办公会议纪要精神……同意麻江县绕家六千七百七十四人认定为瑶族”。

② 龙光九、杨琼楼、许安富：《夭（育）族简史》（未出版的手写稿，现存河坝村白兴大寨村民家中），1993 年。

民族在石器时代就已存在，但何时迁徙来贵州，因为年代久远，无文字资料保存，已经无从考证。

第二，规模（中型农村社区，保证社会网络的基本构架形成）。河坝村，原为河坝乡，后撤销乡级单位并入龙山镇，设为河坝中心村，是贵州省绕家人的主要聚居地之一。全村现共有 7 个村民小组，15 个自然寨，现有人口 846 户 3876 人，绕家人占 88.38%，其余为汉族、苗族、畲族等。其规模符合本研究的选择标准。

第三，调查地点属于较为偏僻地区的农村社区，同时出于研究便利的考虑，离省会贵阳不要太远。本研究选定的村落，位于黔东南州的麻江县龙山乡的西南部，总面积为 24 平方千米。该村落距离龙山镇政府 4.5 千米，麻江县城 32 千米，距离省会贵阳 109 千米。河坝村依山傍水，风景秀丽，民风质朴，文化独特。该村早期交通十分不便，与外界少有来往和沟通，通婚也在本村内进行。据村里人介绍，因为历来经济落后，田土较少，一般有绕家女儿嫁出去，但少有外面女儿嫁进来。因此，河坝村得以保存相对淳朴的民风民俗。善良热情是研究者进入河坝村的最大感受，也是本研究决意在河坝村进行田野调查的原因之一。

第四，移动媒介至少出现五年，越久越好。2014 年，河坝村也实现了宽带入村，村民可自行接宽带入户。以白兴大寨为例，贵州省乡土合作社资助农户一半入网费 800 元，农户自费 800 元即可实现联网到家，移动电话的普及率较高。值得注意的现象是，据本研究对河坝村村民的采访，他们使用电话的历史大都是 21 世纪初直接从手机开始的，没有使用固定电话的阶段。

第五，调查地点属于收入水平较低的村落。低收入水平因素对村民移动媒介的使用有何影响和意义，具体又将如何影响其社会网络、社会资本和人际交往，也是探究的重点问题之一。

第六，具有代表性的特色文化。在语言上，绕家人虽然没有自己的文字，但是有自己的语言。绕家人日常交流，包括早期的学校教学，都使用绕家话。直到今天村里仍有一些老人听不懂客家话和普通话。1949 年以前，绕家人大都不会普通话。在手工技艺上，有 2008 年成功入选国家非物质文化遗产的“枫香染”。在传统民俗上，有 2007 年入选省级非物质文化遗产的瑶族隔冬节和绕家服饰。

基于以上选择标准，本研究认为河坝村符合田野调查的相关条件，是较为理想的调查地点。

确定好田野调查地点以后，研究者针对河坝村做了一系列的调研前的准备工作。首先，大量收集关于河坝村的相关信息，对河坝村的详细情况做进一步的了解。其次，和已经结识的村民保持密切联系，通过社交媒体进行互动，从村民处补充对河坝村各个方面的认识。幸运的是，在此过程中，研究者也结交了本研究的报道人。该报道人自始至终给予了本研究很大的帮助，尤其是其在村里的声望和活动能力，确保了研究者顺利进入田野调查现场并开展调查工作。最后，研究者先后拜访了麻江县档案馆、文广局、民宗局和工信商务局等与本研究相关的部门，还造访了时任龙山镇党委书记，从镇党委办公室查阅和获取了整理好但尚未出版的《龙山镇志》、河坝村的相关活动的资料等。值得一提的是，为了避免村民对研究者产生先入为主的印象，尽可能减少影响研究过程的“自然性”的相关因素，研究者并未依靠政府部门力量辅助进入河坝村，而是通过在河坝村的走访认识了当地村民，在村民家落脚住宿开始本研究。当然，在后来的研究中，研究者也发现，在村民家借宿也会使一部分村民带入主观印象和想象。尤其是如果借宿村民家与其他农户家有矛盾，会使得研究者的采访和研究遇到一些意想不到的困难。研究者从研究的中期开始，入驻河坝村村委会，并跟随政府部门的精准扶贫队伍走村访户，也取得了相当好的研究效果。研究发现，在河坝村，外来人口是相当瞩目的，如有冒失的行为往往一夜之间就能传遍村落。基于当地政府部门在村民心目中的地位，当研究者表明居住在村委会，并随着政府扶贫队伍走访贫困户家庭时，很快便给村民留下了良好的第一印象。尽管基于本研究的研究问题，需要和被访者有长期和较深入的了解和交往之后，才能获得较好的采访效果，但不可否认的是，当地政府、村委会和扶贫干部对本研究的帮助和支持，是本研究顺利完成的重要保障。

2. 参与观察的方法

在河坝村进行资料收集时，研究者先后住在村民家里和村委会，通过参与观察的方法，完成了和村民的较深层次交往，并在具体社会情境中，加深了对当地村民使用移动媒介对社会网络造成的影响的理解。在正式的访谈开始之前，通过参与观察的方法，对了解受访者的情况、理解受访者的态度和行为背后的意义大有帮助，这些第一手资料对研究者逐渐融入和理解当地的文化和生活世界也很有裨益。

丹尼·L. 乔金森认为，参与观察具有七个基本特性："第一，从一个特定情境的局内人或成员的角度出发，对人类互动及意义怀有特殊的兴趣；第二，将此时此地的日常生活的情境和场景作为研究方法的基础；第三，强调阐释和理解人类生活的理论形式和理论建构；第四，一种独特的研究逻辑和过程：开放、灵活、随机应变，并且要求从具体的人类生活场景中获取资料，不断地重新定义问题；第五，一种深度的、质性的个案研究方法和设计；第六，一个或多个参与者的角色扮演，并涉及建立和维持与当地人的关系；第七，运用直接观察法的同时还运用其他收集资料的方法。"①

研究者在河坝村的研究中，与当地人的交往过程可以分为两个阶段：第一阶段是在当地村民家中居住时期，第二阶段是在村委会居住时期。

刚进入河坝村时，研究者住在村民 YDF 家中。YDF 在村里和寨子里都是活跃人物，对村里的事务非常熟悉，热心于村里的公共事业。他特别重视河坝村传统文化的传承和宣传，为人热心而善良，在村寨里算是核心人物之一，后来成了研究者的主要报道人。在他的帮助和引荐下，研究者接触了村寨里很多"能人"。既有发展家庭经济的能手，也有甘于默默传承文化的巧手；既有外出求学中的学子，也有扎根当地的农民；既有外出打工的年轻人，也有返乡创业的中青年；等等。在村民家中居住期间，研究者也很容易地参与了很多村寨中的大事，比如婚礼、葬礼、隔冬、鬼节、重阳节等一系列活动和仪式，同时结交了一些村民。因为河坝的住宅建造得非常集中，居住在村民家不仅便于串门，其他村民发现研究者住在 YDF 家，也会经常上门来吃饭聊天。研究者由此与许多村民建立了良好的关系。

第二阶段研究者在村委会居住。一方面是因为和很多村民已经熟悉；另一方面是因为在村委会可以更全面地认识整个村庄。在村委会居住期间，研究者跑遍了河坝村所有的寨子，还有旁边的村子，比如干桥

① ［美］丹尼·L. 乔金森：《参与观察法：关于人类研究的一种方法》，张小山、龙筱红译，重庆大学出版社 2015 年版，第 3—4 页。

村、复兴村和瓮袍村等，以对河坝村形成更为全面客观的认识和了解。同时，村委会举行的一系列活动，研究者也得以参与，比如走访慰问贫困户、参加隔冬节、参与新技术和种植项目推广培训班、宣传信用贷款政策、参观考察养猪场和猫耳屯美化工程等村里的重大项目等。在田野调查的过程中，研究者时刻谨记，一定要从房间里走出去，“动起来”，只有和人们交流互动起来，才能获得有用的第一手资料。这和在学校和书房里做学问不一样。在这些活动的参与过程中，研究者结识了更多的村民，通过观察和近距离接触村民，获得大量有价值的第一手材料，加深了对村民生活方式和生活态度的认识，加强了对当地文化和社会结构的理解。

（二）田野调查的核心阶段：理论抽样和深度访谈阶段

通过准备和探索阶段，研究者逐步掌握了河坝村村民的基本情况，参与观察的方法帮助研究者将问题进一步具体化，更为重要的是，逐步锁定了可以进行访谈的对象。

1. 理论抽样

根据科宾和施特劳斯的观点，理论抽样是：“一种建立在概念 / 主题基础之上的资料收集方法，这些概念 / 主题也来自于资料。使得理论抽样与传统抽样方法不同的是它是对资料的回应，而不是在研究开始之前确定的。这种回应方法让抽样变得开放并富有弹性。概念是来自分析中的资料，围绕这些概念的问题推动了新一轮的资料收集。”[①] 也就是说，理论抽样的目的是揭示有关概念以及其属性和维度。所以，当研究者进行理论抽样就是去寻找想要获取的概念或者理论的信息所在的人物、地点和情境。简而言之，和传统抽样方式不同的是，研究者要考虑的不是抽样人群而是概念和理论。概念和理论在研究的过程中将不断地清晰和完善，也可能会出现新的理论概念。研究者将据此来决定下一步要收集的资料和研究内容。

在这样的研究原则的指导下，研究者在资料收集的开始阶段，并没有设置严格的准则来选择访谈的样本，也没有采用完整的访谈提纲。最

① [美] 朱丽叶 · M. 科宾，安塞尔姆 · L. 施特劳斯：《质性研究的基础：形成扎根理论的程序与方法》，朱光明译，重庆大学出版社 2015 年版，第 154 页。

开始的访谈对象，只是与研究者交往比较密切的，并且从既有理论来说，有挖掘研究资料的可能的人。值得提出的是，这里所说的既有理论，并不是指的已经确定的理论框架，而是指本研究最初的对研究问题领域的一般理解。本研究认为，研究者事实上无法做到真正两手空空地进入田野，可以说几乎是不可能的。只要是带着问题进入田野，总建立在早期的文献和经验的基础之上。但是所有早期持有的概念和理论，都要将其看作是临时的。一旦开始收集资料，新的概念就会占据随后访谈和研究的重要位置。

理论抽样是由概念来驱动的。在采访对象的选择过程中，研究者期望的是可以用研究过程中浮现的理论和概念，去指导资料收集和抽样过程。马丁·登斯库姆认为："质的研究倾向于采用的抽样方式的特点是：抽样建立在对研究事物的连续性观察（sequential discovery）的基础上；并且更多强调关注特定事件，而不是像量的研究一样关注案例的普遍性。这两个特征导致质的研究者采纳非概率抽样策略，如目的抽样、雪球抽样和理论抽样等，而不是基于随机原则和概率原则。因此，质的研究样本容量相对较小。"①

本研究前后共深度访谈了 36 名对象（具体见附录）。这些采访对象有着不同的背景，每一个访谈对象都至少访谈了一次，每次不少于两个小时。每次访谈结束后，研究者都会对资料进行分析，用资料收集来引导分析，用分析来引出概念和新的问题。而新的问题则会需要进一步筛选访谈对象和收集资料，让研究者对概念有更深入的理解。从这个方面来说，理论抽样是累积性的。根据概念和理论的不断完善，以及研究过程中发生的其他事件，研究者对其中一些采访对象进行了第二次采访，平时还在社交媒体上保持互动，随时关注他们的动态和想法。这一研究过程，一直循环到研究的概念都能得到完整的界定和解释为止。

研究者从一般的目标群体开始研究，然后从这个群体中继续抽样。就本研究而言，一方面之前在参与观察阶段就有充足的访谈意向对象；另一方面，在访谈过程中，也采用了滚雪球式的抽样方式。研究者在成

① ［英］马丁·登斯库姆：《怎样做好一项研究——小规模社会研究指南》，陶保平译，上海教育出版社 2011 年版，第 24 页。

功的访谈对象的引荐下，采访对概念和问题能做出解释和回答的对象。

需要注意的是，理论抽样事实上是资料收集和初步分析同时进行的。在完成对这36名对象的访谈和初步分析以后，研究发现这36个案例已经可以提供足够的材料，重复和类似的例子开始反复出现。本研究认为更多的访谈可能也很难生发出新的概念和启发，即达到了理论上的饱和。因此，研究者停止了在河坝村的深度访谈。马丁·登斯库姆也认为:“在质的研究案例中，对样本的数量和个案的选择有不同的逻辑。小的样本容量是十分贴近质的数据的特点的。”[①]当然，在论文写作的过程中，研究者在进行理论概括的时候，还是通过各种方式联系了研究对象，进行了新资料的收集，以使得概念最终达到饱和。通过理论抽样收集的资料以及建立的理论，也许并不适合进行一般化，或者说具有多大普适性。但不可否认的是，这种抽样方式发展出的理论，是根植于经验材料和第一手资料的，对生活世界仍具有强大的解释能力。

2. 深度访谈

深度访谈的主要目的是展现经验研究的意义，是要从被采访者的视角和观点中了解他们理解世界的方式，也就是被研究者的观念世界和生活世界。学者斯丹纳·苛费尔和斯文·布林克曼认为，研究性的访谈是:“基于日常生活会话的专业会话形式之一；它是一种观点互动，在访谈员与受访者间的互动中建构知识。一次访谈就是一次观点的互动，是两个人就一个共同感兴趣的主题进行的观点互换。”[②]如果没有访谈得出的社会事实的经验，研究者得出的研究结论、建构的理论都只能是镜花水月、沙滩城堡，或者说是强加于被访者身上的虚幻观点。通过访谈，研究者理解被访者的生活经历，同时对被访者的生活世界进行诠释和建构，在互动中建构新的知识。

本研究一共采访了河坝村村民及相关人员近百余人。在采访的过程中，研究者对村民及相关人员的情况进行了解和摸底，在此过程中逐渐

---

① [英]马丁·登斯库姆:《怎样做好一项研究——小规模社会研究指南》，陶保平译，上海教育出版社2011年版，第23页。

② [丹麦]斯丹纳·苛费尔、斯文·布林克曼:《质性研究访谈》，范丽恒译，世界图书出版公司2013年版，第2页。

确定目的性样本。最后一共有 36 人成为深度访谈对象。这 36 名访谈对象都至少接受了一次深度访谈，大部分在深度访谈前后都有多次较为深入的交谈。另外，有 25 人在研究者的社交媒体“朋友圈”中，可以随时关注动态，并进行谈话。

本研究采用了非结构化的深度访谈。研究者在进行深度访谈之前，只有一个粗线条式的问题提纲，列出研究者希望围绕开展的主要研究问题。这份提纲主要是对研究者本身起到提示作用，以免遗漏重要的内容。尤其是在受教育水平较低的村民当中进行访谈，谈话一般都从拉家常开始，也并不一定一次采访就能够获得研究者满意的效果。随着访谈的深入，问题和概念才得以不断形成和明晰，访谈提纲也在进行着修改。一般而言，每一次访谈都能为下一次访谈提供新的依据。

访谈时，尽管有围绕研究问题的粗略提纲，但在操作上，研究者尽量保持较大的弹性和开放性，鼓励被访者多自由表述，随时保持开放灵活的态度。提问时都是一般性的问题，比如：你当时是怎么想的？你有什么感觉？那时候发生了什么？一方面，这样的提问方式给予访谈对象更大的解释空间；另一方面，一些河坝村村民的文化水平决定了访谈也只能从一般性问题出发，且尽量口语化和生活化。理论化的专有名词会给村民带来很大的疑问，让其茫然失措，甚至会引起慌乱，导致答非所问，也给访谈带来很大的阻力。因此，研究者的访谈一般都建立在对对象有相当程度的了解基础上，从拉家常开始，让被访者感到放松以后，再循序渐进地进行提问。有时根据被访者的理解能力和表达能力，问题还需进行临时调整。

每次访谈时，研究者都尽量安排被访者在他们熟悉的环境中进行访谈。因此一部分访谈在被访者的家中或者熟悉的环境里进行（见附录的采访情境记录），这样研究者可以观察他们的家庭环境，同时还接触到了其家庭成员。一部分访谈安排在村委会的休息室进行，一般都是因为被访者觉得在家里不大方便。比如 YWS 认为自己家里条件太差，不方便请研究者在家久坐。访谈过程中，研究者都会保证无人打扰，摆上茶水、瓜子和水果等，尽量让他们放松。

深度访谈不仅收获了河坝村村民对移动媒介和社会网络、人际交往方面的看法，同时，整个访谈过程还是一个情感互动的过程，让研究者和被访者建立了更深的信任和感情。一些女性被访者在说到自己的经历时不禁潸然泪下，研究者在共情的同时，也体会到了在参与观察阶段无法获得的情感世界的描述和诠释，对被访者的生命历程、社会环境和文化特征有了更深的理解。当然，研究者也在不断提醒自己，跳出感情来看事件和概念，尽量保持客观和中立的研究态度。

（三）资料分析和理论建构阶段

就质的研究而言，完成了资料收集，还只是完成了研究初步阶段，而资料分析才是“重头戏”。在访问阶段，尽管也在不断反思和分析所收集的资料，并在阅读田野笔记和反复听录音的过程中，摸索资料中的概念和主题。但是，真正的分析和研究重点阶段，还是从资料收集完毕，录音转录为文字以后才真正地开始。在资料分析阶段，本研究采用参考扎根理论作为策略，研究工具为 Nvivo11 的 Pro 版本。因研究采集的文字访谈资料和田野笔记共计 100 余万字，庞杂的资料对分析造成了巨大的困难，而 Nvivo 作为一种分析工具，为本研究的资料分析工作起到了很大的辅助作用。

1. 分析资料和连续比较法

陈向明认为：“质的研究是以研究者本人作为研究工具，在自然情境下采用多种资料收集方法对社会现象进行整体性探究，使用归纳法分析资料和形成理论，通过与研究对象互动对其行为和意义建构获得解释性理解的一种活动。”[①] 对于本研究的研究问题来说，质的研究方法能够避免量的研究方法预先设定解释框架，忽略移动媒介和村民生活互动过程中复杂流动的社会现象，将之简单化、数量化和凝固化，也可以避免纯粹的文化或思辨研究忽视不断变迁的现实环境的弊端。又鉴于本研究问题主要是对文化群体的价值观念、信念和行为的变化和发展进行研究，因此本研究采取参考的研究策略主要是扎根理论。目前，对农村社区村民的移动媒介使用和社会网络的考察相对较少，因此本研究试图探索和建构一种移动媒介影响下本土化的社会网络和人际交往理论，尤其注重研究参与者的文化环境和现实世界，而不是去

---

① 陈向明：《质的研究方法与社会科学研究》，教育科学出版社 2000 年版，第 12 页。

验证既有的理论。

扎根理论研究和其他的质的研究方法一样，除了都需要对资料进行分析和描述之外，最大的相似之处在于资料的来源。与民族志等方法一样，通过参与观察、深度访谈等方式获取而来的资料，以及记录的田野笔记、相关的文献和网络资料都可成为扎根理论的研究资料，而本研究选取扎根理论作为主要研究策略是源于其特殊之处。根据陈向明的观点，扎根理论和其他研究策略的最大区别就是："研究的目的是从经验资料中生成理论，而不只是描述和解释研究现象，或针对被研究者的叙事结构、话语特征或生活史进行分析。因此，研究者需要时刻保持生成理论的心态，采取理论性抽样的标准（而不是人口学变量的标准），根据生成理论的需要选择研究对象，系统地收集和分析资料，从资料中发现、发展和检验理论。"[①] 其重点就是研究结果根植于社会现实和存在，概念和理论从第一手资料中发掘出来，用高度抽象和概括的语言对结果进行表述。发展理论是最终目的。

2. 生成概念和理论

参考扎根理论的研究策略，研究者将根据获得的不同来源的第一手资料，对数据进行整理和分类，即寻找在资料和数据中反复出现的主题。这些值得把握的主题可能讨论同一个话题，可能出现了与研究主题相似的词语和句子，也可能是表达了同一种情感。这些反复出现的主题也就是理论生成的重点和理解研究现象的关键。

分析资料的主要目的是建立一种可靠的并能解释本研究问题的理论。因为其同社会现实密切相关，基于真实的经验性的资料，使概括出的概念和理论更具有解释力。在研究过程中，比如最开始进入田野调查之前，本研究并没有带着明确的理论视角和研究问题，而只有一些相对模糊的问题。在调查和研究的过程中，也时刻注意不要过早或者过快地束缚在某个研究框架或者研究发现中。调查的前三个月，基本都是围绕一些初步的问题进行研究。本研究把这一阶段视为一个探索和发现的过程。通过一段时间的调研，对当地的文化和基本情况有相当程度的了解，并熟

---

① ［美］朱丽叶·M. 科宾、安塞尔姆·L. 施特劳斯：《质性研究的基础：形成扎根理论的程序与方法》，朱光明译，重庆大学出版社 2015 年版，第 2 页。

识了一部分当地居民以后，才开始通过进一步的资料收集，来达到对问题更深入的看法和理解，从而开始更深一步的研究工作。

本研究认为，本研究策略或可能还原某一历史时期中的村民对移动媒介的使用情况，并能很好地完成研究对象的情景化分析。本研究强调对事物作整体的和动态的呈现，细致研究移动媒介对村民的社会关系结构所起到的影响和所具备的意义，从而管窥移动媒介在较为封闭与落后地区农村社区文化群体中的使用与发展。

第五节　核心概念

在开展相关研究之前，有必要先对本研究涉及的核心概念进行梳理和界定。

一　移动媒介

学术界对于移动媒介的研究肇始于21世纪初，而移动媒介的概念也主要由国外学者提出。著名的SAGE出版社还创办了名为《移动媒介与传播》的杂志。但是，到目前为止，我国学者都很少使用移动媒介的概念，没有对这一概念进行准确的定义和梳理。因此国内学者在进行论述时，难免会与其他概念混淆而使表达变得模糊不清。

对“移动媒介”的定义，首先应该对“媒介”的概念进行溯源和整理。从目前来看，国内学界对“媒体”和“媒介”两个名词缺乏清晰的使用规范。有学者认为，“媒体”和“媒介”两个词，在英文中都称之为“media/medium”，因此，在概念上应该没有本质区别，只是在使用习惯上有所差别而已。[①] 但是，也有一些学者认为，“媒体”和“媒介”是传播学学科中的基本概念，二者存在较大的差异，且必须进行厘定和澄清。学者赵炎秋指出：“应将传播媒介与作为传播结构的媒体区别开

① 宫承波：《新媒体概论》，中国广播电视出版社2007年版，第1页。

来。”[①]李玮和谢娟认为，“媒介”偏重于指物理意义上的传播载体，“媒体”一般指的是社会的“机体”层面，所以“媒体”更多的是指传播媒介的组织机构、传播者和传播制度等。[②]

就本研究的研究对象而言，是指以手机为代表的移动媒介。从概念上定义，主要指的是具备物理属性特质的“媒介”，包括手机、平板电脑和电子阅读器等。也就是说，移动媒介主要指的是一种移动的、可随身携带的信息技术传播工具，也就是我们通常所谓的“硬件”。正如保罗·莱文森所认为的：“无论新旧媒介或介乎其间的东西都需要设备或硬件。思想需要大脑方能传播和维持。不在脑子里的信息需要设备去创造、储存、传播、接收和维持。”[③]随着信息技术的发展与变革，人类社会已经进入智能数字时代。目前人们使用的手机和平板电脑大都为智能机器，这些移动设备终端中大都包括许多第三方应用程序，如微信、微博、QQ等，我们通常称为“社交媒体”的社交性软件。这些软件尽管经常被冠以“媒体”的名称，但本质上也只是一种媒介和介质，只是传播信息的一种工具和载体，事实上并不属于具社会性和组织机构性质的“机体”范畴。

基于此，本研究认为移动媒介的定义应当是：“连通网络的、随身携带的、具有可进行大众传播应用程序的接入终端，智能手机、平板电脑、电子阅读器等智能终端是其典型代表，移动媒介能把分散的人群、流动的时空以及海量的信息汇合到一起，彻底改写了信息传播者和接受者的角色限制，也改变了信息传播和接受的时空限制，是在较长时期内人类会持续使用与发展的主要媒介形式之一。”[④]

---

① 赵炎秋：《媒介与媒体：传媒的两种涵义及其区分》，《湖南社会科学》2009年第5期。

② 李玮、谢娟：《“媒介”“媒体”及其延伸概念的辨析与规范》，《武汉理工大学学报》（社会科学版）2011年第5期。

③ ［美］保罗·莱文森：《新新媒介》，何道宽译，复旦大学出版社2011年版，第152页。

④ 陈嫕如、石迪：《移动媒介与少数民族农村社区变迁研究述评——一个全球化的视角》，《厦门大学学报》（哲学社会科学版）2017年第4期。

二 农村社区

本研究所指的农村的概念，在我国的行政和地理划分上，主要表现为“农村社区”。《中国大百科全书》把社区定义为“通常指以一定地理区域为基础的社会群体”。[①]社会学家滕尼斯认为“社区”是：“那些有着相同价值取向、人口同质性较强的社会共同体，其体现的人际关系是一种亲密无间、守望相助、服从权威且具有共同信仰和共同风俗习惯的人际关系，它不是社会分工的结果，而是由传统的血缘、地缘和文化等自然因素造成的，其外延主要限于传统的乡村社区。”[②]

“农村社区”的概念也有着不同的界定。费孝通认为农村社区是指“礼治秩序，没有陌生人的社会及熟人社会；无为政治，基层社会结构是一根根私人联系构成的网络”。[③]盖尔平认为，“农村社区是由一个交易中心与其周围散居的农家合成的。要划定这样一个社区，最好是利用那个交易中心的交易行为所能达到的距离，在其最远处画下记号。将这些记号连接起来，就形成了一个圆圈，圆圈以内就是一个农村社区”。[④]根据本研究所选择田野地点的基本情况，认为农村社区是以一定地区区域范围为基础的，村民在此共同生活作息，共享基本生活设施和经济社会生活等，并已形成基本秩序的空间群落，同时村民之间还应具有共同的文化、习俗和价值观念乃至信仰。在本研究里，农村社区的概念具有地理区域上的共同体的含义，而且生活在农村社区的群体还有物质和精神文化上的共通点与归属感。

本研究以贵州省麻江县河坝村这个农村社区作为田野地点。根据我国目前实行的农村行政管理划分的组织机构，河坝村是把地域相邻的村

---

① 中国大百科全书总编辑委员会《社会学》编辑委员会、中国大百科全书出版社编辑部:《中国大百科全书·社会学》，中国大百科全书出版社1991年版，第356页。

② [德]斐迪南·滕尼斯:《共同体与社会：纯粹社会学的基本概念》，林荣远译，北京大学出版社2010年版，第53—94页。

③ 费孝通:《乡土中国》，上海人民出版社2006年版，第22页。

④ Galpin, C.J., “Social Anatomy of an Agricultural Community”, *Agricultural Experiment Station Research Bull*, 1915, p.34. 转引自黎熙元《现代社区概论》，中山大学出版社2007年版，第113页。

寨规划为一个社区，并设置了另一个公共服务机构——河坝村社区服务中心，为该村的村民提供公共服务。另外，现有的农村社区一般实行网格化管理方法，是“总网格—基础网格—网格”的三级模式。在总网格的统领下，下设基础网格和网格。河坝村以村为总网格，下设三个基础网格，在三个基础网格下又分为十九个网格。在每个网格内推选一名格长进行管理，河坝村村民一般称之为“组长”，由组长对该网格内的各项事宜进行组织和管理。本研究以河坝村这个农村社区为界线，分析该社区里的村民，在使用移动媒介的过程当中，其社会网络产生了什么样的影响，反过来，其社会网络结构的变化和发展又对移动媒介的使用有何改变与影响。

三　社会网络

对于社会网络的定义，一直和社会资本存在着暧昧不清的解释。国内外的许多学者认为社会资本就是一种社会网络。他们的社会资本概念是围绕着社会网络的范畴进行研究的，并认为社会资本从形式上来看就是一种关系网络，也是资源配置的重要方式。但是这种把社会网络和社会资本混淆不清的理解，不仅降低了两种理论的解释力，而且也不利于其理论的独立发展。那么社会网络究竟是什么呢？

社会网络分析的思想最早可以追溯到奥古斯特·孔德。孔德在 1830 年至 1842 年之间，创造了“社会学”这个术语，同时建议将人类社会结构与非人类的动物群体结构进行比较，并建议根据社会行动者之间的相互联系来考察社会。20 世纪初期，许多著名社会学家接受了孔德的结构性视角。斐迪南·滕尼斯对基于社区的传统和现代的社会形势进行了比较，认为现代社会中的社会联系是正式、非个人的和工具性的。埃米尔·涂尔干认为传统社会区别于现代社会之处在于，劳动分工导致了个人在有机团结的接触上形成了合作性的联系。查尔斯·霍顿·库利认为传统的小规模社区中，个人通过亲密的初级关系联系起来，而现代大规模社会由非个人的次级关系联系。最值得指出的是乔治·齐美尔，他的观点体现了最为清晰的结构视角，他认为：“只有当大量的个人进行互动时社会才存在。”[①] 这些早期的社会学家都是通过考察社会联系而共同拥有了结构性的研究视角。

20 世纪 70 年代以来，社会网络理论在美国学术界开始发展。这种理论主要强调社会网络结构、人际关系以及关系内涵对社会现象的解释。该理论认为，行动者的行为虽然是理性和具有自主性的，但也无法脱离其结构因素所带来的影响和限制作用。根据社会网络分析的相关理论，人们的社会行为往往会受到个体之间的人际交往和社会互动的影响。所以，与传统的社会学等传统理论只关注个体的行为不同，社会网络分析更关注个体之间的关系，也就是从个体出发关注整体的结构，分析结构当中的个体行动者的相互交往及其影响。20 世纪末至今，社会网络理论在美国社会学和管理学领域影响日盛。社会学大师哈里森・怀特、伯曼、布里格和弗里曼等人推演出的数学分析方法，可以对网络结构进行有效测量。同时，拉图尔的“行动者网络理论”、科尔曼和罗杰斯的“二级传播理论”、格兰诺维特的“弱连带优势理论”和“嵌入理论”、博特的“结构洞理论”、林南的“社会资本”理论等中层理论更是为社会网络理论建设提供了强有力的支持。

拉图尔认为，行动者本身是没有什么个性的，处于同样位置的人就一定会采取相同的行动，他只是一个占位符，承载特定的力量履行既定的功能。网络在拉图尔的概念中是一系列的行动，所有的行动者都是成熟的转义者，行动就会不断产生运转的效果。这种网络不是互联网这种纯技术意义的网络，也不是人类行动者之间的非正式联结的结构化网络，而是一种描述连接的方法，强调工作、变动、流变和变化的过程。[②] 杰西・洛佩兹和约翰・斯科特认为，社会网络是一群行动者和他们之间的联系。他们指出，社会网络中有两个最基本的要素，也就是作为行动者的“节点”和作为行动者之间的关系的“联系”。因此，一般而言，社会网络的分析和研究的重点有两个：一是行动者是怎样形成和发展自己的关系网络的；二是网络结构是如何影响和反作用于行动者的。社会

---

① Simmel, G., *On Individuality and Social Forms*, Chicago: University of Chicago, 1908/1971, p.23.

② Latour, B., *Science in Action*, Cambridge Mass: Havard University Press, 1987, p.4.

网络分析作为一种研究视角，其关注重点是行动者之间的关系和结构，这也是这种研究视角的优势所在。值得注意的是，在拉图尔的行动者网络理论中，行动者可以指人，也可以指物，两者之间是平等的关系，而且在网络中各自发挥其能动性。网络将人和非人的行动者组合在一起，是多个行动者可以活动和依附的关系场域，在其中形成多种多样的变化发展的动态形式。

总的来说，社会网络理论是从相互之间的关系，以及这种关系结构对行动者产生的影响和作用出发，来观察和分析各种社会现象。另外，社会网络分析在强调结构的同时，也关注微观的人际关系，这将是本研究关注的重点之一。

四　社会资本

社会资本也是本研究中的一个核心概念。社会资本是一种以社会网络为载体的资源形式。社会网络中，行动者互相联系，社会资本就在其中转移和运作，是人际关系交往和社会关系互动作用的结果。社会资本是在互动的社会网络和社会关系的基础上产生的，蕴含于社会网络之中，但是并不等同于网络。

社会资本理论最初由布尔迪厄总结提出，他认为社会资本是“由社会义务或联系组成。它是实际的或潜在资源的集合，这些资源是与由相互默认或承认的关系所组成的持久网络有关，而且这些关系或多或少是制度化的”。[①] 帕特南认为，“社会资本是社会组织的认证，如信任、规范和网络，它们能够通过推动协调的行动来提高社会效率”。[②] 根据世界银行的解释，社会资本主要有三方面的特征：“首先，社会资本是由公民对信任、互惠和合作有关的一系列态度和价值观构成的，其关键是使人们倾向于相互合作，信任、理解、同情；其次，社会资本体现在将朋友、家庭、社区、工作及公私生活联系起来的人际网络；第三，社会

① 李惠斌：《什么是社会资本》，载李惠斌、杨雪冬主编《社会资本与社会发展》，社会科学文献出版社 2000 年版，第 3 页。

② [美]罗伯特·D. 帕特南：《使民主运转起来：现代意大利的公民传统》，王列、赖海榕译，江西人民出版社 2001 年版，第 195 页。

资本重在参与，它有助于推动社会行动。”[①] 林南从个体行动和结构的立场出发，认为社会资本是“个体为了在嵌入型资源中获取回报，通过工具行动和表达行动而在社会关系中的投资”。[②] 同时，他还认为，“社会资本可以操作化定义为行动者在行动中获取和使用的嵌入在社会网络中的资源”。[③] 通过社会网络分析，我们可以了解社会资本的存在及其对行动者的重要性。

科尔曼认为，社会资本应该通过人们之间的社会关系来研究。人们之间的关系构成了社会结构，而构成社会结构的各个要素的社会关系，对于结构内部的人的行动造成了便利。林南认为：“将社会资源，或者社会资本，定义为通过社会关系获取的资源。社会资本包含其他个体行动者的资源（如财富、权力、声望和社会网络等），个体行动者可以通过直接或间接的社会关系获取他们。社会资本是嵌入在关系网中的资源。”[④]

边燕杰认为：“虽然存在多种定义，但社会资本的基本定位是清楚的、内涵是明确的，即社会关系网络。这可以从资本的本质特征来剖析。资本的原始状态是资源，行为者为获取收益和回报，其投入于增值导向的努力之中。所以，判定资本的根本形式，从资源与行为者的关系入手……社会资本是存在于行为者与行为者的联系之中的，关系强弱、网络大小，等等。”[⑤]

从社会网络的角度来定义和测量社会资本，已经基本成为学术界的共识，这样才能使社会资本成为可以明确界定和测量的学术概念。本研究认为，林南的社会资本概念最符合本研究的研究对象和研究问题，即认为社会资本是嵌入在社会网络之中的，通过个体行动者的行动可以获

---

① 郎友兴、周文：《社会资本与农村社区建设的可持续性》，《浙江社会科学》2008 年第 11 期。

② Lin, N., Cook, K.S., Burt, R.S., “Social Capital: Theory and Research”, *Contemporary Sociology,* vol.31, January 2001, pp.3-18.

③ [美] 林南：《社会资本——关于社会结构与行动的理论》，张磊译，上海人民出版社 2005 年版，第 24 页。

④ [美] 林南：《社会资本——关于社会结构与行动的理论》，张磊译，上海人民出版社 2005 年版，第 42 页。

⑤ 边燕杰：《社会资本研究》，《学习与探索》2006 年第 2 期。

取和使用，其目的是在嵌入型的资源当中获取一定的回报，是一种在互动的社会关系中进行投资的行为。社会资本可以被看作一种社会网络关系，同时，如果个体行动者的关系网络越多越广泛，则其社会资本的量就越大。

彭兰认为："网络节点的这些位置的自然等级关系变得相对平等了，人们在这些位置上去获得资源的规则变得相对公平，行动也变得相对容易了。这也是社会网络将人们的社会资本需求凸显出来的结构性原因。"[①] 美国社会学家马克·格兰诺维特的社会网络理论对信息的流动和获取就有着独特见解，也因此发展了他著名的"强关系"和"弱关系"理论。他认为，人与人关系之间的强度，是"认识时间的长短""互动的频率""亲密性"（相互倾诉的内容）及"互惠性服务的内容"的组合，根据这四个因素的强弱程度，可以把人们之间的关系分为强关系、弱关系和无关系。[②] 他还认为，根据社会交往理论，只有那些在各方面与某人有较强同质性的人才可能与他建立起比较紧密的关系，因此，这些人所掌握的信息和他差别不大。而与此人关系较疏远的那些人则由于具有较强的异质性，也就更有可能掌握此人及其周围圈子内的人所无法得到的、对个体求职有帮助的信息。[③] 在格兰诺维特看来，强关系在群体和组织内部起着重要作用，而弱关系则在群体之间和组织之间起着纽带的作用，从而建立起社会系统。

在移动媒介背景下建构的社会网络，使得网络结构中的位置发生了变迁，社会资本的获取方式必然产生一定程度的变化。从目前来看，不同的位置在获取社会资本上的差异的研究应更加宽泛和深入，尤其是信息的获取极其不平等。

---

① 彭兰：《从社区到社会网络——一种互联网研究视野与方法的拓展》，《国际新闻界》2009 年第 5 期。

② [美] 马克·格兰诺维特：《镶嵌：社会网与经济行动》，罗家德等译，社会科学文献出版社 2015 年版，第 57—58 页。

③ [美] 马克·格兰诺维特：《镶嵌：社会网与经济行动》，罗家德等译，社会科学文献出版社 2015 年版，第 70—71 页。

第一章　文献综述与问题的提出

在进行文献综述和爬梳之前，本研究有必要交代清楚缘由。因为本研究使用的主要研究方法为田野调查和深度访谈，主要分析和生成理论的工作参考扎根理论，所以必然会有质疑的声音认为，问题应该是在不断地比较和观察中得出来的，不应该带着理论视角进入田野调查，如此便不是建构理论而是印证理论了。但本研究认为，没有任何一种研究是建立在空白的基础上的，必然是对前人经验和问题的总结和发展。因此，本研究认为，最初的文献综述和理论理解还是必要的，可以形成对自己研究领域和问题的最初看法。但是又不能拘泥于此，最后对问题的理解和理论的建构都必须来源于第一手材料。持此观点，在文献综述的基础上，本研究在田野调查的过程中不断深入和发展自己的问题和理论理解，从而形成了最终的核心问题。

本研究的文献查找范围主要集中在中国学术文献网络出版总库、EBSCO 全文期刊数据库和 ProQuest 数据库。值得一提的是，除利用关键词及关键词组合在数据库进行搜索查找文献之外，本研究还采用了另一种文献检索方式，即关注研究手机媒介、手机传播、媒介生态学、媒介人类学和社会网络等与本学科相关学者及其论著，以及已经查找到的相关文章，然后按图索骥地查找其引用的研究文献。本研究争取获得力所能及范围内的文献，从而全面系统地概述移动媒介与农村社区的社会网络研究，包括相关研究的发展、内涵、研究方法和最新的进展，并指出研究存在的不足和今后可能的研究方向。

第一节 国内外研究综述

文献梳理分为三个部分进行：一是国内外关于移动媒介与农村社区社会变迁的研究；二是国内外关于移动媒介与社会网络的研究；三是研究述评。

一 国内外关于移动媒介与农村社区社会变迁的研究

（一）国内关于移动媒介与农村社区社会变迁的研究

对传播学研究而言，关于媒介与农村地区的研究并不新鲜。20世纪90年代至今，相关研究在传播学研究领域也是一道引人瞩目的风景。从研究内容上来看，媒介与农村社区的研究分为两类：一类是从理论上探讨大众媒介与农村地区经济社会发展的关系，如郭建斌对云南少数民族地区的传播现状进行调查后进行的理论思考[①]，复旦大学与云南大学多年来在云南联合开展的少数民族地区的信息传播和社会发展的系列研究等；另一类则是从农村社区的文化背景出发，研究媒介对其生活和社会发展的影响。具有代表性的研究有：郭建斌[②]、吴飞[③]研究了电视对云南省独龙江流域的少数民族的影响；泽玉研究了电视与西藏民族地区乡村社会变迁之间的关系[④]；李春霞用民族志的研究方法，呈现了彝族社区的结构和组织模式的变迁[⑤]；龙运荣用混合研究方法，研究了湘西侗寨中大

---

① 郭建斌：《云南民族地区传播调查引出的思考》，《云南社会科学》1999年第1期。

② 郭建斌：《独乡电视：现代传媒与少数民族乡村日常生活》，山东人民出版社2005年版。

③ 吴飞：《火塘·教堂·电视——一个少数民族社区的社会传播网络研究》，光明日报出版社2008年版。

④ 泽玉：《电视与西藏乡村社会变迁》，中国传媒大学出版社2015年版。

⑤ 李春霞：《电视与彝民生活》，四川大学出版社2007年版。

众传媒和社会文化发展变化的关系[①]；李苓和陈昌文对四川15个乡寨的媒介使用和社会发展进行了全面调查和分析[②]；等等。

这些研究从各个理论角度探讨和研究了大众媒介对农村地区的作用和影响，呈现出了这些地区媒介与社会发展的整体面貌，对传播学研究领域作出了独特的贡献。但是，这些研究也具有一定程度的缺陷，比如一部分研究视野欠开阔，理论的深化不够，还有部分研究没有触及传播技术变革下的社会结构的变迁的本质问题。对于传播技术又进入新的变革时代的今天来说，媒介在更新换代，电视等大众媒介的影响已经自然化，甚至有些媒介已近于淘汰，学术研究也需要跟上步伐。通过对移动媒介和农村社区的研究进行分析，本研究发现这些研究主要可以分为以下几个方面。

1. 移动媒介对农村社会的日常生活影响研究

孙信茹研究了云南哈尼族村寨村民的手机使用，对手机使用在少数民族的独特语境中呈现出的社会与文化影响进行了探讨[③]；黄健在贵州的西江苗寨进行了调查，研究了农民的手机使用及其生活观念的影响和变化[④]；孙秋云和费中正以符号资本为理论视角，探讨了手机对西江苗寨人日常生活的影响和意义[⑤]；贺巧虹则研究了西北回族村落村民的手机使用及其影响[⑥]。

2. 农村地区的移动媒介经营管理研究

林晓华和邱艳萍对少数民族地区的手机出版产业进行了研究和探

---

① 龙运荣：《大众传媒与民族社会文化变迁——芷江碧河村的个案研究》，博士学位论文，中南民族大学，2011年。

② 李苓、陈昌文：《现代传媒与中国西部民族》，中华书局2012年版。

③ 孙信茹：《手机和箐口哈尼族村寨生活——关于手机使用的传播人类学考察》，《现代传播（中国传媒大学学报）》2010年第1期。

④ 黄健：《少数民族地区手机使用状况及其影响研究——基于贵州黔东南州西江苗寨的调查》，《民族论坛》2012年第12期。

⑤ 孙秋云、费中正：《消费现代性：手机与西江苗寨的社会变迁》，《贵州民族研究》2011年第3期。

⑥ 贺巧虹：《河西镇建新村回族手机媒介使用的田野调查》，硕士学位论文，兰州大学，2013年。

讨，认为手机出版将成为少数民族农村的信息传播的主要突破口[①]；林晓华对全国多个农村地区进行问卷调查，研究了传统的主流媒体利用手机等新媒体提高公信力的方法和策略[②]；等等。

3. 移动媒介对农村地区的数字贫困影响研究

李苓对西部汉藏羌民族混居地区的新媒体基础设施的资源配置、接触和使用的数字鸿沟问题进行了研究[③]；沈广彩对移动媒介时代西部农村地区的数字鸿沟现状进行了分析，并对政府如何作为提出了建议[④]；汤景泰和李兴丽则对移动互联网技术产生的数字鸿沟进行了研究，认为智能手机能够缩小城乡之间的数字鸿沟，以及信息传播的地域差距[⑤]；等等。

4. 农村地区青少年的移动媒介使用与影响研究

吕军莉对藏族大学生移动媒介学习的现状和效果进行分析，并提出了对策[⑥]；郑毅对贵州黔东南州西江地区的青少年的手机使用情况进行调查，探讨了短信对该地区青少年汉语社会化产生的影响[⑦]；而龚芳敏等则针对农村地区大学生的手机消费进行了研究，并分析了其行为特征[⑧]；等等。

---

① 林晓华、邱艳萍：《手机出版：突破少数民族农村信息传播瓶颈的最优选择》，《出版发行研究》2013 年第 1 期。

② 林晓华：《传统主流媒体在民族地区如何提升公信力？——对传统主流媒体在少数民族地区公信力状况的调查分析》，《西南民族大学学报》（人文社会科学版）2012 年第 12 期。

③ 李苓：《中国西部城乡网络与手机等新媒体使用研究》，《中国出版》2013 年第 19 期。

④ 沈广彩：《数字鸿沟还是数字机遇——试论新媒体时代少数民族文化传播面临的机遇和挑战》，《新闻研究导刊》2016 年第 3 期。

⑤ 汤景泰、李兴丽：《消失的地域与碎片化族群的兴起——移动互联网中广州与连南瑶族自治县的“数字鸿沟”调查》，《西南民族大学学报》（人文社会科学版）2014 年第 1 期。

⑥ 吕军莉：《藏族大学生移动媒介学习现状及影响因素分析》，《民族教育研究》2016 年第 5 期。

⑦ 郑毅：《手机短信对苗族青少年汉语言社会化的影响研究》，硕士学位论文，华中科技大学，2011 年。

⑧ 龚芳敏、阳璐、王召君：《民族地区高校大学生手机媒体消费的行为特征分析——以吉首大学为例》，《宁夏社会科学》2015 年第 2 期。

5. 移动媒介与农村地区的文化传播研究

王延明研究了移动通信技术对从农村地区传统文化传播的影响[①]；陈艳花在重庆市的少数民族聚集区研究了互联网技术对少数民族的现代性形象的建构和影响，并提出了使用传播技术手段促进民族形象建构的建议和对策[②]；侯文妮在云南的边境农村地区进行调研，研究了手机对区域文化的传播内容和传播秩序的影响[③]；陆双梅在迪庆研究了民众利用手机交往的文化现象，并分析了民众在手机交往过程中体现的社会文化心理[④]；龙运荣则以媒介生态学的理论视角，对网络全球化背景下的文化传播和发展进行了探讨[⑤]；等等。

6. 移动媒介与农村地区的理论重构研究

李春霞和彭兆荣提出，媒介技术的发展，对人类社会产生了巨大影响，为了保护人类文化的多样性，人类学家和传播学者应共同研究媒介和民族文化的相互作用与影响，媒介人类学将大有可为[⑥]；孙信茹和杨星星的文章指出，不管是宏观层面还是微观层面，社会文化变迁和传播的众多研究中都蕴含着普遍性的关联，要从这些关联中找出建立文化传播研究的理论框架，并提出传播研究，要把握“媒介在场”“媒介逻辑”和“媒介意义”这三层关系[⑦]；学者盖纳德·高金在我国期刊发文指出，以移动技术为核心的手机和互联网技术的出现，改变了人们交往和参与的过程，并构建出了新的受众。定位受众和受众自我建构二者之间，形

---

① 王延明：《从牛马载信到移动通信——以甘南藏族移动通信与藏文化互动为例》，博士学位论文，兰州大学，2010年。

② 陈艳花：《新媒介环境下大众传播与少数民族现代性形象建构——以重庆少数民族聚居区为例》，《新闻知识》2013年第1期。

③ 侯文妮：《手机与少数民族地区文化传播新秩序——基于云南德宏地区的田野调查》，《西部广播电视》2016年第15期。

④ 陆双梅：《震惊的体验：迪庆藏族民众手机交往中的社会文化心理探析》，《新闻大学》2014年第2期。

⑤ 龙运荣：《全球网络时代的民族文化发展与保护——以媒介生态为视角》，《大连民族学院学报》2010年第4期。

⑥ 李春霞、彭兆荣：《媒介化世界里人类学家与传播学家的际会：文化多样性与媒体人类学》，《思想战线》2008年第6期。

⑦ 孙信茹、杨星星：《媒介在场·媒介逻辑·媒介意义：民族传播研究的取向和进路》，《当代传播》2012年第5期。

成了新的媒介生态环境，提出了新的理论命题[①]；等等。

7. 移动媒介在农村地区的创新与扩散研究

李玲用调查问卷和深度访谈的研究方法，分析了云南省哈尼族聚集区的移动互联网的扩散情况及其影响[②]；赵长雁和罗明军在云南省进行调研，研究了该地区农业科技信息是如何扩散的，并提出了以手机为主的多种媒体组合的传播策略[③]。

（二）国外关于移动媒介与农村社区社会变迁的研究

由于技术的演进关系，国外关于媒介与农村社区研究，也始于大众传媒，但在研究地域范围、关注内容的焦点上与国内有所不同。罗伯特·E. 帕克最早对大众媒介与不同族裔的关系展开研究。19 世纪末 20 世纪初，为了考察新移民如何融入美国社会、如何被同化等一系列社会问题，帕克深入城市社区，调查研究了数十种外文报刊，出版了《移民报刊及其控制》。研究发现，移民报刊对维护种族文化、通过本民族语言接触和了解美国社会、使移民读者顺利融入美国文化起到了积极作用[④]。学者柯克·约翰逊运用民族志方法，分析了电视对印度两个村庄农村社区在心理和结构两方面的影响[⑤]。美国人类学家豪腾斯·鲍尔梅克（Hortense Powdermaker）在非洲赞比亚挖铜矿的小镇进行了有关广播与电影的民族志研究[⑥]。20 世纪 70 年代，索尔·沃思（Sol Worth）和约翰·艾德尔（John Adair）对美国新墨西哥州、亚利桑那州、犹他州等地印第安人中的诺瓦霍人的影像实践展开研究，并首先提出“原住民媒

---

① ［澳］盖纳德·高金：《移动媒介语境中的受众生态问题》，任增强译，《江西社会科学》2011 年第 4 期。

② 李玲：《西部农村地区移动互联网扩散动因及影响探析——基于云南省碧溪村的个案研究》，硕士学位论文，暨南大学，2015 年。

③ 赵长雁、罗明军：《云南边疆少数民族地区农业科技信息扩散过程中的多媒体组合策略》，《电子技术与软件工程》2012 年第 1 期。

④ ［美］罗伯特·E. 帕克：《移民报刊及其控制》，陈静静、展江译，中国人民大学出版社 2011 年版。

⑤ ［美］柯克·约翰逊：《电视与乡村社会变迁：对印度两村庄的民族志调查》，展明辉、张金玺译，中国人民大学出版社 2005 年版。

⑥ Powdermaker, H., *Copper Town, Changing Africa: The Human Situation on the Rhodesian Copperbelt*, New York: Harper & Row, 1962.

体”的概念[①]。肯特（Kent）分析了电视对瓦那霍印第安人乡村家庭的跨文化影响，发现看电视减少了人们参加其他活动的时间。20 世纪 80 年代中期，哈特曼（Hartmann）及其团队分析了大众传播媒介对印度乡村社会变迁的影响，并把研究的焦点放在媒介的教育功能方面[②]。菲·金斯伯格等研究了加拿大因纽特人及澳大利亚原住民的媒体实践，提出“荧幕记忆”概念，即原住民用影像方式所记录下来的内容。她认为，原住民并不使用荧幕媒体来遮盖过去，而是用来恢复他们的集体故事和历史[③]。另外，还有学者以自我模式、社会认同为视角，研究美国白人与墨西哥裔观众在收看电视新闻方面的差异问题。

移动媒介技术的迅速发展和扩散，引起学者将之作为研究的重点领域。里奇·凌认为：“人类必然要利用移动性的启示，因为它是导致提高社会凝聚力的网络关系之一。”[④]国外对民族、种族移动媒介使用与实践的研究比我国的移动媒介研究要早，而且视野更宽阔，成果更丰富。代表性的研究主要有以下几个方面。

1. 移动媒介与社会关系、社会变迁的研究

杰拉德·戈金（Gerard Goggin）通过对全球多个地区进行实地考察，以苹果手机为案例，最早研究了移动媒介在当代文化、经济和政治的交流与互动中的作用。[⑤]安娜·克里斯蒂娜·佩尔蒂埃拉（Anna Cristina Pertierra）运用参与式观察和访谈法对 21 世纪古巴的移动媒介网络活动进行研究，主要分析在信息和通信管控背景下，古巴人民如何

---

① 郭建斌：《媒体人类学：概念、历史及理论视角》，《国际新闻界》2015 年第 10 期。

② Hartmann, P., Patil, B.R., Dighe, A., *The Mass Media and Village Life: An Indian Study*, Sage Publications, 1989.

③ [美] 菲·金斯伯格、莉拉·阿布–卢格霍德、布莱恩·拉金编：《媒体世界：人类学的新领域》，“国立”编译馆主译，台北：巨流编译馆 2008 年版。转引自郭建斌《媒体人类学：概念、历史及理论视角》，《国际新闻界》2015 年第 10 期。

④ Ling, R., *New Tech, New Ties: How Mobile Communication Is Reshaping Social Cohesion*, Cambridge, MA: MIT Press, 2008.

⑤ Goggin, G., *Global Mobile Media*, NY: Routledge, 2011.

通过移动媒体来快速获取西方世界的信息和娱乐资料。[①]英国人类学家丹尼尔·米勒的著作《手机：一项传播人类学的研究》，运用民族志方法，深入研究了手机作为新的传播媒介对牙买加低收入人群的重要意义。[②]莱米什（Lemish）和科恩（Cohen）认为，移动电话有利于以色列使用者建构多元身份，对探索以色列人如何看待自己以及如何进行自我表达有重要意义，而且移动电话正创造一种独特的移动文化。[③]古德曼（Goodman）运用问卷调查的方法，对坦桑尼亚和南非社区人员的社会资本进行研究，以更好地理解手机在社交网络、群体参与和社会态度等方面的优越性。[④]这些研究主要探讨技术对人类和社会的影响，延续技术、文化和人类的关系这一永恒的研究主题，研究的全球化视野是国内学者值得借鉴的。

2. 移动媒介对经济行为、农村经济发展作用和影响研究

韦弗曼（Waverman）、梅斯基（Meschi）和福斯（Fuss）通过分析92个高收入和低收入国家的数据，全面分析了移动电话对非洲经济增长的影响，研究发现"移动电话对经济增长有积极和显著的影响，与发达国家相比，这种影响可能是发展中国家的两倍"。[⑤]阿克（Aker）和姆比蒂（Mbiti）通过对撒哈拉以南非洲地区过去十年移动电话覆盖和采用演变的分析，发现降低与移动电话相关的通信成本能带来切实的经济效益。在特定情况和国家，有利于提高农业和劳动力市场效率以及生产者和消费者的福利。他们认为，移动电话把个人与个人、信息、市场和

---

① Pertierra, A.C., "If They Show Prison Break in the United States on a Wednesday, by Thursday It Is Here: Mobile Media Networks in Twenty-first-century Cuba", *Television & New Media,* Vol. 13, Issue 5, Sep.2012, p.399-414.

② Horst, H.A., Daniel, M., *The Cell Phone:An Anthropology of Communication,* New York: Oxford, 2006.

③ Lemish, D., Cohen, A.A., "Tell Me about Your Mobile and I'll Tell You Who You Are: Israelis Talk about Themselves", *Mobile Communications, Computer Supported Cooperative Work,* Springer London, Vol.31, 2005, pp.187-202.

④ Goodman, J., "Linking Mobile Phone Ownership and Use to Social Capital in Rural South Africa and Tanzania", *In Termedia,* Vol.33, No.4, 2005, pp.26-39, 41.

⑤ Waverman, L., Meschi, M., Fuss, M., "The Impact of Telecoms on Economic Growth in Developing Countries", *The Vodafone Policy Paper Series,* Vol.2, No.3, 2005, pp.10-24.

服务联系起来，对非洲农村有着明显影响，成为促进非洲经济更广泛发展的必要条件[①]。另外，阿克（Aker）研究了移动电话和尼日尔农业市场如何运作的关系[②]。亚伯拉罕（Abraham）研究了印度西南部卡拉拉邦渔业社区渔民的手机使用情况[③]。甘地（Gandhi）、米塔尔（Mittal）和特里帕蒂（Tripathi）研究了移动电话和移动农业服务对农业发展的影响[④]。萨莉亚（Salia）和恩索瓦-努阿玛（Nsowah-Nuamah）等研究了手机使用对非洲西部国家加纳手工捕鱼市场效率和生计的影响。[⑤]弗鲁霍尔特（Furuholt）和马托泰（Matotay）研究了移动电话在非洲农村农业价值链上的作用和贡献。[⑥]巴特（Butt）研究了东非移动电话技术和社交网络与农村社区牧民家庭畜牧方式的变革。[⑦]

3. 移动媒介与贫困、数字鸿沟的关系研究

希夫（Sife）和金多（Kiondo）等收集了坦桑尼亚莫洛哥罗地区310 个研究样本，74 个焦点小组访谈参与者和 22 个关键报道人，运用质化和量化结合的研究方法，分析该地区民众如何通过移动电话扩大社

---

① Aker, J.C., Mbiti, I.M., “Mobile Phones and Economic Development in Africa”, *The Journal of Economic Perspectives,* Vol.24, Issue 3, Summer 2010, pp.207-232.

② Aker, J.C., “Information from Markets Near and Far: Mobile Phones and Agricultural Markets in Niger”, *American Economic Journal: Applied Economics,* Vol.2, No.3, 2010, pp.46-59.

③ Abraham, R., “Mobile Phones and Economic Development: Evidence from the Fishing Industry in India”, *Information Technologies and International Development,* Vol.4, Issue 1, Fall 2007, pp.5-17.

④ Gandhi, S., Mittal, S., & Tripathi, G., “The Impact of Mobiles on Agricultural Productivity. India: The Impact of Mobile Phones”, *The Vodafone Policy Paper Series,* Vol.26, 2009, pp.21-33.

⑤ Salia, M., Nsowah-Nuamah, N.N.N, Steel, W.F., “Effects of Mobile Phone Use on Artisanal Fishing Market Efficiency and Livelihoods in Ghana”, *Electronic Journal of Information Systems in Developing Countries,* Vol.47, No.1, 2011, pp.1-26.

⑥ Furuholt, B., Matotay, E., “The Developmental Contribution from Mobile Phones Across the Agricultural Value Chain in Rural Africa”, *The Electronic Journal of Information Systems in Developing Countries*, Vol.48, No.7, 2011, pp.1-16.

⑦ Butt, B., “Herding by Mobile Phone: Technology, Social Networks and the ‘Transformation’ of Pastoral Herding in East Africa”, *Human Ecology: An Interdisciplinary Journal*, Vol. 43, Issue 1, Feb.2015, pp.1-14.

会网络，减少贫困的产生；[①] 卡伦（Cullum）针对减少贫困语境下撒哈拉以南非洲地区的移动电话使用情况进行研究，发现信息和通信技术在消除贫困过程中，与那些自上而下或自下而上的发展举措相比，有效的机构参与和基层自发参与相结合的发展举措更具可持续性和可扩展性；[②] 巴兰特斯（Barrantes）以拉丁美洲国家为分析样本，把低流量的移动服务与标准收入、贫困指标进行对比，发现负担能力已成为移动渗透的重要预测因子，当前的资费结构阻碍穷人消费，因此，应该优先考虑减少税收的政策和鼓励引进服务于低收入群体的商业创新；[③] 沃尔顿（Walton）和唐纳（Donner）分析了全球南北之间的技术鸿沟，强调匹配南非低收入移动用户的技术规格和设备创造，指出贫困者需要为必要的商品和服务付更多费用的事实，这显然是不公正社会趋势的体现；[④] 英国国际发展部（DFID）还在名为“信息与通信技术对减少贫困的重要性”的报告中呼吁，“将信息与通信技术视为一种结束贫困的手段”。[⑤]

4. 移动媒介使用的创新与扩散研究

易相滋（Ezenezi）使用罗杰斯的创新与扩散理论，对尼日利亚的社会人口和经济变量与移动电话使用的客户满意度之间的关系问题进行研究。研究发现，经济状况与移动电话使用之间存在统计上的显著性关系，而社会地位与移动电话使用之间没有统计学意义的关系；[⑥] 邦杜（Bonthu）对比研究中国和印度用手机向农民传播信息的过程和作用，

---

① Sife, A.S., Kiondo, E., Lyimo-Macha, J.G., “Contribution of Mobile Phones to Rural Livelihoods and Poverty Reduction in Morogoro Region, Tanzania”, *The Electronic Journal of Information Systems in Developing Countries,* Vol.42, Issue 1, July 2010, pp.1-15.

② Cullum, T.B., “Information Development: Mobile Telephony, Governments, and Local Stakeholders in Africa”, M.A.dissertation, Georgetown University, 2010.

③ Barrantes, R., Galperin, H., “Can the Poor Afford Mobile Telephony? Evidence from Latin America”, *Telecommunications Policy,* Vol. 32, Issue 8, 2008, pp.521-530.

④ Walton, M., Donner, J., “Mobile-mediated Publics in South Africa’s 2009 Elections”, *Mobile Communication: Dimensions of Social Policy*, edited by Katz, J.E., New Bruns Wick, NJ:Transaction Publishers, 2011, pp.117-132.

⑤ Marker, P., McNamara, K., Wallace, L., *The Significance of Information and Communication Technologies for Reducing Poverty,* London, UK: DFID, 2002.

⑥ Ezenezi, R.E., “The Impact of Wireless Phone Technology on Users in Nigeria”, Ph.D. Dissertation, Walden University, 2010.

来分析中国政府机构的手机信息服务与印度的私营机构的信息传播哪个进程更快更有效。[①] 尤斯里（Yusri）和戈德温（Goodwin）对印度尼西亚教师如何运用移动电话来完成信息和通信技术学习教育进行研究。[②]

5. 移动媒介的健康传播研究

桑德伯格（Sandberg）和斯皮尔斯·约翰逊（Spears Johnson）等对美国北卡莱罗纳州的男性拉丁美洲裔农民的手机及智能手机的使用情况进行研究，并对健康信息传播和扩散的移动模式和传统模式进行了比较研究；[③] 莱特（Leite）和布雷什（Buresh）等以在美出生的209名巴尔的摩拉丁美洲人为分析样本，研究发现创新的手机沟通干预有可能预防拉丁美洲移民的艾滋病扩散以及更好地传播健康信息。[④]

6. 移动媒介对自然保护的作用研究

格雷厄姆（Graham）和亚当斯（Adams）等对肯尼亚莱基皮亚如何运用移动电话通信有效管理人与大象的冲突进行研究[⑤]；刘易斯（Lewis）和贝尔德（Baird）等用质化和量化的方法，对坦桑尼亚北部的马赛少数民族社区的马赛农牧民如何使用手机来管理人与野生动物的冲突和相互作用进行了研究。[⑥]

---

① Bonthu, P., “India and China: A Comparative Analysis of Mobile Phones in Agriculture”, M.A. Dissertation, University of Kansas, 2014.

② Yusri, I.K., & Goodwin, R., “Mobile Learning for ICT Training: Enhancing ICT Skill of Teachers in Indonesia”, *International Journal of e-Education, e-Business, e-Management and e-Learning,* Vol.3, No.4, August 2013, pp.293-296.

③ Sandberg, J.C., Johnson, Chaye R.S., Nguyen, H.T., et al., “Mobile and Traditional Modes of Communication Among Male Latino Farmworkers: Implications for Health Communication and Dissemination”, *Journal of Immigrant and Minority Health*, Vol. 18, No. 3, June 2016, pp.522-531.

④ Leite, L., Buresh, M., Rios, N., et al., “Cell Phone Utilization Among Foreign-born Latinos: A Promising Tool for Dissemination of Health and HIV Information”, *Journal of Immigrant & Minority Health,* Vol. 16, No. 4, Aug. 2014, pp. 661-669.

⑤ Graham, M.D., Adams, W.M, Kahiro, G.N., “Mobile Phone Communication in Effective Human Elephant–Conflict Management in Laikipia County, Kenya”, *Oryx,* Vol. 46, Issue 1, Jan.2012, pp.137-144.

⑥ Lewis, A.L., Baird, T.D., Sorice, M.G., “Mobile Phone Use and Human–Wildlife Conflict in Northern Tanzania”, *Environmental management,* Vol.58, Issue 1, July 2016, pp.117-129.

二 国内外关于移动媒介与社会网络的研究

随着媒介技术的发展，尤其是移动互联网技术的应用，促进了人们社会网络的形成和拓展。以社会学的社会网络理论为视角来研究这种新的社会现象及其影响，是当代学者的责任和义务。国内外学者立足现实，从各个方面进行的研究，使移动互联网技术情境下的社会网络研究体现出了丰富的内涵，同时也使移动互联技术的社会影响研究呈现出了新的学术面貌。

（一）国内关于移动媒介与社会网络的研究

对于国内移动媒介与社会网络研究，相关的文献数量不多，且多集中在网站和社交媒体等对社会网络的影响上。对这类研究的分类，一般而言可以把其分为媒介对线上（虚拟）社会网络的影响和线下（现实）社会网络的影响。这样分类的前提是肯定媒介对社会网络的巨大影响，有利于厘清互联网技术发展以来，人们由于技术进步带来的生活方式和人际交往模式的巨大变革。但是，学术研究有其自身的生命力，学者们在面对纷繁的社会生活现象时，开辟了多个研究方向和兴趣点，且国内学者的相关研究表现出了对中国独特的社会生活现象的理解和反映。因此，本研究在最大范围内收集文献后，按照文献本身的研究方向呈现出学术研究的脉络和集中点。通过梳理，发现国内关于媒介和社会网络的研究主要有以下几个方面。

1. 用社会网络分析方法研究信息传播及其模式

首先，社会学、心理学、教育学、计算机科学和传播学等各个学科领域，都有把社会网络理论作为分析方法来解读信息传播现象的相关研究。张伯雷研究了如何利用社会网络的拓扑结构，通过数据挖掘，让信息传播达到影响力最大化。① 刘燕锦用社会网络分析法对热门社交网站和微博的传播模式进行分析对比，分析同属于关系型的媒介技术平台是否因为功能设置的差异而造成信息在使用者之间流动的差异，以及其差

① 张伯雷:《社会网络信息传播与影响力最大化研究》，博士学位论文，南京大学，2016年。

异具体如何表现。[①] 雷辉和聂珊珊等的研究比较分析政府、企业、学校、微博名人这四类网络传播主体的结构特征、内部用户的互动关系、个体用户的各项指标，从而分析不同类别的网络信息传递主体的行为特征，为推动信息在网络中的传播提供政策建议。[②] 徐宝达等基于信息传播理论并应用社会网络分析法，对微信公众号信息传播特征、规律和网络结构进行了研究。[③] 詹骞的研究以北京地区政务微博为研究对象，考察这一地区政务微博群中意见领袖圈的特质，采用社会网络分析的方法探寻和厘清意见领袖之间的信息流向及主导力量。[④] 王晗啸和卢章平等的文章对社会网络分析法及其在数据新闻领域的应用进行介绍，以 2016 年 8 月新浪微博热门主题作为案例进行社会网络分析。[⑤] 谢丹和任金州借鉴社会网络理论，从结构的视角探讨纪录片传播的创新模式问题，肯定了社会网络在纪录片传播中的独特作用。[⑥] 陶琳玲研究了互联网环境下社会网络中行为扩散的新特征对传统扩散理论的冲击，并从复杂社会网络角度出发探索行为扩散机制的演化规律。[⑦]

2. 媒介对社会网络中的社会资本的影响研究

何业文立足于传播学角度，研究了网上虚拟社区作为人与人交流与交往的平台，其“传播明星”与现实群体之中的“明星”和“桥”的对应关系，认为大多数虚拟社区的重度使用者和少数中度使用者，占据了

---

① 刘燕锦:《社交网站和微博的信息传播比较——以社会网络分析结果为依据》,《东南传播》2012 年第 9 期。

② 雷辉、聂珊珊、黄小宝、马伟:《基于社会网络分析的网络传播主体行为特征研究》,《情报杂志》2015 年第 1 期。

③ 徐宝达、赵树宽、张健:《基于社会网络分析的微信公众号信息传播研究》,《情报杂志》2017 年第 1 期。

④ 詹骞:《政务微博意见领袖的社会网络分析——以北京地区政务微博为例》,《现代传播(中国传媒大学学报)》2014 年第 12 期。

⑤ 王晗啸、卢章平、陈庆:《社会网络分析在数据新闻领域的实践应用》,《编辑之友》2017 年第 2 期。

⑥ 谢丹、任金州:《基于社会网络理论的纪录片传播新模式——以〈失去的山谷〉为例》,《现代传播(中国传媒大学学报)》2015 年第 7 期。

⑦ 陶琳玲:《动态社会网络中的行为扩散机制研究》，硕士学位论文，南京理工大学，2016 年。

社会网络中更好的位置，拥有更多社会资本。[①] 周宇豪把网络媒介社会资本放在引发社会关系网络形态变化和社会结构变化的人际交往过程中进行考察，重点研究了网络媒介中社会资本的获得方式与社会行为主体构建社会网络之间的关系。[②] 吴予敏和朱超勤的研究从社会网络的视角探析了新媒体与农民工社会资本获取之间的关系。[③] 李春霞研究了网络媒体对社会网络的影响，认为在网络媒体的作用下，人们的社会网络的构建和社会资源的动员过程都发生了巨变。[④] 韦路和丁方舟则采用社会网络分析和可视化的方法，以在 Twitter 中开设英文认证账号的各国媒介机构为研究对象，研究了各国媒介机构的社会资本和相互之间的双向链接关系的影响因素，重点研究了中国在其中的位置和影响力。[⑤] 罗茜、沈阳和王可欣运用社会网络分析方法，考察了 112 家大学出版社通过微博关注形成的社会资本情况。[⑥] 魏心恬采取问卷调查法，以大学生为研究对象，探讨在微信的影响下，社会资本的基本特征、构成模式及其影响因素。[⑦]

3. 媒介使用条件下社会网络中的权力生成与公共事务参与研究

社会网络中的权力生成历来是学者们关注的话题，新的媒介对社会网络的权力建构以及人们参与公共事务有何影响，更是成为重点研究方向之一。卢春天和朱晓文结合媒介使用和社会网络的视角，探讨在城乡地理空间的背景下，同传播类型信息如何对农村青年参与公共事务产生影响。研究发现，城乡地理空间距离对公共事务的参与不仅有着直接的

---

① 何业文:《从虚拟到现实——试析虚拟社区之传播明星地位对现实生活中人脉的影响》，硕士学位论文，中国传媒大学，2006 年。

② 周宇豪:《作为社会资本的网络媒介研究》，武汉大学出版社 2014 年版。

③ 吴予敏、朱超勤:《新生代农民工 QQ 使用与社会资本研究——基于社会网络分析的视角》，《现代传播（中国传媒大学学报）》2016 年第 11 期。

④ 李春霞:《网络媒体对社会网络的影响》，《河北大学学报》（哲学社会科学版）2013 年第 1 期。

⑤ 韦路、丁方舟:《社会化媒体时代的全球传播图景：基于 Twitter 媒介机构账号的社会网络分析》，《浙江大学学报》（人文社会科学版）2015 年第 6 期。

⑥ 罗茜、沈阳、王可欣:《大学出版社的微博使用与社会资本：基于社会网络分析的视角》，《编辑之友》2017 年第 2 期。

⑦ 魏心恬:《社交网络使用与社会资本的培植——基于大学生微信使用的调查》，硕士学位论文，湖南师范大学，2016 年。

效应，还通过新、旧媒介及垂直社会网络的中介发挥了间接效应。[①]这样的研究把媒体、城乡地理空间、社会网络和公共事务参与联系起来，是对中国现实问题的关照，具有现实意义。陈华珊从全体网的社会网络分析视角出发探讨互联网虚拟社区与公民参与的关系，并针对正反两种对立的竞争性理论做相应的解释。[②]赵红艳以社会网络分析为理论依据，结合实际案例进行矩阵分析，对网络媒介权力的生成路径进行建构，并提出相应预警对策。[③]方师师使用社会网的关系 / 结构分析方法，分析中国社会中的“媒介生产主体”这一动态社会过程，考察其历史、结构与权力，尝试从国家治理和社会网分析的角度丰富对其与国家制度、社会结构、公民权利与社会信任之间联系的阐释层面。[④]王国华和魏程瑞等用社会网络分析的方法解读微博意见领袖之网络媒介权力的生成路线，研究发现，微博意见领袖拥有的社会资本是网络媒介权力形成的基础，不同参与主体之间的深度互动构成网络媒介权力生成的源头。[⑤]曾凡斌采用城市数据进行分析，发现对于城市居民来说，互惠因子对抗争性政治参与起负向影响，而社会资本的社会网络因子和互惠因子对政治参与的各种形式起正向影响。[⑥]韩运荣和高顺杰的文章则致力于在微博网络中发现意见领袖，利用社会网络分析方法系统地考察微博网络中意见领袖的地位、作用与“权力”。[⑦]

---

① 卢春天、朱晓文:《城乡地理空间距离对农村青年参与公共事务的影响——媒介和社会网络的多重中介效应研究》,《新闻与传播研究》2016 年第 1 期。

② 陈华珊:《虚拟社区是否增进社区在线参与？一个基于日常观测数据的社会网络分析案例》,《社会》2015 年第 5 期。

③ 赵红艳:《中心性与权力体现 : 基于社会网络分析法的网络媒介权力生成路径研究》,《新闻与传播研究》2013 年第 3 期。

④ 方师师:《中国社会网络中的动态媒介过程：关系、结构与意义》，博士学位论文，复旦大学，2013 年。

⑤ 王国华、魏程瑞、钟声扬等:《微博意见领袖的网络媒介权力之量化解读及特征研究——基于社会网络分析的视角》,《情报杂志》2015 年第 7 期。

⑥ 曾凡斌:《 社会资本、媒介使用与城市居民的政治参与——基于 2005 中国综合社会调查（CGSS）的城市数据》,《现代传播（中国传媒大学学报）》2014 年第 10 期。

⑦ 韩运荣、高顺杰:《微博舆论中的意见领袖素描——一种社会网络分析的视角》,《新闻与传播研究》2012 年第 3 期。

4. 媒介对社会网络结构的影响和建构研究

卫健炯和胡海波的文章从多学科角度探讨了在线社会网络的形成机制的最新进展，揭示网络演化的驱动力，构建更符合实际情况的网络模型。① 刘于思和徐煜用实验研究法，分析了在线社会网络中的谣言与辟谣信息的传播效果，并探讨其对网络结构因素与社会心理过程的影响。② 张秋瑰认为社会化媒体可以重新聚合社会网络，在推动弱关系发展方面具有强势特征，并研究了这种媒介生态变化在传统出版业的新媒体实践中表现出的应用功能。③ 孟韬和王维的文章整理了国内外社会网络视角下的虚拟社区的相关研究，包括社交网络虚拟社区上的信息传播和游戏虚拟社区中的行为互动。④

5. 媒介对社会网络中的人际交往和社会变迁的影响研究

这类研究是国内相关研究中的一个亮点。相比于其他研究，这类研究可以说相当“接地气”，反映了技术发展过程中人类现实生活变化的真实一瞬。这类研究关注了多种媒介的作用和影响，对该时期不同媒介使用习惯的中国人的社会网络、人际交往以及社会生活的变迁进行了研究和记录。胡春阳研究了手机传播是如何锻造人们的生活和关系方式的，以及手机技术在人际互动中的角色。⑤ 包玉青用社会网络理论，以“世纪佳缘”网站为案例，研究婚恋网络中形成的有别于传统人际关系网络的开放式的社会网络，把个体间关系、微观网络与宏大的社会系统结合起来研究。⑥ 林若茹从用户的角度出发，考察微信的媒介使用和人

---

① 卫健炯、胡海波:《在线社会网络的形成机制——基于跨学科的视角》,《复杂系统与复杂性科学》2015 年第 4 期。

② 刘于思、徐煜:《在线社会网络中的谣言与辟谣信息传播效果：探讨网络结构因素与社会心理过程的影响》,《新闻与传播研究》2016 年第 11 期。

③ 张秋瑰:《弱关系与强应用：社会化媒体的出版实践》,《出版发行研究》2014 年第 6 期。

④ 孟韬、王维:《社会网络视角下的虚拟社区研究综述》,《情报科学》2017 年第 3 期。

⑤ 胡春阳:《寂静的喧嚣　永恒的联系——手机传播与人际互动》，上海三联书店 2012 年版。

⑥ 包玉青:《基于社会网络理论视角的婚恋网站研究——以〈世纪佳缘〉为例》，硕士学位论文，复旦大学，2013 年。

际交往的关系，并研究手机媒体上的网络人际传播。[①] 陈韵博以新一代农民工为研究对象，运用深度访谈和线上民族志等质化研究方法，探讨他们如何利用 QQ 建立社会网络，并与他们的前辈进入城市建立的社会网络进行比较研究。[②] 黄少华运用社会网络分析方法，对中国网络穆斯林社区的社会关系网络进行分析。[③] 方骏考察了农转非居民在社会网络再建过程中如何使用媒介来进行新社区里的人际交往。[④] 蔡骐研究了网络虚拟社区中的趣缘文化传播，认为趣缘群体以新媒介技术为依托构建起了"小世界网络"，并形成了"圈子化"的文化传播机制，圈子内部的信息扩散路径既相对封闭又相对开放，呈交错式社会网络特征，人与人之间的传播互动则是扁平化与层阶化并存的结构。[⑤] 刘凯的研究勾勒描述了网络社会的结构特征，并分析了人们在虚拟部落中如何进行社会化生存。[⑥] 廖圣清等采用深度访谈法，实证考察分析了手机短信对大学生社会网络的影响。[⑦] 孙信茹对云南普米族乡村的年轻人的微信使用和微信群活动进行了民族志考察，重点关注了在微信互动交往中的自我表达和互动表现。[⑧] 曹晋分析了手机对上海家政钟点女工重塑社会性别位置和重建社会关系网络的影响。[⑨]

---

① 林若茹:《手机媒体的网络人际传播效果研究——以微信使用与人际交往的关系为例》，硕士学位论文，复旦大学，2014 年。

② 陈韵博:《新一代农民工使用 QQ 建立的社会网络分析》,《国际新闻界》2010 年第 8 期。

③ 黄少华:《虚拟穆斯林社区的社会网络》,《兰州大学学报》(社会科学版) 2008 年第 1 期。

④ 方骏:《社会融合视角下农转非居民的媒介使用行为研究》，硕士学位论文，安徽大学，2015 年。

⑤ 蔡骐:《网络虚拟社区中的趣缘文化传播》,《新闻与传播研究》2014 年第 9 期。

⑥ 刘凯:《部落化生存：新媒体对社会关系的影响》，上海三联书店 2016 年版。

⑦ 廖圣清、申琦、韩旭:《手机短信传播与大学生社会网络的维护和拓展——基于深度访谈的探索性研究报告》,《新闻记者》2010 年第 11 期。

⑧ 孙信茹:《微信的"书写"与"勾连"——对一个普米族村民微信群的考察》,《新闻与传播研究》2016 年第 10 期。

⑨ 曹晋:《传播技术与社会性别：以流移上海的家政钟点女工的手机使用分析为例》,《新闻与传播研究》2009 年第 1 期。

6. 媒介对社会网络中的教育和学习的影响研究

梁银英的论文在社会资本理论的基础上将虚拟学习社区的社会网络分为结构维度、关系维度和认知维度，从这三个维度出发，提出虚拟学习社区社会网络的构建策略。① 王陆和马如霞探讨了意见领袖在虚拟学习社区的社会网络中的作用。② 金兼斌和楚亚杰从科学素养、媒介使用、社会网络三个角度来考察公众对科学家的信任。③ 罗淳等基于整体社会网络的视角，对 55 名本科生的微信朋友圈的阅读与交流状况进行了个案研究，分析了阅读网络的中心性、小团体以及阅读行为与其他行为的相关性。④

7. 媒介与社会网络研究的理论建构研究

理论建构历来是中国学者关注的重点，这和大部分中国传播学学者的学科背景有关系，也和中国学者擅长思辨研究的学术渊源有关。理论研究在理论层面对媒介与社会网络研究作出了高屋建瓴的指导。杨伯溆的文章探讨了在当代互动类电子媒介的影响下，传统社区的社会网络化和本土地域的场所化问题，并论述了现代化和全球化背景下本土传播和社会网络传播的基本特征：无中心性和不确定性。⑤ 彭兰研究了 Web2.0 及未来技术推动下个体存在意义发生的一些关键变化，认为个体已经成为互联网上巨大的社会网络中的一个个节点，社会网络中的关系成为影响网民行为和能力的重要因素。⑥ 逯义峰和杨伯溆探讨了社会网络、互

---

① 梁银英：《虚拟学习社区中社会网络的构建策略研究》，硕士学位论文，宁波大学，2011 年。

② 王陆、马如霞：《意见领袖在虚拟学习社区社会网络中的作用》，《电化教育研究》2009 年第 1 期。

③ 金兼斌、楚亚杰：《科学素养、媒介使用、社会网络：理解公众对科学家的社会信任》，《全球传媒学刊》2015 年第 2 期。

④ 罗淳、殷逸博、陈向东：《微信社会性阅读是如何发生的？——基于整体社会网络的视角》，《现代教育技术》2017 年第 1 期。

⑤ 杨伯溆：《社会网络化与地域场所化：当代本土传播的内涵及特征》，《新闻与传播研究》2004 年第 3 期。

⑥ 彭兰：《Web2.0 及未来技术对数字化个体的再定义》，《当代传播》（汉文版）2013 年第 2 期。

联网和移动三重革命的背景下的“网络化个人主义”概念，认为新媒介即新社区，社区居民即网络化的个人，运行机制即网络化的个人主义。[①] 卢章平等的文章使用社会网络分析法，对以社交媒体为研究对象的112篇文献展开研究，并对以社会网络分析为视角的社交媒体研究进行一般性总结归纳，并提出参考性意见和建议。[②] 何威通过研究认为，人们通过各种信息传播技术为中介联结起来，构成了社会网络和信息网络融合一体的新型网络，在网络中集合而成“网众”，网众通过社交媒体进行的信息生产和传播则构成了“网众传播”。[③] 杨春华探讨了社会网络分析在传播研究中的应用，并认为随着社交媒体时代的到来，社会网络分析在未来传播研究中会发挥越来越重要的作用。[④]

（二）国外关于移动媒介与社会网络的研究

国外的移动媒介与社会网络的研究比国内起步要早，因此取得了丰硕的成果。具体来说，主要研究了以下几个方面。

1. 移动媒介对发展中国家和农村地区的社会网络影响研究

穆万加-扎克（Muwanga-Zake）等采用解释性研究哲学、定性研究设计和多案例研究方法，探讨如何通过移动社交网络来实现虚拟社区的实践，以支持南非的东开普省的农村社区媒体，并研究开发农村社区媒体作为途径来提供所需信息和知识的可能性。[⑤] 曾淑芬（Tseng）等通过对居住在台湾金门岛的农村居民的调查，研究电子邮件、即时通信和

---

① 逯义峰、杨伯溆：《新媒介即新社区：网络化个人主义理论探析》，《新闻界》2016年第3期。

② 卢章平、王晗啸、李凤春等：《社会网络分析在社交媒体上的应用研究》，《情报科学》2016年第12期。

③ 何威：《网众与网众传播——关于一种传播理论新视角的探讨》，《新闻与传播研究》2010年第5期。

④ 杨春华：《社会网络分析在传播研究中的应用》，《当代传播》2015年第4期。

⑤ Muwanga-Zake, O., Herselman, M., “An Investigation into Possibilities for Implementation of a Virtual Community of Practice Delivered via a Mobile Social Network for Rural Community Media in the Eastern Cape, South Africa”, South African Journal of Information Management, Vol.19, No.1, March 2017, pp.1-10.

移动电话如何维持人际关系网络和影响公共事务参与。① 巴特（Butt）在肯尼亚的牧民中研究了使用移动电话的政治、经济、生态和社会空间环境，了解牧民手机使用的普及程度。结果表明，虽然使用移动电话进行放牧是很普遍的，但信息共享的程度和功效受到了预先存在的社会斗争的强烈影响。② 马图斯（Matous）通过对印度尼西亚的农村居民进行调查，考察移动通信与旅游在创建社会网络中的作用，并发现物理移动是创建虚拟信息共享联系的前提条件，如果交通基础设施得到充分发展，偏远农村地区的移动电话更实用。③ 吉尔伯特（Gilbert）和卡拉哈里奥斯（Karahalios）的调查研究了3000多名农村和城市社交媒体用户的行为差异。他们从一个广受欢迎的社交网站收集数据，分析了用户的个人资料、34万个在线交友信息和20万个人际信息，研究发现农村人在网上倾诉的朋友要少得多，而那些朋友都离家乡较近，而且农村有其独特的技术需求。④ 唐纳（Donner）在卢旺达基加利进行调查，研究了移动所有权对手机低密度地区的小企业家社交网络的影响，区分研究了通过朋友和家庭关系的移动联系人和新业务关系的移动联系人之间的区别。⑤ 布鲁门斯托克（Blumenstock）实证调查了移动电话在卢旺达的社会和经济中的作用，研究发现，不同经济条件下，移动电话的使用模

① Tseng, S.F., Hsieh & Patrick, Y., "The Implications of Networked Individualism for Social Participation: How Mobile Phone, E-Mail, and IM Networks Afford Social Participation for Rural Residents in Taiwan", *American Behavioral Scientist,* Vol. 59, No. 9, Aug.2015, pp.1157-1172.

② Butt, B., "Herding by Mobile Phone: Technology, Social Networks and the 'Transformation' of Pastoral Herding in East Africa", *Human Ecology: An Interdisciplinary Journal,* Vol. 43, Issue 1, Feb.2015, pp.1-14.

③ Matous, P., "Complementarity and Substitution between Physical and Virtual Travel for Instrumental Information Sharing in Remote Rural Regions: A Social Network Approach", *Transportation Research Part A: Policy & Practice,* Vol. 99, May 2017, pp. 61-79.

④ Gilbert, E., Karahalios, K., Sandvig, C., "The Network in the Garden: Designing Social Media for Rural Life", *American Behavioral Scientist,* Vol. 53, Issue 9, May 2010, pp.1367-1388.

⑤ Donner, J., "The Use of Mobile Phones by Microentrepreneurs in Kigali, Rwanda: Changes to Social and Business Networks", *Information Technologies & International Development,* Vol. 3, Issue 2, Winter 2006, pp.3-19.

式和社会网络结构的差距很大，移动电话对一些人的生活产生了积极的影响，但是如果没有干预，这些好处可能不会到达最需要的人。①

2. 移动媒介对社会网络中信息传播和资源获取的影响研究

格鲁伊特（Gruyter）等人通过对越南大学生的调查，探索了社交网络和摩托车手的手机使用之间的联系。②路新江（Lu）和於志文（Yu）研究了人们在移动社交网络中的关注内容，用实验结果证明了其方法可以有效预测移动社交网络中的内容扩散。③乌基奇（Wukich）和西西利诺亚（Siciliano）等研究了不同组织是如何通过社交网络来获取资源和信息的，通过对一个国家级政府灾害响应和恢复行动机构与红十字会的非政府组织的研究发现，共享语言和地理接近度形成了网络，但两个网络都展现出跨越国界的行为，会从其他知名的和资源丰富的组织中寻求信息。④范・克莱姆普特（Van Cleemput）对比利时的137名高中生进行了全面的网络分析，指出面对面沟通仍然是信息流经社会网络最突出的方式，而通信媒体进行的交流补充了这种信息流。⑤金闵庆（Minkyoung Kim）等通过结合社会网络的异构性和结构连接性，提出了一种具有概率性的宏观扩散模型。他们发现不同媒体类型之间的影响因信息的不同而不同，新闻媒体是最具影响力的艺术和经济类别，而

---

① Blumenstock, J.E., *Essays on the Economic Impacts of Mobile Phones in Sub-Saharan Africa*, California:University of California, Berkeley, 2012.

② De Gruyter, C., Truong, L.T. & Nguyen, H. T. T, “Who’s Calling? Social Networks and Mobile Phone Use Among Motorcyclists”, *Accident Analysis & Prevention,* Vol. 103, Jun.2017, pp.143-147.

③ Xinjiang, L., Zhiwen, Y., Bin, G., Xingshe, Z., “Predicting the Content Dissemination Trends by Repost Behavior Modeling in Mobile Social Networks”, *Journal of Network & Computer Applications*, Vol.42, No.3, 2014, pp.197-207.

④ Wukich, C., Siciliano, M.D., Enia, J., & Boy lan, B., “The Formation of Transnational Knowledge Networks on Social Media”, *International Public Management Journal,* Vol. 20, Issue 3, Sep.2017, pp.381-408.

⑤ Van Cleemput, K., “I’ll See You on IM, Text, or Call You: A Social Network Approach of Adolescents’ Use of Communication Media”, *Bulletin Of Science, Technology & Society,* Vol. 30, Issue 2, Apr.2010, pp.75-85.

社交网站和博客则分别处于政治和文化范畴。[①] 柳恩娜（Yoo）和兰德（Rand）等通过实地研究，探讨人道主义组织如何通过社交媒体有效地传播信息，表明社交媒体在需要紧急信息传播的人道主义危机期间能够有效传递信息，同时传播率取决于信息来源的影响。[②]

3. 移动媒介对企业社会网络及其营销的影响研究

梅塔（Mehta）和马雷茨基（Maretzki）研究了坦桑尼亚北部妇女企业家的社会经济网络知识体系，以及手机在这些网络中的作用，认为移动电话能够加速这些社会网络的转变，帮助企业家聚集和利用社会资本，并描述了信任在创业、社交网络和手机之间的相互依赖的作用。[③] 博苏亚（Bosua）和埃文斯（Evans）的研究探讨了澳大利亚中小企业如何利用社会网络和社交媒体获取外部知识进行创新。他们采用定性案例研究方法，以访谈作为重要数据收集工具，从南澳地区的 12 家中小企业收集数据。调查结果表明，中小企业应该更加了解非正式和正式的社会网络的价值，目前通过社交媒体进行社交网络活动来获取新知识的动力不足，所以中小企业需要更多的教育支持。[④] 帕尼亚瓜（Paniagua）和科尔金斯基（Korzynski）等通过对 4500 多家跨国企业的面板数据的实证分析表明，在线社交网络的活动刺激了国外资本支出和新的附属公司。[⑤] 克罗夫特（Croft）做了六年虚拟民族志，研究发现，社交媒体包

---

① Kim, M., Newth, D., Christen, P., "Modeling Dynamics of Diffusion Across Heterogeneous Social Networks: News Diffusion in Social Media", *Entropy,* Vol. 15, Issue 10, Oct.2013, pp.4215-4242.

② Yoo, E., Rand, W., Eftekhar, M., "Evaluating Information Diffusion Speed and Its Determinants in Social Media Networks during Humanitarian Crises", *Journal of Operations Management,* Vol.45, Jul.2016, pp.123-133.

③ Mehta, K., Maretzki, A., Semali, L., "Trust, Cell Phones, Social Networks and Agricultural Entrepreneurship in East Africa: A Dynamic Interdependence", *African Journal of Food Agriculture Nutrition & Development,* Vol. 11, Issue 6, Oct.2011, pp.5374-5388.

④ Bosua, R., Evans, N., Sawyer, J., "Socid, Networks, Social Media and Absorptive Capacity in Regional Small and Medium Enterprises (SMES) in Australia", *Australian And International Journal of Rural Education*, Vol. 23, No. 1, Jan.2013, pp.117-134,

⑤ Paniagua, J., Korzynski, P., Mas-Tur, A., "Crossing Borders With Social Media: Online Social Networks and FDI", *European Management Journal,* Vol. 35, Issue 3, Jun.2017, pp.314-326.

含复杂的人际关系，在同心圆网络和特殊群体中都有。这些网络在产品、服务和品牌等多方面的交互展示中发挥作用，但更有可能与关系构建的其他方面无关。[①] 斯库托（Scuotto）的研究探讨了时尚界采用社交媒体网络来改善创新搜索的意义，并向时尚经理和社会媒体专家提出建议，以支持新产品和服务的规划和开发。[②]

4. 移动媒介对社会网络中的人际交往和关系的影响研究

最早的媒介与社会人际交往的研究是埃塞尔·德·索拉·玻尔做出的，他考察和研究了电话和人际交流网的结构特征和意义。[③] 而到了移动媒介时代，学者们针对各种不同群体进行了研究。绪方（Ogata）和泉（Izumi）等用问卷调查法对日本高中生进行了调查，探究学生的孤独感和使用手机之间的联系，并用手机邮件的频率证明了学生之间的社会关系网络。[④] 帕拉卡尔（Palackal）和姆巴蒂亚（Mbatia）等在 2002 年和 2007 年两次对喀拉拉邦居民进行网络调查，研究移动媒介使用模式和社会网络关系的最新变化。[⑤] 五十岚（Igarashi）和高井（Takai）调查了面对面的社交网络和移动手机短信为中介的社交网络的发展，并针对男性和女性本科生在社交网络结构中的性别差异进行了研究。[⑥] 里奥（Leo）和弗

① Croft, R., "Blessed are the Geeks: An Ethnographic Study of Consumer Networks in Social Media, 2006-2012", *Journal of Marketing Management,* Vol. 29, Issue 5-6, Apr.2013, pp.545-561.

② Scuotto, V., Del Giudice, M., Peruta, M.R.D., et al., "The Performance Implications of Leveraging Internal Innovation through social Media Networks: An Empirical Verification of the Smart Fashion Industry", *Technological Forecasting and Social Change*, Vol. 120, Issue C, 2017, pp.184-194

③ Pool, I.D.S., "The Social Impact of the Telephone", *Massachusetts Institute of Technology Press,* 1981.

④ Ogata, Y., Izumi, Y., Kitaike, T., "Mobile-Phone e-Mail Use, Social Networks, and Loneliness Among Japanese High School Students", *Japanese Journal of Public Health*, Vol. 53, No. 7, July 2006, pp. 480-492.

⑤ Palackal, A., Mbatia, P.N., Dzorgbo, D., et al., "Are Mobile Phones Changing Social Networks? A Longitudinal Study of Core Networks in Kerala", *New Media & Society*, Vol. 13, Issue 3, May 2011, pp.391-410.

⑥ Igarashi, T., Takai, J., Yoshida, T., "Gender Differences in Social Network Development via Mobile Phone Text Messages: A Longitudinal Study", *Journal of Social & Personal Relationships,* Vol.22, Issue 5, Oct.2005, pp.691-713.

勒里（Fleury）通过对在拉丁美洲国家生活的 100 万匿名个体的移动电话通信和银行交易记录的数据集进行分析，发现社会结构有很强的分层性，人们与自己的社会经济阶层的人联系更紧密，而不是与其他阶层的人联系在一起，社交网络似乎有选择性的社会经济联系。① 范·克莱姆普特（Van Cleemput）探讨了青少年沟通的社会网络，研究发现强连带的朋友使用所有通信媒体相互联系，而弱连带的朋友更喜欢面对面和社交网站沟通。② 邓巴（Dunba）在英国进行两次测试，研究显示，在线社交网络的大小范围和线下面对面的网络相似，并认为网络媒体的沟通优势还是无法克服社会网络的规模，真实的社会关系还是需要面对面交互来维护。③ 汉普顿（Hampton）等研究了 2008 年的调查结果，发现移动电话和互联网的使用，特别是社交媒体的使用与社会网络的规模和多样性有正相关关系。④ 苏布拉曼亚姆（Subrahmanyam）等的研究发现，青少年经常使用互联网，特别是社交网站与朋友家人联系和重新连接关系，因此，他们的在线和离线社会网络之间存在重叠。⑤ 魏然以台湾大学生为研究对象，发现手机作为加强用户家庭纽带的手段，促进了人们的象征性亲近，手机已经从商人的奢侈品发展成为许多用户社会关系的重要媒介。⑥ 米利泰洛（Miritello）等使用了 2000 万名手机用户的 90 亿个电话的大型数据库，用来检验用户在电话、个人网络大小、绑定强度以及在网络上分配

---

① Leo, Y., Fleury, E., Alvarez-Hamelin, J.I., et al., “Socioeconomic Correlations and Stratification in Social-communication Networks”, *Journal of The Royal Society, Interface,* Vol.13, No.125, 2016.

② Van Cleemput, K., “I’ll See You on IM, Text, or Call You: A Social Network Approach of Adolescents’ Use of Communication Media”, *Bulletin of Science, Technology & Society,* Vol. 30, Issue 2, Apr.2010, pp.75-85.

③ Dunba, R.M., “Do Online Social Media Cut through the Constraints That Limit the Size of Offline Social Networks?” *Royal Society Open Science,* Vol. 3, No.1, Jan.2016, pp. 150-292.

④ Hampton, K.N., Sessions, L.F., Her, E.J., “Core Networks, Social Isolation, and New Media”, *Information, Communication & Society,* Vol. 14, Issue 1, Feb.2011, pp.130-155.

⑤ Subrahmanyam, K., Reich, S.M., Waechter N., et al. “Online and Offline Social Networks: Use of Social Networking Sites by Emerging Adults”, *Journal of Applied Developmental Psychology,* Vol.29, Issue 6, Nov.2008, pp.420-433.

⑥ Wei, R., Lo, V.H., “Staying Connected While on the Move: Cell Phone Use and Social Connectedness”, *New Media & Society,* Vol.8, Issue 1, Feb.2006, pp.53-72.

时间的方式之间的关系。研究发现，与那些拥有较少网络的人相比，那些拥有大量网络的人并没有更多的时间用于交流，而且他们的联系平均较弱（用交流的时间来衡量）。[①]

5. 移动媒介对社会网络结构变化的影响研究

阿瑞（Arie）和 梅施（Mesch）对以色列的不同种族群体的手机通信形成的社会网络结构的异同进行了研究，认为移动通信将反映社会的分层格局，并会促使群体利用移动通信来实现社会接触多样化。[②] 阿尔萨那（Alsanaa）在科威特研究了两种类型的 ICT（文本和即时消息）对社会网络的三个方面（家庭、朋友和熟人）的实力和规模的影响。[③] 戴克（Dekker）和恩伯森（Engbersen）的研究证明了社交媒体不仅是移民社会网络的新传播渠道，而且还积极地改变了这些网络的性质，降低了移民的门槛，促进了移民。[④] 坎贝尔（Campbell）和鲁索（Russo）两位学者通过深度访谈，研究和检验了移动电话的感知和使用在亲密的个人网络中被社会建构的观点。访谈数据阐明了社会互动是如何影响人们对四个主要领域的认知和使用的：手机采用、产品和服务的态度、对非规范使用的看法以及集体使用。[⑤] 荣格（Jung）和瓦莱罗（Valero）的研究旨在了解随着时间的推移，社交媒体是如何被一个与美国联邦无家可归政策的实施联系在一起的社区网络所使用的，以及该无家可

---

① Miritello ,G., Moro, E., Lara, R., et al., "Time as a Limited Resource: Communication Strategy in Mobile Phone Networks", *Social Networks,* Vol.35, No.1, 2013, pp.89-95.

② Arie, Y., Mesch, G.S., "The Spatial and Social Network Dimensions of Mobile Communication", *Communication Research,* Vol.43, No.5, Jul.2016, pp.713-734.

③ Alsanaa, B., "Intimate Strangers and Estranged Intimates: An Investigation of the Impact of Instant Messaging and Short Message Service on the Size and Strength of Social Networks in Kuwait", Ph.D.dissertation, The University of Southern Mississippi, 2009, 127.

④ Dekker, R., Engbersen, G., "How Social Media Transform Migrant Networks and Facilitate Migration", *Global Networks,* Vol.14, Issue 4, Oct.2014, pp.401-418.

⑤ Campbell, S.W., Russo, T.C., "The Cocial Construction of Mobile Telephony: An Application of the Social Influence Model to Perceptions and Uses of Mobile Phones within Personal Communication Networks", *Communication Monographs,* Vol.70, No.4, 2003, pp.317-334.

归者的社会媒体网络的结构及其变化。[①] 利科普（Licoppe）和斯莫雷达（Smoreda）分析了现今的社会网络是如何随着传播技术而改变的，研究认为个人网络不仅有其形状，而且因为是通过技术手段进行交流的，这些都是社会关系的构成，也是社会边界的重新划分。[②] 彼得罗斯基（Petrosky）的研究旨在确定 Web 2.0 社交媒体的网络社区，在关系结构中是否与人际社区网络相似，描述了“弱势的力量”。此外，该研究旨在通过格兰诺维特的人际网络概念，来解释公共关系从业者利用的 Web 2.0 社交媒体网络中的信息流动情况。[③] 汤普森（Thompson）的研究分析了文化习俗构成的“社区”和通过交互和交换构成的社交网络之间的复杂的区别和连接，以民族志的方式分析了新加坡外籍劳工的经验，重点研究手机在工作人员的生活中所发挥的文化、社会和沟通作用。[④] 威尔曼（Wellman）和海索恩斯韦特（Haythornthwaite）编著了《日常生活中的互联网络》，用一系列研究探究了互联网络的使用是如何融入现有的日常生活和时间的，对其在各种类型的社会关系上日渐显著的影响过程进行了描述，并审视了互联网技术在嵌入社会的过程中衍生出的复杂的关系网络。[⑤]

6. 移动媒介对社会网络中的社会资本的影响研究

谢文静（Xie）研究了社交网站对青少年的社会资本的影响，认为社交网站使用和移动媒介上的话题参与可以增强青少年和朋友的密切联

① Jung, K., Valero, J.N., “ Assessing the Evolutionary Structure of Homeless Network: Social Media Use, Keywords, and Influential Stakeholders”, *Technological Forecasting and Social Change,* No.110, Sep.2016, pp.51-60.

② Licoppe, C., Smoreda, Z., “Are Social Networks Technologically Embedded? How Networks are Changing Today with Changes in Communication Technology”, *Social Networks,* Vol.27, No.4, 2005, pp.317-335.

③ Petrosky, D.G., “Relevance of Pre-web Social Network Theory to the Practice of Social Media Public Relations”, MA.dissertation, Unversity of Rhode Island, 2011.

④ Thompson, E.C., “Mobile Phones, Communities and Social Networks Among Foreign Workers in Singapore”, *Global Networks,* Vol.19, No.3, April 2009, pp.359-380.

⑤ Wellman, B., Haythornthwaite, C., *The Internet in Everyday Life,* Oxford:Blackwell, 2002, p.35.

系和公共事务参与，同时也增强了其社会资本。[①] 金布洙（Kim）研究了社交媒体的使用是否以及如何影响大学生社会网络的异质性水平，以及网络异质性是否在社会媒体使用与桥接社会资本和主观幸福的因变量之间的关系发挥了中介作用。[②] 利维奥（Livio）和汉普顿（Hampton）等根据国家调查的数据，比较分析了社会网络结构和 Facebook 上的各种活动之间的关系，发现了两者之间在紧密联系的数量、整体网络规模、多样性和社会支持等社会资本之间的积极联系。[③] 威廉姆森（Williamson）和鲁明（Ruming）探讨了悉尼的两个社交团体对社交媒体的使用，运用社会网络分析技术，将社区群体的社会媒体网络可视化，从而了解谁是网络的连接者，谁参与了网络。[④] 文森特·蔡（Vincent Chua）和威尔曼（Wellman）对移动媒体背景下的东亚及东南亚的社会网络和社会资本展开研究。这些文章展示了每个国家的社会环境如何显著影响其社交网络的本质，文章展示和描绘了一种亚洲版的网络个人主义。[⑤] 另外，威尔曼（Wellman）和哈斯（Haase）等根据 1998 年对国家地理学会网站的 39211 名访问者的调查，研究了互联网如何影响社会资本，以及互联网的沟通会否增加、减少或补充人际关系。作者发现，人们的在线互动补充了面对面和电话沟通，而没有增加或减少它。[⑥] 姬永古

---

① Xie, W., "Social Network Site Use, Mobile Personal Talk and Social Capital Among Teenagers", *Computers In Human Behavior,* Vol.41, Dec.2014, pp.228-235.

② Kim, B., Kim, Y., "College Students' Social Media Use and Communication Network Heterogeneity: Implications for Social Capital and Subjective Well-being", *Computers In Human Behavior,* Vol. 73, Aug.2017, pp.620-628.

③ Hampton, K.N., Livio ,O., Goulet, L.S., "The Social Life of Wireless Urban Spaces: Internet Use, Social Networks, and the Public Realm", *Journal of Communication,* Vol.60, Issue 4, Dec.2010, pp.701-722.

④ Williamson, W., & Ruming, K., "Using Social Network Analysis to Visualize the Social-Media Networks of Community Groups: Two Case Studies from Sydney", *Journal of Urban Technology,* Vol. 23, Issue 3, Jul.2016, pp.69-89.

⑤ Chua, V., Wellman, B., "Social Networks in East and Southeast Asia Ⅱ : Labor Migration, Opportunity, Social Media, and Well-being", *American Behavioral Scientist,* Vol. 59, Issue 9, Aug.2015, pp.1055-1065.

⑥ Wellman, B., Haase, A.Q., Witte, J., et al., "Does the Internet Increase, Decrease, or Supplement Social Capital? Social Networks, Participation, and Community Commitment", *American Behavioral Scientist,* Vol. 45, Issue 3, Nov.2001, p.436.

（Yong Gu Ji）等人对中国、韩国和美国的社交媒体的用户进行研究，发现中国和韩国的用户主要通过连接功能、检索功能来获得社会资本，而美国用户主要通过信息交流功能获得社会资本。[①]

7. 移动媒介对社会网络影响的理论性建构研究

这类研究高屋建瓴地指出了媒介技术对社会网络的影响，对技术与人类社会的未来走向进行预测和理论性建构。巴里・威尔曼是其精耕细作而成果丰硕的学者。他与李・雷尼的《网络化——新的社会操作系统》一书，研究和论述了人们之间的社交网络是如何深远地影响、改变了我们联系的方式，包括面对面和电子中介两种方式。作者认为互联网和手机已经推动改变了人们的社交网络，赋权人们，使之变得更加强大，更加多元化，而且它们也重新构建了人们使用互联网进行学习、解决问题、作决定以及互相提供帮助的方式。[②] 在《计算机作为社会网络》一文中，威尔曼阐述了计算机网络本质上是社会网络，连接着人们、组织和知识，认为计算机网络的普及促进了对群体团结的重视，并促成了松散和疏远连接的网络化社会的转变。[③] 凯恩（Kane）等研究了社交媒体平台的新功能如何影响社会网络分析的基本理论，研究总结了传统线下社交网络与在线社交媒体网络之间的几个关键区别。[④] 曼纽尔・卡斯特构建了庞大的概念和理论体系，将建立在信息、传播技术与社会整体间互动基础上的社会结构称为“网络社会”。[⑤] 虽然从本质上而言，网络并非新鲜事物，但是卡斯特认为网络在信息时代具有新的生命力，尤其

---

① Ji, Y.G., Hwangbo, H., Yi ,J.S., et al., “The Influence of Cultural Differences on the Use of Social Network Services and the Formation of Social Capital”, *International Journal of Human Computer Interaction*, Vol.26, No.11, Nov.2010, pp. 1100-1121.

② Rainie, L., Wellman, B., *Networked: The New Social Operating System,* MIT Press, 2012.

③ Wellman, B., et al., “Computer Networks as Social Networks: Collaborative Work, Telework, and Virtual Community”, *Annual Review of Sociology,* Vol. 22, No. 1, Aug.1996, pp. 213-238.

④ Kane, G.C., Alavi, M., Labianca, G.(Joe), & Borgatti, S.P., “What’s Different about Social Media Networks? A Framework and Research Agenda”, *MIS Quarterly,* Vol. 38, No.1, March 2014, pp. 275-304.

⑤ [美]曼纽尔・卡斯特:《网络社会的崛起》，夏铸九等译，社会科学文献出版社 2006 年版。

是每一次新信息科技都会给网络带来改变。卡斯特把网络发展成了一种对社会结构的深刻洞察，这一概念能够体现当代社会关系的技术性和临时性，而且也体现了当代社会去中心化、个体化和灵活变动的特征。

8. 移动媒介对社会网络中的学习和教育的影响研究

诺曼（Norman）和诺丁（Nordin）等人对大学教育技术课程的学生进行调查，研究移动社交媒体学习和社会参与角色之间的关系。[①] 雷查夫（Reychav）和恩迪库（Ndicu）用实验法，研究了参与者是如何在移动平台中使用社交网络进行知识获取的，认为参与者能够通过加强团体互动来增强他们的协作，从而获取知识。[②] 皮默（Pimmer）等调查了学生和专业人士如何在发展中国家和新兴国家使用社交网站，研究发现，在非正式的学习环境中，学生和专业人士都将手机上的社交网站当成了丰富的教育工具。[③] 萨克斯（Sacks）和格雷夫斯（Graves）认为学生对社交媒体有不可否认的依赖，作者研究认为社交网络的大小、质量、复杂性、扩散和距离决定了社交媒体工具的情境应用。作者提供了课堂内外的教学任务，帮助学生认识到社交网络中可以帮助或阻碍他们专业努力的特殊方式。[④]

9. 移动媒介对社会网络中健康和医疗信息传播的影响研究

梅切尔（Mechael）和 阿克萨（Akosah）等人通过对加纳千禧村项目健康小组的手机语音记录以及访谈，用 Nvivo 对其进行社会网络分

---

① Norman, H., Nordin, N., Din, R., et al., "Exploring the Roles of Social Participation in Mobile Social Media Learning: A Social Network Analysis", *International Review of Research in Open And Distributed Learning,* Vol. 16, Issue 4, Oct.2015, pp.205-224.

② Reychav, I., Ndicu, M., Wu, D., "Leveraging Ocial Etworks in the Doption of Obile Echnologies for Collaboration", *Computers In Human Behavior,* Volume 58, Issue C, May 2016, pp.443-453.

③ Pimmer, C., Linxen, S., Gröhbiel, U., "Facebook as a Learning Tool? A Case Study on the Appropriation of Social Network Sites from Mobile Phones in Developing Countries", *British Journal of Educational Technology*, Volume 43, Issue 5, September 2012, pp.726-738.

④ Sacks, M.A., Graves, N., "How Many 'Friends' Do You Need? Teaching Students How to Network Using Social Media", *Business Communication Quarterly,* Vol.75, Issue 1, Mar.2012, pp.80-88.

析，确定了该组织最有效的网络结构。[①] 梅卡鲁（Mekaru）和布朗斯坦（Brownstein）通过某健康网站的调查发现，为了更好地宣传健康信息，应该战略性采用专业社会网络和社交媒体，增强人们之间的互动性。[②] 巴内特（Barnett）和戈德曼（Goodman）等的论文论述了社会媒体在儿童肥胖预防和管理中的作用。他们指出，压力可能是由社会互动引起的，从而对健康产生负面影响，并讨论了社会网络对儿童和青少年身体质量指数（BMI）和身体形象的影响。[③]

10. 移动媒介对社会网络中时空因素的影响研究

石（Shi）和邬伦（Wu）等研究了空间和地点是否以及如何影响社会网络的存在方式，并使用手机数据，探讨了空间和地点对社交网络的影响。[④] 福尔图纳蒂（Fortunati）的文章认为，手机不仅改变了社会，更重要的是社会生活的框架，而该框架主要由空间和时间组成，作为其主要决定因素，能够整合、稳定和构建现实。[⑤]

11. 移动媒介对社会网络中的政治和公共事务参与的影响研究

汉普顿（Hampton）和利维奥（Livio）等研究了北美城市的无线网络对城市公共空间在民主和社会参与中的作用，发现公共空间的在线活动有助于提高民主和社会参与的总体水平。[⑥] 施密特-贝克（Schmitt-

---

① Kaonga, N. N., Labrique, A., Mechael, P., et al., “Using Social Networking to Understand Social Networks: Analysis of a Mobile Phone Closed User Group Used by a Ghanaian Health Team”, *Journal of Medical Internet Research,* Vol.15, No.4, Apr.2013, p.74.

② Mekaru, S.R., Brownstein, J.S., “One Health in Social Networks and Social Media”, *Revue Scientifique et Technique*, Vol.33, No.2, Aug.2014, pp.629-637.

③ Li, J.S., Barnett ,T.A., Goodman, E., Wasserman, R.C., Kemper, A.R., “Approaches to the Prevention and Management of Childhood Obesity: The Role of Social Networks and the Use of Social Media and Related Electronic Technologies”, *Circulation,* Vol.127, No.2, Jan.2013, pp.260-267.

④ Shi, L., Wu, L., Chi, G., Liu, Y., “Geographical Impacts on Social Networks from Perspectives of Space and Place: An Empirical Study Using Mobile Phone Data”, *Journal of Geographical Systems*, Vol.18, No.4, 2016, pp.359-376.

⑤ Fortunati, L., “The Mobile Phone: Towards New Categories and Social Relations”, *Information, Communication & Society,* Vol.5, Issue 4, Dec.2002, pp.513-528.

⑥ Hampton, K.N., Livio, O., Sessions Goulet, L. “The Social Life of Wireless Urban Spaces: Internet Use, Social Networks, and the Public Realm”, *Journal of Communication*, Vol.60, Issue 4, Dec.2010, p.701–722.

Beck）等在德国研究了非正式沟通对选民的社会网络的影响，以及大众传媒对个人参与选举倾向的正式沟通的影响，研究发现个人交流比大众传播更有影响力，媒体的影响一般都弱于社交网络。[①]曼古姆（Mangum）分析了三种模式，以检验人口特征、媒体、社会资本和社会网络如何影响非裔美国人之间的政治信任。[②]萨克斯顿（Saxton）等的研究则采用 Facebook 的数据，来研究社交网络环境中慈善捐赠的性质和决定因素。[③]

此外，还有施瓦茨（Schwarz）探讨了虚拟社交网络对政治和权力的影响[④]。莱斯（Rice）和卡尼克（Karnik）讨论了社交网络如何让成年人了解孩子们之间的社会关系，并更好地了解关系的动态。[⑤]斯克里奇（Skoric）和潘济（Pan）等研究了移动媒介对社会网络中的求职与创业的影响，他们使用社会资本作为主要理论视角，考察了使用社交网站和手机与朋友、商业伙伴的交流，如获取与工作相关的信息、工作流动和创业意向等。[⑥]博科夫斯基（Bobkowski）等研究了移动媒介对社会网络中的数字鸿沟影响，他们采用深度访谈，发现与社交媒体用户相比，非采用者经济稳定性差，教育轨迹更差，家长和朋友的支持也弱，而且他们不采用社交媒体，是因为缺乏接触社交媒体的时间或缺乏休闲时

---

① Schmitt-Beck, R., Mackenrodt ,C., “Social Networks and Mass Media as Mobilizers and Demobilizers: A Study of Turnout at a German Local Election”, *Electoral Studies,* Vol.29, Issue 3, Sep.2010, pp.392-404.

② Mangum, M., “Explaining Political Trust Among African Americans: Examining Demographic, Media, and Social Capital and Social Networks Effects”, *Social Science Journal,* Vol.48, Issue 4, Dec.2011, pp.589-596.

③ Saxton, G.D., Wang, L., “The Social Network Effect: The Determinants of Giving through Social Media”, *Nonprofit and Voluntary Sector Quarterly*, Vol.43, Issue 5, Oct.2014, pp.850-868.

④ Schwarz, E., “@hannah_arendt: An Arendtian Critique of Online Social Networks”, *Millennium,* Vol.43, Issue 1, Sep.2014, pp.165-186.

⑤ Rice, E., Karnik, N.S., “Network Science and Social Media”, *Journal of The American Academy of Child & Adolescent Psychiatry,* Vol.51, No. 6, 2012, pp.563-565.

⑥ Skoric, M. M., Ji, P., Fu, W .J., et al., “Does the Use of Social Network Sites and Mobile Phones Promote the Acquisition of Job-Related Information, Job Mobility and Entrepreneurship in Asia?” *Journal of Contemporary Eastern Asia,* Vol.14, No.1, Apr.2015, pp.5-22.

间，没有社会化，缺乏技能，或者不想通过社交媒体保持社会接触。[①]

三　研究述评

通过对移动媒介和农村社区的国内外研究进行梳理和分析，可以发现很多研究都是在学科交叉的视角下进行研究和探讨的。我国的移动媒介与农村社区研究具有一定特殊性。因为我国属于多民族国家，有众多的少数民族聚集地区，形成了各具特色的独特文化，所以我国学者在研究农村地区的各种问题上，具有学科交叉和多样性的特点。多个领域的专家学者从各自的学科角度以及学术视野，对农村地区的不同问题作出了研究和阐释。从前文整理可见，传播学领域也取得了一定的成果。但是，仍有一些可以继续深入研究的领域，具体来说主要表现在以下几个方面。

第一，研究内容缺乏深度，一些论文往往泛泛而谈，没有涉及移动媒介对农村社区的社会组织结构和政治经济文化等方面的深层动因。第二，对媒介和农村地区的研究，没有及时跟上媒介技术的变革和发展。我们要注意媒介的发展是一个线性过程，所以需要投以长期的关注，并用动态的视角进行观察和思考。第三，研究问题的创新性不够，比如关注某种媒介对日常生活影响的研究较多。第四，在研究方法上，量的研究相对较少，而质的研究方法使用得不够规范。比如认为泛泛而谈的文章也可以算是质的研究。第五，理论建构的深度不够。无论是质的研究方法，还是量的研究方法，在理论建构水平上都有待提高。第六，对移动媒介与农村社区的研究，忽略了该地区或者区域的具体情境和文化背景的作用和影响。任何媒介的使用都不可能超越具体的文化背景和现实情境，也就是说，研究某一种媒介的传播效果，要知道媒介使用在具有共性的同时不可能没有差异。

通过梳理国外的移动媒介与农村社区研究的文献，则有以下几个方面的发现。

---

① Bobkowski, P., Smith, J., "Social Media Divide: Characteristics of Emerging Adults Who Do Not Use Social Network Websites", *Media, Culture & Society,* Vol.35, Issue 6, Sep.2013, pp.771-781.

第一，国外的相关研究，大部分是由西方国家的学者对某一文化群体或者地区进行研究，因此不可避免带有自上而下的视角。这也是以发展传播学为代表的传播学研究的自带视角，通常以发展和现代化的程度作为标准，来对研究对象进行价值判断和衡量。这些研究问题的出发点和结论，没有从研究对象的自身立场出发考虑，大都缺乏文化根基和现实情境的考虑，缺少研究对象的主观能动性以及合作参与，显示了其理论视野的狭隘之处。事实上，移动媒介的交互性特征，决定了关于移动媒介的研究应该以动态和双向互动的视角来研究和观察。第二，国外的研究中有许多是量的研究，多从大量样本中获取细小问题的答案和解释。量的研究只能体现在某一短暂时空节点上，媒介使用和影响的效果研究。这种研究对生活世界的阐释力稍显不足。第三，国外的研究要么是宏观的问题研究，要么是微观的问题研究，对于中观的问题研究和中观层级的理论建设则较少涉及。

施拉姆曾经说过："人类传播的特征是使人类社会有别于动物社会的主要特征。"[①] 人类在群体社会当中的传播，本身就是一种文化。对农村社区的媒介使用和影响进行研究，既有助于对不同文化群体的媒介使用与信息传播行为进行理解，也有助于对媒介在不同文化背景下的作用和影响进行研究。随着移动通信技术的变革和发展，以手机为代表的移动媒介在农村地区逐渐普及，但是，这种媒介技术对农村地区，尤其是对贫困的农村地区的影响，却少有深入而细致的研究。另外，移动媒介对有着独特文化背景的村民群体又有何影响，该地区的本土文化在其中有何作用，都有待考察和研究。

曼纽尔·卡斯特等在《移动通信与社会变迁：全球视角下的传播变革》一书中，提出了"移动网络社会"的概念，认为："移动通信改善了人际社会交往和分享活动的机会、机遇和范围……并且经常通过使用无线通信保持关系网络比固定互联网具有更为经常持续的开放性，移动通信技术通过普及和促进阐述我们时代人类体验的网络逻辑，已经产生

① ［美］威尔伯·施拉姆、威廉·波特：《传播学概论》，何道宽译，中国人民大学出版社 2010 年版，第 3 页。

并将持续产生深远的社会影响。”[①] 从文献综述来看，卡斯特等人的网络社会研究，较多地关注城市以及城市群体的网络使用及影响。因为就互联网技术的扩散而言，城市的信息技术扩散速度较快，所以网络社会的“节点”也一般处于城市。另外，卡斯特等人的研究倾向于从宏观上对全球的网络社会进行理解和研究。对于农村，卡斯特尽管有所提及，但不得不说依然是他的全球经验数据的“盲点”之一。对于我国的传播学学者来说，由于文化和地理上的天然的研究便利，应当在移动媒介和农村社区的研究领域大有可为。

相比国外的研究，国内的媒介和社会网络研究晚了很多，尤其是新闻传播学领域，更是到 2010 年以后才开始引入这种理论和分析方法。但不可否认的是，因为国情的不同，国内的相关研究又有其特殊性，具体表现在以下几个方面：第一，2007 年以后，社交媒体发展迅速，社会网络分析方法作为有效分析工具之一，被学者重点采用，据有关学者统计，社交媒体等新媒体的研究占了 56.5%[②]，体现了我国学者的研究紧贴时代脉搏，紧跟技术发展的学术眼光。第二，促进了学科的交叉和融合。越来越多不同专业领域的学者对社会网络分析的理论视角和方法体系感兴趣，也促成了不同学科与其交叉和融合。当然，水平的参差不齐也可能影响学术对话的有效沟通，以及学术规范的有效形成。目前我国在这个领域，边界较为清晰的学术共同体还没有形成，甚至少有专注此类研究的学者，这是未来的研究者需要关注的。第三，研究方法上，大部分采取了规范的研究方法，尤其是以社会网络分析方法做出的相关研究。其他则采取了实验法、问卷调查法等量化研究方法，或者参与观察、深度访谈等质化研究方法，表现出了较高的学术水平。

通过对文献的分析，我们可以发现，国内相关研究所存在的不足，主要表现在：第一，研究视野较为狭窄，基本集中在新媒体的研究上，

---

① ［美］曼纽尔・卡斯特尔、［西班牙］米亚尔・费尔南德斯-阿德沃尔、（中国香港）邱林川、［美］阿拉巴・赛：《移动通信与社会变迁：全球视角下的传播变革》，傅玉辉、何睿、薛辉译，清华大学出版社 2014 年版，第 212—220 页。

② 杨春华：《社会网络分析在传播研究中的应用》，《当代传播》2015 年第 4 期。

关注的人群也集中在大学生、农民工等群体，当然这和社会网络理论进入我国学者视野较为晚近有关。第二，大部分是对国外社会网络相关理论的验证，而缺少理论的拓展和深化。几乎没有宏观理论和中层理论的提出，都是微观理论的假设和验证。使用的理论也较为集中，比如社会资本理论、网络结构和强弱关系力量假设等，较少提出自己的理论创新观点。大部分即便是扎根于中国现实生活的研究，也鲜少有新的理论观点的提出，让人感觉如隔靴搔痒，没有达到理想的理论高度，也没有触及社会和生活世界的本质，甚至少有新的理论词汇出现。值得一提的有蔡骐的“趣缘文化”、何威的“网众传播”等，尽管没有形成较大的理论影响力，但是仍旧是具有创新性的观察视角和理论思维形成的新观点和新看法，值得关注。第三，理论概念的理解囫囵吞枣，缺乏准确性。关于媒介和社会网络的一些传播学研究中，对社会网络、社会资本和社会资源等概念的理解缺乏明晰的界定和理解。第四，在研究方法上，尽管涉及社会网络理论和分析的研究，较之其他研究在研究方法上要规范，但是在目前的研究中，量化和质化研究相结合的数量并不多，而这是国外社会网络理论和分析研究较为推崇和较常采用的。另外，国内研究在研究方法使用的严谨性上来说相对也稍显薄弱。

因此，国内的媒介与社会网络研究，学界尚处于起步阶段，在理论高度、研究视野和研究方法等方面都有很大的提升空间，尤其是在将理论和实证研究有机结合方面，不同群体的媒介使用和社会网络的研究方面，还有基于中国本土情况来发展和深化社会网络理论方面，都有极大的发展和提升空间。

国外的研究因为起步较早，新媒体的发展也较之国内要早，所以整体来说走在前列。具体来说有以下几个特征：第一，研究对象方面，对各种群体投以关注，如移民、微小企业主等，体现了较为广阔的学术视野。第二，研究主题方面，涉及多个议题和领域，多个研究展现了跨学科的视野和研究路径，且注重实用和现实意义。比如媒介对发展中国家和农村地区的社会网络的研究，是对人类在技术进步过程中，社会生活发展的切实观照，对这些地区的实地调查和研究也体现了学者的务实和严谨。第三，研究方法方面，不仅使用了量化的研究方法，也有质化的研究方法，比如使用民族志和深度访谈等，并且使用 Nvivo 等软件进行处理，另外还有部分研究使用了混合研究方法。同时，方法的使用较为规范，值得国内学者借鉴和学习。

通过对国内外的移动媒介与社会网络研究的文献进行综合梳理，则可以发现以下几方面的问题。

第一，现有的对于媒介与社会网络分析的研究过于偏重数量分析和模型建构，也就是说过于重视行动者之间的关系和关系结构，忽视了文本交流的内容，即忽视了心理和精神层面的交流。第二，对于现有的研究来说，忽视了对具体情境的描述和研究，也就是人与人交往过程中的情境和结构性因素，较少对人们的态度和情感的考察。关系自然可以用量的研究和技术考察，但是关键点在于节点之间关系的质量如何衡量，也许就需要质化的研究方法了。斯科特就认为："当然，网络分析可以以定量和统计的关系来呈现关系，但它也包括了一系列定性方式来测量网络结构。"[①] 第三，较少对贫困地区的群体进行研究，未来的研究应进一步拓宽研究对象的范围，因为不同的社会文化、经济发展水平和心理因素必然会造成不同的人际交往方式和结构构成，尤其对我国来说，贫困地区的人群的社会结构、人际交往和信息传播的研究，对扶贫、宣传等工作将起到积极作用，其研究在中国的社会经济文化建设过程中可谓关键。第四，尽管在学术研究问题的提出上，我们可以把线上和线下分开来考虑，但是事实上，线上关系无法和现实生活割裂开来，任何对于社会网络的考察都应该把其当作一个广义上的、个体现实所在的社会化网络关系中的一部分。威尔曼和古丽娅认为："即使很多人都认为虚拟社区跨越了时间和空间从而自成一体，大部分的联系也仍然存在于那些生活在本地社区、经常照面的社会个体之间。"[②] 尽管以传播媒介为中介的传播活动已经成为人们生活的一部分，其中的社会和空间相互之间的界线变得模糊起来，但是我们依然不能将之截然分开，视为某种孤立存

---

① Scott, J., *Social Network Analysis:A Handbook,* 2nd edn. Sage, 2000. 3.

② Wellman, B., Gulia, M., *Net Surfers Don't Ride Alone:Virtual Communities as Communities,* in Wellman, B. (ed), Network in the Global Village, Boulder, Co: Westview, 1999, p.179.

在的关系，而目前的部分研究的假设前提中有此倾向。第五，社会网络分析的相关研究常常忽略了一个重点，即当计算机网络以不同的方式连接起个人、群体和组织的时候，它就具有社会属性，同时也很少关注技术如何影响技术所孕育出的社会关系。还需要注意的是，单纯的数量分析可能会忽略社会、文化、心理、情感和具体情境对社会网络结构和网络中成员行动的影响，使得研究对象被模式化。但是纯思辨和理论研究也会脱离具体实际，成为一种想象的群体和可能，从而缺乏解释性和合理性。质化研究却有可能发展出某些新的中层理论，这也是本研究致力的方向。

第二节　问题的提出

通过以上分析，形成了本研究的核心问题。从宏观上来看，本研究主要研究人、技术、社会三者之间的相互关系。在中国，尤其是广袤的农村社会，社会资本的主要表现形式在于由血缘、亲缘、业缘和地缘等因素构成的初级社会关系的网络体系，这是由该地区和其背后的传统文化背景所建构和体现的，成为影响农村社区发展的一个重要因素。移动媒介时代的到来，不可避免地对原有社会网络和社会资本的获得产生了重大影响，甚至对原有文化体系形成冲击。基于此，本研究意图探讨以下四方面问题。

第一，移动媒介是如何进入村民的生活的，以及村民是如何使用移动媒介的？

第二，移动媒介扩展和维系了社会网络，而社会网络才能具体在人际交往和社会资本的获取中发挥作用，如提供人情、传递信息。所以，移动媒介、使用移动媒介的村民个体和社会网络，三者之间究竟有何关联？

第三，新的信息通信工具如何改变和建构了这些具有特色文化地区的人际交往和社会网络，又是怎样影响了其社会资本的获取和构成？

给村民的生活和人际交往带来了什么样的改变？曼纽尔·卡斯特认为：“信息技术所扮演的角色，提供网络化的发展成为人类活动组织的动态、自我扩张的形式。这个占主流优势的网络化逻辑转化了所有社会与经济生活的领域。”[①]那么社会网络的构成和社会资本的获得，又主要受哪些因素影响？经济条件和社会地位与社会网络的规模成正向相关还是反向相关呢？除此之外，本研究还想回答，传统的封闭的社会关系网络在移动媒介时代是否具有新的面貌和特征？在中国社会经济高度发展的今天，农村劳动力大量流动成为打工者，那么在流动的过程中又会对社会资本产生什么样的影响？其强关系和弱关系有何变化？村民个体融入通过网络和移动媒介建立的社会网络，对社会和个人来说有何意义？

第四，西部地区多有贫困农村地区，而贫困因素对移动媒介的使用和社会网络的发展又有何影响？林南认为：“我们正在经历着由电子网络所代表的社会资本的革命性上升时代。”[②]并认为随着电脑网络设备价格的降低与网络跨时空能力的增强，我们正在面对着一个以地球村形式出现的社会网络新时代。[③]现在离林南在《社会资本——关于社会结构与行动的理论》中论述以上话题的时间又过去了20余年，在移动媒介时代，当技术和整个社会结构都发生了改变的同时，不同经济条件和社会地位的人之间，是否依然受到电子鸿沟的影响？这也将成为本研究探讨的重点之一。

根据对社会网络和社会资本的分类，以及林南行动与结构理论，社会资本一般分为宏观、中观和微观三个层次。社会资本的宏观层次指组织或者区域层面上，某一行动者群体对社会资本的占有情况；社会资本的中观层次指社会结构中处于特定位置的个体对社会资本的占有情况；社会资本的微观层面则强调的是通过建立社会关系，个体可以获得所需

① [美]曼纽尔·卡斯特：《千年终结》，夏铸九等译，社会科学文献出版社2006年版，第321页。

② [美]林南：《社会资本——关于社会结构与行动的理论》，张磊译，上海人民出版社2005年版，第214页。

③ [美]林南：《社会资本——关于社会结构与行动的理论》，张磊译，上海人民出版社2005年版，第215页。

资源的渠道和途径。

在本研究当中，主要探讨的是中观和微观层面的研究内容，即村民个体社会网络和资本的获取，以及处于某些特定位置上的个体的社会网络的构成和资源的获得。曼纽尔·卡斯特也认为，他所认为的网络社会的建立应该是以自我为中心的网络，社区是基于分享价值和兴趣的，而网络社会则是个体化的社会形态，人们在其中倾向于如何能够最大化自己的个人所得。他曾指出："社区……基于价值和社会组织的共享。网络则是建立在社会个体的选择和决策之上，无论这里的社会个体是指个人、家庭还是社会组织。"[①] 同时，卡斯特还认为，虽然新媒介并不是网络化个人主义出现的直接原因，但是随着时间的推移，它确实是网络化个人主义发展和增强的技术基础。尽管社会网络理论与卡斯特的网络社会理论差异颇大，因为社会网络分析是视关系为社会结构的基本单元的。卡斯特的理论也提到了网络社会当中的节点，以及节点之间的关系，同时，网络分析并不是以群体为主要研究对象，而是在研究节点之间的关系以及其连接的结构和密度，这里的节点除了包括群体、家庭、企业、民族—国家或者其他意义上的集体之外，当然也包含个体。网络社会学研究者罗家德认为："社会网络包括个体（家庭）层面和社区（村庄）层面的关系网络。作为以个体为中心的网络，个体层面的社会网络是指个人或家庭所拥有的亲戚、朋友或邻里等组成的关系网络，个人和家庭可以通过获取网络内部成员的帮助以应对逆向冲击并缓解生活困境。个体网络关注社会连带关系，而非网络结构，个体特性以及网络对个体行为的影响是其主要研究内容。"[②]

基于此，本研究将主要从个体的微观的层面出发，关注个体在工具性社会中，如何通过移动媒介发展和利用嵌入网络中的资源，以获取某种回报和利益。之所以研究个体，是因为人们作为个人已经越来越网络化了，或者说人们越来越趋向相互联系着的个人，而并非面目模糊地嵌入在某一群体之中。在网络化时代，个人才是中心和焦点。另外，本研

---

① Castells, M., *The Internet Galaxy*, Oxford: Oxford University Press, 2001, p.27.

② 罗家德：《社会网分析讲义》，社会科学文献出版社 2005 年版，第 16 页。

究尤其关注村民群体通过移动媒介建立的社会网络，对乡村发展和个人发展来说有何意义？

总之，本研究试图情景化还原通过移动媒介建立起来的新的人类关联，即村民个体和家庭的社会网络、人际交往的发展与变化情况，特别是个体的感受和想法，描绘出一幅乡村振兴背景下农村社会网络变化和发展的动态图景。

第二章　田野工作地点河坝村概述

第一节　河坝村和绕家人

一　河坝村

河坝村位于贵州省黔东南州麻江县龙山镇的西南部，是全县绕家人的集中居住村落。河坝村距离龙山镇政府 7.5 千米，麻江县城 28 千米，州府凯里 41 千米，由原来的青坪村、河沙村和白兴村合并而成，辖区总面积为 19 平方千米。全村辖 7 个村民小组，15 个自然寨，现有人口为 846 户 3876 人。河坝村地势南高北低，西部高山深谷，中部丘陵平坝，东部崇山密林，为山地丘陵地带，海拔 900—1500 米，属于亚热带暖湿性气候地区，冬无严寒，夏无酷暑，年平均气温大约在 14.6 摄氏度。由于气候温和，降雨量充沛，河坝村非常适合发展农业和畜牧业。研究者初到河坝村为 2016 年 1 月，尽管处于隆冬季节，但是这里依然青山环绕而无萧瑟之感，稻田内稻谷收割完毕，又种上了油菜，或者撒上了牛羊所需的草种，长得绿意盎然，只有田间一个个矗立的草垛子显示着刚刚过去的丰收景象。整个村子有河坝河蜿蜒穿绕流过，河水清澈见底，全村稻田多分布于河坝河两岸的傍山近水处。因此河两岸稻田环绕，树木点缀其间。由于时处冬季，村民少有农活，一般都赋闲在家，女人则开始绣花染布。村民们朴实祥和，多着本民族服饰，少有外地人。整个村子宛如一幅宁静而与世无争的世外桃源画卷。

在河坝村，绕家人的人口比例占 90% 以上，是典型的聚集村落。这是研究者最初选择这里作为田野调查地点的原因之一。另外，河坝村悠久的传统文化也是研究者青睐此地的理由。

据《麻江县志》记载，河坝村的瑶族原称为“绕家”，历史上还曾有“幺仲”“夭家”“夭苗”“扰家”等称谓。他们自称“育”，有杨、龙、罗、张、曹、贾等姓氏。[①] 据考证，明代史籍已有绕家人的记载，明代的郭子章的《黔记》、清代的《贵州通志》《都匀志》《百苗图》等均有记录。据绕家人自撰简史，他们与现居住在贵州都匀洛邦镇绕河村的上绕家本是同宗同源的同胞，是从江西朱市项（简史如是记载）迁来的，继迁三都陈蒙滥土（烂土），明朝朱元璋时期，一个姓张的将领带兵打到陈蒙滥土，打败了育族（即绕家），赶走了育族人，且试图对育族人实行追杀，逃亡过程中，育族人躲进一大山洞，结果洞口被封，死了一万多人，剩下的育族人从此分散，有的迁至都匀绕河村（俗称“上绕家”），有的迁至麻江河坝村（俗称“下绕家”），还有一些散落在“瓮城河”，今已变为苗族。[②]

据考证，河坝辖地历史上称绕家场（夭家场），以民族命名，光绪三十年（1904），属平定司东一牌辖地。民国三年（1914）属东南区（原宣威区）。民国二十年辖地设新寨镇、平寨乡、白岩乡，秧塘乡领猫耳屯同属三区（宣威区）。民国三十年（1941）绕家改属拔茅乡（今龙山）。1953 年绕家场设乡，继因河沙坝上为绕家场场址，而更名为河坝绕家民族乡，镇政府初驻岩脚，1972 年迁驻平寨脚新址。

绕家人曾在 1949 年被认定为彝族，但其语言、文化和习俗均存在

---

① 贵州省麻江县志编纂委员会编:《麻江县志》，贵州人民出版社 1992 年版，第 177 页。

② 龙光九、杨琼楼、许安富:《夭（育）族简史》（未出版的手写稿，现存河坝村白兴大寨村民家中），1993 年。

着较大差异。1981 年，有关部门又再次组织识别，认定绕家为未识别少数民族。1991 年，国家组织成立了贵州省少数民族考察团，河坝村绕家人也派出代表参加，考察团奔赴云南省的河口瑶族自治县进行考察后认为，麻江县河坝村的绕家人和瑶族在生活和文化习俗上，都存有较多的相似之处。1992 年 10 月，贵州省人民政府下发了《省人民政府关于麻江县绕家认定为瑶族的批复》[黔府通〔1992〕247 号]，同意麻江县绕家 6474 人认定为瑶族。

河坝绕家人因长期居住在交通不便的深山中，可谓“生深山重溪中”“居山谷间”“皆栖止山岩”。1972 年修建了乡村公路，但仍处于交通极为不便的状况。又因其长期势力弱小，少与外人交往，几乎可说处于封闭状态。因此，绕家人与其他民族相比，甚至是与其他地区的瑶族相比较，在文化和习俗上都具有其鲜明而独特的性质。现在，河坝村绕家共有三项传统技艺和民俗被列为非物质文化遗产，其中传统技艺枫香染 2008 年被列为国家级的非物质文化遗产，传统民俗瑶族隔冬节和瑶族服饰均于 2007 年被列为省级非物质文化遗产。

二　绕家人的传统文化与习俗

（一）国家级非物质文化遗产——枫香染

枫香染又可以称为“枫脂染”，也有其他村寨或民族掌握枫香染技艺，但是河坝绕家人的枫香染不仅较为特殊，且一直传承着古老的制作工艺。每年的春末夏初时节，绕家妇女就开始收集枫脂，一般都是在古老的较为粗大的枫树主干上划出刀痕，使树干流出枫脂再加以采集。在自织的白色土布之上，绕家妇女首先用细笔描绘出精美的图案。这些图案都由妇女自己想象和随手绘制而成，主要以大自然中常见的动植物为主，间隔以几何纹和锯齿纹等较为简单的花纹，这些图案形态各异、生动细腻而质朴和谐，讲究对称之美。从美学风格上来看是粗中有细、布局饱满而不杂，其图案和花纹既来源于绕家人的生活，又体现了绕家人丰富而绚烂的想象。印染枫脂染的花布时，一般是将枫脂和牛油按照 10:2 的比例混合起来盛进土碗，再放在小火炭灰之上加以融化和加热，因降温后枫脂和牛油凝结则无法点染。绕家妇女用自制的竹蜡片或者竹蜡刀，蘸上枫脂牛油，沿着描好的图案再复描一遍，等到枫脂干透，将布片送到染匠那里加以浸染，再在水中投洗漂去枫脂，晒干以后，则可在布片上看见青底白花或者蓝底白花等各种色彩对比鲜明的花纹。

枫香染在河坝绕家人中流传已有七百多年的历史，然据研究者调查得知，虽然枫香染列入了国家级非物质文化遗产，但是没有形成规模和产业，产生不了多少经济效益。年轻的绕家姑娘往往觉得无用，学习制作的人渐渐减少。现在村子里会制作枫香染的大都为四五十岁左右的妇女，且会描绘蜡花图案的妇女非常之少，一般都会“点”而不会“描”，枫香染的技艺面临着传承的难题。

（二）省级非物质文化遗产——隔冬节

“隔冬节”在绕家人中又称“绕家过冬节”。河坝绕家人被认定为瑶族之后，因与都匀绕家人不同，所以又称“河坝瑶年”。隔冬节是每年的阴历十一月的第一个虎场天（少数民族计算日子一般以十二生肖的顺序来推算，如一个月的第一天以鼠日为首，以此类推）。

据河坝村村委会提供的民族志文本记载：

> 在近三年内，谁家有老人去世，就要在“过冬”之前举行“隔冬”仪式，祭祀去世的老人。隔冬基本上以“房”进行，如这一“房”三年内有多位老人去世，就要在不同的时间分别为老人隔冬，每天只能祭一位老人。在老人去世后的三年内，每年要为去世老人进行“隔冬”一次，形式和内容基本一样，但只有第三年最为隆重。“隔”乃阴阳相隔之意，瑶人自称“隔冬”为“哈策”。主要活动仪式有：扫墓、杀猪、打糍粑、开田捉鱼等。[①]

隔冬是绕家人非常独特的葬后祭祀活动。它与其他葬后祭祀活动最大不同之处在于它有固定的时间，一般都在过冬节的前几天，而其他时间均不进行。历史上，绕家人曾四处迁徙，又人少而势力弱小，因此对逝者实行“薄葬厚祭”。在“隔冬”仪式中，可以管窥到绕家人过去的生活境遇和状况。据河坝村的老人们说，其实这也和隔冬节前后属于非

---

① 麻江县龙山镇河坝村村委会提供资料。

农忙季节有一定的关系。到了现在，隔冬节作为一个特定的仪式，也成为绕家人从外面回来和家人聚会的理由。人们聚集在一起喝酒聊天，还有村里会举行盛大的看会活动，一般由斗牛、斗鸡、唱绕家歌、跳芦笙等项目组成，形成了独具特色的隔冬节文化。

（三）省级非物质文化遗产——绕家服饰

绕家服饰具有鲜明的民族特色，一般为青色和蓝色。男装和童装相对简便，而女装则较多花样，也是以青色和蓝色为主色调，而绣以红色花纹。男装一般为青布衣或蓝布衣。春夏时，老年人着右衽矮领中衫，青少年穿对襟矮包的单领布纽中衫。秋冬时均穿右衽单领长衫，腰系线织花带，花带两端缀红线须，须端垂于左腿处。裤装均穿三幅裁的大裆长裤，裤上端加横腰布，裤脚缝折褊，小腿上打青布绑腿。女装分为盛装和便装两种。瑶族称盛装为“相育”（意为绕家人的衣服）。绕家妇女从头到脚打扮，统称为盛装。绕家妇女均蓄碗顶长发（用碗反扣于头，将周边头发剃光），不扎辫，在后脑勺处挽高髻，髻上插牛眼杯大的带柄银瓢，髻顶插若干支银花。头上包挽折叠平整的头帕，头顶上外搭两端留有寸许线须的青底白花头巾。耳垂挂银柱，颈上戴大小不等的数只银项圈。绕家妇女穿右衽和尚领无扣的绣花衣，全套六件，长不过膝，短仅及腰，从里到外，一件比一件短，恰好露出衣脚一道花纹。衣袖长短亦然。前襟用四色布和一条彩色锦镶四条边装饰，肩部有一条织锦花边，着装时用三组花带在右侧打结。裤装则为裤和裙套穿，内为直筒大裆长裤，外套青色、蓝色两节百褶中裙，小腿包绑缀有几十颗海蛤（白海贝）的裹腿。脚穿绣花船形高翘鼻鞋。便衣是右衽齐膝矮领中衫。顺脱肩沿上和袖口钉两道蓝布细褊。腰拴短围腰。围腰与胸前部有梯形绣花围腰牌，围腰带绣有花，且两端留有线须。围腰上端用银链连接，挂于颈上。男女孩均戴帽。春秋季戴帽顶绣花的狗皮帽，夏天戴开顶的、额顶处缀以色布菊花瓣的圈圈帽，冬天戴帽顶绣花、有缨须的尾巴帽。男孩于太阳穴处束“一块瓦”，女孩于脑盖两耳上方各束一勺发，形似狗耷耳。男女孩均穿不绣花的长衫服，不着裙，均穿叉裆裤。①

除了枫香染、隔冬节和绕家服饰之外，绕家人的婚俗、丧葬、饮

① 据贵州省麻江县河坝村村委会提供的相关资料整理。

食、建筑等文化也独具特色。

绕家的婚俗文化。绕家人的婚配，与外界通婚的，一直到21世纪初都可谓少有。自古以来，一般都是绕家与绕家的异姓通婚，也有同姓通婚的，比如龙姓，绕家人把龙姓分为“干龙”和“水龙”两支，其两支可以通婚。绕家把每年农历正月初二定为结婚佳期，其他时间不迎亲嫁女。当然随着时代的发展，现在不囿于正月初二了。绕家人的婚配，既有父母之命，媒妁之言，也有自由恋爱结婚的。绕家的未婚男女青年，在每天晚饭过后，都会集中到寨上一个到两个专门提供给青年聚会玩耍的地方，男青年用新衣蒙着自己的头，用唱绕家歌的方式，来赢得绕家女青年的欢心。绕家女青年认为，可以通过绕家歌来判断男青年的才识和勇气，而不是相貌。因此，绕家男女到了这种场合都会穿上自己的民族服饰，女方尤其可以借此展示自己的枫香染和刺绣技艺。经过了解以后，男方请媒人到女方家去提亲，前后分为三次，第一次和第二次女方不予答应这门婚事，也不拒绝，以表男方对女方的诚意深厚，第三次才知真。初一凌晨，男家聘两男一女作引亲人，提马灯、带火把、带一把红纸伞和抬礼物到女家接亲。另外，绕家婚礼要请舅爷客。在新娘未出嫁前，新娘父母请本支十二个男青壮年为送亲舅爷客。在举行婚礼那天，这十二个舅爷身着单领蓝布长衫到新娘家，将长衫系于堂屋事先准备好的麻绳上，男家请能歌善酒的男性陪舅爷客唱酒歌表示祝贺。歇一夜，第二天将酒肉相送返回。绕家婚礼不在女方家办，在男方家欢庆三天，新娘卧床不起，回避来庆祝的男女青年。三天后，新娘起床后佯装抬水，将木桶丢在井边，转回娘家。待到农历二月初二的统一佳期，才接新媳妇回男家。

绕家的丧葬文化。据绕家人自撰的《(夭)育族简史》记载，绕家人死后，男的要剃头，女的要洗头发，穿新衣，用竹片编竹列，放置死者于内并停于堂屋，脚朝大门放，然后才放棺材内。同时鸣炮向全寨报信，内兄弟姐妹则要亲自去报信。报信时请内兄弟家的一个人，随死者家族的十二个老人一起去水井给死者“买水”，此水给死者喝并用于清洗身体。《(夭)育族简史》中还有如此记录：

太死要杀猪，公死要杀水牛，开路时，选一老人站于香火下，即棺材头，手拿一把大马刀，头戴年帽，身穿年衣。站在棺材头叫作“立头”，立头人要站正。杀猪的要请五辈祖宗，杀牛的，请七辈祖宗。亲戚前来祭，只来一对鼓吹，送一升黄豆的豆腐，一小腰箩饭，走到灵前时，行三跪九叩首。第二天抬上山安葬，抬上山由外家一人点一把火在前带路，这个人到安葬地，要去找一块石给死者作门，抬上山时，由开路的十二老人中，找出一人去“踩瓢”，踩瓢人手拿一把纸伞，一根朽木棒作杵棍，一个瓜瓢盛丰瓢水跟随抬丧的后头到葬处，绕棺材三圈后，一脚踩瓜瓢破，木棒断，踩瓢人才利，所以要一根朽木。踩瓢人转回到家后，主家才设席款待宾客。①

隔冬仪式由保卦公主持，午饭后先将客人送来的鸡全部杀掉，整只煮好，取鱼 12 条煮好，鱼不能剖开，煮酸汤菜一锅。糍粑打好后，捏成桃状，粘在一枝桃树枝上，挂于堂屋左边壁上（糍粑数为第一年隔冬 7 个，第二年 9 个，第三年 11 个）。将所有亲友送来的香纸烛堆放于大门外，滴上少许鸡血，由一位老者将其全部烧完。在堂屋内，包括保卦公在内的寨中 12 位男性长者分两边坐好，面前各摆放酒 1 碗、鱼 1 条、糍粑 1 个、豆腐 1 条、熟肉糯米饭各一些，均用菜叶盛着。用一大盆将煮好的整鸡数只盛于中央，酸汤菜也放置在中央，在神龛前放置一双高粱秆做的筷子，供祖先用。仪式开始，保卦公点燃香纸烛并念口语，每念完一节，就向地上掷卦，要掷出顺卦为止，然后 12 人各呼“老人得去了”，就各取面前祭物少许，丢在地上。如此反复共 12 次，仪式方完毕。保卦公所念口语内容大意为：今天，我们为您进行隔冬，请您老人来享用丰盛的食物，您在上天之灵要保佑我们远离鬼邪，并为我们送来钱米和子孙……仪式完毕，要取祭品各一份送至保卦公家中。由保卦公过后享用。下午，主人宴请宾客，席上，亲友们大碗喝酒，大口吃肉。

---

① 龙光九、杨琼楼、许安富:《夭（育）族简史》（未出版的手写稿，现存河坝村白兴大寨村民家中），1993 年。

划拳、唱歌、跳板凳舞，闹得越欢主人越高兴。家族中的女性还要依次向客人敬酒。如有人要返家，寨中妇女要一路唱歌敬酒，送出寨外。第二天，无祭祖仪式，只是吃喝玩乐，上午要吃已出嫁的女儿拿来的东西，下午则吃每户寨邻煮好拿来的酒菜，以示寨邻的团结。第三天上午，主人再次宴请宾客，亲友陆续返家，主人要将一些糯米饭或肉等赠予亲友带回。主持隔冬仪式的保卦公为某寨某大姓家庭中德高望重、记性好、口才好的男性长者，每寨出1—2个负责本寨祭祀活动的人。上一代保卦公会教授几个徒弟，待年老的保卦公身体不行了，再由大家从这几个徒弟中择优选举产生。①

绕家的饮食文化。绕家以大米为主食，兼吃玉米、红薯等杂粮，爱吃酸辣味，以辣椒、米酒等制成的酸辣椒，放置坛中发酵形成酸糟味，风味颇为独特。绕家人常以酸辣椒加水制成火锅底料，用以煮菜味鲜不馊。绕家成年人均喜爱饮酒，每年用玉米、红薯、大米等酿酒，每家需酿制几百斤，平时多人在一起“打平伙”吃饭喝酒，尤其入冬后最为频繁。

绕家的建筑文化。绕家人的传统建筑都为木质结构，一般都分为上下两层。上层通风、干燥、防潮，为居室，中间为上堂屋，顶铺楼板，前装栏杆；下层是灶房、猪牛栏圈或堆放杂物之处。绕家人喜聚居在一起，古时尤喜建屋在高山之上。一来绕家人田土皆随山而作，二来占据有利地形，可共同防御敌人或大型动物来袭。

河坝村落呈现出“群峰而围、曲水而过、地阔而平、势缓而敞、河坝为田、地林互融、群峦为障、一族为主、群组而居”②的整体格局，人与环境和谐共生，而其丰富的文化遗产更是独特而绚烂，且保存良好。由于良好的自然生态环境和丰富的文化遗产，2013年8月，河坝村被住建部、文化部和财政部认定为中国传统村落。③

---

① 麻江县龙山镇河坝村村委会提供资料。

② 麻江县龙山镇编:《龙山镇志》(初稿，未出版，龙山镇政府提供)。

③ 详见《住房城乡建设部　文化部　财政部关于公布第二批列入中国传统村落名录的村落名单的通知》，建村〔2013〕124号。

第二节　河坝村的社会发展与变迁

社会变迁一般指的是政治、经济、文化和社会结构等或大或小、或急或缓的变化和变动。“大至社会形态的更替，小至人们衣食住行的变化，都属于社会变迁。”[①] 中华人民共和国成立后，中国社会经历了从农业社会到工业社会、从封闭社会到开放社会、从传统社会到现代社会的一系列重大社会变迁，农村地区也随着国家的变迁浪潮，在不同时期呈现出了不同的特征。

中华人民共和国成立前，甚至改革开放前，河坝村绕家人都长期索居深山，耕种织布皆能勉强自给自足，同时，因长期处于劣势，本族人数寡不敌众，又有其本族语言，导致与外界接触极少。河坝村交通又极为不便，到 1972 年才通了第一条乡村公路，而白兴大寨等寨子竟到了 2004 年才通水泥路。以前出行基本靠走路，而货物运输就靠马车和牛车。

经过 40 多年的改革开放，中国社会乃至中国的农村社会都已不再是具有较强同质性的社会。河坝绕家人也经历了土地改革到农业合作化、人民公社到家庭联产承包责任制、村民自治到新农村建设、计划经济到社会主义市场经济、传统社会到现代化社会这样一系列转型和变迁的过程，信息社会的发展更是让河坝村也被裹挟进入了全球化和现代化的发展过程。社会结构的分化和市场化程度的提高，让具有特色文化传统的农村地区人们的日常生活也呈现出了多样化和现代化特征。

本节将以河坝绕家人日常生活息息相关的几个方面，如婚配、教育、经济观念和社会分工（职业）等简要论述河坝村的变化，从中管窥河坝绕家人的生活与社会变迁。

---

① 刘小敏、蔡婷玉:《社会变迁视域内的中国人口流动：60 年回顾与思考》,《江海学刊》2009 年第 5 期。

一 婚配：从生存繁衍需求到理性选择

韦伯认为："促进资本主义的产生、发展与社会现代化的因素是人的行为的理性化和社会的合理化。传统社会向现代社会变迁发展的根本缘由在于人的行为理性化与社会的合理化，主要体现为人的行为更多地由非理性行为向理性行为变迁，社会经济数量化，社会政治机构科层化，社会文化世俗化。"[①] 河坝村的婚配历史演变也体现了这一发展过程。

（一）从族内通婚到外地女婿媳妇

河坝绕家人因为交通不便，语言不通，很少与外界交往，在婚配上自然都是在本族内进行的，至多也就是少数人和都匀的"上绕家"通婚而已。绕家人人数不多，且有重男轻女的思想。刚到河坝村时，村支书就告诉研究者，河坝村有一大难题，就是"单身汉"问题。村里的老人们也透露，河坝村的四大姓氏"杨""龙""张""曹"是可以自由通婚的，但同姓之间不得通婚，而后来因为适龄女性偏少，为了增加婚配概率，河坝人又根据上几代通婚的情况把龙姓分成了"干龙"和"水龙"两支，解决婚配问题。河坝绕家人的穷，在 21 世纪以前都是远近闻名的事情。据老家在秧塘，从贵阳到麻江的挂职干部讲：

> 河坝是与世无争、传统的村落，人很淳朴，以前饿饭的时候，饿死人最多的就是河坝。他们人很热情，到他家去就会叫你吃饭喝酒，生活很简单，总的来说幸福指数比较高。以前有河坝村的人嫁到秧塘，但是还是很少有人到河坝，因为这边苦，而且土地分布远，干活不方便。以前河坝人的箩筐都比其他村的人小。因为路远，大了也背不了。我们秧塘还有个笑话，有时候走亲戚什么的要带米，路远了或者怎样带的箩筐就会小，这时候别人就会开玩笑说，哎呀你还专门到河坝借了个箩筐来啊。（LYJ, 43 岁，2016/9/30）

---

① 参见黄陵东《西方经典社会变迁理论及其本土启示》,《东南学术》2003 年第 6 期。

那时，河坝村出去打工的人相对少，又不怎么和外界打交道，因此也只有在自己本地本族内找媳妇了。时过境迁，河坝绕家人外出打工和外出求学的人越来越多，找外地女婿媳妇的人也越来越多了。

YDB 是一个嫁到安徽的河坝绕家女人。2016 年 8 月，研究者在河坝的白兴大寨正好碰到她带着安徽丈夫和儿子回到娘家探亲。她和丈夫在上海打工时相识，结婚已经有 17 年了，育有一儿一女，现在在安徽蒙城买了房子定居下来。据她说：

> 我的老公和婆婆对我都非常好，我一直都没有工作，就是做建筑包工头的他如果有了什么活，会跟着搭把手帮帮忙，照顾孩子又主要是婆婆在做，还是比较轻松的。（YDB，37 岁，2016/8/16）

YWS 则找了一个麻江县城里的未婚妻，有事业单位的编制，且家境优越，据说是县里领导家的女儿。YWS 和未婚妻是高中同学，当时未婚妻成绩比较差，一到考试就看他试卷上的答案，两个人慢慢建立了感情。YWS 在贵阳上专科的时候，未婚妻在江西学习服装设计专业，YWS 毕业以后去了南京，做信用卡的营销工作。

> 那时工作非常累，但是天天聊，每天聊到十一二点钟。一般都是聊 QQ，一回家，马上就打开那个 QQ 视频，整夜聊，不知道那时候哪里那么多话。可以说那时候就是在暧昧的阶段，随后怎么讲呢？好像是她要回家考试，当时我就觉得我在南京，她回家考试，考上了，觉得这个就不太有可能了，之后就没有发展下去了。（YWS，29 岁，2017/6/2）

几年后，YWS 回到贵州工作兼做催干剂等化工原料生意，发现彼此没有结婚，又还有感情，所以走到了一起。尽管女方家人希望 YWS 能够有一份稳定的工作，比如考上事业单位编制或者是公务员。但是，YWS 的收入不低，每个月工资在 1 万元左右，这在贵州省属于工资较高的行列。而且他还有做生意的收入，仅 2015 年他的化工原料销售纯利润就达到了30万元。YWS对未婚妻父母的观点有自己的想法：

> 不管怎样，只要我经济上不依赖他们，有事自己走正规渠道正常处理，人品不比他们差，努力点，思想和能力不落后于他们就行了。（YWS，29岁，2017/6/2）

2017年端午节，YWS第一次上女方家里做客。回来后他告诉研究者，说女孩的爸妈答应了这桩婚事。2017年10月，YWS已经开始在微信朋友圈里公开晒女朋友的照片，并告诉研究者应该在年后就会成婚了。不止YWS，本研究的深度访谈对象YM、LMZ和LY都找了外地对象，充分显示出河坝儿女在婚姻选择上的理性和自主。

随着时代的变迁，河坝村儿女到外地求学打工的人越来越多，河坝村村民的通婚圈也呈现地域扩张的趋势。甚至有河坝村村民对研究者说："现在的年轻人，都不想找本村的啰。"通婚圈的扩张，一是因为河坝村人口的迁徙和流动带来的社会交往圈层的扩大。从相对封闭的农业社会到开放流动的现代社会，必定会带来人际交往范围的扩大，人口的流动导致的资源和信息的流动，必然导致适龄人口在这种交往过程中完成择偶行为。二是因为教育水平的提高，尤其是受高等教育人口的增多，让河坝村的择偶观念和标准产生了变化，婚姻越来越自由和自主，更多体现出情感性和经济性特征，越来越趋于理性。

（二）从"玩山""看会"到社交媒体

据河坝的老人们介绍，以前他们找对象主要是看会，看会的主要内容也就是吹芦笙，看斗牛，对山歌。每年过了隔冬节后，男青年开始吹芦笙，男女青年于每天下午两点钟后，聚拢到河边。女青年提竹篮到地里割猪菜，男青年就到山上割牛草，然后到河边去与女青年们玩笑，唱情歌，准备第二年正月间跳芦笙。

正月间可以"玩山"。从正月初四就开始，玩山相谈，选芦笙匠。女青年选定要某寨的男青年来跳芦笙，同寨、同姓的不要，因为相邀来跳芦笙事实上就是一种选择婚配的机会，有的年轻人在跳芦笙期间就说成了婚事。正月初八晚上开始跳芦笙，每夜跳三个钟头左右。去看跳芦笙的人均用长衫衣蒙头，只露点眼睛看女青年。蒙脸是不让别人认识他。夜间去看跳芦笙的人，几乎每个男青年都带马刀、洋提刀或梭镖，如发生纠纷或打架时作为防身工具。每个村寨都有芦笙堂，看了这个村寨又去看那个村寨，夜间来往的人不少，如逢下雨、下雪、打雷，戴上斗篷都要去看。事实上，绕家的跳芦笙脚步沉稳，花样偏少，看跳芦笙不如说主要是看适合婚配的对象。那时的很多活动都是以婚配为目的的一种社交活动。比如到了二三月间，坡上的蕨菜生长出来了，女青年抬竹篮去割蕨菜，男青年抬箩筐和斧子去砍油柴，男女青年成群成对地坡上玩乐。这样一二十天，蕨菜讨来后放于坛子内腌，有的够吃一年，油柴也同样砍来够烧一年，很多年轻人就这样找到了对象。

而对于现在河坝的年轻人而言，首先，找对象不再限于本民族，更不限于本地区了。采访对象 LAH 更是告诉研究者，现在河坝的女人不喜欢嫁到本地，她认为和河坝贫困有关，也和河坝村根深蒂固的重男轻女思想有关，对老婆不够尊重。在她的初中女同学中，只有 5 个留在本地，其中 3 个嫁给本地人，另外 2 个还没有结婚。其次，找对象的方式发生了转变，绕家人的“玩山”早已不复存在，看会也成为村民纯粹的娱乐活动。随着打工潮带来的大批人口迁徙，绕家人开始更自由地和外界通婚，而随着移动媒介时代的到来，社交媒体也成了绕家人婚配的新工具。

有意思的是，在研究者深度采访的 36 个人中，有 10 人提到了自己有网络恋爱经历，有 14 人提到自己身边亲近的人有过网络恋爱经历。在 2016 年一场隔冬节后举行的订婚典礼上，研究者认识了一位外来的准媳妇——LEM，贵州黎平肇兴侗寨人，离异独自带着女儿，在广东打工的时候通过微信“摇一摇”认识了在浙江义乌打工的河坝人 LJW。LJW 2016 年 37 岁，是河坝村曾经被认为老大难的单身汉，LEM 认识他以后，却如获至宝。

> 我们聊了之后发现很合得来，而且我觉得他很正直，虽然不会说话，但是人很好，都是用行动来表示。他从来都不要我动冷水的。我以前老公是重庆的，我们经常吵架，为一点小事就吵，很

> 累，感觉过不下去。但是他就不会，他很善良，最重要的是他很宽容。我之前在广东工作，有一天下班的时候觉得好累，肚子又疼，我们聊天的时候，他就问我怎么了，为什么不想说话，我说累而且肚子疼，结果他第二天就从义乌过来了。（LEM，33 岁，2016/12/9）

说起这些事情，LEM 表现出很满意的样子。她告诉研究者她和前夫有一个女儿，已经六岁了，她曾把小孩带到义乌和他生活了半年，没想到他们很合得来。她曾给研究者看他们三人的合照，“你看，我觉得他们两个的笑都是发自内心的，所以我放心了”。LEM 还告诉研究者，她觉得他的家人也很好，因为未婚夫是 1980 年出生的，没有结过婚，她把结过婚有孩子的事情都告诉了婆家，婆家不嫌弃，他们才决定订婚。说到两人的关系，LEM 还提到了一个细节：

> 我们之间是透明的，他可以玩我的手机，我可以玩他的手机，我们之间大大小小的东西，银行卡密码都互相知道。（LEM，33 岁，2016/12/9）

这对 LEM 来说，是对彼此关系的一种确认，因为他们是通过网络认识的，可以互相玩手机证明他们对彼此的信任和独一无二。河坝村人找媳妇的方式已然改变了，如果没有网络，如果没有打工造成的人口流动，LJW 只能还是单身汉。2017 年 11 月，LEM 告诉研究者，她已经诞下与 LJW 的女儿。她还时常在朋友圈晒出与他一起带女儿的生活片段，语气中是浓浓的满足和幸福。这一份社交媒体时代的爱情已见结晶。

移动媒介技术不仅增加了村民婚配的机会，而且拓宽了婚配的地理范围，弥补了原有狭窄的地理空间带来的机会匮乏。同时，移动媒介技术还改变了他们相识的方式，更改变了他们相知的方法。人们在技术的构架中确认彼此的亲密情感关系，比如以能否使用对方的手机作为衡量标准。移动媒介技术持续向日常生活和人际关系进行液态化渗透，也彰显出移动媒介技术对社会网络进行物质性建构的能力。家庭是社会的基本组成单元，因此夫妻关系也就构成了最基本的社会关系，而移动媒介技术从某种程度上改变了这种社会关系的连接范围、交往过程和互动模式，而改变了这种社会关系，就有可能改变这个社会关系所在的社区乃至社会的社会结构。

二　教育：从落后失衡到社会公平

孔德的社会动力学认为："人类知识、科学与理性是由神学阶段向形而上学、实证科学阶段不断发展，社会随之也划分为神治社会、形而上学社会和实证社会。"[①]可见，孔德当时就已经深刻意识到人类知识、科学与理性对社会发展所具有的重要意义。受时代的局限，孔德并没有提出类似于"知识社会"之类的概念，但他的社会变迁理论已经体现出他对知识及知识作用的深刻认识与极大重视。可以说，一个地区和民族的教育的发展过程可以直接体现他们社会变迁的面貌。

河坝村的教育，在中华人民共和国成立以前是非常落后薄弱的。据《龙山镇志》记载，河坝村的教育大概经历了以下几个发展阶段。

第一阶段，清朝到民国时期。早在清朝时，河坝就已经有人懂汉语、学汉文了，不过为数非常少。民国时期，白兴的杨光前在河坝办了一堂私塾（后来杨应甫又续办 2 年），秧塘的杨明书在屯上办了一堂私塾，大塘的王星桥在岩脚办，底珍的李九阶在平寨办。各堂学生人数不等，少的几个，多的十几个或二十几个。民国二十五年（1936），政府提倡新文化教育，民众开始筹建校会，经过商议决定将保长田卖掉，得大洋 1000 多元，用来购置木料和书籍。选择校址在新寨寨脚，民众自己动工修建，开办短期小学。教师工资由政府支付。民国二十九年（1940），曹景阳（青岩简易师范毕业）任校长，在新校舍里办学，有教师 3 人，学生 115 人，分为 4 个年级，取名夭家保国民小学。教师待遇由民众开支。民国三十一年（1942），校名改为绕家国民小学校，教师增到 4 人。

第二阶段：中华人民共和国成立初期到"文化大革命"。中华人民

① 参见黄陵东《西方经典社会变迁理论及其本土启示》，《东南学术》2003 年第 6 期。

共和国成立初期因山区闹土匪，师生不能开展正常教学活动。1950年被迫停课。1951年9月恢复上课，曹炳勋任校长，教师有8人。设一至四年级各1个班，因只有3个教室，所以将二、三年级作复式教学。1955年赵全惠（女）继任校长，教师变动较大，又增补了3名教师。次年补修学校完工，学生增至554人，为河坝教育史上人数最多的时期。1960年，因遇旱灾，国家暂时困难，学校宣布停课，师生回家参与务农。1961年，政府正式接办，由龙选仁负责主持学校工作。1963年以后，教师逐年增多，学生又增到400多人。"文化大革命"期间，学校教学活动不能正常进行。1975年教师增至10人，并附设初中班；1977年，初中班合并到龙山小学附办。

第三阶段：改革开放至今。1979年河坝学生增到450余人，教师增到13人。1981年政府拨专款8万元，修建校舍，新校址选在乡政府背面的山嘴上。次年完工，共设有教室10个，办公室1个，教师宿舍8套等。校名改为河坝民族中心学校。1984年，教师增到17人。这几年，教学质量明显提高，毕业升学率连续几年居全区首位。1985年，由龙选清继任校长。2000年，学校补立为县义教工程项目学校。义教办拨款23.9万元为学校修建了512平方米校舍。同时配备图书1600册，教学仪器1810件，充实学校的办学条件，当年学校被评为国家级义教工程项目学校。①

据现任校长给研究者的资料显示，河坝小学现有教学班6个，在校学生180人，教职工16人。学校占地面积7024平方米，校舍面积为1713平方米，生均体育活动场地面积为13.37平方米，图书5236册，实验仪器价值15.02万元，学生计算机30台，多媒体设备1套，普通教室班班通6套。②在硬件设施上，河坝小学实现了质的跨越。

在河坝村调研期间，研究者认识了72岁的LAZ老人。她家中华人民共和国成立前是地主家庭，父母十分开明，送她上了私塾，所以她能识汉文说汉话，而当时像她这样的，属凤毛麟角。因为会说汉话，尽管她不是技艺传承人，但现在村里如果有一些去外省的关于枫香染的展示

① 麻江县龙山镇编：《龙山镇志》（初稿，未出版，龙山镇政府提供）。

② 以上数据截至2017年3月，由麻江县河坝小学提供。

和交流活动，都让她来参加。因为其他绕家女人（即便比她年龄小二三十岁）语言不通，不利于交流。自 20 世纪 80 年代以来，河坝村女孩受教育的比例大大提高，比如在龙选清校长任职期间就很重视女童入学率，通过各种途径找帮扶单位资助学校女童入学，使学校入学率不断提高。

河坝小学的 A 校长曾向研究者反映：

> 在以前女孩子都没有得到读书的机会，所以大部分学生家母亲不识字，思想还很陈旧。父亲对子女疏于管教，孩子学习不够优秀。加上河坝村离县城远，家庭条件差，学生学习用品基本上就是学校发的。现在打工的热潮也冲击了乡村，家长外出打工的人越来越多。学校现在有 65 名留守儿童。留守学生由年迈的爷爷奶奶或外公外婆照看。（AWY，37 岁，2017/3/31）

国家的扶持大大改变了这种面貌。按照国家政策，小学属于义务教育阶段，没有学杂费。学校提供早餐和中餐，由县教育局每天统一配送食材，由学校食堂烹饪，荤素搭配，并有餐后水果，每个学生每学期只象征性收取 100 元钱“营养餐自交生活费”。同时，每位留守儿童都有专门的帮扶教师，随时跟踪了解学生的家庭情况和思想状况，设立了定额家访制度，并要求学校定期向上级教育主管部门汇报帮扶情况和学生情况。因为国家的大力支持，近年来，河坝村的小学生入学率大大提升，教育水平显著提高。据统计，不仅基础教育，其他教育也获得长足的发展。随着社会物质文化水平的提高，学前儿童教育也越来越受家长的重视。“1992 年之前，河坝小学开办学前班，每班只有 20 余人，学龄前儿童入班率仅达百分之十几，到 2005 年，学龄前儿童的入班率就已经达到 98% 以上。”[①] 河坝村的高中入学率也逐年得到提高，相应地，大学生比例也在增长。由于相关部门缺乏详细数据，研究者在村干部协助下，对河坝村的大学生做了一个初步统计：截至 2017 年 12 月，在河

---

①　麻江县龙山镇编：《龙山镇志》（初稿，未出版，龙山镇政府提供）。

坝村具有大学学历的共有 100 余人，其中在读大学生 40 人，暂时还未有研究生学历人员。河坝村的教育可谓有了跨越式的发展。

三 经济活动：从做会到借贷

德国社会学家滕尼斯的社会变迁理论的核心就在于“社区（共同体）”与“社会”这两大概念。滕尼斯认为，社区的类型主要是建立在自然基础之上的群体，比如说家庭或者宗族里实现的，血缘共同体、地缘共同体和宗教共同体等是其基本形式，而社会是众多的个人思想和行为的有计划性协调，是一种目的的联合体。滕尼斯认为社会是一种“人的群体，他们像在共同体里一样，以和平的方式相互共处地生活和居住在一起，但是基本上不是结合在一起，而是基本上分离的”。“共同体是古老的，而社会是新的。”①

绕家人有关于经济生活的活动充分体现了他们从共同体到社会的变迁，其中“做会”尤其能展现出这种变迁。为解决实际困难，绕家人一般会有两种解决办法：一种是借贷。据村里老人介绍，历来绕家人借钱，一元钱一年生息五角，借米，六月间借，九月间还，都是一斗生息五升。这样，大吃大喝的人，因借账吃了生息的亏，就变成了找不到米下锅的状态。另一种则是做会。据《（夭）育族简史》记载：由于生活的需要，绕家人喜欢做会，做会是解决困难的办法。有钱会和米会两种。钱会，分坐会和走会两种，而米会是走会，每年秋收后最多上三会。钱会的坐会，是邀会人当请会。规定请会费用为固定的若干（钱或米），被邀请参加会的人，每人要向邀会人上首会和上尾会。邀会人包头包尾，不能途中退会。米会是谁家的会由他家自去请会。有时请米会可以收三千斤大米，能做一件大事。②

从现代的角度来看，这种做会的方式类似于一种没有利息的互相集资。做会的好处在于让绕家人遇到困难的时候避免借贷。“参加会的人

---

① ［德］斐迪南·滕尼斯：《共同体与社会：纯粹社会学的基本概念》，林荣远译，北京大学出版社 2010 年版，第 44—89 页。

② 龙光九、杨琼楼、许安富：《夭（育）族简史》（未出版的手写稿，现存河坝村白兴大寨村民家中），1993 年。

中，凡是没有得过会的，谁有困难，就向会上说清，给他要会解决困难，等于互相救济解决困难。”[①] 而做会的基础，则是绕家人共同体构成的社会网络，主要由族亲和乡邻两者构成。有些家庭相对力量薄弱，个人的资源相当有限，难以支撑自身的生存和发展，通过做会可以为其经济和社会活动提供支持。现在做会这种方式已经基本消亡了。这并不意味着绕家人不再互相借贷，而是现在的借贷已经成为一种人情和利益交织的产物。据研究者观察，现在的绕家人一般要遇到大事才涉及借贷，如子女读书、生病、做生意和建房等。

其中建房产生的借贷关系尤为常见。近年来，河坝绕家人纷纷修建新房，原因有三：一是河坝绕家人传统的建筑都为木质结构，极易引发大火。2014 年白兴大寨有一户忘记熄灭火塘引发火灾，一晚上烧掉十几户人家的房屋。失火之后的政府修房补贴少，因此重建需要借贷。二是随着时代的发展，绕家人认为砖混结构的房屋更加干净结实，当然也更能防火。三是许多绕家人的老房已经年代久远，且木质结构房子修葺费用也并不少，所以许多人家开始修建水泥砖混的新屋。不管什么原因产生的借贷，绕家人一般分两种，一种是人情借贷，即向亲戚朋友借款，规定好时日归还，但不产生利息；另一种则是银行借贷，更能体现绕家人经济观念变迁。在研究者调查期间，经常看到麻江县和龙山镇农村信用社的工作人员下村鼓励农户贷款，解决实际困难，甚至还有一系列优惠政策。比如如果是国家认定的贫困户，就可在信用社免息贷款 5 万元，用于发展自家产业，种植业和养殖业都可，并无烦琐严格的审查手续。据信用社的工作人员透露，尽管河坝村的农户对此并不积极，但是他们的业务也在逐年增长中。而现在他们工作的最大难点在于，很多农户害怕在银行借贷，因为这个不属于熟人社会中的“知根知底”的范畴内，他们认为银行贷款是靠不住的事情，算起利息和利率来显得复杂，不知道会不会被收取高额利息，甚至有农民怕银行“垮掉”。

在河坝村，“做会”和“借贷”不仅仅是在村民之间建立起金钱关系，它也是一种文化传统，更是一种社会网络关系的集合。村民通过

---

① 龙光九、杨琼楼、许安富：《夭（育）族简史》（未出版的手写稿，现存河坝村白兴大寨村民家中），1993 年。

“做会”和“借贷”形成小型的互助群体，参与者被纳入这个关系网中，编织于其中的是河坝村各个家庭和群体之间的交换关系。而这种交换不止于金钱和物品（钱和米），也在于人情、面子、关系和信任，是村民通过文化传统和人际交往实践的感知和经验，对生活方式和经济行为做出的选择和判断。

从做会到借贷，是河坝村绕家人经济观念的变迁，更是社会网络性质结构产生变化的集中体现。

四 人口流动和职业结构的变迁

落后地区的社会结构变迁，一般包括以个人行为的现代化为标志的个体变迁和以开放的专业分工为特征的社会系统变迁两个层次。[①]社会是一个相互影响的复杂系统，人口是社会存在和发展的重要体现和重要组成部分，而且对社会发展有着重要的影响作用，反过来，社会的变迁也会对人口的迁徙和流动造成巨大的影响。据河坝村提供的2016年10月12日统计的人口信息显示，河坝村有户籍记录的4457人中（3876人为当时户籍在河坝村的人数），有1427人曾经户籍变动到省外地区，主要是浙江省、江苏省、广东省三大省，其次是福建省、四川省和湖南省等。另外，还有1115人曾变动到包括麻江县在内的贵州省其他县市及地区。户籍记录的变动虽然不能全面准确地反映人口流动的原因和去向，但是也从一个侧面反映了河坝村的人口变动情况。

相关研究已经证明，人口流动和迁移的根本原因是经济因素的作用。[②]社会变迁让我国在农业上的投入和收入都处于下降的状态，以农业为主的农村贫困地区，其居民长期守着土地和农业带来的收入，已经不能满足日益增长的物质需求，使家庭不得不寻求新的收入来源。

那时候（30年前），饭是吃不饱的，饭都掺着那个玉米啊红薯

---

① ［美］埃弗里特·M. 罗吉斯、拉伯尔·J. 伯德格:《乡村社会变迁》，王晓毅、王地宁译，浙江人民出版社1988年版，第11—15页。

② 蔡昉主编:《中国人口流动方式与途径1990—1999》，社会科学文献出版社2001年版，第2页。

啊。我读到高二就没读了，高二那时候也没（不）好玩嘛，再加上那时候家里面穷，我在读高二，弟弟读高一，还有一个读初三，三兄弟在读。负担特别重，感觉就不想读了。我就去问老爸要四百块钱当路费，老爸骂我说打工还要这么多钱。当时带我去打工的那个人没有车费，我们从凯里到广东，一百多一个人，这样就花掉两百多了。到了广东就睡在那个菜市场里，晚上蚊子特别多，但是好在那里打工的河坝人比较多，那时候去的话他们都在。天黑了，男的女的下班了都回来睡在那里，洗澡洗衣服都在那里，就这样落脚了。（LAF，36 岁，2017/3/15）

另外，贫困地区与其他地区，尤其是与沿海地区的经济收入存在着巨大的差距，这种差距使得贫困地区的人口大量地向外流动，尤其是向城市和经济发达的沿海地区流动。这对河坝村的人口素质和职业结构都产生了重要影响。

据河坝村支书 YWF 介绍，河坝村大约 80% 以上的男性劳动力出外务工，外出打工已经成为河坝村农民的一项主要经济活动和收入来源。而且在这个过程中，还集中形成了一些特色产业。比如河坝村在浙江金华和广东揭阳两地养猪的农户很多，且收入可观，因此带动了河坝村人口流出到这两地发展养猪业的高潮。但因受这两地环保工作抓紧落实的影响，很多农户的养殖场被取缔，这些农户纷纷回到河坝村修建新房，准备在家乡继续发展家庭养猪业。也有一些农户选择到环保工作抓得不那么严格的外地继续养猪。除了养猪之外，河坝村自己做生意的也不少，就河坝村街上的店铺来看，就有移动、联通和电信的经营户三家，摩托车经销一家，小商品零售若干家，其他还有诸如金属门窗制作、水泥销售、五金销售、农具销售和挖掘机租赁等生意。有些家庭在做生意的同时继续从事农业生产，但是也有人完全放弃了农业生产。经营着自家小卖部和农村信用社业务代办点的老板娘 ZTM 告诉研究者，现在家里的地都给亲戚去种了，平时就让亲戚给点菜吃就行。现在种地划不来，时间金钱上都不划算。

随着文化教育事业的发展，外出读书的人也从事着各种职业。

我是在县委宣传部给部长开车，老婆在国税局工作，在麻江买房子了。感觉在家里待不住。我们河坝挺出人才的，现在在麻江安家的应该有个四五十家了吧。其实我们这里的人挺现实的，你要是在家没人看得起，要是在城里有个正式工作立马对你看法不一样了。（LAY，25 岁，2017/3/19）

从贵州师范大学地理科学专业毕业的 LY 告诉研究者：

我毕业以后就是当老师，我读的免费师范生，也只能当老师，国家是有定向分配的，爸爸妈妈也觉得女孩子当老师轻松有保障，反正也不指望我养家。（LY，23 岁，2017/4/1）

河坝绕家人从几乎全民从事农业生产到现在多样化的职业结构，伴随着人口城镇化速度的加快、人口素质的提高，显示着社会结构的根本性变迁。

第三节　河坝村的媒介发展口述简史

信息传播技术的兴起和信息传播技术的采纳、使用，也是社会变迁的一大因素。丹·席勒在《全球媒体与传播》（*Global Media & Communication*）2005 年的创刊号上说道："当代数码资本主义的发展可以归结为两个'极'：一是信息技术，二是中国崛起。两股力量如同北极和南极，左右世界的发展。"[①] 信息技术产业革命和中国崛起这两股力量，不仅在中国经济富裕地区开花结果，也把触角伸及中国的农村地区

① Dan, S., "Poles of Market Growth? Open Questions about China, Information and the World Economy", *Global Media & Communication,* Vol.1, No.1, 2005, pp.79-103.

和贫困地区。尤其是移动通信技术，在人们社会生活的诸多领域都刻上了烙印，在经济生产、社会组织和个人生活等过程中发挥着日益深刻的影响。研究者调研的河坝村也同样融入到了这部世界传播史的巨变中，成为它的有机组成部分，与技术扩散同步的，还包括构成社会统一体的经济、政治、文化等层面的变迁。据第六次全国人口普查，中国农村人口占中国总人口数的50.32%。[①] 由于我国历史上倚重农业生产，因此在人口分布上，农村人口的比重较大，城乡差距也较大，而且在短期内降低农村的人口比率仍然较为困难。农村人口的信息化水平的发展，不仅决定了中国农村政治经济结构变迁的水平和方向，也是中国在21世纪一场潜力无穷的社会变迁的关键点所在。

本研究在调研期间，获得了麻江县工信商务局的大力支持和帮助，为研究者提供了许多本县的移动通信发展情况的统计数据。虽然工信局无法提供河坝村这么细小的数据，但是依然可以通过麻江县的整体数据管窥到河坝村的移动通信的发展情况。数据显示:（1）就2011—2015年总计，中国铁塔股份有限公司黔东南州分公司麻江分公司已从三家运营商收购300个通信基础设施，新建完成80个通信基础设施，现在麻江县区域共有380个通信基础设施，62个行政村网络全覆盖。（2）移动公司过境干线光缆8条，246.65千米，汇聚层、接入层光缆总里程1493.43千米，2015年联通公司光缆接入长度约1500千米。全县光缆接入里程约2993.43千米。（3）宽带建设：移动公司小区宽带完成投资200万元，新建小区端口3210个，总端口数12000个，城区、乡镇全部覆盖，行政村覆盖率30%。联通公司的情况是62个行政中心村3G网络已村村通。截至2016年4月底，有固定电话11700户、移动电话22611户、宽带用户10557户。（4）手机信号覆盖率：全县手机信号覆盖率99%。（5）2016年11个中心村建设“四在农家·美丽乡村”（小康迅）：11个中心村基站正在建设和维护中。[②]

截至2016年4月底，麻江县已实现4G网络覆盖县城及6个乡镇

---

① 国务院人口普查办公室国家统计局人口和就业统计司编，第六次人口普查总数据，http: //www.stats.gov.cn/tjsj/pcsj/rkpc/6rp/indexch.htm，2018年3月3日。

② 数据由麻江县工信商务局提供。

所在地。全县 62 个行政村 2G/3G/4G 网络覆盖率 100%，50 户以上自然村寨覆盖率达到 91.03%，城区家庭宽带接入能力达到每秒 20 兆比特（Mbps），农村家庭宽带接入能力达到 4Mbps。

全县累计建设通信基站 320 个，建设中 33 个，预计 2017 年 6 月底完成 23 个，7 月完成 10 个，移动公司过境干线光缆 8 条，246.65 千米，汇聚层、接入层光缆总里程约 2000 千米，联通公司光缆接入长度约 1500 千米，全县光缆接入总里程超过 5000 千米，手机信号覆盖率 99%。①

以上数据只能宏观地让我们看到麻江县乃至河坝村移动通信的发展情况。具体情况如何，通信技术和移动通信技术如何以及怎样在河坝村扩散和发展，河坝村的少数民族村民如何看待这场技术普及，研究者将通过对河坝村村民的深度采访资料来还原和再现这段历史景象。

一　通电、通电视

按照龙山镇的镇志记载，河坝村的通电可以说是相当晚近的事："20 世纪 80 年代初期成立宣威供电所，负责原龙山乡、共和乡、河坝乡供电管理工作，境内有龙里电站高压电力网通过。1995—1999 年相继有河坝、复兴、干桥、共江、大塘等村组自购变压器，接龙里水电，实现村村组组通电。通过贯彻实施国家电力改革的一系列政策，境内从 2000 年开始进行农村电网改造，按一户一表投资 180 元交供电局。截至 2002 年，境内 12 个村 120 个村民小组农网改造完成。"② 也就是说，到了 20 世纪 90 年代后期，河坝村才用上了相对稳定的电力供应。这和河坝村的一些老人的记忆吻合。

我 1972 年到北京当兵，1981 年回来河坝的，那时候回来的时候电没有，交通（指公路）也没有。1976 年我回来探亲，我就看到在修干桥村那条路了，我说政府要搞这条路，那时候这里（河坝）是个乡，800 多户，那边 4 个村了，我们这里 3 个村，只有一个供销社，我们要买盐、油、棉布这些全部到龙山那里去，个人走

① 数据由麻江县工信商务局提供。

② 麻江县龙山镇编:《龙山镇志》（初稿，未出版，龙山镇政府提供）。

路去挑。（LXR，65 岁，2017/3/16）

根据《龙山镇志》“人民生活”一章的记载，20 世纪 80 年代前农村电视极少，且仅有黑白电视机，1995 年至 2005 年电视机普及率为 90%，其中彩电占 70%，此外，农民拥有洗衣机、餐具电器普及率为 15%。[①] 据麻江县县志记载，到 1998 年，整个龙山乡只有 12 座地面卫星有线电视系统，电视人口覆盖率为 35%。[②]

在省城上大学的 LQF 回忆道：

> 那时候我有一点记忆，应该还没有读书，我们当时没有电，全是那种煤油灯。然后当时的话，电就是河坝街上有一家有，相当于是私人的那种，从他那里牵电线，乱收电费，乱叫价的那种，他心情不好就弄得那个电压很大。有一次不知道是没有钱交了还是心情不好，他直接开那个电压很大，烧了很多家的电器和电视，那电视当时是黑白的，全部烧坏了。好像是九几年，还是什么时候，我记得不是特别清楚了，那时候才换电杆，变压器，统一用新电表，才慢慢改善过来的。（LQF，24 岁，2017/3/9）
>
> 应该到了九几年才有电视吧。那时候村里有电视的人家很少。对了，那时候放牛，砍柴看电视都是一家一家去叫朋友的。所以像我们的发小，感情都很深。（YWS，29 岁，2017/3/21）

贫困落后的状况让河坝村村民无论是通电还是通电视，都是较为晚近的事情，导致接触媒介的机会极少，电视在河坝村村民那里属于一种奢侈品，有电视的家庭也成了大人小孩聚会的地点。而且当时可以收看的电视频道非常少，据很多村民反映，差不多就是中央电视台的一个频道，还有本地的个别频道。贫乏的媒介信息来源，影响了村民对外界的

---

① 麻江县龙山镇编：《龙山镇志》（初稿，未出版，龙山镇政府提供）。

② 贵州省麻江县志编纂委员会编：《麻江县志》，贵州人民出版社 1992 年版，第 177 页。

信息来源和获取。

二 通电话

在通电话之前，写信和捎口信是出远门的河坝人仅有的联系方式。

> 刚去打工的时候，我两个去了好几年才回来，人家都说我两个丢了，不会回家来了。那时候不会写信，不会寄信嘛，我两个去时间长了我就每天都骂他没本事，我两个就慢慢地学，学了之后就寄信回来，老板带我们去寄的。我妈担心得要死啊，几年没女儿女婿的消息，哭了不知道多少次。（YPF，43 岁，2017/4/15）
>
> 我们最开始出去的时候是 2000 年。写信怕到半路到不了家，所以那个时候都是叫别人帮忙带回家。两三个月写一次，问问家里情况，家里再请别人写回信。逢年过节看看信里说说家里面的情况怎么样，虽然不能在家，但是也有一定的了解嘛。但要是有急事了就没办法，那时候刚出去啊，比方说家里面有老人家去世啊，都没办法知道。有些人根本就不知情，过世了听到消息的话，回来也已经晚了。（YW, 34 岁，2017/3/21）

根据研究者在麻江县城取得的资料显示，1996 年 2 月 6 日，麻江县 2000 门程控电话全面开通。程控电话分为交换设备、市话路线、总架、测量台、电源设备、传输设备、计费分拣、机房改造 8 个部分。1997 年，市话用户发展 380 户，占计划的 66%，用户数达 1433 户，比 1996 年同期增长 36%，市话普及率达 11.2 部 / 百人。农话用户发展 104 户，占计划的 182.46%，农话户数总数达 245 户，全县电话普及率达 0.85 部 / 百人。据《龙山镇志》“人民生活”一章记载，截至 2005 年年底，境内居民购买面包车 2 辆，安装使用电话 200 门，手机 350 部，居民各类品牌彩电 300 台，洗衣机电冰箱 140 台，VCD 功放机 190 台。[①] 这是官方统计的数据，但是在河坝老百姓的记忆里，通电话的过

① 麻江县龙山镇编:《龙山镇志》（初稿，未出版，龙山镇政府提供）。

程和那段岁月是一段更加鲜活的历史。

（一）装电话："找局长批了一个条"

用电话我用得早，座机我们装最早了吧，可能是 1996 年以后吧。那时候不贵。装了以后呢，自己交这个费，你用多少交多少。每个月十几块钱。那时候我们那个村还没有。这里面还有一个故事，我找龙山那个徐纪华（音），他是负责这个的，我说找了你好几次，不愿意给我装，怎么回事？他说你怕这个像那个电灯一样啊，你那要牵线，要牵另一根。后来我找到一个朋友，以前是在宣威区，是搞总机的。他说怕什么，这个没事，你去找某某局长。后来我就去找那个局长，那个局长说为什么不愿意给你安啊？你带钱没有？我说我带了，他说带不够，不够你就回去交在他（徐纪华）那里，交在龙山。后来下午就来讲了，你回去，明天叫他（徐纪华）马上（安装），现在打他电话打不通。那时候还没有手机呢。后来呢局长开了一个条，说你把这个条交给他（徐纪华）。后来我把那个纸条递给他（徐纪华），他一看，说你给局长讲什么？我说没讲什么，我只讲给我安个电话。然后我就准备走。他也不知道我名字，他说你回来，我说怎么？他说把你这个线拉出去呀……就这样好不容易装了一个座机。（LXR，65 岁，2017/3/16）

我 1999 年装了座机，那时候村里没有什么座机。我那个小儿子出去打工，想打个把电话，真的不方便，就装了个座机。没有电话的时候，有什么事情就是去龙山写信，或者去打个电话。那时候打电话难啊，有时候跑到龙山等一天，才打到一个电话，讲几句话就挂了。我在白兴装座机是第一个。（YWR，68 岁，2017/4/2）

最早装电话，在河坝村村民的记忆里，是一件非常值得骄傲的事情。最早装电话，既代表家庭的经济实力，也代表着家庭的见识水平。比如 65 岁的 LXR 就是村里当时唯一在北京当过兵的，而且一当就是 9 年，他和部队的首长都打过交道。68 岁的 YWR 曾经是村里的支书，装电话和他们的身份以及认知息息相关。而其他的村民则认为，电话既是一个新鲜事物，也是可有可无的事物，村子里有什么事情跑一趟就行了，认识的人也就这么多，电话还要收费，装得起用不起。同时，装电话可能要耗费的人际关系成本，也是普通村民所不具备的。

（二）接电话："到别人家去接，一分钟一块钱！"

打工的时候，我也很少和爸爸妈妈联系，一般就大年三十那天才打一个电话。打到别人家，别人家有，他们就到别人家，去接 1 分钟好像是 1 块钱，还是多少，我忘了。对呀，还要收钱哩。那时候接电话，并不要费钱，但是他们也要收费。那时候，是这样的。也是比较现实。刚开始装嘛，一个村才有一二家装，那时候有一些家有钱，有一些家穷得连饭都没有吃。（LAF, 36 岁，2017/3/15）

最开始是写信。慢慢地，那时候我有一个本县教书的同学有 call 机了，就叫他帮忙，先给他打 call 机，几分钟后他就回过来了，就让他转达消息给爸妈，毕竟那时候家里也没办法。再后来我们河坝村有那种条件稍微好一点的，装了那种座机，就让他们通知家里面的人几点过来通电话。（YW, 34 岁，2017/3/21）

（三）打电话："那时候就相当于单方面联系"

我爸妈当时打工，我就是一个人在家。我小学三年级就一个人住了。农活我不管，我就是负责读书，自己做饭自己吃，自己洗衣服。米去亲戚家要，到时候我爸妈一起结账给他们。菜的话就是我奶奶在家种一点，肉的话，就去亲戚家借钱，自己买。自己记个数，到时候一起结账，是一百就写一百，五十就是五十，写得清清楚楚，过年的时候我爸就过来结账。小学这几年就是这样过来的。到初中，我表哥家也不想管了，挺麻烦的。爸妈也很少跟我联系，当时我爸打电话都是通过家里亲戚有座机接，亲戚接了之后再通知我。如果在家的话，亲戚来找我，叫我去接电话，如果不在家的话，他（亲戚）就会直接跟我讲什么事情，我也不能打给爸妈。反正那时候就相当于单方面联系吧。（LQF，24岁，2017/3/9）

物资匮乏的河坝村村民，同样经历了通信技术发展落后的时期，而且由于经济水平落后，这段时期与其他地区相比要漫长得多。尽管村民开始与外界接触，逐渐向外地流动，但是也正因为时空距离的增加，经济基础薄弱，受教育程度低等原因，相互联系依然不是一件容易的事情。装电话不仅需要花钱，还有可能要托关系，电话由此成为一件稀缺品，只有少数稍微富裕的家庭才能拥有，于是向需要用电话的人收费成了一件自然的事情。双重收费使得打电话依然是村民很少使用的联系手段。因此，尽管电话的出现意义重大，却并不是河坝村村民日常联络的第一选择。

三　第一部手机

移动通信技术的发展，使河坝村村民渐渐接触移动媒介，而手机等移动媒介的普及过程颇耐人寻味。媒介技术发展速度之快，让大部分河坝村村民跨越了固定通信系统的使用阶段，而直接飞跃进入了移动通信时代。尽管因为经济水平的原因，使用手机的时间有早有晚，但是沟通的便利让很多村民即使花费几个月的工资也要购买手机。这种不同于发达国家和城市的技术普及现象，在很大程度上冲击和改变了经济社会落后地区村民的行为和组织模式。

（一）“我们没有装过座机，直接就买的手机”

有人出去打工了，之后听说过别人有call机，那时候很多人和家里人联系还主要靠书信。再后来有些能力稍微强的人开始有手机了，村里边也开始有人家装座机。那时候在外打工的和家里人联系就是打电话到村里的有电话的家庭，然后约定时间，十分钟、二十分钟，或者明天什么时候打过来，叫他家人来接。但是有电话的人家非常少。然后手机就出现了，打工回来的人都买一个手机，村子的人也不装座机了，直接买个手机，可以带着走。（YWS，29岁，

2017/3/21）

没有手机的时候，刚出去的时候，还写过信。写过一封信，只有一回。以前是写信为主，还没有电话。或者打电报，打到龙山。后来有了手机，没办法，就想买。有了手机打以后就没有那么想家了。那肯定的嘛。最开始个把月才能打一次电话回家。手机就是随时随地。有什么事情就打一个电话，方便得多。（LBJ, 31 岁，2016/9/6）

（二）"买个手机，以为我告密"

2005 年的时候，我还在村里当书记。因为工作原因，我买了一个手机。因为当时只有村委会和家里有电话，有时候我到坡坡上干活去了，等我回来接到开会通知，会都已经结束了，所以我下定决心给自己买了个手机。没想到这个手机给我带来了好大的麻烦呀，因为当时查计划生育是很紧的，一旦查到就是罚款或者拖家里值钱东西走。所以我买了手机之后，只要谁家被查了计划生育，都怪是我告的密，写大字报告我，都来骂我。没办法，我只好悄悄地打电话。（YWR，68 岁，2017/4/2）

（三）"买第一个手机是为了'好玩''稀奇'"

那个时候，出去打工的时候，家里面没有电话的，我买第一个手机也是为了好玩，买了也没有和家里联系，一般大年三十打一个电话吧。（LAF, 36 岁，2017/3/15）

本来我家安的那个有线电话，就是很少的了，我们这边基本上都没有。然后人家打电话、接电话都要到我们家这里来打，然后我就觉得那个电话好啊，那时候手机都很少的。哎，我就觉得这手机看人家用，就觉得这个东西怎么可以打电话呢？还是无线的，我觉得那个电话是有线的啊，但是他生产那个是无线的啊，这个手机放在耳朵上面，怎么这么稀奇。看了又看感觉很稀奇，然后就省了几个月的工资把它买下来。（LBJ, 31 岁，2017/3/17）

（四）“买了一部手机，想找工作”

我 2007 年大专毕业的时候买了一部手机，想找工作。就是那种按键的，用了好久，直到 2016 年我才花了 600 块买了个智能手机。（LJX，32 岁，2017/4/3）

（五）“2015 年我才开始用手机”

2015 年我才开始用手机，儿子给我买的一个。不方便没办法呀！我现在就是这样呀！以前有座机的时候打座机，后来不晓得座机哪根线挖断了，十几年没用了。儿子打工嘛也很少给我们打电话，他自己刚开始出去也没有电话。（LXR，65 岁，2017/3//16）

我自己到了 2007 年还是 2008 年吧，因为工作生活的需要，才买了手机。我现在这个是个杂牌的老人机，不发短信的，就接一下电话。我现在也想要买一个智能手机啊，没有智能手机，我看很多事情都做不成。比如这一次县里搞了一个古籍的电子数字化存储的工程，要求把资料电脑化。我的绕家歌写了之后没办法输入电脑，还要把手写稿送到县里去，非常麻烦。所以我也想学着用智能手机。现在河坝村比我年纪大的，有比我会玩手机的啊，但是很少吧，但是三四十岁那种，几乎人人都会了。（LXQ, 66 岁，2017/3/20）

（六）“第一个智能手机是为了变音，找她哥哥”

第一个智能手机，我看是哪一年买的，不知道是 2012 年还是 2013 年，是和老婆在一起的时候买的，是一个山寨的智能手机。那个时候，她哥在山西那边嘛，就是为了骗她哥嘛，也就是好变音的那种。那时候，她哥好像是去搞传销了，还是被骗去搞传销，我们想要去找他回来。然后，就用这个手机跟他联系，那个手机可以变声，可以变女孩的声音，我们先用女孩的声音跟他联系，意思就是说我们想要去见他。那次我们去那边找了一个星期吧，找了一个星期，也没有见到他。打了电话，他听出了声音，不知道是他怀疑，还是他在旁边看到我们的人啦。他叫我们到火车站的广场那里，我就在那里打了个电话，可能他看到啦，他就没有出来，听说现在层次是比较高啦，不想回来。所以我们买的第一个的那个智能机，就是为了变音的，那时花了三四百块钱的样子。（LAF, 36 岁，2017/3/15）

（七）孩子们的第一部手机

我的手机，是我从高二开始的时候的生活费，和今年过年的时候的压岁钱里攒出来的。攒了两年啦。一共花了两千多块钱，应该是 2500 元。（YM，19 岁，2017/3/4）

暑假的时候我去打工去了，去凯里啊，挣得不多，很少的。打工的钱就买了这个手机啊，我自己网上买的，200 元。不过不好用。（LBQ，15 岁，2016/9/23）

这个不是我爸爸妈妈的，现在是我自己的了，是我自己花钱把姐姐的手机修好了。现在是我的了。（YLJ, 13 岁，2016/9/28）

手机作为一种媒介技术，是人类不断打破时空界限理想的实践成果。能让人类更加快速和便捷地获取信息，并维持社会关系的连接与交往。根据保罗 · 莱文森提出的补偿性媒介理论，任何一种后继的媒介，都是对过去某一种媒介先天功能的不足所做的一种补偿。[①] 随着智能手

① 何道宽:《译者序》，载 [美] 保罗 · 莱文森《思想无羁》，南京大学出版社 2003 年版，第 7 页。

机的出现，手机不再作为一种单纯的通信工具出现，而是附加了多种功能，这些功能使得智能手机和社交媒体以前所未有的速度进行扩散。移动性和多媒体化这两个重要特质，让手机具备了与生俱来的人际传播特质，并且将社交性、人性化和个性化需求有机融合于手机媒介中。

可以想见，几乎跳过了座机时代的河坝村村民，移动媒介带来的时空失重感，会带给他们多大的冲击，以至于村民宁可花费几个月的工资去购买一部手机。手机极大冲击了河坝村村民过去对时空的心理感知，全面改变了他们在社会生活中的向度，手机跨越时空的传播能力使个体的感觉感官得以延伸，不断扩大交往范围，并伴随着个体的流动不断生成新的社会关系。尤其是在青少年群体当中，手机成为缩小各种差距的工具。年轻一代将智能手机作为生活的必需品看待，河坝村的孩子们想方设法都要拥有一部手机，并将数字技术融入他们的生活当中，文化的差异正以代际性的方式存在。一旦拥有一部智能手机，就意味着可能会拥有足够丰富的知识获取来源和信息链，甚至会重构个体和周围社会秩序的关系。

不同的媒介形态一直都在推动社会交往形式的变迁和重构。毋庸置疑，智能手机有利于处于收入水平和发展相对落后地区的村民一定程度地融入全球发展，分享世界发展的红利。

四　无线网络

无线网络作为一种协调无线访问数字化数据的方式，也正在向广袤的农村地区进行扩散。由于智能手机的出现，利用无线网络技术进行信息传播已经成为目前最受欢迎的传播方式，尤其是其对低收入水平地区的影响，正逐渐受到关注。据研究者在河坝村的观察，无线网络的扩散与智能手机的增长速度互相影响，大大推动了河坝村村民进入移动电子通信时代的进程，这一现象具有重要的社会和文化意义。从河坝村村民的无线网络使用中可以看出，经济水平和社会阶层不仅可以塑造通信技术，也可以创造通信技术的使用方式。

（一）为什么装无线网络

我家没有无线网络，听我妈妈讲，本来要装，但我家离得远，要多加几百块钱，她就没有装了。我在家都很少用手机了，因为信号比较差，一天有时候有信号，有时候没有。早上和晚些时候比较有信号。（YHM，18 岁，2016/08/17）

现在农村的人都出去了，在外面他们都是包网络的，但是回来的日子很少，如果装无线网络的话，只有那几天实在是太划不来了。家里的老人本来就会很舍不得，就算是装了也不会用。现在的小孩是很喜欢玩手机上网，但是玩久了，眼睛也受不住。我姐姐家的小孩，才六岁，看手机的时候凑得很近，所以真的很怕把眼睛弄坏。（LJH，31 岁，2016/8/23）

研究者采访了河坝村唯一的宽带业务员 LAF，他告诉研究者，河坝村装了无线宽带的家庭还是不算多，不像干桥村，那边年轻人比较多。河坝年轻人都到外面去打工了。干桥村那边的年轻人现在兴起了回家乡发展的风潮，回乡村民通常种植水果辣椒等经济作物，或从事养鸡养猪等养殖类事业，所以装网线的还不算少。河坝村的移动网络只通了三四个寨子，剩下的就是联通和电信的网络。除了那种夫妻俩都在家谋生的少数人家，其余装网线的人家很少。倒是河坝街上装网线的人家要多一点。他分析说，可能街上的人见识不同，当初能远离自己的田土，愿意选择到街上来买地建房的人，经济条件和视野见识都要好一些，接触的东西也比较多，觉得家里有个网络比较方便，查什么都要方便一点，有时候获取一些有用的信息，很快就能赚回装网络的钱。河坝村很多都是小孩子要求父母装，或者是家里电视看不成了，装个电视送了网络，也有想在网上看电视干脆装个网线的。另外还有一个原因是装了网线之后，电话费反而少了，可以搞视频发语音，而用流量的话，一个月下来很多时候都会超出话费的预算。经济考量、信息获取需求和娱乐需求是河坝村村民安装无线网络的三个重要因素。同时，拥有无线网络在河坝村也成为一种与时俱进和经济实力的象征。拥有无线网络的家庭房屋成为河坝村青少年聚集的场所，在这个无线网络、移动媒介和人共同构筑的交流场域中，形成了新媒介感知的偏向，也形成了新的权力结构。孩子们如若不在学校，不在家里，那么一定是在有无线网络的屋檐下。有些家庭为了保证网速，会采取更改密码或者驱散聚集孩子的方式。对于河坝村的孩子们来说，朋友关系的好坏可以用无线网络的使用权限来证明。无线网络技术推动河坝村形成了新的关系圈子，甚至新的交往文化。在技术发展的过程中，技术与文化共同前进，互相影响。技术满足需求，也塑造着新的需求；社会文化影响技术的普及和使用过程与范围，同时也塑造着新的文化。

不能排除的是，越是自给自足的农村社区越可能落后于信息时代的发展步伐。河坝村自古以来有山有水，稻田环绕，种的粮食织的布都能够自给自足，同时还有较为丰富的娱乐生活。河坝绕家以前是不和外界通婚的，这间接说明越是自成体系、结构化完整的族群，对信息化甚至现代化的诉求就越少。

（二）共享网络

无线网络对于很多河坝村的家庭来说，仍属于一笔非必要性的额外开支，而且通常被看成是娱乐性的支出。有些家庭的年轻人通常用流量，或者用万能钥匙破译别人家的密码使用无线网络。流量的使用费用较高，而蹭别人家的网络存在信号不好的问题，所以有长期在家的年轻人开始和其他家庭一起缴费使用网络，以减少开支。在研究者的访谈对象中，WCF 家的网线是从邻居家牵过来的，安装费每家出了 800 元，每月产生的 100 元网费则由他们两家轮流支付。WCF 告诉研究者，他们家的手机信号不错，但是电脑的信号就不太好了。但是不管怎么样，无线网络还是给他们的生活带来很大乐趣。现在他们几乎每天都是吃完晚饭就到楼上看手机电视。WCF 喜欢看偶像剧，一般每天晚上都要看三小时左右。

> 凑合着用吧，毕竟便宜了不少，反正现在也是手机用得更多一些。（WCF，23 岁，2017/3/24）

（三）随身 Wi-Fi

LQY 是个带着儿子留守在家的绕家媳妇，家里没有装网线。研究者刚结识她的时候，她在村委会做临时厨娘，平时就用村委会的无线网络，把电视剧下载了回去看。她每天都要和在浙江打工的老公打几分钟视频通话，因为流量不够，不能多聊。认识一个多月后，当研究者和她闲聊，问起她在家里视频流量够不够时，她说她现在已经办了“随身Wi-Fi”了。说起这个，她还颇为得意。她原来每个月流量使用费都要200—300元钱，现在每个月花100元钱就够了，而且可以随时随地地上网、看电视和视频通话，她的小孩也可以随时看动画片，所以对她来说很方便也很省钱。她老公每个月流量要花不少钱，最近也想办一个。

> 以前我每个月充50块钱话费，过几天又没了，又充，都不知道怎么花了的，现在就没这方面的问题了，我把移动的流量都关了，就只用这个随身Wi-Fi。（LQY，30岁，2017/3/20）

但是，对于河坝村村民来说，无论是无线网络还是随身Wi-Fi，都存在一定的认知盲区。对很多河坝村村民来说，留守老人们一般都只用老人机，用于接打电话即可，而对一些中年人来说，即便是智能手机，往往舍不得使用流量，也不知道无线网络和随身Wi-Fi如何使用，以及有何好处。研究者在河坝村的采访中发现，很多河坝村村民都会在购买手机时就请人把流量设置成关闭状态，因为怕产生过高的或者不知名目的费用。

（四）蹭网

研究者在对白兴大寨进行调研时，发现只要装了Wi-Fi的人家，房前屋后总是会有许多孩子围在一起，埋头玩手机。有一天研究者在CDL大姐的屋檐后看见YXL（河坝小学五年级学生）坐在台阶上玩手机，通过交谈后发现他是拿着妈妈的手机在玩名叫“王者荣耀”的游戏，他告诉研究者：

> 是我破解了这家无线密码，很简单的，下一个软件就可以了，万能钥匙。（YXL, 11岁，2016/08/17）
>
> 我没有每天来玩啊，我爸也不让我天天玩，两天来一次吧。我没有手机，我姐姐有，爸爸妈妈有，就我没有，所以我也不能每天来。要拿到手机才能来玩一会。（YXL, 11岁，2016/08/17）

随着研究的逐渐深入，研究者发现，在河坝村蹭网是一个极为普遍的现象。不仅孩子们喜欢在别人家或者公共场合蹭网，而且大人们也是如此。尤其是夏季的夜晚，村委会宽敞的院坝里，经常有许多孩子和大人来上网，有的人甚至骑着摩托车来，坐在长椅上蹭村委会的无线网络，一待就是好几个小时，直到深夜才渐次离去。

研究者曾对河坝小学六年级的 41 名学生进行了一次调研。当研究者问到学生家里是否有无线网络时，只有 1 个学生给出了肯定的回答。还有一个学生说原来有，现在没有交网费已经停了。当询问学生家里是否可以搜索到别家网络时，有 83.2% 的学生表示可以，其中 53.7% 的学生表示搜索到的网络信号好，而 19.5% 表示信号不好，信号不好在于经常容易断线。河坝村的宽带业务员 LAF 认为：

> 装了网络之后可以节省很多电话费，而且有了微信，国家的大事小事就能随时知道。但是村里年轻人太少，消费低，老年人舍不得。几块钱的电话费都舍不得的。现在的小孩子都想要网络，但是家长怕影响学习，读书成绩提不高。他们想玩就到别人家去蹭网络，现在的小孩都聪明（他的意思是知道破解密码），但是现在就是大人们的思想跟不上，舍不得。城里的小孩还不是都有网络，成绩该好的还是好，不好的还是不好。（LAF, 34 岁，2017/3/15）

研究者还发现，孩子们用万能钥匙破译的密码，非常乐意告诉别人，孩子们认为这是一种共享，下次自己破译不了的时候，也可以请别人分享告知，同时也共同承担了风险。

河坝村的蹭网现象，是和河坝村的经济发展水平、社会人口结构、信息化发展程度以及文化观念等紧密相关的，尤其与河坝村的低水平收入因素有很大的关系。每当夜幕降临，村委会屋檐下就可以发现大大小小的孩子，很多孩子住在村委会附近，但是也有住得远的，有的甚至住在白兴大寨，其中不少孩子蹭 Wi-Fi 是为了玩“海岛奇兵”和“王者荣耀”这两种游戏。有七八岁的孩子在一楼社区服务大厅窗户下面站着玩手机，一玩就是两个多小时，佝偻的身躯一动不动，仿佛坐成一尊化石。笔者曾经拍下了一张坐在河坝村大院里长椅上，就着路灯玩手机的几个孩子的照片。昏暗的灯光下，静谧的院子，构成了一个独特的时空场域。孩子们身体在这里，但是精神却驰骋于网络世界之中，他们的空间和世界由网络和现实共同构成。网络拓展了河坝村青少年的社会交往空间，也维系了与在外务工亲人的亲情关系，但是并没有增强他们的社会交往能力，通过笔者的观察发现，使用手机的时间越长，他们的自我孤独感就越强，同时还会产生社会交往回避的倾向。使用手机进入网络世界，从短期来看，让他们开拓了新的社会交往空间，建立起多重社交关系；从长期来看，则会让他们从认知上和心理上同时对现实世界和虚幻世界丧失好奇心，许多东西“见怪不怪”，既不利于知识教育的有效进行，也不利于情感的有效传递。

学者王雅林认为：“由于中国的现代化在近代以来是被延误了的现代化，直到20世纪中叶以后传统农业仍然是基本成分，因此当急剧向工业社会转型时并不完全是一个自然过程，中间存在一个断裂带；但当它自身的工业化任务还远远没完成的时候又必须面对着全球信息化的现实，把信息化纳入自己的发展历程，这又存在一个断裂带。这就是说中国的现代化不是一个线性发展过程，它必须跳过两次涧崖。”① 河坝村青少年的媒介使用，正面临着属于自己的断裂带。媒介急速发展，而村民的受教育程度、收入水平和民族地域文化等因素，又决定河坝村村民必须以跳跃的方式来直面必须跨越的涧崖，接受信息化时代所带来的猛烈冲击。

河坝村的媒介发展史，是媒介、个人、文化在时代发展洪流和全球化过程中的交织和融合，也从微观中反映出中国农村人口，如何通过自身的媒介活动和媒介使用的社会实践来推动全球信息化发展的进程。中国农村，尤其是低收入水平的农村中具有自身独特历史文化背景的农村居民，改变社会位置的力量微小，家庭经济发展缓慢，而且面临着转型中的断裂，也就是自身发展水平的高度限制。但是，随着人口的流动，社会结构的变迁，这些村民也将在全球信息发展中扮演重要的角色。全球信息化发展的过程表明，在任何新信息技术的发展初期，精英们可以很快采用新技术。但是他们只占人口总数的极少数，很快就会趋于饱

---

① 王雅林：《“社会转型”理论的再构与创新发展》，《江苏社会科学》2000年第2期。

和。而对于移动通信技术而言，要进一步扩散和发展，农村人口乃至全国受教育水平相对较低的人群，是发展的重点和关键。这样一个普及现代化通信技术的过程，也是改变移动通信技术及其内容的互动过程，毕竟目前扩散快速的移动通信上网工具和日益流行的文化内容，都逐渐趋向与草根或者文化教育水平较低的人口结构靠拢。

由于篇幅所限，本研究对河坝人的口述媒介史只能简短叙述。但毋庸置疑，从河坝绕家人的叙述中，我们可以看出，河坝人的一部分经历是媒介化的，或者说是和媒介发展紧密相连的。媒介与传播的力量使河坝人开启了联系彼此的新方式和新手段，同时也迈入了社会关系和网络发展的新时代。移动媒介时代，媒介扩展和维系了社会网络。一方面，社会网络才能为人们的生活提供具体作用，比如传递信息，提供人情与互惠，发展个人社会资本等；另一方面，移动媒介也为社会关系和网络的发展突破了地域的限制。下面的章节将探讨在社会网络的视角下，河坝人是如何通过新的信息通信手段来进行交往和互动的。

第三章　价值的呈现：移动媒介时代的社会网络与社会资本

移动媒介的应用，对传统的社会网络的价值观念和核心假设提出了挑战。在移动媒介时代，社会化媒体往往被认为具有一定的危险性，不仅因为其强大的社会互动功能，而且对以前的权力结构发起了挑战。社交媒体时代的“权力正在发生转移，并且不论好坏，正在从层级转移到网络、从官僚制度转移到个人主义、从中心转移到周边、从有形的领域转移到虚拟的网络空间”。[①] 正如前文滕尼斯对“共同体”和“社会”的论述，“共同体”事实上指的是基于共同价值观和紧密联系的“社区”身份，而“社会”则描述的是基于个人利益的理性相关形式。对于没有经历有线电话时期，直接进入移动媒介通信时代的村民来说，“共同体”的熟人社会，即基于组织、宗族或者传统的制度权力的纵向结构，随着打工潮的地域迁徙和媒介发展的社交网络扩展，变成了网络式的动态的社会互动和横向表达结构。这种社会结构具有扁平化特征，进入了向基于个人利益和理性价值的人际交往和社会网络建构的转型时期。同时，移动媒介的使用越来越凸显出社会化特征，这种社会化特征不仅体现在软件的功能开发上，也体现在用户的需求上。

任何关于社会网络和社会资本的理论建构和社会实践都已经绕不开

---

① [加] 马修·弗雷泽、[印] 苏米特拉·杜塔：《社交网络改变世界》，谈冠华、郭小花译，中国人民大学出版社 2013 年版，第 2 页。

移动电子通信和网络，也不能无视移动电子通信与社会网络的互动建构所带来的行为和价值。罗伯特·帕特南对社会资本和社会网络的理论有着独特见解，他从社会学视角来理解和定义社会资本概念，并强调社会资本的核心是“社会网络有价值”。[①] 帕特南认为，个体应该身处社会网络中，并与网络之中的其他个体进行频繁的交往，由此能够产生互惠与信任等社会规范，推动目标的实现和提高社会效率。

在对美国的社会资本进行全面考察之后，帕特南认为美国公民社会的活力在过去几十年里显著下降了，具体表现在投票率低，自愿参加当地组织和社区活动的意愿下降等。最令人吃惊和沮丧的是，曾经风靡美国的社会互动形式——保龄球社团骤然减少，作为一种可以产生社会资本的活动，如今却受到美国人的疏远和孤立。帕特南因此断定，另一种形式的社会资本在消失，美国正面临着严重的社会资本的衰退和亏损。帕特南认为这个结果是由多种原因造成的，除时间和金钱的压力之外，还有一项叫作“空闲的技术改造”。也就是技术和媒体的变化，尤其是电视娱乐节目的增加，成为美国人休闲活动的主要来源，休闲的私人化导致了人们从公共生活中退出。帕特南的研究让我们相信，根深蒂固的技术趋势正在从根本上将我们对空闲时间的使用进行“私有化”或“个体化”，因此破坏了许多社会资本形成的机会。也就是说，以电视为代表的电子技术成为美国人社会联系和公民参与减少的罪魁祸首，整个美国社会的社会资本下降了。

帕特南的观点招致了大量的批评和指责，许多人认为虽然美国传统的组织确有衰落和变化，但是，还有新的组织和公民活动的参与形式不断出现，来填补传统意义上的组织和公共活动，特别是帕特南没有考虑到社会联系的本质正在改变。现在看来，帕特南的理论具有历史性的眼光局限，也就是认为社会资本的产生必然要通过面对面的交往才能实现，而对电子通信等社会互动平台这样的事物缺乏想象。而目前我们社会面临的基本事实就是，社会资本的互动正从真实世界转移到网络世界，这个网络世界可以是完全虚拟的，也可以是现实和虚拟交互的。帕

① [美]罗伯特·帕特南：《独自打保龄：美国社区的衰落与复兴》，刘波等译，北京大学出版社2011年版。

特南后来也承认，在美国，即便社会资本确实是在衰退，但是它又重新在互联网上出现了。

林南针对帕特南的言论给出了明确的回应，认为现在得出美国以及任何其他地方的社会资本正在下降的结论未免太早，甚至可以说是错误的。因为互联网和电子网络的兴起标志着社会资本的革命性增长。林南认为："电子网络可以定义为，电子空间中特别是因特网中的社会网络。"① 因为电子网络所承载的资源超出了单纯的信息传递的用途，大量的资源会在这个网络与关系的新时代，以及电子网络的参与者中流动和共享，所以从这个意义上来说，电子网络富含着社会资本。林南指出："随着电脑网络设备价格的降低与网络跨时空能力的增强，我们正在面对着一个以地球村形式出现的社会网络的新时代。电子网络的全球化是一把双刃剑。""有充足的证据表明，越来越多的个体行动者参与到新形式的社会网络和社会关系之中，毫无疑问，其中相当一部分活动涉及社会资本的创造和使用。由于网上可以免费获取很多信息、数据，联系其他行动者也很方便，因此网络和社会资本以前所未有的速度发展起来。网络是扩展性的，同时也是亲密性的。网络的运作可以超越时间（一个人可以在任何喜欢的时间里建立连接）和空间（可以直接或间接地［如果不能直接访问］访问遍布全球的网站）。"②

巴里·威尔曼等认为："网上的人际关系是网下社会网的延伸，计算机网络的背后是一张真实的社会网，并指出计算机所架构的社会网络仍然能够支持强联系、中联系与弱联系。这些都是在真实社区才会有的网络关系特性，使得计算机所架构的社会网络也可以在虚拟社区中提供信息的交换和情感的支持。"③ 罗家德调查研究了现实生活中的人际社会网络会如何影响网络的人际互动，他从社会网络理论出发，强调网下的

---

① Lin, N., "Bulding a Network Theory of Social Capital", *Connections,* Vol.22, No.1, 1999, pp.28-51.

② ［美］林南：《社会资本——关于社会结构与行动的理论》，张磊译，上海人民出版社2005年版，第215页。

③ ［美］李·雷尼、巴里·威尔曼：《超越孤独：移动互联时代的生存之道》，杨伯溆、高崇等译，中国传媒大学出版社2015年版，第43页。

社会网会影响使用者在网上的计算机社会网及其互动行为。[①]

本章主要探讨移动媒介时代的社会网络和社会资本，并研究其对村民有何意义、作用和价值？在村民的移动媒介使用中如何体现？又以什么样的面目呈现在村民们的社会网络和社会资本中？根据传统意义理解，社会网络和社会资本是根据阶级、职业、教育、头衔、性别、年龄等相关标准赋予和建构的，但在移动媒介时代，尤其是在虚拟空间，名气、地位、影响力和财富等，则是根据不同的价值体系来进行评判。移动媒介时代创造了新的关于平等和价值的观念，当然也为村民带来了新的社会价值和意义，而一些传统的价值观念则被冠以落后于时代潮流的嫌疑。新的身份结构和价值评价都不再由垂直的纵向的权力结构来组成，而是由网络组成，并且移动互联网将许多这样的网络时时刻刻连接在一起，新的身份结构和价值系统都在向移动虚拟网络转移，或者由移动网络来承载这些新的身份结构和价值系统，并具有高度个性化的特征。

对人类社会来说，相互联系和连接的需要，本就必不可少。移动媒介正在改变全人类，当然也包括边远贫困地区的村民群体与他人交流、建立社会网络和获取社会资本的方式。

第一节　强关系、弱关系：从义结金兰到微信朋友圈

马克思主义哲学观认为，事物是普遍联系的，人是社会关系的总和。每个人在社会中都会和其他人发生直接或者间接的交往和联系。在现实生活中的社会关系网络镶嵌着每一个社会行动者。一直以来，社会网络关系的差异、变化和影响都是学者关注的焦点，因此发展了诸多理论，而从关系的强度视角提出的“强关系”和“弱关系”具有非常强的阐释能力。费孝通就用“差序格局”来描述中国人的关系和网络，

---

① 罗家德：《社会网分析讲义》，社会科学文献出版社 2005 年版，第 16 页。

也就是以个人为中心，如水纹一般逐渐向外扩散，越推越薄的关系网络。[①] 中国一直以来都是关系社会，而且中国人对于关系的理解有其特殊之处。中国人认为，和别人认识不一定属于有关系的范畴，而是具有操作关系的可能才能称之为关系，因此即便是朋友、亲戚和同学也并不一定可以纳入“关系”这个范畴。金耀基认为，西方人的人际关系是将人区分为认识的人和陌生人，而中国人则将人划分为是否在他们的“关系”之中，关系是中国的成年人用以处理日常生活的“储藏知识”的一部分。[②]

1973 年，格兰诺维特提出了“弱关系优势”的理论假设，并首次提出了连带的强度的说法，他依据“‘认识时间的长短’‘互动的频率’‘亲密性（相互倾诉的内容）’即‘互惠性服务的内容’的组合”[③] 来把人与人之间的关系分为“强关系”“弱关系”和“无关系”。无论是西方还是中国，根据关系的强度不同，都可以分成“强关系”“弱关系”和“无关系”，与个人认识时间较长、联系紧密、互动频繁以及有较多感情因素的称为“强关系”，处于个人的核心网络位置，一般由亲缘关系、地缘关系、业缘关系等首属关系组成，具有很强的同质性。而“弱关系”则与个人联系较为松散、互动较少，也较少有情感因素，具有分布广泛的特点，其异质性也比较强。格兰诺维特经过研究发现，在获取信息方面，强关系不如弱关系有优势。他指出：“一般而言，弱连带的消失，对于信息传递的可能性所造成的损害，比起一般强连带的消失将会更大。”[④] 根据格兰诺维特的观点，这是因为强关系主要发生在社会网络中的同质性的个体之间，信息的共享程度高，而弱关系则发生在异质性的个体之间，信息重叠的可能性大大降低，因此比强关系能更好地去获取信息和其他资源。林南进一步发展了格兰诺维特的“弱关系”理论假设，他通过研究发现弱关系更可能

---

① 费孝通:《乡土中国》，上海人民出版社 2006 年版，第 21 页。

② 金耀基:《中国社会与文化》，香港牛津大学出版社 1992 年版，第 81 页。

③ [美] 马克·格兰诺维特:《弱连带的优势》，载《镶嵌：社会网与经济行动》，罗家德等译，社会科学文献出版社 2007 年版，第 57—58 页。

④ [美] 马克·格兰诺维特:《弱连带的优势》，载《镶嵌：社会网与经济行动》，罗家德等译，社会科学文献出版社 2007 年版，第 63 页。

联系着那些地位高于自我的人，而这些人提供了更加优质而不冗余的信息。[①]

而在河坝村，研究者发现强关系和弱关系在村民们的人际交往中有了新的变化，尤其随着新的通信媒介的普及，又对强关系和弱关系有着更加明显的影响。

一　义结金兰：河坝村的结拜史

强弱关系是一对相对应的概念，而这个概念肇始于格兰诺维特对传播、社会流动、政治组织以及一般的社会凝聚力等宏观现象的研究与探索。在直观基础上，格兰诺维特将关系分成了“强连带、弱连带和无连带”[②]来对社会关系现象做考察。作为一个较小规模农村社区居民，且交通不便，河坝村村民一直到20世纪80年代，都处于单纯的强关系纽带的交往范畴内。当讨论关系这个社会学概念时，一般都是从联系人际关系的纽带来判断，我们通常认为社会关系有三种主要形式：血缘关系、地缘关系、业缘关系。除此之外，还有因共同的兴趣爱好而结成的“趣缘”关系，因共同的宗教信仰而结成的“神缘”关系，因求学求知而结成的“学缘”关系等。在河坝村，还有一种较为常见的关系连接方式，即“认干亲”，学者尚会鹏称之为“虚拟的亲属关系”[③]，学者李全生将其称为“义缘”。通过梳理“义”这个概念的发展和历史，李全生认为：“正像血缘、地缘、业缘中的‘血’‘地’‘业’诸字各有其实质性含义、指示着一种人际联结纽带一样，义缘关系中的‘义’也不是简单的无实意之字，也指示着一种人际联结纽带，这个纽带就是人与人之间的情感情义，以血缘关系的方式处理非血缘关系，同辈之间像对待自己的兄弟姐妹一样彼此相待，不同辈份之间也要像对待自己的父母子女一样遵循

---

① Lin, N., “Social Resources and Instrumental Action”, in Marsden, P.V., Lin, N. (ed)., *Social Structure and Network Analysis,* Beverly Hills, CA: Sage, 1982, pp. 131-145.

② ［美］马克·格兰诺维特:《弱连带的优势》，载《镶嵌：社会网与经济行动》，罗家德等译，社会科学文献出版社2007年版，第58页。

③ 尚会鹏:《中原地区的干亲关系研究——以西村为例》,《社会学研究》1997年第6期。

和体现‘义’的精神和要求。”①

村民热衷于结拜形成“义缘”的原因，本研究认为，一方面因其血缘、地缘关系，河坝村村民的资源获取和交换的数量有限，“义缘”关系在差序格局中属于内圈层，也就是“强关系”。在河坝村村民的文化中，把亲属关系扩大化是一种传统，并作为一种理想取向存在。通过义结金兰，河坝村村民扩大了自己的社会网络关系，通过对义缘的投资，可以获得扩大的社会网络关系中的资源；一方面因为活动地域范围有限，人们之间的交往互动频繁，彼此之间也易于形成浓烈的情感和友谊。一般的义缘关系，主要以互惠和信任作为关系建立和延续的基础，而河坝村及其周围村落的地域情况，让这种互惠和信任关系能够很顺利地延续下去。义结金兰的关系建立，既拓展了河坝村村民之间的社会交往网络，还能够降低人际交往的成本，成为河坝村村民颇具特色的强关系拓展方式。

在导论中，研究者叙述过开始对河坝村进行调研的时候，对此地的第一印象就是老百姓非常淳朴热情。有时候作为一个外来的陌生人，只要经过村民家门口，就有村民招呼到家中小坐或者吃饭。另外，河坝村长期以来村内通婚，亲戚关系自然交错紧密，因此最开始和村里的其他人员出行，村民们的热情款待，研究者并未过于在意。直到村委会的厨娘 LQY 又一次向研究者介绍某妇人是她姨妈，小孩是她外甥的时候，研究者提出了内心的疑问：“你母亲到底有多少兄弟姐妹呢？好像你的姨妈非常之多。”她大笑并告诉研究者，这不是亲生的，而是认的，也就是结拜的。据 LQY 介绍，他们的父母以及上几代，都非常喜欢结拜。

> 我父母那一代非常喜欢结拜，我爸妈加起来总共有 18 个结拜兄弟姐妹。一般只要觉得关系好，好得和亲的差不多了就可以结拜了。结拜的时候要喝鸡血酒，换衣服穿，然后头两年一定要走动，过年要拜年。但是以后就只要喝各种红白喜事的酒就可以了。（LQY，30 岁，2017/4/1）

① 李全生:《义缘关系：干亲结认现象初探》,《烟台大学学报》(哲学社会科学版) 2016 年第 3 期。

结拜的方式非常简单，而结拜的理由也可能非常随意。可以说只要合得来，就可以结拜。据 LQY 介绍以前的结拜也很有意思，有时候就是看会或者赶场的时候碰到了，对方帮了一个小忙，或者在一起聊得开心，就会想要结拜。结拜以后，有什么事情都可以互相帮忙，像亲人一样。

从 LQY 的介绍中我们可以看出，结拜的重要理由是“可以互相帮忙”，另外她还提到了一个细节，

> 还有以前过苦日子的时候，没什么吃的，有时候还是靠这些结拜的兄弟姐妹接济。（LQY，30 岁，2017/4/1）

白兴大寨的 YWR 也有不少结拜兄弟，据他介绍：

> 这个结拜弟兄姐妹是中华人民共和国成立以后才有的，中华人民共和国成立以后很多的，都在结拜。我们和龙家、曹家和张家结拜。有时候就是在一起喝酒醉了就搞结拜弟兄，还有比如相处久了，比较合得来，舍不得，我们就搞个结拜弟兄，以后就可以互相走动。（YWR，68 岁，2017/4/2）
>
> 我有十来个结拜兄弟。结拜的话有什么事情都要帮忙，比如我有个兄弟在麻江那边，我要去那里做点事情我肯定要去找我兄弟，让他帮忙嘛，我在那里没有别的亲属了嘛。多搞点结拜兄弟，办事情就方便了。（YWR，68 岁，2017/4/2）

通过研究者的调研，也根据尚会鹏和李全生等学者的研究发现，本研究认为河坝村的“义缘”关系大概分为三类。第一类是同辈间虚拟亲属关系的指认，也就是本研究在河坝村发现最为频繁的结拜现象，河坝村的成年人在各种社交场合中，因缘际会，感觉对方“人好”“值得交往”就会进行结拜，结成“干兄弟”和“干姐妹”；第二类是前后辈间虚拟亲属关系的指认，也就是给孩子“认干亲”，给孩子指认“干爹”和“干妈”；第三类则是虚拟婚姻关系的指认，也就是俗称的定“娃娃

亲”，基本上就是两方孩子年龄相当，就“打干口”认定将来结成亲家，这种关系的指认并无正式仪式，也并不要求一定要履行，在河坝村通常就是作为拉近彼此关系的一种理由。

在河坝村，“义缘”关系的持续因人而异，有的持续时间很长，甚至会持续几代都在进行交往，但有的则持续时间短，以互惠为基础的关系，通常需要持续的资本投入和情感交往才能延续下去，也就是需要承担一定的责任和义务。尚会鹏认为：“可以说干亲关系礼仪上的重要性大于实际上的重要性，经济意义重于实际感情意义，象征意义大于实际意义。”[①] 因此，对于河坝村村民来说，结拜以后，“一定要走动”，当事人如果举办各种红白喜事，都会通知这些结拜兄弟姐妹或者干亲来参加或者帮忙，但要是连续几次不参加，当事人就不会再通知，则结拜之情也就趋于淡化了。

结拜在河坝村之所以盛行，除了是少数民族村民深切表达朴实感情的方式之外，最重要的原因是希望能够扩大社会网络，获取更多的社会资本。在河坝村，劳动力、有“接济”自己和让“办事情更方便”的结拜兄弟姐妹都是重要的资源，这些资源对村民而言是一种重要的关系“储备”，不仅在缺衣少粮的时代里发挥着重要的作用，而且让素来弱小的绕家人能抱团发展，从而“强者愈强，弱者愈弱”。同时，在某种程度上还是一种能力的证明，说明自己“人缘好”“人面广”。而新的世纪来临，新的一代成长起来，新的连接方式兴起，结拜这种现象已经成为河坝村的历史，甚至有些年轻人根本不知道有这么回事。随着移动通信的发展，年轻人结交朋友、创建社会网络的方式已经迥然不同。移动媒介的交互性，使得即便是在强大的文化传统下的社会网络的建立模式也产生了变化。更加值得关注的是，移动媒介对这种现象的改变是潜移默化、自然而然的，并没有产生文化和技术之间的冲突。从这个方面来看，我们可以说是使用者对社会网络建立的需求促成了这种技术的生产。过去，在封闭式的强关系圈里，人们很容易获取想要的社会资本。但是，随着时代的发展，如打工潮的出现和教育水平的提高，在强大的

① 尚会鹏:《中原地区的干亲关系研究——以西村为例》,《社会学研究》1997 年第 6 期。

同质性的关系圈里，如果个体需要不同的信息，则需要在更大的、知识结构非同质的、不同于自己的社会圈子里去寻找。

二　微信朋友圈：弱关系的建立和使用

从 20 世纪 80 年代末到 90 年代，河坝村村民开始了社会流动，进入了一个较大的关系网络，弱连带开始在村民的日常生活中显现出作用。一方面，弱连带是创造社会流动机会的重要资源；另一方面，在社会流动中又会创造更多的弱连带关系。一般而言，强关系以强度、亲密度、交往频率和互惠的程度等为主要特征。反过来，虽然弱关系的亲密度、强度和交往频率等更弱，意味着与更多的非相似资源相联系，也就是个体越有可能获得异质性的资源。

而媒介技术的发展，尤其是移动媒介技术的发展，让强弱关系——主要是弱关系的连接，从地方空间流动转移到了虚拟的社会空间。尽管有些弱连接依然依靠线下关系作为基础，但是其维系和持续连接却依靠媒介技术进行。河坝村的社会交往史，也是人类社会交往从地方空间的社会网络向大范围社会网络进行拓展的生动历史。

（一）弱关系的建立和使用

在讨论河坝村村民通过社交媒体建立和使用弱关系时，LMZ 的行动是一则很有价值的案例。

LMZ，19 岁，是一个年龄较大的初三学生，在上小学六年级以前，他和大妹妹一直跟随父母在广东河源办养猪场。六年级的时候，父母又给他添了一对双胞胎妹妹。因为实在没有精力抚养，所以把四个孩子都送回了河坝老家。在送 LMZ 回河坝上小学的时候，老师说广东的课本和这边的不一样，让他又从三年级开始学，所以本应该升初一的他，只好又多上了几年小学。

因为和其他同学比起来年纪较大，承担的家务和责任也比其他同学要多，LMZ 的功课一直不大好。他也没有多少心思放在学习上，所以他想上职业高中学一门技术。LMZ 的大舅是从福建打工回村委会上班的，也算是有一些见识，劝他去学习汽车维修，但是他对这一行不怎么感兴趣。在迷茫中，他很想改变自己的命运，读普通高中，因为到时候可以考大学，但是考上的概率很小。他平时月考成绩都在 300 分左右，而即使是分数线已经不算高的麻江中学普通班，也要 400 多分。如果考不上高中，他打算去打工，但是对于打工可以干什么他仍然觉得迷茫。

2017 年 6 月，LMZ 参加中考，考得不大理想。一天，他主动给研究者发来信息求助，并给研究者看一张贵州省黄平县中等职业学校的录取通知书照片。贵州省黄平县位于黔东南州西北部，距州府凯里 49 千米，也是一个少数民族聚居的县。黄平县中等职业学校是当地唯一的职业学校。通知书显示，他已经被该校三年制的汽修专业录取，学费全免，只需带杂费和生活费去报到。LMZ 告诉研究者，这所学校那天有专门的招生老师到龙山中学来招生，当场就录取了他，还给他发了这张录取通知书。但是他不知道这所学校好不好，能不能学到东西。研究者询问他家里是否有人认识黄平的人，他表示没有。当研究者询问其是否能让在村委会工作的舅舅帮他打听时，他回答："他也不知道啊，他也没有什么关系，没用啊。"于是，研究者向在职业学校工作的朋友打听了消息之后，谨慎地给了他几个建议：第一，职业学校一般都免费，但是级别越高的学校办学肯定越规范。这也和地域有关，比如贵阳和凯里的职业学校相对来说可能会更好一些，这样的学校和外界联系多，国家扶持也多，就业机会也相应越多。第二，可以向自己的班主任打听情况，或者在网上查询，不能让自己陷入信息相对闭塞的境况。第三，越到大的城市去上学，生活费用相对越高，要与父母商量。LMZ 听了研究者的建议之后，非常高兴，告诉研究者他做什么父母都会支持。结束谈话以后，研究者发现前一天的中午，他曾经通过 QQ 说说向大家发出求助：

> 可能我要去黄平读职校哦，有一起的吗？你们觉得黄平职校怎么样啊？求评论说说你的想法？

可见 LMZ 在向家人求助无果以后，想到了求助自己的 QQ 朋友们。

过了一段时间，LMZ 被凯里市第一中等职业学校录取。这是一所国家级重点职校，也是省级的示范性职校，他的通知书是通过中国邮政正规地发出的。他还在社交平台上晒出了通知书的所有内容。根据通知书显示，他被凯里市第一中等职业学校录取，学费全免，水、电、住宿费每学期 140 元，另有书费预交 350 元多退少补，第一学期有校服和实训服费 510 元，其他学期是没有的。除此之外，还有各种优惠政策，比如 80% 的学生可享受国家每年 2000 元的助学金等。

选择学校这件对 LMZ 而言相当重要的事情，在家庭内部没有获得任何实际上的支持或者是信息参考。在需要帮助的时候，他选择一是向社交平台上的朋友们求助，二是向与其有过不多交往的研究者求助。这都属于 LMZ 的社会网络中的"弱关系"或者说"弱连接"，可见无论是在线或者不在线的社会网络往往都具有某种作用，比如利用弱连接的力量向在线的网络中的个体提供各种社会资源。而 LMZ 的 QQ 好友和研究者，都成为他的社会资本，通过移动媒介及时给予他必要的信息和情感支持。

格兰诺维特的研究发现，"许多的实例显示，在最近的人际接触网络中，一些与个人仅有最低限度接触的社会连带，像大学的老朋友、先前的同事或雇主等，求职者往往与他们仅有零星的接触但仍然维持着连带"。[①] 在这里，同样适用于 LMZ，在研究者和他打交道的过程中，只有很短的接触时间，这样的关系连带在建立的时候，都不算很紧密的关系。但不可否认的是，人们会经常从可能关系并不密切，但生活背景与之异质性较高的弱关系那里，接收到相对重要和非重叠的信息。而根据研究者的信息来源，可以看出，事实上研究者已经成了 LMZ 的作为"桥"的弱连带。研究者的职校朋友虽与 LMZ 毫无关系，却已和 LMZ 间接接触，成了他穿越社会距离的通道，让一些信息可以通过研究者传达给他。正如格兰诺维特所言："间接连带愈少，在这个世界上超过他自己本身友谊圈之外的信息，也愈容易被隔离于外；因此，在这两种认定自我中心网络的方法中，建立可作为'桥'的弱连带（以及继起的间接接触）都是很重要的。"[②]

---

① Grannovetter, M., "Changing Jobs: Channels of Mobility Information in a Suburban Community", Ph.D. dissertation, Harvard University, 1970, pp.76-80.

② [美]马克·格兰诺维特:《弱连带的优势》，载《镶嵌：社会网与经济行动》，罗家德等译，社会科学文献出版社 2007 年版，第 57—58 页。

在外发展销售业务的 YWS 则给出了更为详细而有意思的解读。他在接受采访的时候，把他朋友圈的社会网络和人际交往能力称为自己的“软实力”。他提到厂里有一个客户，本来已经和别人合作，生意已经做成了，已经是其他厂的客户，无法再合作。按道理说，可以加客户微信，也可以不加，因为这单生意已经不可能再开发了。但是他却加了微信，时不时和人家聊天，比如聊最近各种产品的市面价格怎么样，其他的是什么价，自己厂这边又报什么价格。有些客户聊着聊着就会觉得这个小伙子还可以，介绍他的产品给朋友用。YWS 告诉研究者，他是尝过这方面甜头的，而且他还把这个归功于自己的性格。

> 我觉得那个和性格有关系。可能有些人他就怎么学也学不到。比如利用微信这个工具，有些重要客户，回头又做我的客户了。有一个客户，他有固定的供应商，可以说他基本上不考虑我，我却很想和他做生意。但如果我和他经常聊天，打电话，我也怕他烦我，肯定的。然后他发朋友圈我就点赞，比如说到他小孩的生日了什么的，我可以发个红包表示一下什么的。久而久之，他对我有一种信任感，等于就是把这个感情给连上了。这就是微信和电话很多不同的地方。（YWS，29 岁，2017/3/19）

弱关系对于河坝村村民更重要的价值也许就在于，尽管这些关系可能较为脆弱，但是它为人们提供了接触更大的社会空间的机会，并拓宽了人们的生活视野和空间。在移动媒介时代，让人们用多种方式接触和结交到了各种各样的人，从而广泛地拓宽了信息来源渠道。河坝村村民的社会网络结构和社会资本的获取过程，正如“稀疏结合的社会网络常常为通向更为多样化的社会世界提供桥梁，而与此相反的是，紧密结合的社会网络，就像小城镇的乡村一样，经常提供联合、团结和安全感，但却是以绝缘和社会控制为代价的”。①

① Granovetter, M., “The Strength of Weak Ties: A Network Theory Revisited”, *Sociological Theory*, Vol.1, 1983, pp. 201-203.

（二）弱关系的力量

从宏观上来看，河坝村村民的社会关系网络拓展实践有一条非常明显的转变轨迹线。河坝村村民素来弱小贫困，让他们非常重视生育和结拜，以此结成更庞大和更紧密的社会网络，来抵御未来可能出现的风险，这样也可以在其他村民面前展示其可依靠的社会背景和社会资本。在河坝村村民的观念中，关系是一种非常重要的资源，到了婚丧嫁娶的重大日子，来宾多且人情收得多，是一件非常“有面子”的事情，尤其以有地位的人出席为佳。打工潮出现的年代，因为村里人员稀少，甚至有了重大事务每家必须派人参加的规定，否则轮到自己办“大事”时则会无人帮忙。如果办事需要请工人帮忙，不仅经济上不划算，而且会显得自己家“人缘不好”，平时“做人差”和“人脉不行”等。“关系”“面子”和“人脉”等因素促成河坝村人热衷于结拜，以联合起来“好办事”“有人脉”。但随着移动媒介时代的到来，“人脉”的衡量标准可能并不仅限于村里有多少亲朋好友，而可能取决于手机上的社交平台上联系得或紧密或松散的“朋友圈”。以前的社会网络和社会资本，都是在村民的可目睹或者说可考察范围之内，但移动媒介时代的“人脉”和“背景”，则趋向于不可见化了。从本研究的考察来看，移动媒介已经成为河坝村村民社会交往、休闲娱乐、获取信息和自我表达的重要场域，移动网络重新构建了河坝村村民的社会关系、生活方式和行动方式。在以移动网络为基础的社会交往中，社交媒体等媒介拓宽了交往范围，实现了现实社交网络和虚拟社交网络的交融，而弱关系在其中占有主导地位。在河坝村村民的关系网络中，弱关系的力量不容小觑，主要表现在以下几个方面。

第一，低重复度信息。如前文所述，LMZ 在研究者处得到了自己需要的信息，事实上，河坝村的很多村民都愿意和研究者结交并保持联系，原因之一也是研究者的高校教师身份可以让村民获得低重复度的信息。在对河坝村的调研过程中，很多家长会鼓励自己的孩子和研究者交流，让孩子来汲取学习和考试的经验。也有一些村民在寻求帮助的过程中，并不是直接向研究者本人求助，而是希望通过研究者能认识其他的人或者获取有用的信息。通过研究者，有用的信息通过两种方式进行传递，一是认为研究者关注面广，让研究者看到相关信息就通过手机转发传达；二是推送相关信息提供者的联系方式，尤其是手机号码或者微信名片来自行联系。由此可见，松散的网络也可以为成员提供社会资本，其突出的表现为帮助提供信息，尤其是在同质性网络中无法获取的新的信息，而这个松散的网络主要架构在虚拟电子网络空间。

第二，资源的异质性和范围拓展。对于河坝村村民来说，原有的社会关系结构决定他们的主要社会网络为强关系网络，但是，从文化背景、经济地位和社会结构等方面来看，强关系网络都具有高度的相似性。因此，如果仅仅在强关系的网络中与人交往，难以带来新的资源。而弱关系网络则不同，不仅拓展了社交网络的范围，而且其中嵌入的资源也具有异质性的特点。格兰诺维特曾经下过论断，认为美国就是一个以弱关系为主导的社会，因为美国社会的人口异质性成分更高，组织松散，且个人主义和自由主义的文化盛行，因此形成了以弱关系为主导的社会结构。而河坝村这样高度同质性的单一文化传统社会，在移动媒介发展的带动下，如今我们可以分为现实社会关系网络和虚拟社会关系网络两方面来看，一方面河坝村的现实社会关系以强关系为主导；另一方面，在移动媒介架构的虚拟社会关系网络中，以弱关系为主导。在网络文化中，弱关系能够帮助人们获取异质性的资源，而且能建立起互惠的合作关系，同时避免传统和现实社会关系中过多的情感资源和责任感的过多投入，村民在进行社会交往和社会资源时将能更加高效和自主。

第三，决策支持的依据。不同的网络结构，对网络资源的获取存在差异性。对于村民来说，强关系的比例高意味着获取人情资源的可能性高，弱关系的比例高则有助于信息资源的获取。同时，本研究还发现，弱关系在提供信息资源的同时，还能提供决策支持及其依据。在村民做出决策，尤其是对于自己把握不准的决策时，更倾向于寻找弱关系网络，也就是异质性比较强的关系网络来对自己的决策进行考证、比较和寻找支持。比如 YWC，因为事业拓展对外交往较多，且心系河坝村的发展，所以常能争取到一些社会爱心人士对河坝学生的资助。他对河坝村尤其是白兴大寨的情况非常熟悉，一旦有资助来源，他就联系村里贫困家庭的孩子确定接受资助的事宜。通常来说，这样的牵线工作都非常顺利，因为资助意愿是确定的，只要找到资助对象即可，而且资助对象都会比较积极。2020 年 10 月，YWS 找到研究者，向研究者寻求意见建议。起因是 YWS 的生意对象想资助一个贫困的家庭，YWS 初步确定了一个家庭。该家庭父母为失聪失声人士，在家务农，有两个女儿，小女儿上初中，大女儿刚高中毕业，考上了遵义医专。YWS 原计划想联系资助大女儿的学费。但 YWS 在联系奔走的时候，发现大女儿 L 的处事不大得体，所以想取消 L 的被资助资格。但一是因为对家乡人民情感深厚，二是不知道自己这样做是否妥当，所以来咨询研究者意见。他发微信讲述了来龙去脉：

> 结合以往的情况，L 同学为人处世并不是很得体。包括去年为了资助学生 Q 一事，我来来回回去她家好几次，也不会说声谢谢。之前我没有 Q 的电话，给 L 发信息咨询 Q 的问题，她也只是不回复或简单回复……
>
> 个人认为，世界之大，贫穷的家庭太多。我们要支持，必须支持品学兼优的学生。鉴于 L 同学为人处世不是很得体，学习成绩谈不上优秀。所以，关于资助学生一事，我们能否把机会留给更优秀、更需要帮助的学生？你帮我参考一下意见。

YWS 同时将他和 L 的微信聊天记录一一截图给研究者作为佐证。研究者发现 L 同学确实很少回复，或者回复了也是非常简短。YWS 认为自己在资助评审方面一直公平公正，从来不考虑亲戚朋友等人情世故，但他一直坚持受资助学生必须懂事，有感恩之心，像 L 这样，恐怕以后资助者来贵州想去看看她都找不到人，他也无法交代。慎重考虑，研究者建议他多方求证其他村民及老师对 L 同学的看法和印象。YWS 思量后，还是决定继续本次资助，但最后向 L 同学要卡号的时候，L 只发来了银行卡和身份证的照片，连谢谢都没有说一句。YWS 把对话截图发给了研究者，并再次征求研究者的意见，他困惑地发出疑问："这样支持她真的好吗？这问题您怎么看呢？" 经过思想斗争，YWS 问研究者是否可以明明白白将来龙去脉向资助人士汇报，并建议将所有学费的支持改为资助 1000—2000 元，后期看情况再决定。得到研究者的意见后，YWS 执行了这一决定。

研究者发现，YWS 在这次资助对象的确定过程中，不只向本人征求了意见，还征求了其他资助人士以及被资助对象的看法。研究证明，当遇到新问题时，在条件允许的情况下，村民会更倾向于通过弱关系来获得决策的支持，而这些弱关系通常搭建在移动互联网架构之上，也就是通过移动网络来联系。理由有三：首先，村民认为弱关系与本事件无利害关系，更能给出公平公正无偏见的意见。其次，弱关系跨越的社会阶层空间较大，能够为个体提供有用信息，可以跨越阶层的视野和界限获取社会资源。YWS 挑选作为高校教师的研究者来给出意见，是认为从事教育工作的研究者的意见具有较高参考价值。再次，社交媒介有利于复杂事件的高效率沟通。截图、信息转发等功能，减少了人们的沟通障碍或隔阂并能促进信息高效率流动。因此，河坝村村民都会有意识地、恰当地构建或者培养属于个人的立体化、多元化的社会关系网络，尤其是注意构建和积累弱关系的移动网络连接纽带，为其社会实践积累有利的社会资本，并为他们的社会行动提供重要的信任、合作和选择等规范支持。

不重叠的群体关系，不重复的信息资源，既是弱关系的建立原因，也是弱关系建立后获得的成果。边燕杰和张宏杰认为："当人们追求工具性目标时，弱关系就为阶层地位低的人提供了连接高地位者的通道，从而获得社会资源。"[①] 社交媒体的工具性价值和人们的工具性目标合二为一，使得村民和社交媒体共同成为不同社会阶层成员的信息桥梁及其他中介角色。在社交媒体加持下，弱关系的建立导致村民原有的以家庭和家族为基础的社会结构进一步分化，以电子媒介为中介，家庭成员不断对外发展新的关系，促进与家庭成员外部的合作行动。弱关系在信息、资源等方面的异质性特点，使河坝村村民能在使用社交媒介这一工具时，充分使用关系建构和社会支持的功能，打破血缘、地缘、业缘关系纽带的限制，推动着河坝村村民的关系变迁，即从熟人关系向陌生人关系、从特殊主义关系取向向普遍主义关系取向的变迁。

---

① 边燕杰、张文宏：《经济体制、社会网络与职业流动》，《中国社会科学》2001 年第 2 期。

三　信任和人情：强关系的连接基础

由于“强关系”中的人情优势，使用强关系达到目标或者进行互惠交往，依旧在河坝村村民中具有不可替代的作用，以“信任”“互惠”为内涵的强关系是人情机制的网络基础。不只在河坝村，对于整个中国社会来说，人情机制在日常生活中都是不可或缺的。社会网络的建构在很多社会文化中都存在，但是关系网是中国文化独有的现象，中国社会的关系主义文化背景，一个显著的特点便是人情交换。建立关系、交换人情，这种动态的社会机制仿佛润滑剂，为中国社会的运转提供了一份保障。比如河坝村社会网络的人情机制为村民的生活运转和事业开拓都提供了极大的便利，这不仅体现在他们打工创业都是一个带一个，还体现在他们不管身处何方，都会有意识地和本地人保持密切的联系，甚至有些人只相信本地人提供的信息。

当今世界已是媒介化的社会，媒介在社会发展中扮演着越来越重要的角色。移动媒介也因此在建立社会信任以及人情关系中起着重要作用。如上所述，在移动媒介时代的强关系依然重要，因为在中国这样的人情社会中，关系在社会生活中的功用具有突出的价值和地位。有研究通过职业流动影响因素证明，在华人社会里，强关系比弱关系更为重要，因为弱关系意味着不大信任和缺乏义务。[①]强关系是素来弱小落后的河坝村村民最具安全感的选择。对于河坝村村民来说，信任首先是建立在天然的血缘和地缘关系之上，有了这一层关系，就相当于“跑得了和尚跑不了庙”，也就有了信任的规范和制度基础。在熟人社会中欺骗的可行性较低，而代价则相对较高。只要有天然的血缘和地缘关系在，就可以义务性确保双方的亲密和信任关系，所以很多河坝村村民的弱关系也是由强关系拓展而来的。河坝村村民不仅在线下复制和拓展亲密和信任关系，同时，也在线上复制和拓展亲密和信任关系。交往的空间布局从物理空间的一个乡镇、一个村庄或者一个家族，延伸到网络交往空间。尽管网络交往空间的关系连接并不能和现实生活中的强关系完全割

---

① 边燕杰、洪洵：《中国和新加坡的关系网和职业流动》，《国外社会学》1999 年第 4 期。

裂，很多时候还需要传统社会关系中的强关系作为桥梁或者“担保”，但是移动媒介已承载和架构起社会关系的交往空间，信任和人情也逐渐向网络交往空间扩散和分布。

（一）移动互联网时代的信任：强关系的再生产

随着移动媒介社会的发展，其功能也在不断增加，它不仅是人们从事经济活动的平台，也成为信息与情感交流的平台。它既可以服务于现实生活中的社交关系圈，也可以服务于线上社交网络。无论线上线下，移动媒介在服务于人们的信息和情感交流时，都无法回避人际信任的问题。对河坝村来说，以强关系为基础的信任是最重要的人际交往基础，但是随着媒介化的深度介入，本属于熟人社会的信任也在线上和线下之间来回流动着，并呈现出新的特征。

1. 在地化信任：跑得了和尚跑不了庙

在对 LAH 的采访中，这个年纪不大看事情却有独特视角的年轻媳妇给了研究者很多启发。当问到她是否利用过手机获取工作信息时，她认为手机有一定的用处，有时候会看到一些招聘信息的推送，但是这些信息大都不可靠。她一般都是通过手机和朋友联系，询问在浙江和广东那边的亲戚或者老乡，看那边是否有活儿干，工资高不高，工作好不好做。当问她是否从原来的朋友圈中获取就业信息的时候，她给出了这样的回答：

> 以前打工的，现在我都不联系了，各奔东西了。现在主要是联系自己家乡的人，因为偶尔他们还回来家里，大过年还能看到他们一眼。像外面打工那些工友现在各奔东西了，肯定没联系。要是他们给我介绍工作我肯定不信任了，咱俩都分开多少年了，突然一下这里工作好好，或者是什么什么，现在传销有很多的。所以外省的我一个都没保留，没联系了。最起码一句老话就是跑得了和尚跑不了庙，顶多你跟他出事了，总归有一天他要回家；你跟外省的人，你就是认识他那一张脸，你不知道他在哪里，你找什么找，最好就是跑得了和尚跑不了庙。（LAH，23 岁，2017/3/14）

如果人们之间基本没有信任，社会本身就会瓦解。但是，信任并不容易建立，因为信任产生于人与人之间的互动。信任的获得和巩固需要双方长期的接触和交流。我们总是倾向于了解一个人的名声和信誉之后，才能决定是否建立信任，因此信任通常建立在以地缘关系、血缘关系为主的强关系范围之内。比如河坝村的村民虽然开始获取网上资源，但还是更信任熟人的介绍，由熟人验证过的才会放心。不仅在介绍工作方面，还有一些村民在进行网络购物的时候，也只会购买信任的人推荐的商品。比如当研究者采访在LAF的店里代购热水器和其他商品的乡亲时，乡亲们说："我相信他，他文化也比我们高，选的东西不会错，起码不会骗我们。网上的东西有好有坏，一不小心就买错了。"河坝村村民的信任总是在熟悉的世界中去获得，或者将熟悉的事物延续到未来中去，从而让未来变得有所保障，而熟悉是保障和信任的前提。

格兰诺维特提出了"镶嵌"的观点，认为人总是镶嵌在社会网络当中，这种观点把人的行为放在一个互动的社会网络当中，同时还肯定了个人的自由意志。学者林聚任认为："信任本身是嵌入在社会结构和制度之中的一种社会资本，当社会结构发生变迁时，信任本身的内涵和功能也会相应地发生变化，其产生的基础也必然随之而变。"①

在河坝村，信任被认为是沟通的基础之一。没有信任，沟通和交换都无可能。因为人际交往虽然可以以声誉的了解作为基础，但是归根结底还要依赖于规则，而对规则的遵守或者依靠，还是来自信任。在熟人圈层中，信任不仅来自人与人的感情和身份认同，还来自牢不可破的关系和无法逃避的责任。在较小规模农村社区，强大的道德以及责任规范使得关系双方欺骗的可能性降至最低。比如河坝村的规则之一就是亲戚朋友间要互相帮助，这是一种义务和责任，如果这次你不帮助别人，下次也得不到别人的帮助，这是一种约定俗成的规则。没有对这些规则的信任，社会的运行会变得异常困难。对于有着独特文化背景的村民来说，他们的联系非常紧密，信任和互惠都主要是通过在地化的长期稳定的关系来实现，如果不具备有根基的社会秩序的制约，即不在"强关

---

① 林聚任：《社会网络分析：理论、方法与应用》，北京师范大学出版社2009年版，第195—196页。

系”的范畴，交往就会难以预测，也是不稳定的，很难委以信任。

2. 信任的流动：从线下到线上

随着媒介化进程的加剧，信任逐渐从线下转移到线上，人与人之间信任的建立往往以媒介化场景为基础。目前，有关线上的人际信任主要从两个方面进行定义：一是从施信者角度进行的研究，二是从受信者的角度进行的研究，主要关注主体的信任倾向与信任行为，以及信任客体的属性。我们在这里主要是从河坝村村民作为施予信任的主体进行探讨。

第一，信任的建立以媒介为基础。有学者认为：“媒介是关系的中介物，而信任本身就建立在社会关系之上，从信任存在的必要性而言，信任的主要功能是社会性的，个人在社会关系之外根本无须使用到信任。”① 如 YWS 对资助 L 同学时的考察，即以媒介礼仪为其中一个维度。在线下面对面交流时，沉默可能会被认为不善于表达。但在社交媒体的场景中，交往的时间、频率、节奏被拉长，沉默几个小时可以被容忍，但是不回答或者答复未超过一定长度，则会被认为缺乏诚意和礼貌，从而产生不信任感。“人的认知过程并非单一的意识活动的过程，而是在媒介构成的环境中形成认知的多主体互动过程，或者说，认知的形成基于‘技术—感知’结构，信任认知的产生也同样如此。”② 在社交媒体时代，信任以媒介为基础，同时媒介也影响了信任的建立。

第二，网络趣缘关系构建高强度信任。不同于过去以血缘、地缘和学缘关系为主要社会关系构成，随着媒介化社会的到来，河坝村村民也有了以个体个性化爱好为基础的网络趣缘社会关系。尤其是河坝村的青少年们，在网上的 K 歌群、游戏群和粉丝群体中，能够获得强烈的社会认同感和集体归属感（具体阐述见本章第三节）。在趣缘关系的发展中，不仅产生了更大范围和更多维度的社会网络交往，同时也产生了信任。通过研究发现，在数字媒介催化中，进入数字时代的青年村民们，

① 翟学伟、薛天山主编：《社会信任：理论及其应用》，中国人民大学出版社 2014 年版，第 54 页。

② 漆亚林、李秋霖：《媒介考古学视阈下信任媒介的认知建构与传播理路》，《湖南师范大学社会科学学报》2024 年第 1 期。

进入了颗粒度更加细微的网络社会，同时，由于在现实社会中可能很难得到情感支持，所以他们更易将情感和信任交付到具有趣缘关系的“网友”身上。16 岁的 LDC 曾和研究者倾诉：

就像我愿意把话告诉你一样，我也很信任我在网上的朋友，也不用帮我什么，就是听我说就好了。我有时候觉得和我喜欢同一首歌的人，更懂我。（LDC，16 岁，2017/4/2）

一般来说，趣缘关系更多会被划为弱关系的范畴，且认为其主要具备娱乐性。但是，所有的关系的建构都以价值生成为导向。趣缘关系首先由共同的兴趣和爱好进行聚合，而共同的兴趣爱好成为彼此沟通和交流意愿的基础，以个体兴趣作为驱动，娱乐价值作为回馈，这是较为浅表的层面。通过不断互动和回馈，交流不断深入，人们不断分享共同的情绪和情感体验，信任也在不断累积。因此，深层次的认同感也在增加，不断将弱关系转化为强关系，从而生成更大的价值。因此，在移动媒介社会，尽管趣缘关系在建立信任方面机能有限，但是我们不能否认的是，趣缘关系不仅能够构建高强度信任，还能够不断产生新的价值取向和追求，且价值追求的向度远远比仅追求物质资本的增加更加丰富多元。

（二）人情：情理社会中的社会交换方式

金耀基认为：“在中国人的社会交往中，人情扮演着媒介的角色。人们常说‘送你个人情’，‘他给我一个人情’，‘我欠他一个人情’，这类惯用语清楚地表明，人情在人际交往中是一种资源或社会资本。”[①] 人情在中国社会当中相当于一种人际交往的规范。由于河坝村人口不多，又长期封闭，人们存在于交错的亲戚朋友关系中。因此，河坝村的人情关系，通常等同于亲戚朋友之间的交往，他们的社会资本，也就等同于亲戚朋友的帮助和支持。换言之，是一种强关系的集中体现。

LBQ，16 岁，是河坝村精准扶贫家庭名单中的一员。他的父亲 63 岁，爱喝酒，母亲 59 岁，信鬼神和迷信活动，两人均已基本丧失劳动

---

① 金耀基：《中国社会与文化》，香港牛津大学出版社 1992 年版，第 77 页。

能力。在麻江县的精准扶贫台账中，他家的致贫原因有多种，一是缺资金，二是缺劳动力，三是因学致贫。两夫妻和儿子 LBQ 生活在一起，并赡养在部队中精神失常被遣送回家的哥哥，也就是 LBQ 的大伯。大伯精神失常的原因不详，但是，每月部队补贴的 2000 元，是 LBQ 全家唯一可靠的经济收入，也是赖以生存的基础。LBQ 的姐姐初中毕业以后，去了云南打工，但只能自给自足。

LBQ 于 2017 年被凯里市的实验高中录取，因不属于义务教育阶段，学费和生活费加起来，实属不小的一笔费用，所以家庭经济情况非常困难。研究者刚进入河坝村就认识了 LBQ，是因为他经常到河坝村村委会蹭网，时间长了慢慢熟悉以后，LBQ 才和研究者谈起了家里的情况。2016 年以前，LBQ 一家一直居住在几十年前建造的木房子里，旁边就是牲口棚，房子也被政府列入了危房改造的名单。一般而言，被政府列为危房以后，最高可以拿到 2.5 万元的危房改造经费。LBQ 家经过审核过后只能拿到 1 万元，这对于要改造或者另建造一栋房屋来说，是远远不够的。在政府的鼓励和支持下，也由于自身改善居住条件的强烈愿望，2017 年，LBQ 家开始建造一栋两层的砖混结构房屋，并在建好大体框架后停工，暂时住在内部未经装修的新房中，因为再也筹措不到钱搞装修了。据 LBQ 说，盖房子和买地皮总共花了十七八万元。他家老房子所在的地方在岩脚寨的最高处，不大适合居住了，因此需要买人家的地皮在靠近水泥硬化路的地方重盖一栋。除去政府补贴的 1 万元，他们以贫困户的名义向银行贷款 3 万元，其他的钱基本都是向亲戚朋友筹借的。当研究者询问向亲戚朋友借的钱是否需要利息时，LBQ 对研究者说道：

> 都是自己家亲戚的，不是银行，不要利息。能帮的都帮了。房子装修外面都是我的一个表哥帮忙，只收进价。比如新的门、窗，都是装修完才给，要不然……（LBQ, 16 岁，2017/4/2）

在采访的过程中，LBQ 多次提到因为自己的父母年老，一些观念和生活习惯给他带来的困扰（比如母亲生病了不去医院，而在家信鬼神），而亲戚朋友给了他家很多的帮助。有一次在微信上聊天时，他在提到这些帮助时告诉研究者："现在我哭了"，可见家境贫困的他非常感恩亲戚朋友的帮助。

在贫困而弱小的河坝村家庭里，没有流动的人口和劳动力，自然缺少地缘关系和血缘关系之外的社会网络和社会资源，此时，强关系仍旧是河坝村村民最可靠的社会资本来源。尽管在这种具有稳定结构性的社会网络中，可能会给需要寻找不同社会资源和机会的个体造成一些约束和制约，却给另外一些人提供了保障和机会。如果没有社会结构中与LBQ家的网络勾连者，没有亲戚朋友对他们的信任和人情支持，LBQ家可能根本无法修建新房。我们还需看到，社会网络和个体行动者是相互强化的，网络对支持和需要它的资源和价值的个体进行回报，个体为了获得网络中其他个体的认可，或者想在网络中获取更好的资源和地位，也会尽力把自己的资源投入其中。也就是说，彼此之间的人情交换越是频繁，越能结成紧密的强关系，资源的交换关系也就越稳固。

YWS的经历也能很好地说明这一点。前文提到过，YWS自从大学毕业以后，到了南京参加工作。他先是做信用卡推广，后来进了一家化工厂做催干剂的销售。因为业绩出色，老板派他在西南片区做总销售，因此他常驻在贵州而业务辐射整个西南。销售工作非常灵活，所以他常常往老家河坝村跑，为村寨里的事情出谋划策。

经过他三年的努力，西南片区已经基本形成了成熟的销售网络。在催干剂有一定客户资源后，他又开始代卖其他的原料，比如颜料、铸子等。现在他又开始销售油漆，客户群是一样的，相当于充分利用资源。在研究者进入河坝村的时候，他的事业可以说是蒸蒸日上。说起怎么开展自己的生意，YWS无限唏嘘又充满了自豪：

> 我现在做的量还挺大，需要油漆的都是合伙人的亲戚朋友，都是他在弄。一切都是缘分，以前只是在他那里刷油漆，谁也想不到会有今天的合作。当年我是在福泉，那里的瓮福集团是一个化工厂，里面的机械、钢架一年到头都需要防腐，防腐工程全部外包。高考结束那年我在那里刷油漆，当时的主管现在是老板了，油

漆都是他在采购。我在他那里连续做了两个暑假工，一直联系，前几年春节都特意去看他。当时我也没有想到做油漆，完全是出于朋友（的原因）。当年我在那里上班的时候他挺照顾我的，因为我是学生，所以只允许我一个本地人跟他们住宿，挺实在的人。今年过去玩的时候提到油漆，我说我想做油漆，他说如果你做油漆我一年保证帮你销两三百万元的货。之后就和他合伙了，五五平分。（YWS，29岁，2017/3/19）

YWS的销售额一年下来相当可观，虽然他没有透露具体的数字，但是他提到年纯利润已经超过30万元。他认为，现在在河坝村能做到他这种程度的，可能没有几个。

当研究者提到他的成功和他保持着的社会关系网络分不开时，他这样回答：

是的，都有点关系，但确实也都是出于友情，从来没想到过会有合作，无心插柳柳成荫。也是缘分，毕业以后做和油漆有关的工作。

在中国人的交往格局中，人就是一种关系的存在，河坝村也不例外。亲情和友情都在这种关系的范畴当中，而且占据着尤为重要的位置，是强关系的主要组成部分。在YWS的眼中，和既有关系以及河坝村本村的人员交往，是他生活和社会交往中非常重要的一部分。这从他回河坝村的频率，以及在社交平台上和河坝村村民的互动程度上可以判断出来。对他而言，与其往外拓展关系圈，不如在强关系圈中采取行动维持和获得有价值的资源，以促进自我利益更为实际，可能性也更高。齐美尔认为“交换的功能之一是在人们之间创造一个内在的纽带——形成一个社会，而不只是个人的集合”。[①] 人情交换和关系构成了河坝村村民的社会磁场，吸引着村民们活动于其中，且黏性极强。

① Simmel, G., *The Philosophy of Money*, London: Routledge, 1978, p.175.

四 作为工具的媒介：强弱关系的主动选择

尽管很多学者对强关系和弱关系进行了多种研究和论证，但是很少提及的是，个体是否有主动选择强弱关系的可能性，以及强弱关系是否有转化的可能性。事实上，社会网络理论是以网络中个人及其关系作为分析基础的，其中不可或缺的就是个人的能动性和主动选择性。社会网络所形成的社会结构和制度对个人会有制约作用，个人的主动选择也会改变制约着此人的社会结构，所以个人的主动选择与社会结构或制度规范的制约之间，有一个相互作用和改变的过程。强弱关系的主动选择就是这种价值选择过程的表现。

河坝村的少年 LDC 告诉研究者，他们一家人在浙江金华养猪的时候，曾经有一个金华老板对他们家特别好。

> 我们在那边的时候，没养猪以前，是一个人介绍去那边干活，就在这个老板他们那边干活，一个砖瓦厂。因为我们那时候没找到一个固定地方落脚嘛，他提供了一个房子给我们住。要钱，但收费很少，水电费全免。他对我很好，还让我上了一年的本地学校。本地学校是很好的，就是说教得很好，管得也很好，设施都很好，跟我后来上的农民工学校差别很大很大。（LDC，16 岁，2017/4/2）

据 LDC 讲，金华老板本来和他家关系非常密切，经常到他家里来，帮助他们，也一起吃饭聊天，但是后来却很少见面了。

> 到现在没有联系了，但是那个人就是给我印象很深，给我们提供了很大的帮助，又让我们在那干活，然后又提供房子住，还让我上了好学校。断了联系是很可惜，但是也没有办法了。（LDC，16 岁，2017/4/2）

格兰诺维特认为，较强的关系连带往往需要很长的时间去培养。其实不只是培养，也包括维系。当人们之间的互动越频繁，形成稳定而浓烈的友谊情感联系的可能性则越高。但是当互动变少，就算是处于移动媒介时代，也有可能转为弱连带。LDC 认为，如果再联系这位老板，要他帮忙他还有可能帮忙，但是因为联系得少，也就不好意思再找他了。同时，两个人之间的连带越强，也可以说明两人之间的相似度越高。在打工时期，LDC 家和金华老板的职业重合度是很高的，但是自从养猪以后，两人的交集和重合少了，则强连带转为弱连带。

LQC，39 岁，是河坝村最早一批出去的打工者之一。据他自己讲也是最早成为万元户、最早使用手机、最早回来在河坝街上建新房的人之一。他聪明灵活，极具经济头脑，在河坝村担任过村支书，现任村民委员会主任。在一次深度访谈时，他和研究者谈起了在浙江的打工经历。因为做事灵活，他总是比别人多拿工资，更受公司器重。据他说，当别人拿 600 元工资时，他已经拿到了 1000 多元；当别人拿 3000 元的时候，他已经拿到 6000 多元了。他有一个特殊的社会经验，即注意语言沟通。每次他到一个地方就学当地话，非常注重和本地人沟通，而且学得非常快，以至于本地人都不知道他是从贵州的少数民族地区来的。他在浙江打工时，结识了很多人，交了一个女朋友已经要谈婚论嫁了。一对老夫妇，儿子在部队当兵，看他为人诚恳就认了他当干儿子。但是，在回到家乡后的十几年，他却和干爹、干妈断了联系。

> 我都基本上断联系了。有时候真的想跟他们联系，最怀念的是干妈、干爹，以前我那个干爹是同公司的一个调拨员，他是搞调拨的，我是跑业务的。我那个干爹他家里面好像是有八十多亩果园吧，有一年我什么都不想去做，我那个干爹就说你给我管理那个果园吧。那一年干爹给了我好像两万多块钱。干弟弟那一年去当兵了，家里面没有人。我干妈说家里面空荡荡的，我们这么谈得来，你也很重视我，干脆你就认我当干妈算了。我说反正我是一个乡下的，你们不嫌弃我，我也可以。（LQC，39 岁，2017/4/2）

LQC 的父母坚决要求他留在河坝村，让他不要忘本断根。他留了下来，和同村的女子成了亲。为了摆脱贫困，这十几年他为生活奔波，也就疏于联络了。他告诉研究者，他还保留着干爹、干妈以前的电话，但是他们停止使用了，现在打过去都是空号。尽管LQC无限想念两位老人，记挂着他们的好，认为自己要是回到金华，一定能找得到那个家。他甚至还想象过见面第一句话要讲的是金华话还是普通话。但是因为生活没有交集，就此切断了联系。当研究者问他现在手机里主要和哪些人联系时，他说主要是工作上的，有七八个群经常交流。比如在贵阳的党校学习的群，在北京进行村干部培训的群等，他非常注重发布一些动态，在群里引起话题讨论，比如刚兴起农产品直播的时候，他就将自己在蓝莓园采摘蓝莓录直播的工作视频发在各个群里，从而维系他的"人脉关系"。用他的原话就是：

> 帮我积累很多人脉嘛，然后人脉也只是其中一点，还有一些交流。（LQC，39岁，2017/4/2）

费孝通先生认为中国是一个差序格局的社会，因为关系亲疏远近的不同，从而发展形成由内而外的一层一层的关系圈层。其实对于中国人来说，每一层关系圈层，不仅代表着强弱关系的不同，也代表着互动规范的不同。在不同的圈层，人们维系关系所付出的成本不同，因此要求的回报也有差别，或者说不同的关系圈层代表着不同的社会资源。黄光国延伸了费孝通的理论范畴，在此基础上提出，中国人的差序格局由三个关系圈层组成，而这三个圈层适用不一样的交换规范，分别是情感型关系、工具型关系和混合了情感与工具交换的混合型关系[①]。而我们看到，这三种关系通过不一样的交换规范的资源配置的分配或者调整，可能产生变化。LQC选择留在故乡，断了在浙江的"强连接"，发展新的社会网络，积累新的社会资本，归根结底，是LQC主动且出于理性的一种价值选择。人们根据自己的需要来决定强弱关系的转换，以及决定付出的交往成本。因为之前存在的强关系的人情机制，如果要恢复，只要重新开始互动和建立信任，建立"桥"连接，依旧是具有可行性的。

---

① 黄光国：《人情与面子》，《经济社会体制比较》1985年第3期。

但是，强关系发展为弱关系，甚至终止连接和关系，都在当事人的控制和选择中，河坝村村民可能根据社会资本和时间成本的利用价值而进行抉择。

强关系以道德和情感纽带为基础，是河坝村村民从义结金兰时代开始的文化传承，在媒介时代依旧有不可取代的地位和价值。强关系在增进某个群体的团结的同时，会导致群体和整体的断裂，河坝村多年来自给自足的文化，以及低收入水平充分反映了这一点。

弱关系以个体发展和关系网络拓展为动机，既是信息社会发展的必然结果，也是个体行动者在接触范围更广的人群，跨越更大的社会距离的必然需求。格兰诺维特对于强弱关系理论的区分与建构，描绘了人际关系互动的社会网络结构图景，在微观人际互动与宏观社会结构之间架起了理论桥梁。

当然我们要注意的是，不管是强弱关系的主动选择，还是选择对何种关系进行维系和资源投入，互相为利的出发点才是关系维系的最重要的基础。任何对他人利益的损害，都可能会影响自己的声誉。而声誉也就是我们常说的“面子”。对面子和声誉的维护，一方面是河坝村村民一种内化的本能反应；另一方面也是因为良好的声誉和“有面子”才能在未来吸引更多的资源。

从本节中可以看出，在河坝村村民的社会网络中，“弱关系”具有获得信息的优势，但是“强关系”并没有在他们的网络中消失，依旧扮演着非常重要的角色，最重要的是获得人情的优势。在强弱关系的建立和连接中，河坝村村民还表现出了主动而积极的选择意向，即在满足自己需要的前提下，对强弱关系进行选择、维系或者转换。尤其是在移动媒介时代，在社交媒体的介入下，这些关系非常容易进行选择和转换。因此，我们可以看到强关系在移动媒介时代的社会网络中更加紧密，而弱关系也发挥着至关重要的作用。一言以蔽之，社会网络和社会资本的创建、获得和积累都逐渐在向网络世界转移。

第二节　情感的支持：移动媒介时代的亲密关系

20 世纪 70 年代，社区心理学把可以促进人们良好的健康和心理的人际关系称为“社会支持”，认为人们从人际关系网络中获得信息、物质和情感的支持，有助于身心健全和健康，并将之归为人际社会网络的社会功能。亲密关系和情感的支持是其中的一个重要维度，对人们的社会生活交往起到了巨大的作用。吉登斯认为：“所谓亲密关系，是指在人与人之间平等交往的前提下，建立在社会网络中与他人真实情感交流基础上的一种相互依赖的关系。”[①] 移动技术的飞速发展，数字化信息在网络空间中自由流动，让人们可以突破时间和空间的限制，在网络空间中发展创造出强烈的共时感和共地感，彻底改变了在传统社会中的行为和交往方式，不必囿于现实生活开展情感交流，从而在网络空间中发展出有意义的亲密关系。手机和网络已经成为河坝村青年建构亲密关系的重要媒介，他们在网络空间中展开了亲密关系建构的情感蓝图。对于亲密关系来说，情感网络也是一个很重要的概念。魁克哈特就把关系类型区分为咨询网络和情感网络。在很多社会支持的研究中，情感支持的概念非常重要。在移动媒介时代，情感支持的社会网络是否有变化呢？一般对于情感支持的研究都针对面对面的关系或者小群体的范围，一些学者甚至认为网上的社会支持不能取代面对面所得到的支持。那么，移动媒介时代的亲密关系中身体和情感有何变化？原先的人际社会网络对网络和移动媒介的人际互动有何作用？这是本小节探讨的范畴。

一　河坝恋爱往事：转寨子，唱情歌

在河坝村，如果谈论过去，研究者听到最多的就是村民们的恋爱往

---

① ［英］安东尼·吉登斯：《亲密关系的变革——现代社会中的性、爱和爱欲》，陈永国、汪民安等译，社会科学文献出版社 2001 年版，第 169—171 页。

事。尤其是30岁以上的村民，对当时的状况还记忆犹新。由于少与外界通婚，因此恋爱对象都是在本村中寻找，而青年男女到了适婚年龄，恋爱也成了他们的头等大事。独立、分家、传宗接代等人生大事都需通过恋爱婚配来完成。河坝村村民谈恋爱的方式非常有趣，其中最主要的方式是每天入夜后，成年男子去各个寨子的聚会地点与女方对情歌。时间再往前追溯，唱情歌时都是蒙着面的，女方全凭男方在情歌对唱中表现出的勇气和智慧来判断其是否可以托付终身。34岁的LAF提到过去，感触颇多：

> 从十几岁到二十几岁，他们都有（手机）啊，不过从他们出生到懂事都有手机，好像都没有什么不一样，只能说，跟我们那时候比就有变化。我们那时候，晚上可以出来玩，谈恋爱啊，跟着大的到处跑，到处窜，到处找人，到处找姑娘出来玩了嘛。（LAF，34岁，2017/3/15）

LAH也对那时有深刻印象，认为非常传统且有特色，而现在这些特色已经消亡了。现在，除了在隔冬节的对歌比赛中能听到男女对唱，其他时候已经没有对歌了，年轻一辈的根本不会唱，还有一些年轻人连听都听不懂。有趣的是，她是根据有无手机和网络等媒介进行传统与现代的划分的。LAH回忆道：

> 像以前的话没手机和网络的，晚上就到家里来叫……丢石头砸你的窗，或者是叫你的名字，或者是吹口哨。就（喊）下来去玩啊，去玩啊，基本上你都不能睡。（LAH，23岁，2017/3/15）

现在的恋人们则大不一样。据LAH说，现在再也没有人窜寨子追求姑娘了。以前有了恋爱对象以后，都是赶集或者是看会的时候，就跟那个人约好下次见面的时间和地点。现在都是用手机。以前每一个寨子都有年轻人的约会地点，也就是每个寨子都有一个坡，年轻男子喜欢哪个寨子的姑娘，就去那个寨子的坡上。LAH说：

> 现在就是网络，而且以前的约定，一旦约定就不能改了。现在你分分钟手机……我来不了了，我太忙了。以前那种要浪漫一点。那时候也想见面也很害羞，又很想见，每次去放牛，或者是在山上跟老妈干活都想要见一下。（LAH，23 岁，2017/3/14）

LAF 甚至认为现今年轻人的手机使用水平，可以替代以前的情歌对唱，作为能力的一种衡量标准，如果使用水平太差会在恋爱的竞争当中“吃亏”。如果说以前的情歌对唱能够体现对方的见识、勇气和为人处世，那么现在的手机则是与文化程度和经济水平相关的能力的象征。

> 就是像那一些没怎么玩手机的，这些人想交个朋友，机会太少了。我觉得，现在的那些河坝的男生要是不会玩这些，他的机会就会太少了，就很吃亏的了。你看现在哪个男的还在用个老人机的话，基本上是没有结婚的，要么没有女朋友……最少要是个智能机啊。如果他用了智能机，他可能就对这些东西比较了解，比如支付宝、转账什么的，他都会知道。（LAF，34 岁，2017/3/15）

河坝村的男女集会、看会和对歌等活动，从本质上来说是一种以婚姻为目的的社会网络的建立和利用，这些活动具有相当功利化的工具性功能。历史上通过这些活动来完成的恋爱活动，到如今，移动媒介在其中扮演了相当重要的角色。

二　亲密关系的媒介化

罗家德认为：“情感网络产生于人与他人之间的友谊或谈论私事的过程中，所以网络资源的内涵即在于情感交流的相关信息。”[①] 因为人们会和在情感网络中有联结关系的人谈及个人私事，以及为了缓解压力而产生的倾诉需求等，所以和倾听者与互动者有着情感上的依赖关系。如果说社会网络中的弱连带一般会形成人们信息和知识获取上的优势，那

① 罗家德：《社会网分析讲义》，社会科学文献出版社 2005 年版，第 16 页。

么强连带则可以传递信任感和影响力，并提供情绪和情感上的支持。许多社交网络都直接或者间接地给人们提供归属感或者被帮助的感觉。情感的援助和服务，能帮助人们面对现实生活中的压力和紧张，尤其是对现代人而言。移动媒介社会的发展为情感支持和亲密关系的建立提供了充分的可行性和可供性，移动媒介时代的社会交往构建起泛在的社交网络，并让亲密关系的建构获得了更多的可能性。移动媒介社会的亲密关系会发展成何种范式和样态，我们现在难以预料，但可以肯定的是，当前的亲密关系已进入媒介化时代，并建立了具有重塑性的交往场景。

（一）“在一起”：移动媒介的情感可供性

“可供性”最早起源于生态心理学研究。1979 年，詹姆斯·杰罗姆·吉布森提出了“可供性”这一概念，用以解释环境与生物耦合的关系属性。2003 年，巴里·威尔曼等人将其引入传播学，认为所谓的“可供性”指的是媒介技术 / 物影响行动者日常生活的“可能性”。[①]也有学者认为，“媒介可供性强调关系而非决定，是特定语境中相对于主体的需求和目标，主体认为他们能够在媒介的特征、能力和限制内，运用媒介展开行动的可能性”。[②]潘忠党等认为，“新媒体的可供性可以分为三部分，分别是信息生产的可供性、社交可供性和移动可供性。各类媒介平台或应用形式都能够根据这三种可供性的维度加以区分；相对而言，在三种可供性上水平越高的媒体，往往就是越‘新’的媒体”。[③]作为本研究关注的移动媒介，主要探究的是人与技术之间的界面取向，考察的是移动媒介作为手段和资源如何被人们使用，以及人们通过对媒介的使用如何来实现其个人、集体或社会的目标。社交媒体因其具有信息生产的可供性、社交可供性和移动可供性，所以使用者在与其接触过程中会产生联系和共鸣。尤其是社交可供性这一维度中，使用者事实上是与人分享经验事实和情绪，当使用者通过社交媒体接收到内容、情绪和

---

① 孙凝翔、韩松：《“可供性”：译名之辩与范式 / 概念之变》，《国际新闻界》2020 年第 9 期。

② 蒋俏蕾、凌绮：《数智时代的“亲密”：媒介化亲密、亲密资本与亲密公众》，《山东社会科学》2023 年第 3 期。

③ 潘忠党、刘于思：《以何为“新”？“新媒体”话语中的权力陷阱与研究者的理论自省——潘忠党教授访谈录》，《新闻与传播评论》2017 年第 1 期。

情感，并赋予其意义时，则会进入情感状态。越来越多的亲密关系由数字媒介促成、维系和塑造，媒介的同步性、移动性和多样性，让维持亲密关系变得简单且可行。有研究认为，媒介作为中介维系的远距离亲密关系和近距离亲密关系一样能获得较高满意度，甚至比近距离亲密关系更能获得信任和满意。[①] 移动媒介的可供性鼓励自我呈现和交流互动，个人化的叙事风格也让行动者更易获取亲密关系。从这个意义上来说，移动媒介亦具有情感可供性。本小节将讨论河坝村村民如何利用移动媒介建立亲密关系？媒介和亲密关系在他们的生活中有什么意义和作用？媒介化社会变革，对河坝村村民的亲密关系的建立和维系，究竟是积极的还是消极的，是建设性的还是破坏性的？

1. 时时陪伴：亲密关系的承载工具

在河坝村，研究者认识了 LQY，30 岁，一个与命运顽强抗争的女人。她年纪不大，但经历了诸多磨难。她有三段爱情故事，每一段都对她的命运起到了很大的作用。她生了三个孩子，其中两个已去世。在和研究者几次深度访谈中，她数次落泪，却又坚强地展开笑颜谈及过去、现在和将来。她生活在手机慢慢普及的年代，她的几段爱情故事都有手机在其中起作用，有一段时间手机和网络甚至成了她的救命稻草。

LQY 虽然从小生活不富裕，但一直生活在父母的宠爱之中。家里只有她和弟弟两个孩子，父母一直都竭力供养她上学。到了高二，她觉得家里实在困难，没有必要读下去了，就从学校退学到浙江温州的机器绣花工厂打工。在温州工厂，一次意外的操作事故，压断了她的右手手指，所幸有一根筋还没有掉，医院就用钢筋接上去了。厂方让她开价这次事故的赔偿，她人老实，就让厂方看着给。她拿着 3000 元离开了工厂，后续取钢筋的手术也没有做。

离开工厂以后，她在打工的城市遇到了读书时期就颇有好感的同学，不久就确定了恋爱关系。因为上班的地方离得有点远，所以为了和他打电话和发信息，她借了 500 元买了一部手机。在谈恋爱的过程中，

---

① Crysral Jiang, L., Hancock, J.T., "Absence Makes the Communication Grow Fonder: Geographic Separation, Interpersonal Media, and Intimacy in Dating Relationships", *Jouraual of Comunication*, Vol.63, No.3, 2013, pp.556-577.

可能也是“缘分差一点”，他们老是吵架，而且一吵架同学就跑回金华，然后信也不写了，电话也不打，信息也不回。LQY 认为，手机信息都这么长时间不回，意思是要分手了。就在这个时候，第二个男朋友开始追求她。

刚开始追她的时候，她感觉这个人不错，但是心里并不喜欢他。因为对方的年龄比她大很多，而且她心里还有那个同学。但是他一直锲而不舍地追求她，比如帮 LQY 上班干活。他总是给 LQY 做一天工，晚上去加自己的夜班，第二天又来帮 LQY 干活。时间长了，她就慢慢接受了他。

和第二个男朋友交往的事情，很快就被 LQY 的妈妈知道了。LQY 的母亲认为第二个男友家“不干净”（名声不好），打电话告诉 LQY 不同意这门婚事。老实的 LQY 不想忤逆父母的意思，就提出了分手。没想到男生反应过激，威胁她如果分手就要死给她看。LQY 害怕了，只好答应继续和他交往。父母依旧反对得很厉害，他父亲叫她回家，把她的手机也没收了，然后让她另外找地方躲起来。2008 年，她匆匆忙忙地和现在的丈夫结了婚。

在和丈夫结婚以前，她只知道婆婆有精神疾病，不知道公公酗酒。婆婆几乎什么活也不能干，公公只要醒着就是喝酒。在这样的家庭氛围中，LQY 先后生了三个孩子。LQY 有严重的妊高病。第一个生的是女儿，因为先天性心脏病，生出来三天就死了。第二个是男孩，孩子 8 个月时她觉得有点不对劲，带去麻江县的医院检查，医生说没事，后来宁波的医生诊断出了脑萎缩和脑瘫。当时医生告知 LQY，孩子治不好了，但 LQY 依然决定要治疗：

> 康复也做，也买药给他吃。有时候他发起病来的话，还要去输液。发病的时候翻白眼，全身都缩起来，就像肌肉收缩一样。然后医生说不行的，你看他刚好想走路，一发病他走不起来。待到三岁零八个月，最后还是走了。（LQY，30 岁，2017/3/20）

在给孩子治病期间，LQY 遇到了很多阻力，很多人劝她放弃：

人家说那个小孩你干吗不把他扔掉，他们说的话很残忍的，但是自己的小孩自己知道。但是……人家还有口气，人家还蹦来蹦去，你怎么把他扔掉，然后还是个儿子你怎么扔嘛。

那个小孩子去宁波，他生病，我又生病，阑尾炎。一分钱都没有，到处去借，还是急性的。那时候奶都还没戒掉，小孩哭了三天三夜，我老公一直在。三天三夜都没睡觉，那个小孩子好像不好起来就什么都不好。（LQY, 30 岁，2017/3/20）

不仅如此，老公也让她产生了绝望的情绪。刚嫁给老公不久，她就发现他和公公一样很喜欢喝酒。LQY 公婆家所居住的团坡寨，可以说是河坝村最为脏乱差的一个寨子，道路狭窄，房子建得非常紧密，各家的牲口棚和房屋都紧挨在一起，气味也很大。除了摩托车和马车，其他车辆无法进入。在通自来水之前，都是从寨子脚底的水井挑水喝。到 2016 年，整个寨子才通了水管。

我家在最上面，我从下面挑水到上面去，然后他跟他爸爸在喝酒。那次他妹妹办酒，我抱个小孩子我挑不动，挑二十多挑，然后他爸他妈又不帮忙。我就叫他去帮我挑，他说我不挑，就这样。跟他爸一样，吃顿饭要喝两三个小时，吃两三个小时才吃饱。（LQY, 30 岁，2017/3/20）

夫妻俩还经常为孩子起争执。孩子经常生病，每次生病丈夫就会把责任推到 LQY 身上，质问她“为什么让小孩老是生病”。当时他们都不知道孩子是真的病了，丈夫在外打工，而 LQY 一个人在家里带小孩，也没有意识到。在家的日子让 LQY 觉得非常绝望，体重从 110 多斤一下子降到只有 89 斤。

诸多的烦恼，让 LQY 找不到生活的动力。当时谈恋爱那个同学一直都在网络上要求加她好友，之前她一直都没有同意。通过 QQ，LQY 和那位同学恢复了联系。她看了同学的 QQ 空间，里面除了他的日常之外，还有很多关于两人的记忆和痕迹。她很感动，一有烦恼她就会上网登录QQ和同学倾诉。据LQY讲，这位同学很正直，他们一般都是聊聊家里的事。他总是劝LQY要坚强，该忍的要忍，帮她解决烦恼，宽慰她。

> 我们不是一次聊多长时间，基本上每天都有些时间。那时候我老公去打工，我一个人在带小孩的时候，他一直在安慰我。有一次我小孩发病，然后他打电话我就说我小孩生病了。他一直打问怎么样了，很担心。我老公那时候电话都不会打给我的，都是他在安慰我在鼓励我，我才走到现在的。幸亏有他，不然我根本就支持不下去。（LQY，30岁，2017/3/20）

手机和QQ对LQY而言，是她几乎所有亲密关系的承载工具。通过这个工具，她确认对方的心意，判断对方的情绪，甚至作出自己的情感选择。

随着在田野时间的流逝和研究的推进，19岁的YM也逐渐和研究者聊起与朋友的交往经历：

> 如果对我真的在意，肯定是第一时间要回复我的信息。我如果发个朋友圈或者QQ说说，也会很快给我点赞评论。我起码通过这些知道他在关注我关心我。（YM，19岁，2017/3/4）

从上述案例中可以看出，手机在她们的生活中，成了离不开的工具和陪伴。这里既有行动者的主观意图和需要，也具有结构基础。在移动媒介的亲密关系建构和实践中，也许重要的不是建立了什么样的亲密关系，而在于媒介如何在亲密关系中满足使用者的需要和期待，同时在情感的唤起和支持中起到创造和引导的作用。媒介在使用者的亲密关系和情感体验中扮演了重要角色，从而对行动者的生活产生深远影响，甚至能延伸到更为宏观的社会文化层面中，对整个社会的文化和经济生活产生影响。

2. 情感的支持：精神需求的内在满足

2012 年，LQY 为了方便，花 300 元买了一部智能手机。她和同学之后都是通过手机发信息聊天。LQY 告诉研究者，2012 年，也就是孩子没了那一年，她那段时间过得很辛苦，基本上就是靠这部手机，在支撑她的精神。

> 其实自己不想联系的。有时候想想，不要联系了，有时候又感觉很苦。那时候我说，我怕我有一天会变成疯子。我这样子想过，真的有过这个想法。那时候真的心情很糟糕。我以前的时候，特别特别好，人家都说怎么跟你在一起就开心，我们很生气，跟你联系一下就开心了。我这个脾气就嫁给老公以后才有，说实话。但是现在好了。……是的，手机确实给我很大的作用，就好像一个支撑起我的精神的工具一样。但是当然最重要的还是那个人。除了我那个同学，我什么都不跟别人说。但是虽然说聊是聊，我们就发这个信息。然后知道了就好了，在我最困难时候他一天给我发两三次信息，然后说得都很长。就是觉得世界上还有一个人在关心你。（LQY, 30 岁，2017/3/20）

据她回忆，脑瘫的那个孩子没了的时候，她和老公曾经谈过离婚的事情，但老公发誓悔改，不再喝酒和吵架。老公的承诺让他们继续过了下去。LQY 怀上了第三个孩子。为了确保母婴的安全，LQY 决定去宁波边打工边产检。因为 LQY 的妊高症，第三个孩子怀到 9 个月时就剖腹来到了这个世界。所幸这是一个非常健康的孩子，2017 年已经长到三岁，机灵而结实。因为这个孩子，LQY 和丈夫的感情也越来越好。

在 LQY 的事例中，我们可以发现，当在现实生活中找不到支持的情况下，LQY 通过手机和社交媒体联系到了失联已久的社会关系，并获得了情感支持和精神寄托。在这里，移动媒介的介入，让 LQY 的社会支持网络扩大了，不仅在旧识那里寻找到了情感支持的来源，事实上她还拥有获取更多支持的可能性。不便公开来往的关系，只能通过移动媒介来提供一种隐匿性的情感支持。根据 LQY 的阐述，这种通过文字进行的隐藏式的交流方式，让他们在情感表达和宣泄当中更勇于表达，即使在没有联系的时间段中，文字亦可反复翻看，以提供持续的精神和情感支持。从这个方面来看，手机非常适合这种情感交流，也提供了充分的情感可供性。一方面交流是即时性的，另一方面它还是隐匿性的，不被其他人关注和打扰的。这种情感支持对 LQY 来说，犹如绝望生活当中的救命稻草，极大改善了她的精神健康状况，并部分消除了生活压力给她带来的负面影响。

除了 LQY 的案例，研究者在对河坝村村民的采访中，还收集到很多手机给他们提供情感支持的例子。比如手机的即时通信功能让山村里的母亲随时随地联系上远在千里之外的女儿。据 LBQ 讲，他的母亲经常叫他打电话给姐姐：

> 我妈经常拿手机让我帮她打，她不会打电话，然后问姐姐情况，一个星期打一次。我也不怎么管她问什么，反正她问在那边过得怎么样之类的。要是没有手机的话，姐姐又在外面这么久，可能回来就会变陌生人了。有了手机我们就能交流一下。还有我妈随便去哪里，才好联系。现在不方便找她，有时候去干活，担心她在外面会发生什么状况。（LBQ，16 岁，2017/4/2）

LAH 则对这种情感提出了更高的要求，认为智能手机能够和亲人和爱人分享生活：

> 只是通话我只能听到你声音，但是视频我能看到你。哎呀你看我今天煮的菜，你看我买的新衣服。（LAH，23 岁，2017/3/14）

YM 对自己身边的男生的要求则是：

> 不过我还是更看重是否聊得来。我说的意思，他能不能明白。（YM，19 岁，2017/3/4）

YWS 告诉研究者：

> 自从有了这部手机之后，像他们 40 多岁的有一个微信群，一个大群，整天在里边发语音，唱唱绕家歌，经常在一起聊天，也是沟通感情的一种方式，多多少少有一些促进作用的。（YWS，29 岁，2017/3/19）

从 LQY 和 YWS 的例子中可以看出，对于河坝村村民的情感支持网络而言，移动媒介虽然扮演了重要的角色，但是这些以手机为媒介的交流，事实上仍是现实社会网络的延伸。移动媒介的背后仍旧是一张真实的社会网络，移动媒介在其中起到的作用是加强和支撑联系的作用。不管是强关系还是弱关系，都是在真实社区中才有的关系网络特性，而网络和移动媒介架构上承载的人际交往和社会网络也可以提供这种关系网络，包括情感支持。网络和移动媒介使得保持远距离的关系成为现实，但是这并不意味会造成现实社区和现实关系的衰落，只是从小群体的空间解放了出来。正如吉登斯所说："感情联系和亲密关系正在取代以往的人们生活的联系纽带。"[①] 也就是说人们从面对面的首属关系的互动转向了通过技术的感情联系和支持。

河坝村村民的由移动媒介连结的情感支持，有一个非常明显的特征，即现实社会网络和网上社会网络是一种联动关系。媒介在其中的作用，是桥梁、纽带和工具，既弥补了彼此之间的时空距离，也成为虚拟世界的情感支持工具。

（二）"在亦不在"：移动媒介时代的身体和情感

与老一辈转寨子、对情歌等通过行动表达情感的方式有所不同，移动媒介为河坝村村民的情感表达提供了丰富的中介化资源和实践场景。虽然媒介通常处于隐形的地位，交流双方总会忽视媒介的存在，更倾向于认为人际交流才是本质所在。然而，在移动媒介时代，亲密关系已然被媒介化，任何人的亲密关系的建立，都无法回避使用数字媒介。邱泽

① ［英］安东尼·吉登斯：《亲密关系的变革——现代社会中的性、爱和爱欲》，陈永国、汪民安等译，社会科学文献出版社 2001 年版，第 57 页。

奇认为："亲密关系的媒介逐渐成为亲密关系的对象，数字技术以'嵌入关系'的方式重构了家庭的亲密关系。"[①] 媒介在亲密关系缔造中究竟起到什么作用？身体在媒介化的亲密关系中有何作为？其究竟是拉近了距离还是扩大了裂痕？河坝村村民如何看待移动媒介中的情感关系？这是本小节探讨的问题。

1. 身体在场和虚拟在场

（1）身体在场

在河坝村的社会交往史中，亲密关系的追寻以及创造亲密关系的场景一直是一件非常重要的事情。前文提到的玩山、看会、赶场、转寨子、对山歌以及举办的其他各种娱乐文化活动，都是为了给适龄男女制造机会，让绕家人能更好地生存和繁衍下去。

以绕家人对山歌为例，虽然绕家人的情歌没有固定曲目，全靠即兴发挥，但可以用来推断对方的为人处世以及胆识智慧。研究者发现，"对山歌"在传统的社交场景中可以起到非常重要的作用，其重要原因在于"身体在场"。

第一，"对山歌"是直观对象的最佳交流途径。现象学非常强调本质的直观。笛卡尔认为"在场"即对象的客观性。其实以上都是在强调"在场"的重要性，因为身体的在场，可以让我们对特定对象进行最直观的了解，对其一切进行把握。对河坝村村民来说，对山歌时，可获取大量信息：如对方的身高长相、穿着打扮（可显示家庭经济状况）、谈吐举止（对歌时的即兴发挥和现场应答，可反映对方的聪明才智和教养情况）、思想观点（山歌中包含大量个人观点和想法，可考察对方是不是过日子的人选）。如以下歌词：

> 男：朋友说给朋友，看你已到歌场，人们都在看你，
> 都想看你一眼，见你着装整齐，好像官家小姐，
> 可能很会唱歌，男人又爱唱歌，所以才靠近你，
> 想开口问问你，你愿不愿意唱，把你好歌好语，

① 邱泽奇：《重构关系：数字社交的本质》，北京大学出版社 2024 年版，第 87 页。

通通都记下来，回去得热闹家。

女：朋友回答你朋友，我们来到这歌场，没有什么好着装，

一身很不像个样，又破烂了又很脏，不会说来不会唱，

一心出来找情郎，今天遇着哥找唱，没有好歌送给郎，

一边学得一边唱，害羞我的情歌郎。①

第二，“对山歌”是一种身体在场的传播，其构建的“场景”能激发交流者的临场感和沉浸感。以上山歌中，可见“歌场”的重要性，只有在面对面的交流情境中，你来我往的对歌中，才能实现“靠近你”“开口问问你”“一边学得一边唱”等行动。在这个身体在场构建的“场景”中，场地、对白、音乐乃至对方的一举一动，形成了时空中的场景，为交流者行动提供行动背景，也为身体感官感知和体验提供依据和反馈，因此能更好地激发交流者的临场感和沉浸感，而临场感和沉浸感的强弱，是影响传播效果的重要因素之一。同时，在同一场景中的交流，不仅包含有意识的交流信息，还包含无意识的交流，无意识的交流更能体现真实的、无遮蔽的信息。因此，身体在同一场景中，不仅意味着生物体的同场，还包括精神体的同场，交流更加充分和完整。

第三，“对山歌”是一种去中介的情感表达行为。“对山歌”本身是一种具身行为，对山歌时男女双方面对面进行交流，即时的情绪和情感反馈、高度的专注度以及情感卷入度，能最大限度地减少信息传递的障碍和误读的可能，也给了对山歌的男女双方以身体在场为前提的，踏实安稳的亲密关系建构体验。

年轻的LAH也认为，手机和在线交流永远无法代替对方“在那里”：

问题就出在你打一百个电话，你一直跟我通话也好，也还是抵不了你那个人在那里。（LAH，23岁，2017/3/14）

---

① 河坝村村民龙凤鸣整理翻译，转引自段云兰《何人为“育”——贵州绕家人的民族志》，博士学位论文，厦门大学，2019年，第299页。

LAH朴素的语言事实上指的就是身体的在场，对于亲密关系的维系具有重要的意义和作用。活生生的“身体在场”将永远具有特殊的魅力和传播效力。

（2）虚拟在场

源于人类克服时空障碍的强烈欲望，媒介的出现开启了传播的中介化。在移动媒介出现以前，人类借助图画、文字、电影、广播和电视等媒介，来消解身体限制带来的传播障碍。传播的中介化过程因此也可以理解为一个“去身体化”的过程，人类因此摆脱了面对面交流的局限，创造出绚丽多彩的传播景观。以亲密关系为目标的交流传播亦开启了其变革时代。

但是在社会交往中，人类因其时间精力有限，不可能维系多种高质量社会关系。亲密关系更是如此。齐美尔的群体规模理论发现，当群体规模逐渐变大，群体的稳定性会越来越强，亲密性则会越来越弱，关系也会变得越来越正式。邱泽奇认为：“数字连接时代，关系的建立和维系呈现出新的方式和形态，但群体规模对关系质量的影响依然存在，高质量关系的数量始终有限。”[①] 移动媒介时代，拓宽了社会交往的范围，也丰富了亲密关系建立的渠道和资源，在多线建立关系的社交网络中，亲密关系和其他关系一样，也面临着巨大的威胁和挑战。

在传统社会中，亲密关系指的是复合亲密关系。在复合型亲密关系中，身体的生物性和精神性是合二为一、不可分割的。在复合型亲密关系里，人们通过身心两个维度来确认彼此的爱恋和忠诚程度，且因为两者身体的物理在场，呈现的是人与人之间面对面的交流，通常我们认为这是一种直接的双向性的关系，没有中介感。但是在移动媒介时代，亲密关系通过手机和网络传递信息，也因此将亲密关系转化为“我—中介—你”的关系，亲密关系中介化了，原来物理的“身体在场”演变成了以中介为基础的“虚拟在场”。

与面对面的身体在场交流相比，基于中介的“虚拟在场”时，出于无意识的交流信息被屏蔽掉了，人们因此获得了喘息的时间和空间，可以展现自己最为“理想”的一面。正如彼得斯认为的：“‘能暂停时间’

---

① 邱泽奇：《重构关系：数字社交的本质》，北京大学出版社2024年版，第91页。

是所有工具都具有的巨大威力。”[①]媒介的中介化，让人类的交流因此有了足够的喘息地带（但也许因此筑起了足量的“铜墙铁壁”）。亲密关系中的双方，可以控制各种情绪表达技巧，比如控制自己的回复速度，给自己留出足够的思考空间和回旋余地；比如使用各种表情包和个性化的语言风格，大大拓展交流中的可能性和丰富性；比如可以不管自己身在何时何地，随时拿起手机构建起属于亲密关系的“私密空间”——聊天界面等。从这个意义上来讲，“虚拟在场”的亲密关系更加自由、丰富和宽容。

在媒介化社会中，“在场”不再是物理在场，而是电子通信技术调节下，身体存在于虚拟空间中的感知。“虚拟在场”不仅体现了电子通信技术可以参与和塑造人的虚拟化，也体现了技术作为中介，影响了人与人之间的动态交往关系，尤其是在亲密关系交往领域更加凸显。亲密关系中身体的“虚拟在场”打破了传统关系的彼此约束，也打破了时空约束，让中介成为亲密关系的“替身”。但是，虚拟在场同时也让人们面临更多选择和诱惑，亲密关系不再易于察觉其忠诚度，彼此的亲密关系也难以局限于一对一的两性之间。曾经的复合亲密关系被打破，产生了亲密关系的异化，失去了精神性和生理性的统一，即在亲密关系中，身体亲密和精神亲密可以截然分开。因为在媒介化社会中，身体的“虚拟在场”会导致亲密关系中双方都成为众多向度的汇集点，亲密关系高度自我化，是否处在亲密关系中不是以一般社会规则和道德标准来衡量，而是以自我为基准，并以“隐私”为名隐藏身体“虚拟在场”的数字痕迹。那么，河坝村村民如何处理移动媒介时代的亲密关系？这将是下面我们所要探讨的。

2. 身体的缺席与亲密关系的维系

媒介技术的发展不断突破交往者的时空限制。网络空间对精神世界的建构与影响已不断被学者探索和研究，但身体在虚拟空间中的复杂性以及建构性的研究却尚不在多数。正如喻国明等学者认为的，“长期以来，主流传播学更关注精神和意识层面的研究，身体则成为被遮蔽和

---

① ［美］约翰·杜海姆·彼得斯：《奇云：媒介即存有》，邓建国译，复旦大学出版社2020年版，第298页。

排斥的对象，被肢解为分裂的器官，被剥离出具身关系的场景，呈现出‘去身体化’的趋势”。[①] 媒介赋予了人类的社会交往以更多的可能性，虚拟现实技术甚至可以让身体进行感知。媒介技术的每一次革新，都让人类的亲密关系增添了新的可能。在虚拟空间中，媒介可以带领人类进行多维度的传播和交流，体验一种去肉体的深度精神交流模式，亲密关系也在经历着前所未有的变革。

然而，身体的虚拟在场真的能够超越自我和身体的限制吗？赵建国指出：“‘在场’是指主体在场，也就是身体在场，身体本身在事情发生、进行的场所。对于身体而言在场是一种存在状态，也是身体与身体、身体与周围‘场’的一种关系：身体在场就意味着能够对在场的事物产生影响，甚至能够直接操纵、改变在场或周围的事物。”[②] 赵建国认为，在场就是一种主体间交往互动的实在关系。但在网络虚拟空间中，身体作为主体是不在场的，网络空间本身是无形的，身体也是缺席的。当身体缺席，在虚拟场域中缔造和维系着的亲密关系，能否代表绝对意义的精神层面的爱和情感，能否满足人们对真正的爱的渴望？

通过对河坝村村民的采访，研究者发现，移动媒介所带来的亲密关系和情感支持也藏着隐患和疑虑。

由于移动媒介的特性，沟通变得更加方便和私密化，这对亲密关系来说无疑是一把双刃剑。技术塑造的社会交往环境带来了更多的自由，如果人们想维持关系，可能需要花费更多的时间和精力，而且人们现在保持的社会关系远比过去丰富，通过技术手段也使人们比以往更加容易保持接触，但是这种接触却可能让现实生活的亲密关系更难以维系。

LAH 认为，虽然手机给年轻人谈恋爱带来了很多方便，但同时也抹杀了恋爱中的很多美感，没有了日思夜想而不得的体验，感情也没有那么浪漫。最重要的一点是，恋爱可能会变得随意和随便起来。

---

① 喻国明、姜桐桐：《元宇宙时代：人的角色升维与版图扩张》，《新闻与传播评论》2022 年第 4 期。

② 赵建国：《身体在场与不在场的传播意义》，《现代传播（中国传媒大学学报）》2015 年第 8 期。

现在拿起手机就联系了，就没有以前那种心情了。现在谈恋爱也很随便。反正以前谈恋爱就是此情不移。像现在很随便的，我有手机，我可以脚踏两条船你也不晓得。以前我喜欢你，我就跟你，咱俩约会这样，每天都是很想念，每天都是想见你。现在有手机了，你想我打给你，等会儿又不知道打电话给谁想谁去了。而且你打电话给他的时候，他在占线，也许他就在跟别人联系。（LAH，23 岁，2017/3/14）

女性因为移动媒介的互动性和私密性带来的焦灼和不安全感，可见一斑。LAH 认为，更为可怕的是，手机甚至可以把近在咫尺的距离拉得很远，造成了两个人的生活更为空虚。

有时候我想找个人聊都没什么人聊，没办法了只能拿手机。但是有时候觉得手机，也不可能完全当你真正的朋友，始终你再去怎么玩心里还是觉得空虚的，你再怎么跟人家说话，你还是只得到人家说的一句话。问题就出在你打一百个电话，你一直跟我通话也好，也还是抵不了你那个人在那里。所以还是很空虚的，对于我来说手机是空虚的。（LAH，23 岁，2017/3/14）

LQY 认为，手机带来的好处之一是缓解了分离的痛苦，因为即便是分开了，我们也知道手机可以随时联络上彼此，不至于有什么重要事情找不到人。但是，她也认为，手机无论如何比不上“在一起”的重要性：

现在是没办法，回来赚不到钱，不然我也不想他爸出去打工。虽然每天都在视频，但是孩子还是想爸爸，看不到也抱不着的，是吧。孩子有个三病两痛的我也靠不着他。（LQY, 30 岁，2017/3/20）

另外，长时间的身体缺席也很容易导致争吵，无论是文字交流还是视频交流，都会带来一些理解的偏差和误解。YM 曾说：

> 在网上交流的时候，有时候你也会觉得很美好吧，还会截图把一些聊天记录保存下来。但也有不好的地方，比如长时间不回话，就会乱想乱猜，这个人去干什么去了，马上会有一种恐惧感，胡思乱想的。要是看到没回话，但是给其他人点赞评论了什么的，更是马上就会爆发。（YM，19 岁，2017/3/4）

自从移动革命以来，联系的便利永远地改变了人们之间的关系。一方面，频繁的联系可以维持亲密的人际关系，且压缩了成本，方式也更加多样和便利。但是另一方面，交往者往往以自我意志为中心，媒介成为一个绕不开和躲不掉的中介，亲密关系只能面临“身体虚拟在场”的中介化传播，身体虚拟在场的同时情感也可能缺席。电子化和虚拟化的交往方式，也会形成人的媒介依赖性，弱化人对现实关系错综复杂的关联性的感知度和体验感。身体的缺席，造成了虚拟空间中的感情处于“雾里看花”的状态，“看上去很美好”，还有可能导致最亲密关系之外的社会关系的疏远，甚至是亲密关系的疏远。

在网络空间中，人们的情感可以游离不定，随意停靠，造成的结果是越来越多的虚拟关系，导致传播主体的自我迷失，并丧失对其影响的判断。尽管虚拟关系只存在于网络空间，但人们的亲密关系终归要面向现实世界，而虚拟世界对亲密关系的认知和理解，将持续对现实生活的情感生活造成影响，左右亲密关系乃至其他社交关系的发展方向。

技术重新塑造了我们的感情生活，物理在场已经不是亲密关系价值的唯一的判断标准，脱离了地域界限，移动媒介赋予人们以一种权力，可以控制人们与他人的交往频率、交际范围。最为重要的是，影响了人们对时间、地点、存在和社会交往的感知。人们对他人的可接触性得到了极大拓展，但是，也可能造成对现实生活中的亲密关系的损害，人们若即若离和心不在焉的状态，对身边的人而言，可能是另一种遥远的关系和距离。

在移动媒介作为技术支撑的情感网络结构中，充满了高度的不确定性。尽管移动媒介技术带来了多种形态的情感支持，但是身体的虚拟在场无法替代亲密关系中的物理在场。身体的虚拟在场无法消弭情感交流的困境，高度的不确定性是媒介技术在赋予人类随时虚拟在场的高度便捷时带来的双刃剑的另一面。社会心理学家肯尼斯·格根把这种状态称为“在亦不在”①，也就是人们虽然身处一地，但是因为频繁地使用信息和通信技术，他们的关注点和注意力事实上却在别处。从这个角度来说，人类发明了移动媒介技术，但是，同时这种技术也塑造了我们，改变了我们的情感交流方式，从一定程度上也改变了我们的感情生活。

三　隐私观念的流变

在学界，有许多学者将隐私称为“私隐”，这是因为首先因有私才有隐，而不是因为隐才称为“私”。对于“私”来说，是指的与公共事务无关的私人事务，而“隐”则指希望不为其他人知晓的一种隐匿的状态。在河坝村的两性关系中，隐私关系的流变是和移动媒介的发展息息相关的。在移动媒介出现以前，需要作为私隐处理的事务，一是大都不具备考证性，就像河坝村村民和研究者所阐述的“放在心里就行了，谁也不知道。也没什么好藏的”。二是接触媒介较少的村民，大都没有隐私观念。但是在移动媒介出现后，从浏览内容、财务状况、两性关系、交际网络等各个方面，均有了具有隐私诉求的主客观需要。学者殷乐等认为：“对各类隐私的好奇、散布、流转可以说始自人类社会之初，不同的社会文化语境和媒介技术条件为个人生活分享提供了各异的成长空间，大众传播媒介的出现和发展则直接刺激并加速了个人生活分享的深度和广度，使其从满足人类天性中的好奇、窥私、八卦等需求的人际交流行为转化为一种媒介行为和社会行为。”②

移动媒介的出现让通话更具私密性，而微信、QQ等社交媒体则为个人和个人之间的联系又增加了私密的层次性，哪怕是在与人共处封闭性的空间里，也还是能让人们与其他人之间的联系具有封闭性和私密

---

①　Gergen, K. J., *The Saturated Self*, New York: Basic Books, 1991.

②　殷乐、李艺：《互联网治理中的隐私议题：基于社交媒体的个人生活分享与隐私保护》，《新闻与传播研究》2016年第S1期。

性。社会学家大卫·里昂则认为，互联网的共享性、可见性和曝光性正促使我们进一步迈入“监视文化”，监视在我们的日常生活中扩散，并成为一种“惯习”。[①] 因此，在移动媒介时代，有关个人的透明度和隐私因此而有了新的定义，也带来新的问题和价值判断，其中也牵涉媒介社会中行动者的主体性问题。对于河坝村村民来说，手机让他们对隐私有了新的认识，甚至可能是从手机上知道隐私这回事。也就是说，河坝村村民在使用移动媒介之前，对作为社会因素占主体影响地位的隐私少有了解，而在移动媒介环境中，作为一个技术因素作为主导影响地位的隐私观念，则呈现出了独具特色的样貌。

（一）防外不防内的密码

在对河坝村的夫妻进行隐私观念的调查时，研究者询问了他们手机是否设置密码的情况。多对夫妻表示，虽然设置了密码，但是夫妻之间彼此都知道密码。据介绍，设置密码的目的，主要是防止手机丢失和外人翻看手机，至于自己的妻子或丈夫则不在这个防范范围之内。LQC 说：

> 像我手机密码这些老婆全部都知道的。手机都是随时给她看和接打电话。（LQC，39 岁，2017/4/24）

当研究者进一步询问夫妻是否可以交换手机用时，他回答：

> 可以的，一般她用我手机用不大来。她也会玩微信、QQ 这些东西，但是她不怎么用。她没有心思，心思不放在那个上面。她平时就是喜欢绣花。（LQC，39 岁，2017/4/24）

从他的谈吐间可以看出，他们夫妻相互信任，且注意力不在感情和关系的患得患失上。

访谈对象 YW 也告诉研究者，他和老婆的手机都是有密码的，但是

---

① Lyon, D., *Surveillance Society,* McGraw-Hill Education (UK), 2001, pp.1-2.

彼此都知道密码，随便彼此看微信之类的。

> 我有时也会看老婆的微信和姐妹是怎么聊天的。看是看，但是彼此都是信任的，没有什么秘密之类的不让看的东西。（YW，34 岁，2017/3/21）

在河坝村受访的大多数村民的观念里，夫妻关系中，信任是处于最优先位置的，设置密码的作用是防止手机丢失或者外人随意翻看。手机作为随身携带使用的工具，承载了每个人的信息环境状况、人际交往圈子和行动轨迹。如果为了一个手机密码影响夫妻感情，在村民看来是“不值得的”。夫妻之间的隐私坦露、隐私担忧和隐私保护，是夫妻关系建构中的重要一环。因此，尽管在河坝村村民眼中，信任是首要的，但是不确定性依旧存在，检查和确认彼此手机的权利和自由，也就成了夫妻关系和谐与信任彼此的重要表征。

（二）心照不宣的检查

LAH 认为，有了手机和 QQ 这些工具以后，在联系方面是方便了，但是夫妻之间的风险提高了。她告诉研究者，河坝村甚至存在“普遍”地在网上与其他异性联系而导致破坏夫妻关系的事例：

> 或者是老婆不知道的，或者老公不知道，结果就造成出轨了。很危险的，对夫妻方面。像我都有这想法啊，你看每天一天接多少电话，一天你都得跟谁谁谁聊，我知道你在干啥，不是又影响咱俩的夫妻生活了。你看，一方面我又得担心话费，一方面吧担心你到底在聊啥，你在外面搞什么我又不知道，而且通话记录一下子可以删掉。（LAH，23 岁，2017/3/14）

因此，在问到两夫妻之间是否会设手机密码时，LAH 告诉研究者：

> 我的手机设密码，他也知道我密码，彼此都知道。我们的手机也可以互相换着玩。偶尔会去看下各自的手机，不是偷偷看，就是

光明正大地看，你看我的，我看你的，都可以，算是心照不宣的检查吧。（LAH，23 岁，2017/3/14）

LAH 认为，这样子的检查并不会造成夫妻之间的隔阂，反而是一种理解和信任的彼此确认，偶尔这样确认一下更能让夫妻之间安心，并不存在监视，因为这都是双方心甘情愿的事情，必须要有这种起码的光明正大和信任，日子过起来才舒心。

（三）方便个人隐私的微信

在河坝村村民的眼中，微信的私密性更高。研究发现，虽然河坝村大部分人都使用 QQ 和微信，但是普遍来说，青少年较为喜欢使用 QQ，年纪大一些的较为常用微信。据河坝村的年轻人说，QQ 比较开放，大家在 QQ 空间和说说上的互动都可以看见，这样很容易知道对方的朋友圈，发现对方那里是否有自己也认识的朋友，而且 QQ 可以不用身份验证就支付和购买商品。微信的私密性则较强，如果彼此不是"朋友"，就无法看到互动的信息和状况。正是这种私密性，微信联系成了河坝村成年人更青睐的社交方式。

YWF 认为，QQ 主要用来完成工作上的一些事务，而"微信基本上就方便一些个人的隐私吧"。当询问到他的妻子是否知道他的手机密码时，他说：

我设密码了。她也设她的。我不知道她的密码，她也不知道我的，我的这个密码是我的指纹。一般她都不看我的手机，各有各的一些隐私吧，只要不要破坏家庭的情况下就没有什么必要的嘛。（YWF, 41 岁 , 2017/3/18）

YWS 则有不一样的际遇。因为他女朋友的同事给女朋友介绍了一个相亲对象，女朋友和相亲对象加微信聊了几句。YWS 在输入密码随意地翻看女朋友的手机的时候就发现了，结果两人发生了激烈的争吵，YWS 认为两个人既然在一起，和别人相亲的事情就无法容忍。后来他女朋友把对方删了，保证以后不再联系 , 这个事情算告一段落。研究者问是否把微信的聊天记录给女朋友看，他说他女朋友知道他的密码，而且也经常会翻看他的信息，所以偶尔他也会看看女朋友的微信记录。说完他马上就删除了他将与女友合照发给研究者看的这段聊天记录。这也是一种应对隐私检查的方式。而互相知悉密码可以随时检查手机，则是一种恋爱时期互相确认感情的方式。

（四）解释和证明行动

在河坝村的村民看来，朋友圈有一个好处就是可以解释和证明自己的行动，尤其是在两性相处时，很多不方便解释，或者当时解释不清楚的事情可以通过发送朋友圈“昭告天下”来加以证明。在使用手机时，很多电话不方便当时接或者是没有接到时，可能需要给对方加以解释，但是这种解释对方不一定相信，为了消除这种疑虑，村民选择发送朋友圈或者发表说说。

> 有一回他好晚还没给我打电话，我就给他打，他说他在和表弟装健身器材，现在没空。但是当时他已经离开我和孩子十来天了，我也不知道他去贵阳到底做什么了。结果他那天晚上十二点多了，发了一条朋友圈，我一看，果然和他弟在工地上，也就放心了。（LEM，33 岁，2016/12/9）

研究者在河坝村田野调查的时候，也遇到了类似案例，当时想进河坝小学找 A 校长了解一些情况，但是 A 校长不在，门卫也没有放研究者进去的意思，研究者只好给 A 校长发了信息，A 校长隔了一段时间才回信息说她在开会，要下午才回来，于是只好约了改天见面。也许是察觉到研究者的失望，下午时分，不常发朋友圈的 A 校长发布了她开会的照片和配文，用朋友圈来间接证明了自己的言行。

在探讨人类和技术的关系时，哲学家约瑟・奥特伽・伊・加塞特从哲学人类学的视角出发提出，“人性，不像一块石头，一棵树或一种动物的性质，它不是某种存在的所给予的东西：相反，它是一个人必须为自身所创造的某种东西。一个人的生活并不是与其肌体需要这个侧面相一致，而是与其自身之外的各种方案相符”。[①] 人性和技术之间本身就存在天然的联系，技术和人性相辅相成互为因果，每一种特殊的技术都可以谱写出一部专门的人类学著作，也就是说技术态度和人生追求是相随相生的，技术则根据技术态度和人生追求而产生，从而实现相应的人生的理想。古今中外的技术发展史，概莫如此。朱塞佩·奥·隆戈也持有相似观点，他认为“人类和技术的区别并非那么大，因为技术在塑造人类的亲密本质方面总是扮演重要角色。同时，技术革新逐渐代替了人类进化并成为人类进化的延续，而其催生者是种种聊天工具”[②]。

河坝村村民的亲密关系、情感支持和隐私观念的流变，是在移动媒介影响下，生长在他们特殊的文化背景下的一种行为变化，对其人际交往和社会网络的影响也是和这两个因素密不可分的。在移动媒介的影响下，村民们的沟通变得可定制化和私密化，人们可以在交流过程中控制不为其他人所打扰或知晓，很多村民的隐私观念由此而诞生。同时，这种沟通方式也衍生了亲密关系新的互动方式，能否相互知道密码以及是否能够接受对手机的检查成为亲密关系和情感的考验标准。村民们随身携带的手机，也就是他们随身携带着的个人和他人的互动，随身携带着的情感支撑，随身携带着的人生追求和技术态度，也是随身携带着的社会网络。

第三节 “自我书写”：农村青少年的数字社交网络和自我身份建构

在现实社会中，我们的身份和地位是具有结构性的，改变较难或者说对其控制力较低。网络空间中个人身份的建构则给予我们更多的控制

---

① Mitcham, C., *Thinking through Technology-the Path between Engineering and Philosophy,* Chicago and London: The University of Chicago Press, 1994, p. 64.

② Fortunati, L., Katz, J.E., Riccini, R.(Eds.), *Mediating the Human Body: Technology, Communication and Fashion*, Lawrence Erlbaum Associates, 2003, p. 23.

权，我们对自己想成为什么样的人和如何表现自己都有较高的控制能力，也拥有更多表现和创造自我的空间。网络社会学家曾经将人们在社交媒体或者虚拟世界中的自我表达和自我建构称为——“自我书写”。胡春阳认为：“年轻人的使用表明手机能够通过信任和互惠增强社会纽带，青少年在手机的表达性使用方面是一个突出的文化现象，便携式的友谊跟随他们在时空中穿梭，成为他们随时调用的情感支持网络。因此，手机的表达性功能与青春期的独特需要完美契合。”[①]移动媒介是青少年的社会交往工具，其重要性不仅在于使用性，而且在于表达自我的建构性。在这个便携式的社会交往工具中，他可以充分发挥自己的自觉性、能动性和创造性，通过其来进行自我书写、自我揭示、自我反省、表达愿望和发展社会网络，将其构建成一个充分体现自我的社会支持系统。福尔摩斯和罗素认为：“全新的交互持久的技术已经带来了当代青年身份构建中的创造性转变。这些新的技术从根本上使得青年人远离传统社交结构的影响范围，比如家庭、教育系统和广播电视媒体，而提供了一个更为广阔的社交以及身份认同选项的范围，这就引起了一种所谓的‘界线的危机’。”[②]根据他们的研究，新的数字和移动技术对用户每天的生活体验都产生了质的改变，现在的青少年已经高度沉浸在移动数字化的生活中，一种与技术自然而紧密地结合在一起的生活状态。卡斯特等指出，青年人群中存在着一种移动文化，即移动青年文化，且具有持续性和普遍性，目前在不同国家中都广泛存在。他因此概括，“在结构性网络、文化个体性以及围绕着定义网络社会的自我投射的自主建构等因素构成的环境下，沿着多元化社会维度、围绕重叠性过程管理的移动青年文化正在显现出来”。[③]那么在农村地区的青少年如何使用移动媒介，如何发展自己的社会网络和人际交往，并呈现出怎样的特征，这是

① 胡春阳：《寂静的喧嚣 永恒的联系——手机传播与人际互动》，上海三联书店 2012 年版，第 76 页。

② Holmes, D., Russel, G., “Adolescent CIT Use: Paradigm Shifts for Educational and Cultural Practices?” *British Journal of Sociology of Education,* Vol.20, No.1, 1999, pp.69-78.

③ [美]曼纽尔·卡斯特尔、[西班牙]米里亚·费尔南德斯-阿德沃尔、(中国香港)邱林川、[美]阿拉巴·赛：《移动通信与社会变迁：全球视角下的传播变革》，傅玉辉、何睿、薛辉译，清华大学出版社 2014 年版，第 122 页。

本节讨论的重点。

一 农村青少年网络空间自我书写的实践方式

本研究之所以要把青少年专辟一节来讨论，最主要的原因是青少年是在移动网络文化中成长起来的一代，有人甚至把青少年称为“Z世代”或“阿尔法世代”。青少年创造了属于自己的网络文化。如果说人类创造了技术，而技术也会塑造人类的话，那么，青少年同时也在被网络文化所塑造着。因为文化是具体的，是群体集合创造的产物，超越了个体，影响着处于这种文化中的人的社会实践。因此，我们在这里讨论青少年的网络文化与自我书写，指的就是研究一个特定的年龄群体中，他们表达和展示自我的行为和观念的理念系统，他们展现出的和其他年龄层次的社会群体之间的显著差异。传统的关于青少年成长的观点认为，强烈的自主性和清晰的人际关系的界限是自我成熟的一个标志。这为本研究关注这个年龄群体提供了最好的理由。任何一个时代的青少年身上都有着格外强烈的追求自我和呈现个性的愿望和特性，但是网络为这个时代的青少年提供了格外广阔而自由的空间。卡斯特指出，青年人群中存在着一种移动文化，即移动青年文化，且具有持续性和普遍性，目前在不同国家中都广泛存在。他因此概括：“在结构性网络、文化个体性以及围绕着定义网络社会的自我投射的自主建构等因素构成的环境下，沿着多元化社会维度、围绕重叠性过程管理的移动青年文化正在显现出来。”①

移动媒介作为一种随身携带的私人传播工具，在青少年的日常生活中方便、持久而普遍地存在着，不仅会对他们的社会网络的建构方式产生巨大而深远的影响，同时，还会形成个体性的文化，其在移动网络空间中的首要表达方式就是——自我书写。青少年的自我书写是指青少年在虚拟世界或者社交媒体中的自我表达和自我建构。而且网络空间的私密性可以让这种自我表达和自我建构变得更为直白而大胆。青少年可以

① [美]曼纽尔·卡斯特尔、[西班牙]米里亚·费尔南德斯-阿德沃尔，(中国香港)邱林川、[美]阿拉巴·赛：《移动通信与社会变迁：全球视角下的传播变革》，傅玉辉、何睿、薛辉等译，清华大学出版社2014年版，第122页。

根据自己的喜好，自由地表达和建构一个想象中的自我。同时，之所以把这种行为称为自我书写，是因为网络中的自我通常都是由文本来建构的，文本本身具有更广阔的想象空间。同时，青少年会利用文本来与网络空间中的其他人互动，使得网络中书写的自我能与自己想呈现的形象相契合。随着互联网的发展，青少年不再仅仅依赖文本进行交流，视觉图像越来越多地成为自我表达的工具。因此，本研究在讨论青少年的自我书写时，主要指的是文本、图像和视频的自我书写和表达。

中国学者黄少华的实证调查结果显示，中国的青少年“在网络空间中的人际交往是一种较少功利性，而更多基于兴趣的社会互动”，“也就是说，在网络交往中，共同兴趣已取代现实社会交往中的人际纽带，而成为一种新的人际纽带”。[①] 同时，在青少年的移动网络文化中，等级制度变得扁平化，关系一直处在流动和变迁的状态当中，平等化的互动也愈加频繁。青少年作为个体不仅需要获取自己需要的信息，同时也有表达自己的欲望和需求。表达不仅是一种社会行为，也是一种实现自我的存在方式。无论是在真实社会生活中，还是在虚拟社会空间中，自由地表达自我，不仅可以建立良好的个体形象，将有价值的观点和意见与人沟通和分享，还可以实现自我价值，获得自我和他人的认同。以移动媒介为工具，以兴趣为基础，青少年的自我书写更容易形成一种“文化圈子”。以相同喜好为基础的同伴群体聚集在一起，将带动多种新的文化群体的崛起，这和网络社会的包容性和多元化相辅相成，同时也能让青少年更为开放化和多元化地呈现自我，这也是青少年的自我书写值得学者关注和研究之处。本研究认为，河坝青少年在网络空间行进的自我书写，主要从以下几个方面进行。

（一）记录式书写

人是一种精神性存在。作为精神存在最重要的表征，就是表达。个体越表达自我，自我价值实现的程度就越高，反之则越低。在现实生活中，由于政治、经济和文化等各方面原因，人们的表达受到一定程度的限制。互联网提供了更丰富、更多样化的平台，这使得其成为个体表

---

① 黄少华：《青少年网民的网络交往结构》，载《网络社会学的基本议题》，浙江大学出版社 2013 年版，第 163 页。

现自我的重要途径。这种书写可分为多种类型，最重要的一种是记录式书写。

“记”，在《说文解字》中的解释是“疏也”。从言，己声。本义是记载，记录。记录式书写在本研究中，是农村青少年用文字、图像和视频等形式，在网络空间记录日常生活和表达自我的交流实践方式。

农村青少年进行记录式书写的内容，主要分为以下两大方面。

一方面是常态化的日常生活记录。对日常生活的过程体验和感悟，成了记录的主要内容。如篮球专业的 ZHF 在朋友圈中发了自己光脚打球的视频，写道：

> 打光脚也打，这才是篮球的真正意义所在。（ZHF, 2017/8/16，微信朋友圈）

AL 去外婆家，外婆给了很多好吃的绿色农产品：

> 小时候去外婆家，每次都满载而归。长大以后去外婆家，外婆也总把好的东西装给我。感恩外婆从小到大的疼爱，愿她身体健康、平平安安。（AL, 2023/10/25，微信朋友圈）

另一方面是重要生活事件的记录，比如升学、家人结婚、恋爱关系确立、重大节日活动，等等。LHM 的朋友圈记录了许多亲人朋友婚嫁的场景，既表达了祝福，又显示自己对美好感情生活的向往。2019 年她作为 6 个伴娘的其中一个，和好姐妹一起拍了陪嫁结婚照，她如此记录：

> 姐妹们的第一次！下次穿最美的婚纱，嫁最爱的人！（LHM, 2019/6/7，QQ 说说）

毕业的时候，她上传了 18 张和班级同学的学位服照片，写道：

> 我们毕业了！无尽的人海中，我们相聚又分离；但愿我们的友谊冲破时空，随岁月不断增长。愿以后都各自安好！（LHM，2019/5/22，QQ 说说）

农村青少年在网络空间记录和分享生活中的某个场景、某个节点或者是某个时刻，通过对自我生活进行记录式书写，对自我身份的认知和建构进行强化和再现，同时也进行着价值再构建。每一段文字、每一张图片和每一段视频，都在传达信息、表达自我。网络是农村青少年记录生活、表达自我和与他人互动的最强大工具和最简便的方式。通过记录式书写，农村青少年在虚拟空间建构起一个身体和心灵共在的"乌托邦"，承载的既有现实生活中的焦虑、迷茫、挫败和失落，也有自我的理想和生活的目标。更为重要的是，网络可以展示在现实生活中可能不被重视、认同的方面，在心理上起到了自我实现的作用，从这个意义上来说，在网络空间的自我书写使青少年成为更真实的自我。

对内而言，通过记录式书写，河坝青少年对生活进行了数字化记录和储存，这些数字记录不仅能保存日常生活经历，而且可以更真切明晰地进行表达、自我感知和自我审视。对外而言，河坝青少年的记录式书写是一种基于虚拟社交网络和现实生活网络的社交互动，使得这种书写有着鲜明的人际互动性。有学者认为，特别是当这些内容和书写方式"积极向上、科学合理、健康真实，或者能够尽可能贴切和重演青年群体的日常学习、工作和生活，便能迎合更大群体的青年学生产生精神同化和文化认可，以此拓展、延伸个体的网络认知与活动空间，进一步巩固并扩大自我人际社交范围与关系结构"。[①] 当然，以上对记录式书写的探讨建立在内容真实的基础上，但是并非所有的书写皆为真实。网络空间中的书写不仅可以展现真实的自我身份，也可以操控管理个人的身份标签。理解自我本身就是人类最难懂、最复杂也最富有挑战性的工作，人类为何要在网络空间塑造多重自我也需要探索。这个问题我们将在下一节进行探讨。

---

① 饶武元、陈林：《基于扎根理论的大学生符号消费式"网络自拍"研究》，《当代青年研究》2022 年第 1 期。

（二）情感式书写

C. 埃德温 · 贝克曾在《人类自由和言论自由》中写道："人们自由地表达，是个体在社会关系网络中定义自我的方式。"[①] 书写文本可以减少面对面带来的紧张感、恐惧感和不适应感，既可以深思熟虑再形成文字，也可以随心所欲随性而为，从而使人们内心深处的某种感情或者情绪得以表达和宣泄。网络交往因具有隐匿性，且很少关涉物质利益，因此人们更易于表达自我，并袒露自己的情感和态度。上官子木认为："隐匿性使网络具有一个重要的特点就是非权威性，这意味着在网络社会里，人们因身份的缺失而趋于平等。在网络交往中，因隐匿了人们在现实社会中的真实社会角色，使大家都处于平等的位置。正是这种非直接的平等交流形式，使人们能够无顾忌地进行心理宣泄。"[②] 在本研究中，情感式书写即青少年在网络空间中，通过各种语言符号、图片或者视频来进行情感化描写和叙述，进而构建起多重自我形象的交流实践方式。

研究者曾询问一个在村委会的坪坝里蹭无线网络玩手机的少年，要是有了烦恼，比较喜欢和现实中的朋友见面聊还是在网上聊。他认为通过手机和 QQ 更能宣泄自己内心的情绪，把自己的心事写在 QQ 说说和空间后，总会有一大批朋友来问候和关心，相比只对一个人倾诉，这样可以得到更多人的关心。

少年 LBQ 告诉研究者，他的 QQ 好友大约有 250 个好友，里面有 100 多个都是不认识的，当研究者问他和哪一位最谈得来的时候，他说：

> 不认识，我也不认识他。他的 QQ 名，我忘了，我也不特意去记他名字。
>
> 就随便聊一下。对，随便找个人。无聊的时候聊一下。在网上人要说得 high 一点，反正不认识的人，就随便说嘛。（LBQ，16 岁，2017/4/2）

---

① Baker, C.E., *Human Liberty and Freedom of Speech,* New York: Oxford University Press, 1989.

② 上官子木：《网络交往与社会变迁》，社会科学文献出版社 2010 年版，第 278 页。

LDC，16 岁，龙山中学初三学生，和父母居住在一起。据他介绍，他刚出生两个月就随父母去浙江金华打工。2007 年，因为要在河坝村建造新房，所以他跟随父亲回到河坝村上小学一年级。新房建好以后，2010 年，他的父母又带着他到浙江金华兴办养猪场。2016 年，金华市开始环保检查工作，取缔了他们的养猪场，他们一家返回河坝村。2017 年春天，LDC 的父母正在河坝靠街边的一块土地上修建第二栋新房。他的父亲和母亲是二婚，父亲和前妻还有一个儿子，建造新房是因为父亲想给两兄弟一人留下一栋房子。但是，同父异母的哥哥素来与他们很少来往。 对于 LDC 来说，之所以选择在手机上与其他不认识的网友交流，有一个很重要的原因是他一直不喜欢父母养猪。

> 我不喜欢他们养猪，我一直反对。因为别人都是干一些其他的，比较干净的活。然后我爸是养猪的，很脏。有一次我帮他们养了 7 天的猪，又苦又累，然后风险又大。我就说让他们干另外一个平稳一点的工作。那时候养猪的房子和那个人住的房子连在一起的嘛。就是闻到那些猪的味道，那些猪的屎的味道，很反感。他们现在年纪大了，做不了那些很重的活了。累，休息时间很少。看那些猪生病啊什么的，一有什么动静他们就出去看一下，就觉得他们有点不公平嘛。觉得这个社会对他们不公平，别人的父母都做些轻快的工作，每天穿什么干净的衣服出去还是穿什么干净衣服回来。我爸妈穿什么干净衣服，回来之后都脏兮兮的。我觉得不喜欢。我们全家都住在那个养猪场的旁边，不是旁边的话，那些猪如果打架听不到。其实那个时候我是有一些心理压力的。（LDC，16 岁，2017/4/2）

因为这个原因，LDC 告诉研究者，他有段时间很喜欢玩 QQ，加了很多好友，有一部分是班上的同学，还有一部分是在网上加的好友。没事的时候就找个网友聊一聊，什么都聊，聊了就觉得心里好受一点。

这一点，河坝村的少年们不止一个和研究者提过。13 岁的女孩 YXJ 说：

有的时候特别喜欢透露自己的心思给那些朋友听，但是和父母这些亲人都很少讲。像我心里有啥心思，拿去网络跟朋友说，但对父母就会表现出反而没什么耐心。不可能啥事情都对父母讲，你给他们讲了他们也苦恼，有时候就是不想跟父母讲，跟我朋友讲。（YXJ，13 岁，2017/3/28）

现实生活中的情感表达受阻，为了弥补现实生活情境中多样化的现实焦虑，河坝的青少年们自然转向社交平台进行倾诉和表达，在网络空间中加强群体性互动和情感性表达，以此获得心理归属感。

学会咽下失望 才能走得更长更远（LHM, QQ 说说，2019/4/14）

WCF 在 QQ 空间发布 12 年前与小姐妹们一起拍摄的“大头照”，写道：

还有多少个十二年能记起青春的容颜。（WCF，2022/7/4，QQ 说说）

在现实生活中无法表达的情感，在网络中进行书写与表达，事实上也是社会互动的一个重要方面。青少年无力改变现实状况，是进行网络自我表露的重要原因。处于这个时期的青少年个体生理和心理都在迅速发展和变化，研究青少年在网络中的自我表露，有助于加深对青少年时期“对父母的闭锁，对同伴的开放”的心理发展特点。它的积极意义在于可以帮助人们强化对自我的认知，减少在现实生活中的交往摩擦，同时能更好地保持积极的心态。虚拟空间的隐匿性为使用者提供了可供选择的宣泄情感的出口，在网络上的倾诉已经成为一些青少年减轻成长压力的调节机制。学者刘凯发现，线上陌生人之间的情感支持较强，线上的熟人反而在情感支持方面较弱，因为人们更愿意向陌生人倾诉，这是虚拟空间的自我表露显著特征。[①] 从对河坝村青少年的网络自我表露以及情感宣泄的研究也可以看出，青少年对线上陌生人的倾诉程度与压力的缓解呈正向关系，但对于青少年来说，缓解压力并不代表能解决实际问题，如果压力承载到一定程度，他们依然会选择和父母发生冲突或者从其他渠道进行情绪的宣泄。

（三）参与互动式书写

文本、图像和视频的发布和阅读，本身就是一种参与和互动。参与互动的质量同时依赖于书写和阅读双方的技巧。人们越好地进行书写，就越容易理解彼此，社会交往得以更顺利地进行。与面对面的语言交流不同的是，文本和图像创作等方式以更为具体、持久、客观和深入的形式来表达呈现自我的想法。同时，在理解和阅读时，接受者的能力和水平也存在差异，卷入水平也会造成理解差异。但本研究所指的参与互动式书写，主要指的是青少年通过创作的文本、图像和视频等内容与信息接受者进行参与互动，具体表现为发布者和接受者通过转发、点赞和评论等行为，在参与和互动中共同进行内容的创作与再创作，体现出较强的人际互动关系。

在凯里和姐姐一起从事种草莓生意的LJH在抖音平台发布视频，他站在草莓基地的活动板房前调侃未婚的自己。该视频获得235个点赞，48条评论，8次转发，被他作为置顶视频。视频里的他说道：

> 你要是不想理我就算了，你可以把我介绍给你闺蜜。哥年纪大了，不想栽树，只想乘凉。#抖音新农人（LJH，抖音，2022/3/19）
>
> 遇到错的人 还不如单身：我是不想理你了
>
> LJH回复：那把我介绍给你闺蜜吧
>
> 遇到错的人 还不如单身回复LJH：可是我没有闺蜜
>
> 贵州老田：没实力连凉都成（乘）不了
>
> LJH回复：确定，赞

① 刘凯：《个体线上关系构建、结构及其影响》，博士学位论文，北京大学，2012年。

飞扬：太帅了，点赞
LJH 回复：必须到位
多年以后：好想法
LJH 回复：想想可以的

26 岁的女孩 LMM 在抖音平台发布“比耶”自拍照视频，文案为：

忽然一瞬间觉得自己走了很多错路，想说的话越来越少，放在心里的越来越多。# 生活可以五颜六色但不能乱七八糟（LMM，抖音，2024/1/27）

该抖音视频截至 2024 年 4 月共获得 167 个赞，28 条评论，2 次转发。部分评论摘录如下：

累也要走下去：拍手，漂亮
李哈哈：比心
v 小华：河坝美女酒量大
瑶族棘绣：姑娘长得不错
富 100: 喝高了
家乡小河：抱抱你
杨哥很优秀：可能喝酒了
LMM 回复：是喝了
杨哥很优秀回复 LMM：到河坝玩不喝酒是不是没有朋友
再等等：酒喝多了，就有了感慨
心存思念：那就别走错了

点赞、转发和评论，都是虚拟空间中人际互动的交流形式，也是青少年在网络中参与互动的重要方式。

点赞作为社交网络流行的功能按钮，不仅代表着对信息及其发布者的关注和支持，也兼具情感表达的意义。从本质上来说，点赞是符号再造和意义再生产的实践。但是，点赞在网络社交语境中不仅仅是简单的赞同式情感表达，后面还有更复杂的心理机制。点赞者的认知体系中有多元的动机，首先，点赞不仅表达“同意”“支持”“喜欢”等含义，还可能表达的是“知道”“确认”“随意”等意义；其次，点赞者和信息发布者之间将点赞看作双方关系的人情化，是一种礼节，一种流动的“礼物”，体现的是礼尚往来的人情和“面子社交”；最后点赞还可能是一种社会交往工具，表达的是点赞者社会交往的关系格局，以及关系的亲疏远近，这种点赞行为表现出高度的社会化倾向，其背后拥有丰富的社会关系和组织形态的图景呈现。

在网络社交中，转发也是人际关系沟通的重要方式之一。转发的原因主要有以下几个方面：第一，从程度上来看，转发信息代表转发者对信息的内容具有更深层次认同；第二，表现了交际双方关系的强度，经验研究证明，用户关系强度对转发具有显著正向影响，即关系强度越强，用户的转发意愿越强[①]；另外，转发信息最重要的是转发者需要具有主观意愿，尤其是自我呈现的动机，用户的自我呈现动机越强，转发的意愿就越高，转发者依据情境选择不同的信息进行转发来塑造理想的自我形象。

值得注意的是，点赞和转发在网络社交中，更倾向于参与而不是互动，表达的是自己单方面的看法和情感，不会引发更深层次的交流。而评论则属于真正的参与式互动，评论者的反馈和回复，将会触发信息发布者和评论者之间，甚至其他评论者之间更多的互动行为。经验研究也证明，“评论可以增加个体的桥接型和凝聚型社会资本”。“评论作为组合式的信息，能够承载个性化的内容，接受者更能感受到来自发送者的诚意和关怀，发送者也更能得到接受者进一步的互动以及互惠性行为，相较于点赞，更能为用户带来社会资本。”[②]而且在参与互动式书写中，

---

① 廖圣清、李梦琦：《社交媒体中关系强度、自我呈现动机与用户转发意愿研究——以微信的新闻转发为例》，《现代传播（中国传媒大学学报）》2021 年第 6 期。

② 周懿瑾、魏佳纯：《“点赞”还是“评论”？社交媒体使用行为对个人社会资本的影响——基于微信朋友圈使用行为的探索性研究》，《新闻大学》2016 年第 1 期。

人们会更容易倾向于表达自己的真实观点和看法。这一方面是由于评论大都由文字组成，而文字本身具有更深层次反映人类思想的能力。当人们用文字来表达自我的观点时，往往倾向于利用各种内在能力，梳理和表达他们的思想和精神状态。多种缩略语、符号和表情，也增加了双方的表现能力和沟通能力。

YWS 曾将 2017 年毕业于中国科学院大学的工科博士黄国平的博士学位论文致谢部分发布在朋友圈，该致谢记录了命运多舛、家境贫困的黄博士的心路历程，其中“家徒四壁”“交不起学费”“夏天光脚踩在滚烫地面”“冬天穿破衣服打寒战”的描述，与研究者和 YWS 进行深度访谈时他讲述的经历极其相似。事实上，当研究者采访他时，他拒绝了研究者去他家，理由就是条件太差了。YWS 在 QQ 说说的截图上写道：

> 看完让人泪目！（YWS，QQ 说说，2021/4/19）
>
> 三生有幸：虽然没有他站得那么高、那么远大的理想，也没有那么感同身受，但除了同情竟然有些顾影自怜。
>
> YWS 回复：是的，孤影自怜（大哭表情）

青少年的记录式书写、情感式书写和参与互动式书写，将现实生活与虚拟空间进行了高度的融合，成为青少年自我表达的重要方式和手段，也为自己构建了日常生活的展演平台。河坝村的青少年，正处于自我意识突出的心理发展阶段。他们不仅在现实生活中追求自我实现和独立，而且将这种追求转移和延伸至网络空间。甚至可以说，网络空间的自我身份与形象的重要性更甚。这个年龄段的他们，对他人对自己的看法和评价异常敏感，以自我为中心。他们的自我书写，既是对自我的表现，更是对自我认同的追寻。在这个过程中，河坝青少年们普遍呈现出内在孤独疏离、文化冲突等不同的问题，体现出网络社会交往过程中青少年在自我认同方面的危机。

二　若即若离：自我认同的危机与表征

网络扩大了农村青少年自我表达、自我归属和自我身份认同和反省的空间。在这个空间里，有关于自我的问题前所未有地突出。社会不再是农村青少年眼中那个由边界清晰的群体构成的世界，而是由具有多种角色和多种参照标准的个体组成。人们在网络社交空间的自我展示形式多样且发展迅猛，人们既分不清楚网络中的他人是否以真实的自我示人，甚至也看不清楚网络中的自我。我还是我吗？网络中的我和现实的我有何区别？我为什么展示这样的我？我怎样展示我？在这个自我身份的表达和认同中，农村青少年面临着怎样的问题？这是本节探讨的问题。

（一）河坝青少年："尴尬的身份"

在河坝村的田野中，研究者发现了一个非常有趣的问题，老一辈人还在苦苦追寻绕家人的来源，然而新一代的绕家人却不再关心文化的身份，取而代之的是一种深层的自我体认。

刚到河坝村，研究者就认识了 YYQ，90 岁，育有三个女儿、三个儿子。儿子 YXY，是村里的染匠，是枫香染技艺的传承人。其他两个儿子，小儿子在麻江林科院工作，自凯里林业中专毕业以后留在麻江，已经 26 年了。另一个儿子在凯里工作，现在退休了，媳妇在凯里环保局，生活殷实。一个女儿嫁在河坝，另外两个女儿嫁出去了。老人一家都是河坝村人羡慕的对象。YYQ 写了一本有关于绕家历史的书，但是有一次生病，儿女都不管他，他心灰意冷，就把书给烧了。但平时他还是忍不住收集与河坝村历史有关的一切。他针线盒里的纸张是各种记录，有些记录的是家谱，有些记录的是墓碑上的字，据说这种记录是为了考证每个家庭的来源和谱系。老人一直都在做这些保护抢救工作，因为现在寨子里最好的寨老，在做各种仪式的时候，也只能上溯到该家庭的上五代人的名字。而一般人只能记住三代，以后的年轻人可能记住的更少，甚至不知道了。

对于民族文化的消逝，老人有深刻体会，说现在村里的孩子和他们对话，都不用本民族的语言了，都是用普通话。这让他非常痛心。老人担心自己一旦去世，就不会有人做这项工作，也不会有人懂这些东西了。

然而，年轻人关心的却不是这些。

因为打工潮的出现，在对河坝村的采访中，研究者遇到了很多留守儿童和“回乡儿童和青少年”，这些孩子大部分对自己的身份和所处境地有明晰的界定和清醒的认识。这些认识，是他们自己在家人控制之外开始拓展人际交往和展现自我的缘起之一。尤其是移动媒介和网络的使用，让他们置于一个开放的虚拟的社会空间里，不仅能够吸取多方面的信息和资源，也使得各种传统的社会观念正在现实生活中失去作用。这些青少年开始在新的社会空间中追寻自我和表达自我，重塑自我认同。

在接受采访的青少年中，LDC 是一个非常具有代表性的孩子。

据 LDC 介绍，2011 年，他读小学五年级的时候，开始有了第一部手机，是爸爸把自己的老款按键手机给他用。因为爸爸文化程度低，只读到小学一年级，很少使用手机，所以就和 LDC 合用一部，其中大部分时间都是 LDC 在使用。到了六年级，LDC 听说智能手机可以下载游戏不要钱，就自己存了 299 元买了一部。从那时开始，LDC 追玩一个叫天天酷跑的游戏，那是他玩手机游戏的开端。上了初中，他玩的东西更多了，除了玩游戏之外，还玩 QQ，把班上同学加为好友，还在网上交了一些朋友。

在浙江，LDC 就读于外来的农民工子弟学校。因为外来人口不能读一般的划片招生的公办学校，所以就读的学校里，都是来自天南海北的同学，大多数也像 LDC 一样，是随父母来到城市的打工者子弟，而且以贵州和四川的偏多。LDC 告诉研究者，他一直都和那些同学保持着联系，“因为想了解他们最近的动态”，还时常让他们发点照片过来看。如果有什么烦恼，他总是和浙江一个叫宋羲（音）的朋友在网上聊一聊：

> 目前我最烦的就是，有时候啊，因为我是外来人，就是从这边老家过去到浙江那边也是外来人，从城市到这边也是外来人。两个地方都是外来人。然后最烦的就是不知道怎么跟这里人打交道。因为他们都是看我是城市里来的人，然后不好交流。而我不觉得我是城里人。这个身份让我觉得有点尴尬。因为我本来就是在这里出生的，我只是早点去那边而已，然后没回过这里几次。回来之后他们就当我是那边城市里的人。所以这个事情让我觉得有一些隔阂。因

为我这个身份，他们会觉得我有点那种娇生惯养吧，体会不了农村的苦，但我觉得我不是。（LDC，16 岁，2017/4/2）

在金华时，他也有被排斥感。河坝村这么多年一户带一户，已经有几十户人家在金华本地兴办养猪场。他们平时彼此抱团发展，颇挣了一笔钱。不让他家继续兴办养猪场，成了 LDC 眼中金华人排外的最典型事例。然而，LDC 还是更喜欢和金华那边的同学交流，因为他们遭遇相似，相处的时间长一点，更了解自己，也更容易交流。

YM 的父母则在她上小学时就出去打工了，她和 12 岁的弟弟一直随外婆寄居在舅舅舅妈家。在谈到自己的家庭的时候，她非常动情，当着研究者就抽泣了起来。在她眼里，一个理想的家就是大家都在一起，或者父母能够一个人打工，另一个人在家照顾她和弟弟。现在的她多多少少有寄人篱下的感觉。

因为缺少那种爱。我觉得他们都出去了没人陪伴。他们就说我不是拿钱给你了吗。我真正要的不是钱，我是要他们的一点关心。我希望爸爸妈妈把我们带出去。这么多年是有一点受委屈的，就比如，在外婆家住，也不是舅妈舅舅他们不好。但是，现在舅妈也有孩子了，然后跟弟弟住在外婆家，就感觉我们两个（停顿，说不下去）……舅妈、舅舅有时感觉可能就是说你们两个在我家住着，吃我家的，然后有时候，拿钱啊那些，反正就感觉分得特别清楚那种，没把我们真正当作一家人的那种。（YM，19 岁，2017/3/4）

在 YM 的内心深处，她非常清楚父母是为了生活，也是为了她和弟弟好。强烈的感情和生活之间的落差，让她无比渴望能和父母在一起，或者能获得一些关心和爱。YM 常会在手机上给在外打工的母亲发信息聊天，如果母亲给她一些疼爱的表示，尤其是在她想要什么时，母亲爽快地答应了，或者担心她钱不够花，她就会感到非常温暖，甚至会马上把母亲和她的对话发到朋友圈。通过手机，YM 完成了对亲情的确认以及情感支持的获取，物理上“不在场”的母亲，通过朋友圈实现了 YM

生活和情感中的“在场”。

移动网络时代信息获取的易得性，让河坝村的青少年迥然不同于他们的父辈和祖辈，在他们的成长过程中，能够很轻易地接触到多种带有强烈个人主义印记的形象展示，从而使他们前所未有地关注自己的身份以及个人身份的认同，而人口的流动更是推动了这种现象的产生。农村青少年既不属于农村也不属于城市的尴尬身份，既想获得物质无忧的生活也渴望外出打工父母关爱的内心，个人身份的迷失和追寻之间的矛盾，在网络时代显得尤为突出。

（二）自我的疏离与孤独感

除了 LDC、YM 以外，从浙江回到河坝村的 LAT 也是一个较为典型的例子。她 15 岁，在龙山中学上初三。她 1 岁的时候父亲就因为车祸去世了，十几年来一直跟随母亲在浙江打工。因为学费太贵，她 2016 年回到了老家上学，现在每个月回河坝村的姨妈家住一天，其他周末寄住在同学家。因为在河坝家里的房子已经塌了，母亲也没有能力再修建。她告诉研究者，曾经有一段时间她非常迷恋玩智能手机，特别是 QQ，很多时候是和浙江以前的同学联系，也认识了一些新的朋友。她乐此不疲，每天玩到眼睛发花还不舍得放下手机。

有一次她在吃饭时又在玩手机，妈妈就生气地把手机砸了，她这才醒悟过来，手机已经严重影响到了自己的生活和学习。回忆起那段时间，她说：

> 就和他们聊天，聊天完了之后就是互相点赞，点赞之后就是互相看动态，然后有哪些好玩的视频，也有转发过去，写我自己的说说，写完说说我又写日志，写完日志，我就在 QQ 里面看小说，看漫画。（LAT，15 岁，2017/3/18）

表达能力非常强的 LAT 只有 15 岁，但是清楚地知道自己渴望关注，而且通过说说和日志倾诉心事以后，获得同学们的关注和评论，是她最开心的事情。平时妈妈在医院做清洁工，很忙也很累，有什么事情她也不忍心和妈妈说，担心加重妈妈的负担，但独自在家乡求学的她又觉得很孤独，只好通过这种方式排解。

但是，同学们的点赞、关注和评论，真的可以消除青少年内心的疏离和孤独感吗？有研究发现，“期盼被点赞呈现出‘他人导向型社会心态’取向，其根源在于现代性在使个体变得相对自由的同时也带来了孤独感，而期盼被点赞的动机就是为了消弭孤独感而追求他人的同步。这不仅体现了历史文化变迁对社会性格的影响，而且其中呈现的‘他人导向型社会心态’也隐喻了大众传媒时代孤独人群的存在，即大卫·里斯曼意义上的‘媒介演化与社会性格的区分’”。[①] 特克尔曾在著作《群体性孤独：为什么我们对科技期待更多，对彼此却不能更亲密》中提出：“网络社交本质上是一种单薄社交，它能为我们带来的更多是一种碎片化的弱连接。一旦我们沉迷于此，就会越来越疏离真实世界中厚重、复杂的交往关系，从而产生出一种新型孤独。”[②] 这些研究证实了虚拟空间中的社会交往会给人带来孤独感，而这种孤独感的成因是复杂的，不仅共同形成于现实社会和虚拟社会，同时也会共同对其线上线下的生活和社会交往起到影响和作用。通过对河坝村青少年的观察和访谈，本研究认为，河坝青少年内在的孤独和疏离主要来自以下几个方面。

1. 主体和生存空间的断裂

这种主体和生存空间的断裂主要表现在几个方面：第一，青少年在精神上更加趋向于网络空间，同时对现实和物理空间有所疏离，这容易让其产生孤独感。对河坝村的青少年来说，一直到手机介入生活以前，他们都生活在传统的村落中，对自己的居住空间形成物理—心理一体式的依赖。河坝村为民族村落，大多群建而居，古时便于防御外敌和野兽，绵延至今提供的是空间和心理上的安全感和归属感。但目前部分青少年更多从网络空间去寻求认同感和归属感。韩炳哲曾对此现象作出诊断，认为青年们是“独自坐在电脑屏幕前或眼盯手机界面的、与世隔

① 王智慧：《身体符号与圈层关系：“微信群”中的情理与人伦——基于体育类短视频的创作、点赞与评论》，《上海体育学院学报》2022 年第 12 期。

② [美]雪莉·特克尔：《群体性孤独：为什么我们对科技期待更多，对彼此却不能更亲密》，周逵、刘菁荆译，浙江人民出版社 2014 年版，第 72 页。

绝的、分散的隐蔽青年”。[①] 他们与自己的精神生存空间更加亲近，和物理生存空间则更为疏离，主体和生存空间从而产生断裂。第二，主体在网络的精神空间的“认同”与“被认同”的断裂。骆正林认为：“网络空间是人类创造的全新的生活空间，它既有存在论意义上的物质性、客观性，也有认识论意义上的建构性、主体间性。”[②] 对于河坝青少年来说，他们作为行为主体，不仅需要在物理空间中进行社会实践，建立考察社会世界的图像化地理，也要在这个空间建构起自己关于自我、社会关系和权力关系的真实社会的认知。而网络空间作为河坝青少年精神的生存空间，既有其真实的物理的部分，更多的是作为想象的、精神的空间存在。在这个空间中，河坝青少年构筑起自己的“观念空间”。在这个观念空间里，一方面他们的价值观念受到影响；另一方面，青少年在这个空间里的行动出发点是基于自己的需求、期待和理想，与真实社会有差距。在这个观念空间里，主体的行动需要得到不断地认同，从而构建起自己和他人、自己和自己的“价值共同体”。这一认同必须是双向的，同时包括主体的“认同”和感知到的“被认同”，一旦这之间发生错位，则会产生孤独感。

2. 网络亲密和网络疏离之间的界限模糊

移动网络时代的到来，提供了更多的连接方式，催生了前所未有的“网络亲密”，但同时也制造了前所未有的“网络疏离”和“数字孤独”。第一，以技术为基础的网络亲密关系容易走向疏离。如前文所述，河坝村村民在交往中感受到亲密关系中的“在亦不在”，“打一百个电话不如人在这里”。当借助技术来发展亲密关系，更容易让人们陷入孤独感。赫伯特·雷德曼认为：“我们时常感到孤独，却又害怕被亲密关系所束缚。数字化的社交关系和机器人恰恰为我们制造了一种幻觉：我们有人陪伴，却无须付出友谊。在网络世界中我们彼此连接，同时也可以互相

① [德] 韩炳哲：《在群中：数字媒体时代的大众心理学》，程巍译，中信出版社 2019 年版，第 19 页。

② 骆正林：《数字生活：网络空间生产对现实世界的复杂影响》，《江苏社会科学》2024 年第 2 期。

隐身。”[①] 第二，缺乏深度人际连接让网络亲密和网络疏离界限模糊。在虚拟空间中，缺乏面对面交流的真实性和深入性，导致人们难以做到真正的信任和理解，也无法做到真正的感同身受和情感共鸣。同时，由于缺乏真实性和深度人际连接，关系的连接和断裂异常简单，付出的成本也低。因此，网络亲密和网络疏离界限模糊，导致缺乏安全感，从而产生疏离和孤独感。

3. 理想自我和现实自我的分裂

从河坝青少年来看，他们的理想自我通常呈现于网络空间，是个体通过自我书写等方式，展现在网络空间中的符合自我理想的形象。理想自我的呈现及其塑造行为，是青少年更好地表达自己、拓宽社交范围，以及个体参与塑造社会的权利。但同时也导致个体本身和现实的分裂，并会产生一些负面的心理特质。本研究发现，青少年的理想自我和现实自我的分裂主要分为两种情况：一方面是个体在网络空间根据理想塑造的自我和现实有巨大差距。学者于小植等认为：“新媒体文化下的个体精神赋形是缺少现实监督的，它带有更多的理想性和愿望性，有更多的自欺欺人的成分。”[②] 网络空间无法改变个体年龄相貌、家庭出身、经济条件、居住空间等现实条件。因此，个体在网络空间中，把自己的形象塑造得越好，或者越接近自己的理想，则离现实自我越远，与现实的分裂也就越大；另一方面，网络空间逻辑生成的理想自我的期待、网络空间中呈现的自我以及现实自我的差距和分裂。网络空间充斥的海量信息，以经济利益为生产逻辑，拓宽个体的视野，设置了理想自我的标准。也就是罗萨所说的“在短暂的人生当中，这个世界能提供的事物似乎永远比能够体验到的事物还多”。而这些信息的总和与深度，需要去期待和向往的事物的总量，是由网络等媒介所设置的。个体原本生活的空间相对狭小，接触不到其他区域和群体的生活状况，但当面对媒介提供的海量信息，媒介形成了人的信息环境，他不仅能接触到各个阶层、

① Leiderman, P.H., *Pathological Loneliness: A Psychodynamic Interpretation*, New York: International Universities Press, 1980, pp.111-128.

② 于小植、雷亚平：《分裂、无力与孤独：新媒体文化对个体心理的负面影响》，《山东社会科学》2017 年第 10 期。

各个领域的丰富信息，而且让人误以为这是自己真实的生活世界，也是自己的真实需要，进而让个体对自己的理想自我和生活产生不切实际的期待和向往。因此，个体看到的是丰富多彩的多种可能性的理想生活世界，而现实的自我却充满无力感，进一步加重了理想自我和现实自我的对比与分裂。这种无力感和分裂感也导致青少年个体内心的疏离和孤独感。

（三）文化冲突

风笑天等学者认为："以传媒和网络为工具的虚拟社会化标志着一种新的社会化手段的确立，更是作为一种文化建制嵌入特定的社会结构之中。"[①] 在虚拟社会空间，青少年所接收的信息和文化情境，和他们在家庭、学校等真实社会中所获取的信息是不一致的。青少年不仅接受新兴的虚拟文化和流行文化，且具有较强的自主性和选择性，这可能会造成青少年面临巨大的文化冲突。这些冲突主要凸显在以下几个方面。

1. 城市文化和乡村文化的冲突

网络及虚拟社会，造成农村青少年思维的城市化，体现在表征上，则是身体、行为的城市化，心理和精神上也在向城市流行文化靠拢。比如本研究的采访对象——16岁的LDC，因为在城市生活的经历，以及在手机中获得的信息和关注，让LDC更向往城市，因为觉得城市可以更好地实现自己的梦想。

> 我觉得如果待在城市里面你获取的东西会更多，经济还是更发达。有这种感觉。就是城市那边离手机里面的场景更近。我还是比较向往城市。城市里面可以见到更多。（LDC，16岁，2017/4/2）

农村青少年通过网络，浸泡在以智能手机为载体的流行文化中，这其中大部分的流行文化以城市文化为主，与现代城市社会的开放、多元、快速、陌生、物质、时尚、包容和多变的精神相匹配。而农村青少年身处农村，因而产生了多种结构性冲突，包括但不限于城市化的生

---

① 风笑天、孙龙：《虚拟社会化与青年的角色认同危机——对21世纪青年工作和青年研究的挑战》，《青年研究》1999年第12期。

活方式和农村生活环境的冲突，城市化的需求追求和经济条件限制的冲突，城市化的思维方式和乡土传统文化思想的冲突，等等。这些结构性的、短期无法解决的问题，更加剧了农村青少年在城市文化和乡村文化之间的冲突的张力。

2. 真实社会文化与虚拟社会文化的冲突

计算机和网络创造了新的空间，也就是我们通常所说的“虚拟空间”“网络空间”或“赛博空间”。迈克尔·海姆把这种空间定义为：“暗示着一种由计算机生成的维度，在这里我们把信息移来移去，我们围绕数据寻找出路，网络空间代表着一种再现的或人工的世界，一个由我们的系统所产生的信息和我们反馈到系统中的信息所构成的世界。”① 这种表述认为，社会世界有着并行不悖的两个世界，一个是真实的社会世界，一个是虚拟的人工世界，两个世界界限分明，各有属于自己的文化。随着手机的出现，界限分明的二元对立被打破，虚拟和现实之间交错融合，难分彼此。作为 Z 世代的青少年，在现实和虚拟之间来回切换是其基本生存状态。他们在虚拟世界里表达自我、构建自我、建立社交、体验人生也学会成长。而且随着青少年在虚拟空间花费的时间越来越多，已有逐渐压缩和挤占线下社会世界的趋势。他们在虚拟社会中也形成了新的社会和文化，在这里他们体验不同文化的乐趣，享受虚拟社会的美好。但是，身处农村的青少年，面对的现实文化和虚拟文化依然有着巨大的差距。

在贵阳上大学的 LQF 告诉研究者，他读高中的时候非常沉迷于打游戏，有时候甚至从宿舍跑出去整夜在网吧打游戏：

> 初中没接触游戏，而且那时候我学习比较好，也不经常出去玩，读了高中的时候，2009 年出来的地下城和勇士游戏，玩这个特别上瘾，后来又出了一款游戏 CF，又去玩，上了瘾，然后就考不起（上）大学。……很久，两年，整个高中都几乎在玩游戏。（LQF，25 岁，2017/3/19）

---

① ［美］迈克尔·海姆：《从界面到网络空间——虚拟实在的形而上学》，金吾伦、刘钢译，上海科技教育出版社 2000 年版，第 79 页。

游戏给了LQF巨大的冲击感和成就感，他全身心地沉浸其中，甚至连饭都不吃也要去打游戏：

> 2010年的时候，整个凯里好像都没有实名制，没有用身份证登记，直接用一张票给你，去对应机号输入就可以了，那个时候我没有成年。后来又要实名制，就有一段时间没玩，那时候上网差不多就需要三分之二的生活费。有时候就是饿，吃泡面。（LQF，25岁，2017/3/19）

沉溺在虚拟游戏世界不能自拔的LQF，高中毕业没有考上大学。他的哥哥因为没有钱治疗受伤的双腿，又不愿意截肢，去世了。家里的条件让LQF不得不面对现实。他复读了两年，最终考上了贵州师范学院：

> 我现在也不怎么玩了，人得面对现实。现在想想，游戏又给我带来了什么？我觉得现在游戏坑了好多河坝村的小孩，十一二岁玩得比什么都溜。哎，我觉得太先进的东西反而对他们不好。（LQF，25岁，2017/3/19）

社会交往是青少年社会化和健全社会心理的重要途径。虚拟空间为农村青少年提供了新的社交空间，基于自己的兴趣爱好建立起新的交往群体。但是，虚拟空间的社会空间与真实社会空间的人际交往存在显著差异。第一，现实社会交往具有不可选择性，但虚拟社会空间的交往具有主动性和选择性，青少年可自由选择交往对象，且关系的建立、维系和破裂，都充满了随机性和随意性，容易形成青少年以自我为中心的心理。第二，真实社会生活的社会交往情境复杂，有较多干扰和阻力，易失败。但虚拟社会空间的交往情境简单，甚至可排除一切干扰因素进入一对一对话。第三，真实社会空间的交往，以真实的自我和真实社会互动作为交往基础，需要自我真实情感的表达和交流，并受到语言能力表达的制约。但虚拟空间则可能对自我身份进行虚拟建构，不需要表达自己的真实情感，他们可能隐匿真实情感或者表达虚假情感。

总之，部分农村青少年因社会化程度低，认知有限，沉溺于虚拟社会空间容易造成青少年自我认知失调，对真实社会生活的封闭和逃避。因此，如何在农村青少年所面临的虚拟社会文化和真实社会文化之间构建起制度规范和整合机制，化解农村青少年在社会化过程中可能出现的文化认同和角色认同问题，将是农村社会发展过程中需要解决的重要问题。

三　多重自我：青少年的数字自我与身份认同

河坝青少年使用数字技术在虚拟空间表达自我，塑造自我，呈现出“数字自我”特征。学者肖峰认为，数字自我是自我意识被数字化并在网络空间中存在的一种自我样态，是真实自我的一种数字展现。[①] 一般而言，“数字自我”包括个体对其在虚拟空间中的行为和身份的认知及理解，并通过有意识或无意识的方式，在虚拟空间中表达出来，比如社交媒体上的个人资料、数字身份信息以及在线的各种行为等，都在表达个体的“数字自我”。本研究发现，在河坝青少年的数字自我的实践中，一方面他们通过个性化、多样化的自我表达来进行自我披露，一般这种行为都是有意识的；另一方面，他们有意无意地对自己的生活进行半呈现，希望在虚拟空间建构一个理想化的“数字自我”形象。以上两种方式都表明，数字自我意识对个体的数字化交往起着举足轻重的作用，自我意识的核心，就是个体对自己的觉察，尤其是保持自己是自己而不是别人的认识，这也是自我认同的核心和关键。河坝青少年通过“数字自我”，在网络空间中建立起“想象的共同体”，通过共同体表达的是个体对自身价值观和自我身份的认同追寻。

（一）表达与重塑：数字自我的建构

1. 个性化：数字自我的多样化表达

移动媒介可以随使用者的塑造而变得个性化，这种个性化表现在使用者可以按照自己的喜好来设置移动媒介的各种功能，另外，移动媒介也能推动个性化的发展趋势。尤其对于青少年而言，个性化可以看成促进个人自主和身份认同的机会，让人变得更加以自我为中心，更能表现

---

①　肖峰：《论数字自我》，《学术界》2004 年第 2 期。

自己的个性和喜好。卡茨和杉山认为，移动电话不仅是用于交流的实用工具，而且也是“一个微型的具有美学意义上的关于它的拥有者的一个宣言”[①]。因此，移动媒介成为青少年关于自己对于个性、观点、身份、意义和时尚的表达。卡斯特在对挪威的青少年进行田野调查之后得出结论认为，“技术所带来的自由和社会交往已经成为许多青少年维护自我身份认同的重要因素”。[②]

在移动媒介中，河坝村的青少年们用自己的理解和方式形成自我的个性化表达，通过文字和图片，建构起自己的传播网络和社会网络。

在河坝村的青少年们的社交平台上，最常见的是他们公布自己的自拍照，或者自制的视频。他们通常利用美颜功能等装扮自己，展露出较为自信和美好的一面，或者通过文字来进行自我表露和表达。YM 是一个在社交平台上非常活跃的女孩，几乎每天都保持着频繁的社交平台接触和应用，她的社交账号最多的就是自己大学生活的各种展示，尤其是在省会贵阳各种新鲜的体验和感受，同时也有对生活的各种感悟。据研究者的观察，2017 年 12 月 1 日至 4 日，她通过各大社交平台多次展露了她对个人生活的感悟和理解。比如通过微博表达了自己对过去感情的领悟：

> 那时太喜欢身边的一个人，所以事情巴不得能刻成他的样子，现在想想高中的时候挺幸运的，最后的分开，让我懂得成年后的爱情不会像童话里，只需互相爱就能爱下去。（YM，2017/12/4，新浪微博）

琐碎而平凡的叙述，却全方位展示出了一个年轻女孩对生活的理解，并加上了鲜明的个性化标签。13 岁的 YXJ 写道：

---

① Katz, J.E., Sugiyama, S., “Mobile Phones as Fashion Statements: The Co-creation of Mobile Communication’s Public Meaning”, *Mobile Communications*, Vol.31, 2005, pp. 63-81.

② [美] 曼纽尔·卡斯特尔、[西班牙] 米里亚·费尔南德斯-阿德沃尔、(中国香港) 邱林川、[美] 阿拉巴·赛:《移动通信与社会变迁：全球视角下的传播变革》，傅玉辉、何睿、薛辉译，清华大学出版社 2014 年版，第 137 页。

不要嘲笑一个年轻人的做作，她只是一次又一次地在找寻真正的自己。（YXJ，2017/4/12，QQ 签名）

在护理学校就读的 LHM 也曾在 QQ 说说中写道：

地球是运动的，一个人不会永远处在倒霉的位置。我不变优秀，拿什么让你后悔。（LHM, 2019/1/7，QQ 说说）

25 岁的 LQF 在朋友圈中感叹：

人要学会滑稽，单纯的人，不适合生存在这个社会。（LQF, 2017/9/10，微信朋友圈）

在广东韶关读大学的 23 岁女生 LGY 在朋友圈中说道：

也许是最近压力大，也许是自己变了，近段时间，很急躁，听不进去任何人的话，觉得身边的人都有问题，感觉很讨厌这样的氛围，也很讨厌这样咄咄逼人的自己。以前自己再霸道，也还会换位置身而反省，可是现在却觉得没有必要这样做……而现在一句话也不愿意多说了，我很清楚地知道这种转变很不好，可是我没有办法抑制住，只觉到浓浓的自嘲感，因为连基本的表面活都不乐意去做了。（LGY, 2017/10/31, 微信朋友圈）

在进行个性化的自我呈现的同时，河坝村的青少年们也因此获得了大量的人际互动，在很多留言中，还可看出他们收获了大量的情感共鸣。移动媒介上的社交平台带来了青少年情感表达和个性呈现的变迁，他们在网络上表达自己的情感和建立自己的个性化形象，比以往任何一个时代都来得鲜明、直接和坦率。这种自我的呈现方式是一种趋势，标志着当代中国社会正在经历一场表达革命。青少年在网络上对表达和呈现自己的生活、个性倾注了极大热情的同时，也逐渐聚拢了属于自己的人际网络，获得了同伴群体和更大范围内的关注。

在河坝村的青少年中，他们的表达方式和个性化的自我，已经和他们的父辈和祖辈迥然不同。如果说他们的父辈一代是由绕家的生活风俗塑造着自己的经验和行为，那么河坝村的青少年一代，他们从进入移动通信网络的那天开始，就已经在适应新的网络生活模式和行为规范。就如上官子木所说："即依靠网络文化和网络习俗来学习如何在网络社会中生存，包括积累网络生活经验和规范自己的网络行为，以及学习如何合理地在网络社会中参与各种交往活动。"[①] 而其中最重要也是最首要的一条，他们在学会表达和呈现个性化的自我，一个多重自我中的自我。

当然，因为研究者在和河坝村青少年进行互动的过程中，都是通过实名以及真实身份进行交流，研究者看到的大都是青少年以非匿名的状态在社交平台发布动态，缺少关注的是青少年以匿名身份在其他网络平台的表现。在匿名状态下的自我表露，很可能让青少年产生自我同一性缺失、道德责任感弱化和自我评价降低等反应。这有待进一步观察和研究。

2. 生活的半呈现：数字自我的理想化重塑

有研究发现，在网络空间中交往有利于人们发现和认识真正的自我。学者巴格的研究指出："与面对面交往者相比，网上交往者在展示真正的自我方面更成功。"[②] 这是因为当人们在远距离交往时，或者说在和弱关系进行人际互动时，有可能倾向于向别人展露部分的自我和生活，也就是理想中的自我和生活，这种理想化的期待很可能成为一种预言，有助于自我实现，同时能给个体形成强大的心理暗示。

社会学和心理学的研究结果表明，人的自我是多重的。按照弗洛伊德的理论，自我的多重性是因为存在着本我、自我和超我，而且还因为存在着表层自我、行为自我和真实自我等。一般在现实社会的文化制约

---

① 上官子木：《网络交往与社会变迁》，社会科学文献出版社 2010 年版，第 300 页。

② Bargh, J.A., McKenna, K.Y.A. and Fitzsimons, G.M., "Can You See the Real Me? Activation and Expression of the 'True Self' on the Internet", *Journal of Social Issues,* Vol.58, No.1, 2002, pp.33-48.

中，人们只能展示多重自我的某一个或某几个方面，但在网络和移动媒介提供的自由空间里，可容许个体展示自我的各个方面，也可以展示现实生活中不可能展现的方面。另外，更重要的是，可以选择性地展示生活中的某个方面或几个方面。本研究在这里将之称为“生活的半呈现”，即无论是文字书写还是图片展示，都可以经过个体的精心布置和“裁剪”，对某个真实的即刻发生的事件进行自己想要的表达和呈现。

以 YM 为例，在她的社交平台上公布的信息和照片，没有出现寄居的外婆家的房子和环境的介绍，而只有在河坝村山水间游乐的生活点滴；没有父母指责她花钱太多的委屈，却有在浙江与父母和弟弟在游乐场的趣事；有和朋友在学校聚餐看演出等活动的照片，也有在学校努力学习课本知识的信息，却没有学校不开心的事情的介绍；有新买的漂亮衣服的展示，却没有在家帮忙干活的痕迹表露……偶尔有低落的情绪，发出的感慨也会很快被删除掉。当研究者问起时，她回答：

> 那些其他人也没必要知道，知道了也没有用，不会感兴趣。就发一些别人可能喜欢看的，我自己也开心的事情吧。（YM，19 岁，2017/3/4）

ZHF，24 岁，在贵州大学读篮球专业，研究者对其母亲进行采访时，这位从浙江返回河坝村养猪的母亲向研究者抱怨生活负担很重，既要负担读大学的“非常会花钱”的儿子，还要重新开始养猪事业。回来以后，和亲戚朋友之间的人情来往开支很大，让她觉得不堪重负。据研究者对 ZHF 的观察，他的社交平台上鲜有家庭负担沉重的表述，一般都是自己参加热爱的篮球活动，以及在省会贵阳精彩的社交生活介绍。一个在河坝村村委会蹭网的女孩曾对研究者表示，在空间里，都会对自己的生活有些隐瞒，并认为这又不是欺骗，很正常。

河坝村的青少年们，一些热衷于将积极的一面表露在社交平台上，还有一些却更多地展现负面信息和情绪。对此，LAH 认为自己有较为清楚的了解，她的 QQ 群和微信群里有不少河坝村的年轻人。她告诉研究者：

> 就是有的年轻人，在聊 QQ 或者聊微信时，说话太难听了。但是现实生活中他不这样，如果见面了他说话不会这样难听。因为他在网上面他不真实。通过手机他就随心所欲的，童言无忌。有的当你面他又不这样，他又表现出另外一种样子。（LAH, 23 岁，2017/3/14）

从理论上来讲，青少年对生活的半呈现和对自我的认同有关系。曼纽尔・卡斯特认为："网络社会中的意义是围绕一种跨越时间和空间而自我维系的原初认同构建起来的，而这种原初认同，就是构造了他者的认同。……从社会学的视角来看，很容易同意这一事实，即所有的认同都是建构起来的。现实的问题是：它们是如何、从何处、通过谁、为了谁而建构起来的。认同的建构所运用的材料来自历史、地理、生物，来自生产和再生产的制度，来自集体记忆和个人幻觉，也来自权力及其宗教启示。但正是个人、社会团体和各个社会，才根据扎根于他们的社会结构和时空框架中的社会要素和文化规划，处理了所有这些材料，并重新安排了他们的意义。"[①] 对生活的半呈现，事实上就是对自我认同的一种建构，是河坝村的青少年们根据他们的社会交往需求和生活规划，以及对自己形象的管理而进行的一种意义的重新安排和建构，之所以产生这类现象，和移动技术的出现是分割不开的。人们无论是在现实生活中还是在网络社会中都会展现不同的自我，但是网络社会的自我展示具有更大的自主性，技术和人类的互动建构由此达到了我们可能意想不到的程度。从心理学来看，马克斯・谢勒曾经说："我们的心理生活有着深厚的根系，非在暗影中无以作为……对于灵魂的发展而言，单有清晰和单有晦暗都会产生偏差。"[②] 因此，对于青少年的对自己私人生活的半呈现而言，这种暴露和隐匿之间的掌控和张力都是必需的。苏格拉底就曾经说，未经审视的生活不值得一过。因此，对自我呈现的审视和控制事

---

① ［美］曼纽尔・卡斯特：《认同的力量》（第二版），曹荣湘译，社会科学文献出版社 2006 年版，第 6 页。

② Scheler, M., *La Pudeu*, trans, Dupuy M, Paris: Aubier, 1952, p.147. 转引自胡泳《众声喧哗：网络时代的个人表达与公共讨论》，广西师范大学出版社 2008 年版，第 175 页。

实上是社会稳固的基础，也是社会网络中信任和互惠的来源。河坝青少年在数字世界中不断更新对自我身份的期待，并进行理想化塑造，这种行为无论是对数字自我还是对现实自我，都有一定积极的意义。青少年在这个过程中形成了自我概念，完善自我认知，同时也是自我意识丰富和发展的重要动能。

（二）圈子与划界：想象的共同体

麦奎尔曾经说："媒介可以通过对各种呈现在媒介中的行为进行符号报酬或者惩罚，教给人们各种规范和价值观，一个替代性的观念是媒介是一个学习过程，通过媒介我们学会如何在某种情形中行为举止以及满足角色和地位期待。于是，在实际经历前，媒介持续地提供生活和行为模型的图景。"[①]移动媒介中的各种平台给了青少年满足自己渴求关注、发挥特长和喜爱互动的需求。如果说在父母管控和地域限制下，青少年原来的社会交往圈子可能难以满足对于同伴和互动关系的需求，那么移动媒介和网络带来的则是翻天覆地的改变。移动媒介技术扩大了青少年个人互动的领域，青少年可以随时随地地与同伴互动，获得同伴的肯定和反馈，参与或分享，并建构属于自己的身份形象。在这里，同龄人或者相同爱好的人聚集在一起，对于个体的态度和价值观的形成具有重要作用，而且在存在感的获得和自我认同方面也至关重要。在这个根据自己的选择和喜好建构的同伴关系圈子中，不仅是在建立一个共同身份和共享认同的圈子，而且还在这个共同身份的圈子中，不断凸显和强化自己的个人身份，在每一次传播过程中都在强化这一个人主义的印记，建构自己的身份认同。

1. 自我范畴：划分共同体边界

为了更好地对事物进行识别和划分，我们会对事物进行范畴化。我们对自身也会进行范畴化。"自我作为个体存在的概念范畴，成为世界、社会和身体存在的中心。"[②]学者郑航等认为："人是一切社会关系的总

---

① McQuail, D., *McQuail's Mass Communication Theory: Fifth Edition*, London: Sage, 2005, p.494.

② 崔中良：《人类概念存在的危机：增强技术对范畴观的挑战及共情应对》，《福建师范大学学报》（哲学社会科学版）2024 年第 2 期。

和，每个人都可以归属到特定社会范畴的群体之中，并接受特定社会群体赋予的情感、意义和价值，进而影响自我的思想、价值观乃至道德品质。”[①] 在身份认同和群体认知等研究领域，范畴化是社会认同理论的重要概念和历程之一，其他还有两个重要概念则是社会比较和认同建构。学者方文认为，范畴化是社会行动者对模糊的群体状态进行初始的切割和分类，通过强化同一范畴的相似性，夸大不同范畴之间的差异，从而形塑出内群—外群之间的群体符号边界。社会比较是个体认同的内群体相较于外群体所产生的优势地位、声誉及发展前景等认知过程；认同建构是行动者在经过范畴化和社会比较过程后，个体将成员资格内化为自我概念的一部分，并对所皈依的群体或组织产生积极的认知评价。[②]

16 岁的 LDC 告诉研究者，他现在最喜欢玩的就是全民 K 歌和王者荣耀这两个手机软件。在虚拟世界里，他找到了自己的新爱好，也找到了自己喜欢的社交网络。比如全民 K 歌，他周末回家可以玩手机的时候，每天至少要在上面花三个小时：

> 因为有时候唱一首歌唱得不好，要来回唱、来回唱这种。要让自己满意嘛。它是会录音的，然后我会听，来回听，唱到最满意，就发出去，唱了有人听就送花。最多的一次得了一百多朵花，现在我已经有 200 多粉丝了。（LDC，16 岁，2017/4/2）

他告诉研究者，他还加了一个 QQ 群，这个群是专门交流唱歌的方法和技巧的，名字叫“全民 K 歌交流群”。LDC 表现出对唱歌和表演的极大爱好，并告诉研究者，本来他是很喜欢玩王者荣耀的，还“玩得挺疯的”，但是自从玩了全民 K 歌以后，就觉得王者荣耀赢赢输输没什么意思，就是休闲的时候玩一下了。手机让他找到了自己真正的爱好和理想。他没有办法劝服父母放弃从事养猪行业，使用手机也会受到父母的管控，在河坝村又没有什么知心的朋友。所以现在他有什么想法，要么

---

① 郑航、秦楠：《公正观培育的社会认同逻辑》，《教育学报》2022 年第 5 期。

② 方文：《群体符号边界如何形成？——以北京基督新教群体为例》，《社会学研究》2005 年第 1 期。

是和浙江的朋友们讲，他非常想了解浙江的朋友们在做什么；要么在全民K歌平台上和“志同道合”的人倾诉。这对他而言，是一种生活的乐趣和必需品，通过自己建立的这些网络同伴关系，是自我进行选择后建立的相互依赖、共同分享的关系，在这里，他分享知识（K歌技巧）、分享信息、分享快乐和忧愁。

而在父母的观念中，手机除了通信功能就是娱乐功能，玩多了就是“玩物丧志”。LDC的母亲告诉研究者，父母对他在家大声唱歌长达几小时，有时会感觉到害羞和羞耻，觉得他不务正业，正试图以老师说他玩手机过多的理由没收他的手机。他觉得父母干涉了他的自由，但他又不想和父母沟通，觉得还不如和QQ群里素未谋面的朋友或粉丝聊天和倾诉。

在确认自己的理想爱好和具有归属感的群体的过程中，河坝村的青少年们也在不断范畴化自身，同时也不断感知着对方是否和自己同属一个范畴的成员。他们通过范畴化来进行群体分类，也就是放大不同群体之间的差异，来形成和塑造自己的交际圈子，划分出共同体的边界符号，通过比较来确定自己在这个群体当中所获得的优势地位以及发展前景，从而对自己所归属的群体产生认同，实现自身身份的分类和归类。

2.“志同道合”：数字身份的追寻

通过范畴化和自我身份的归类，青少年选择进入各种不同的虚拟社区，并以不同的角色进行实践。这些虚拟社区强化了青少年从父母和其他成人的社会影响中独立出来的趋势，移动媒介让青少年进行自我社会化的自主性大大增强。青少年社会化过程的自主性，不仅是因为移动媒介及虚拟社区的兴起，同时也是因为家庭作为社会化机构的角色被逐渐削弱。但是，自主性的加强同时也意味着完整性的缺失，在虚拟社区和同伴处接收的碎片化的社会化信息，一方面和家庭、学校的信息存在差异和冲突；另一方面信息环境由自己选择构成，同质化现象较为严重。因此，以虚拟空间为基础的社会化过程中，这些矛盾或同质化的信息可能会给青少年带来一定程度的限制和混乱。

LJH告诉研究者，比起微信来更喜欢玩QQ，因为里面基本都是自己认识的人，而且能得到很多反馈。在QQ空间里，LJH把16岁的生活按照自己喜欢的方式展现出来，包括学习生活、朋友交往、情感故事和乡村见闻等都配上图片发表，几乎每一次发表内容都有上百次的浏览量以及几十个回复或者点赞。

而LMZ则在自己的QQ空间里塑造了一个好男孩的形象。他的QQ签名是“深知我者才能久居我心”。这个比同班同学要大出几岁的小伙子，在空间里经常表达出对朋友圈的要求和标准。他曾对研究者表示，朋友圈里总会有些人调侃他，他知道也许人家并无恶意，但就是不想忍。他曾在社交平台就自己的身份立场进行明确的表态，比如他在QQ说说中发布：

> 虽然我不太讨人喜欢但是我有一颗真诚的心，好话说在前面如果哪个没把我说的话当一回事那就当不认识，说了这么多我只是想说，做人要有骨气……希望看到这个的要学会互相尊重！（LMZ，2017/8/9，QQ说说）

“不太讨人喜欢但是有一颗真诚的心”就是LMZ对自己身份的一种宣言。在广东做泥瓦装修工人的父母长期在外，对他而言，这既是自尊的体现，也是对自我身份的确认，更是对朋友圈的区隔与划界。

> 交朋友讲究个志同道合吧，尤其是网上认识的，要是讲不到一起去，大家都不要浪费那个时间。（LQF，25岁，2017/3/19）
>
> 人有时候有点感应，有一样的爱好，就愿意多说一点，甚至讲讲自己的真心话。不然的话，怎么都聊不起来。在网上交朋友大概就是这样。（LDC，16岁，2017/4/2）

移动媒介给青少年创造了随时随地接触和扩大社会网络的可能和机会，且可自主管理这个网络。弗雷泽和杜塔认为：“在自恋式的虚拟文化中，我们的‘好友’网络的组成已成为关键的身份标志，它是社会地位的晴雨表，既让我们实现自尊，也赋予我们地位，还能衡量我们的社会资本。”[①] 身处网络空间中的少年们，基于自己的爱好和兴趣，在网络中构建起全新的关系网络，有时甚至会不断变换自己的身份角色，以适应不同的社会关系和环境。这些关系取决于他们身处什么样的（网络）环境，根据环境的不同展现不同的角色，而网络的虚拟化特征赋予了他们这种能力，移动媒介则帮助他们模糊了时空的界限。

但是，不管他们在何种环境中书写何种自我角色，他们依然是那个身处村寨的少年。他们在网络中建立的关系网络，以及自我范畴和归类所属的群体，归根结底属于想象的共同体。

本尼迪克特·安德森提出的“想象的共同体”，原指在印刷媒体的影响下，读者通过文字阅读来想象“民族”，民族作为一种“想象的共同体”而存在。这一充满睿智和想象的理论影响深远。随着时代的发展和研究的深入，“想象的共同体”的概念和内涵有了拓展和延伸。刘俊认为：“‘想象的共同体’不仅可以指民族，也可以指多种身份和认同的共同体；维系共同体的线索也是多元的，如共同的价值观，共同的人文化意识、共同的传统、共同的规范，甚至共同的爱好等比较个人化的元素；‘想象的共同体’的塑造手段，除了文字阅读，也可以是通过各种手段来实现。”[②] 河坝村的青少年正是在网络空间通过各种手段，比如他们在社交媒体上发布的各类文字、图像和影像等，形成具有共同喜好、价值观和文化意识的“共同体”，在共同体成员心中唤起一种强烈的认同感和归属感。这种青少年群体中形成的“想象的共同体”，通常以共同的爱好和兴趣为原点，而这些兴趣和爱好很难在现实生活中找到同伴和共鸣。因此，为了避免孤独，青少年总是倾向于寻找同类和伙伴群体，追寻数字身份，以获得依靠感、认同感和归属感。

值得注意的是，在河坝青少年“想象的共同体”的形成过程中，他们表现出的自我，并非现实中的自我，而是数字化的自我。正如学者谢玉进所概括的：“我们认为网络空间中的‘我’即网络自我，是由数字自我主导的，以物质自我为生理基础，以社会自我为连接纽带，以精神

① [加]马修·弗雷泽、[印]苏米特拉·杜塔：《社交网络改变世界》，谈冠华、郭小花译，中国人民大学出版社2013年版，第49页。

② 刘俊：《论虚拟身体观影及其“想象的共同体”建构》，《当代电影》2023年第5期。

自我为意义归属的新的整体自我样态，是互联网时代自我的新发展。”①数字自我在网络空间中的表现，相较于现实世界的自我而言，挣脱了现实和肉体的束缚，可以自由地、尽情地表达和表现自己，获得了独立的主体地位，构建起一种高度自由的精神体验和自我体验。因此，在他们形成的“共同体”中，是一个个由数字自我主观表达和建构起来的身份。在虚拟空间这个有别于客观真实的环境中，同时按照“共同体”的规则以及虚拟空间的规则，“想象性”构建了一个共同体。这个“想象的共同体”既强韧又脆弱，一方面数字媒介让“想象的共同体”更具真实性，但同时也因其虚拟性而更依赖于想象；另一方面，数字自我建构起的身份更具精神性和独立性，但同时也因自我和情感多变，更容易从共同体中脱离。

在安德森的阐述中，只要社会成员无法面对面接触，那么共同体意识的形成就势必要依赖于想象。网络空间无限助长了这种想象的空间。但是，以数字化和数字为基础的共同体的建构，给共同体的想象提供了技术手段，其内部的维系却相当脆弱。从数量上来看，这种共同体大大超过传统社会能聚集的人员数量；从动机上来看，他们聚集在一起源于“志同道合”。但是，虚拟空间中建立的共同体，最重要的问题还是缺乏现实和充分的信任，想象本身就已缺少稳定性和连续性，则共同体也难以避免易于断裂和解体。

（三）融合与抵抗：身份认同与价值重建

移动媒介时代，身份是大众媒介逐利的对象。曼纽尔·卡斯特等曾指出，手机作为青少年个性时尚表达的象征物，在拓展身份认同空间的同时，面临着消费、娱乐及技术的驯化。②从本研究的调查来看，农村青少年依靠越来越便利的移动工具接入网络，建构起新的社会网络。然而不可否认的是，受到认知、信息和知识的限制，许多农村青少年的网络用途缺少多样性，比如更多关注娱乐和时尚，或者更倾向于在社交媒

---

① 谢玉进、胡树祥:《网络自我的本质：数字自我》,《自然辩证法研究》2018 年第 5 期。

② ［美］曼纽尔·卡斯特尔、［西班牙］米里亚·费尔南德斯-阿德沃尔、（中国香港）邱林川、［美］阿拉巴·赛:《移动通信与社会变迁：全球视角下的传播变革》，傅玉辉、何睿、薛辉译，清华大学出版社 2014 年版，第 121—125 页。

体上进行同质化的交流，较少运用网络进行工作、学习或者社会参与。

因此，青少年的手机使用或多或少地受到了家长和老师的监管和督查，社会也参与进来，制定相关的政策法规来对青少年的手机使用进行规范和限制。手机一方面赋予了青少年选择权，让他们能够根据自己的兴趣爱好来拓展社交圈子，具有一定的数字能动性；但另一方面，手机赋予青少年的这种能动性也在潜移默化中改变了孩子、家长、学校和社会的权力格局。在移动媒介的环境中，家长和学校的权威开始衰落，原有的权力关系和角色界限都在发生迁移和重构。如前所述，青少年在虚拟空间进行的数字自我的表达和重塑，共同体的划界和区隔，以及网络青年亚文化的崛起，都是青少年在追寻数字自我的确立和身份认同，在对既有的权力和权威进行抵抗和挑战。“身份认同理论除了通向社会关系的生产和现实空间的建构，在传播技术的影响下也通向社会表达、动员和反抗。”[①] 网络中的自我，是他们在不同的环境中想要描绘的另一个理想中的存在，在网络虚拟空间中的身份和形象是按照个人而建立的，是多层面的自我的延伸。青少年在网络空间获得的自主性，可能进一步加速青少年和家庭、学校的疏离。尽管社会化的目的在于加大个体选择的自由空间，尤其对于河坝村青少年来说，民族身份和较为传统的成长社会环境，他们究竟是融合新旧自我，还是抵抗历史记忆？如何对文化环境和身份认同进行价值判断？成了他们必须面对的问题。值得注意的是，这还可能带来新旧自我之间的断裂。对于青少年来说，过早的自主化和选择自由，可能需要付出的是迷失方向的代价。

从本研究来看，河坝村的青少年们的身份认同和价值重建分为以下三种主要方式。

第一，继承式。在这一类身份认同中，青少年采取的是对父母辈和传统社会环境引导的身份进行继承和认同，也可以理解为对传统话语和其所代表的身份意义的认可。在河坝村中，有部分青年尤为重视本民族的语言、歌舞、服饰、饮食和建筑等文化的继承，对本民族和地区的文化有着深深的眷恋和认同感，以本民族的文化来形塑自我的身份意义，

---

① 周庆安、朱虹旭：《难以想象的共同体：全球数字空间的身份认同重构》，《新闻与写作》2023 年第 6 期。

并对本人的行动进行支配。他们学习绕家人的对歌、枫香染和刺绣，甚至立志成为本民族某类技艺或文化的传承人。

第二，抵抗式。抵抗式的身份认同，则有两种可能和方向：一是对现实和传统社会中的既有权力和权威进行抵抗，同时在虚拟空间中进行新的自我的表达和塑造，这也是本研究讨论的河坝青少年主要面临的一种情况。另一种情况，是对网络空间的某类话语方式及其代表的身份意义进行抵抗，既包括对精英话语和主流话语的抵抗，也包括对网络流行话语的抵抗，比如青少年通过对网络主流话语或流行话语的恶搞，来实践抵抗式的身份认同。

第三，融合式。融合式身份认同则代表着对传统话语代表的身份意义和虚拟空间中新的身份意义的融合与共享。表现在青少年的行动中，则是既对代表传统话语方式的本民族的身份具有认同感和归属感，又积极融入虚拟空间，构建新的身份认同和价值意义。这种方式尤其在利用新媒体进行创业的返乡青年身上表现突出。这种身份认同，将代表本民族和传统的话语方式、文化符号和风格整合进虚拟空间，通过传播建构新的身份认同。这种身份认同，也是未来我们需要引导青少年进行身份认同和价值重建的重要方向之一。

青少年的身份认同与价值重建的实践，彰显了他们对自我和社会的思考和探索，以及对意义感和认同感的强烈渴望。在移动媒介时代，我们应该积极探索如何在新的时代条件下，理解青少年的外在行为以及内在情感，为青少年的成长和发展提供更多空间和可能性，也是为社会的健康、良性和持续发展寻求内生动力。

第四节　流转：跨越地方小世界的社会网络和社会资本

一般而言，社交网络其实是对传统形式的社会组织进行大量复制的结果。少数民族村民随着打工潮进行的人口迁徙和大幅度的流动，给社会网络的构成带来了怎样的影响？在这种情况下，对移动媒介的使用又有何特殊之处？林南认为："个人有两种类型的资源可以获取和使用：个人资源和社会资源。个人资源是个体所拥有的资源，可以包括物质和符号物品（如文凭和学位）的所有权。社会资源是个人通过社会联系所获取的资源。由于社会联系的延伸性和多样性，个人有不同的社会资源。"[①]河坝村村民在对外扩散流动的过程中，或多或少地积累和拓展了新的社会关系和网络，形成了他们新的社会资本和资源，那么这些社会网络和社会资本对他们有何影响和价值，这是本节需要探讨的。

一　跨越地方小世界的人际资源网络

在中国传统社会当中，人口的不流动是一个占据统治地位的特点。中国是一个农业社会，这和以美国为代表的移民社会就有了鲜明的差别。西方社会是以个体为单位的，而且是自由移动的个体。但是农业社会的中国历来以土地和故乡为根基，因此是以家庭和家族为单位，是以熟人社会为主的交往方式。在过去，陌生人和外来者，都意味着"不知根知底"和不安全的可能性。在前面的章节，本研究也探讨过了河坝村村民"跑得了和尚跑不了庙"的信任原则。然而熟人社会也意味着资源的同质化和重复性，河坝村村民要适应时代的发展，就意味着要打破原有的交往圈子，进行异质化交往，乃至建立新的交往秩序。而这种新的秩序，通常由媒介技术作为支撑来建立。

河坝村的 LAF 师傅，是河坝街上唯一的宽带业务服务员，在街上开了两个门面，一个专营移动公司的业务，一个专营联通公司的业务，店里可以办理装宽带、交话费、交电费、买手机等业务，妻子还在里面开辟了一小间，可以洗发、剪发和吹发，到赶场时也能挣一点钱。LAF 师傅是 2014 年才回到河坝村的，之前一直和妻子在浙江打工。用他们的话说，在浙江打工没什么意思，赚不到多少钱，每年存个万把块，回来一趟也就花光了。他们在浙江生活条件非常差，因为舍不得，所以找的工作就是包住不包吃的那种，住在一个很破的房子里，据说下雨时会漏雨，晚上躺在床上，头脚处都被淋湿了。

---

① [美] 林南：《社会资本——关于社会结构与行动的理论》，张磊译，上海人民出版社 2005 年版，第 20 页。

就是有这种打工经历，LAF 开始了求变的想法，想回家来，认为自己在外面打工，浪费了很多时间，因此在 2007 年就有了转变的萌芽：

> 那时候，我也不知道自己是怎么想的，反正，转变的话，就在那一年。就是灵光一闪吧，到 2007 年就专门找了上夜班的班。早上差不多下了班，睡一觉，然后就到那个培训班那里去学，去跟老师傅学打字、修理这些。（LAF，34 岁，2017/3/15）

研究者对此非常感兴趣，因此询问 LAF 学了电脑之后生活有没有什么转机。LAF 告诉研究者，他学了一段时间，和妻子一起找了一个网吧上网，结果他们竟然找不到打字的地方。但是夫妻俩总算认识了内存卡和主板，也学会了点安装系统。

学电脑这件事情，对当时的 LAF 夫妻俩来说看起来像打了水漂，毫无用处。但是从长远来看，这却是一个决定性的转变契机。

2014 年，LAF 选择了回家。除了上面所说的理由，LAF 认为回家也更自由些，可以照顾老人。还有一个重要因素是，LAF 的姐姐给了他街边的这块地，让他盖了一栋房子，下面两个靠街边的门面可以用来做生意。在做什么生意这件事情上，LAF 有自己深入的考虑。因为河坝村有卖手机的，但是没有多少人懂电脑，也没有人做安装网络的工作。还有修手机是个技术活儿，没人会做。

LAF 有电脑维修基础，经过深思熟虑和观察之后，他选择了这一行。现在 LAF 遇到电脑上的问题，他还是找这位十来年没怎么见面的师傅。

> 跟当时的那个师傅，现在还有联系，一般就是通过 QQ。师傅到现在还是经常告诉我，有什么不懂的话，就问他。（LAF，34 岁，2017/3/15）

LAF 有很多业务需要在电脑上完成，所以对他而言，其思想转变和价值都不是在当时立马显现出来，而是一直到他回家以后才有所显现。为了把相关的产业都做起来，LAF 又专门到麻江县城学习修手机。LAF 觉得自己特别喜欢修手机这个技术活儿，他告诉研究者，平时没事的时候，要么就在研究手机，要么就在研究怎么修手机。

不止 LAF，从浙江回到河坝村从事养殖业和种植业的 LBJ 也有类似的经历和看法。在交谈中，研究者发现 LBJ 虽然只有初中文化，但是他的想法和其他河坝村的年轻人不大一样。这可能和他的家庭教育有关，他的父亲在北京当过十来年兵，并且在村里担任过村干部。在接受采访的时候，他表示村里看会或者举办节日庆典，他是从来不去看的，觉得没有什么意思，也产生不了什么经济效益，不如干点活儿、想点出路实在。31 岁的他，有一个 4 岁的孩子。从有了孩子开始，他就开始思考不能一辈子打工，总要开创自己的事业，最后把目光聚焦在了绿色农产品上。他在自家的土地上修建了简易平房，盖了鸡窝和牛棚，并自己挖了水池，开发了几亩山地，开始了他的绿色养殖和种植事业。研究者曾经来回步行两个多小时，参观了他的养种植基地，已然颇具雏形。虽然产量不高，但是据他自己讲，是想先尝试下什么样的品种好做又好销售。

回家发展绿色养种植事业，不仅是出于他个人的爱好，也是依靠他在打工时积累的知识和人脉资源。

> 就是以前我在浙江那边打工的嘛，经常也去看看人家搞种植的。他们种植方面有规模，然后我就经常去他那里玩，他就说你是不是要学技术，我说我没有钱，他说那你就去买一点书看，所以后来我就到那个新华书店里面去。我晚上基本都是喜欢到那个新华书店里面去，去看那些书，它里面不是什么都有的嘛，化学的、医疗的什么都有，我就去看，看了后就跟那个人讨论，比较熟悉了嘛，他也指导我一点点。（LBJ，31 岁，2017/3/17）

据 LBJ 透露，他一直和这个大哥保持联系，有什么事情可以先问问他。大哥还介绍他加入了网上的技术交流群，在那里可以获得更多的知识和信息。

从信息传递和关系建立的角度看，在河坝村村民的生产和日常生活中，原来属于差序格局的血缘关系和地缘关系等，在信息传递上起到的作用已然变小，属于关系网络的边缘格局。在这种格局中，差序格局可能已被打破，因为信息的来源已经趋于多元化，各类关系都能起到信息传播的作用，而且河坝村村民已经和外围的关系建立起了信任。在经济化和市场化发展的当今社会，村民的传统的信息渠道和关系已经呈现出裂变的趋势，人际网络和角色关系所起的作用已经不同于以往。在涉及直接经济利益、传统和情感关系传承方面，差序格局可能依然具有适用性。但是涉及新的生产开发、一般的情感交流方面，人们则按照自己的目标及自身兴趣来进行工具性行动，如人际交往和信息交流。河坝村村民在流动的过程中，打破了原来的血缘关系和地缘关系，跨越了地方小世界的人际网络，而选择了传递信息较强的、异质性较好的弱关系网络，从而汲取了网络中的信息、观念、价值、规范和消息等流动的符号流，发展出工具性的信息和情感支持网络。

二　线上的社会资源

除了在外打工和对外交往时获取的人际关系资源，回到河坝村的村民们还学会了利用网络社交平台来获取信息和资源。

（一）技术支持网络交流群

LAF 认为，修手机是一件特别有成就感的事情。现在，他一般都自己独立地修手机，如果有疑难他可以问麻江的师傅。除此之外，他还发现了更好的问题处理办法，他加入了一个全国的手机维修内部群。这个群虽然一开始能够加入是因为买了某公司的刷手机软件，里面有技术支持帮助解决维修问题，但是现在却成了 LAF 离不开的一个平台。

> 比如说像这个机子，我弄不了，我可以拍这个地方给师傅或者给高手。这个高手我不一定认识的，里面全国各地的人都有，广东的，山东的，湖南的，什么地方都有。所以我有的时候，不会做这个东西，就发到里面去，大家都会来帮你，我也会帮助别人。别人

发一个东西，他那里没有这个资料，我有，我就可以分享，我要是懂的话，我就给圈一下，告诉他那里应该怎么样。（LAF，34 岁，2017/3/15）

LAF 说，他现在和群里的人交流，比和麻江的师傅交流还多。虽然大家彼此不认识，但是帮起忙来都不含糊，总有知道的，而且都会无私地分享给大家。毫无疑问，LAF 在浙江打工时教电脑的师傅，麻江的修手机师傅，以及维修手机的内部群里的成员，都已经成为 LAF 的社会网络的一部分，构成社会资本的网络帮助人们获取信息，从而帮助他们实现目标。这个网络，如果没有 LAF 在外的打工经历，以及他的工作业务范围，又或者说没有移动媒介通信时代带来的沟通上的便利，是无法实现的。LAF 把自己的成功归结到了学习技术的成功，但是，研究者认为，在移动媒介时代，他个人集结的社会网络和他在不知不觉中培养起来的利用移动通信网络的能力，却是他现在事业一步步走上正轨的原因。LAF 围绕着自己的事业建立了一个颇为强大的业务网络。平时他一般都带着两部手机在身上，随时处理各种业务，微信账号也有两个，在两部手机上同时登录着。在一次深度访谈中，因为他的手机一直有群消息的提示音响起，研究者不得不要求他把手机的声音关掉，可见他的业务之繁忙。在询问他手机中主要的交往对象时，他给了研究者这样的答复：

我的这个很广的嘞，不过我交流的就是我的客户，不止农村淘宝的客户，我还有维修这方面，有拉网的，就是拉宽带业务的。像龙山那个拉宽带的，他不会弄的，他就发微信给我，我就教他，要么我就在我的电脑上帮他搞好，要么他拿来这里也可以！远程可以控制，控制帮他刷机、解锁。（LAF，34 岁，2017/3/15）

同样享受了网络带来的技术交流便利的还有 LBJ。对他来说，多个品种的养种植，给他的事业带来了一些难题。虽然父母在家务农多年，但是他开发的某些品种父母也无法指导，如果仅仅靠传统方法，产量就无法保证。为了解决这些问题，在采访中他透露了他现在已经无法离开微信和 QQ 这两个社交平台。

> 没有这两个的话是不行的。这样子你可以在上面沟通啊，交流啊，可以学到很多东西。在上面的话都有技术交流群什么的，种植养殖啊什么都有。反正你不懂的东西，有人会知道的，然后就互相学习，我懂的我就可以把那个知识传给他。他觉得我的那个技术蛮好的，然后他就传一些东西给我，我就可以把那个意见试一下。在里面几百号人几十号人的那种，或者上千的那种就互相聊着了。每天都要花一两个小时看这些，要不然你这个成绩上不去的，就是没底的啊。（LBJ，31 岁，2017/3/17）

据 LBJ 透露，现在他在网上交流较多的就是在群里认识的从事相同事业的人，如果聊得久了，有了相互之间的信任，就互相交流真实的姓名，并加为好友私聊。一般都是在群里交流和聊天，熟悉一点的话就备注对方的姓名和养种植品种，容易找得到。

> 群里哪里的都有的，浙江一带的，贵州一带的，那个群里面全国各地的人都有的。就是做的行业不一样，尤其那个种植方面的范围很广的，有的种植樱桃啊，枇杷啊，苹果啊，很多的，什么都有。我遇到问题了就到里面提出来，这样只要我第一次成功种出来的话，第二次我就知道了的，这样下去不到一年就发展很快了……假如说没有这个交流，你自己要有很多东西要去接触，要做实验，不做实验的话，也不敢说百分之百成功。时间花了不说，你还有那个经济损失的。（LBJ，31 岁，2017/3/17）

由此可见，网络和移动媒介的功能之一就是可以帮助人们进入和管理更大、更多元、更有价值的社会关系网络，而且虚拟的社会网络也可以提供丰富的社会资源。这里的资源大都由并不紧密的“弱关系”组成，但是，它却为有需要的村民提供了更大的社会空间和更丰富的专业资源接触的机会，增加了获取信息的渠道，扩展了村民的生活空间。移动媒介同时也缩短了村民们资源获取的时空距离，因为在线上，村民们可以持续在场和随时联系，使得远距离交流、合作和控制成为可能。正如李·雷尼和巴里·威尔曼认为的："在网络化的个人时代，那些积极投身于相互交换无形或有形资源的人更容易取得成功，他们会寻求他人支持，同时也会帮助他人。进一步而言，那些能够在他们的社交网络中——亲戚、朋友、邻里、协会和同事——平衡多个部分的个人，更有可能取得广泛的、专业的帮助。"[①] 在某种程度上，这种现象产生的主要动因在于技术，而不是社会。在每个历史时期都具有起决定性作用的技术，而现在，是否掌握网络技术，以及能否成为某个社会网络中的一员，在很大程度上能够决定一个村民的发展道路。

（二）农村淘宝业务：河坝村的特殊购物网络

除了修手机、买手机和拉网线，LAF 还在开发农村淘宝业务，并在河坝村村民中建立了一个相当规模的网购网络。在"农村淘宝"上购物，对村民来说有一个极大的便利，就是买东西和淘宝网是连接的，但是物流却可以走邮政运输，这样就避免了很多快递公司的货无法发到像河坝村这么偏僻的山村来的现实状况。在没有农村淘宝以前，申通、中通这些即便可以发到乡镇的快递公司，也最多只能送货到龙山镇，村民们要拿包裹只能跑到十几千米以外的龙山镇，但是邮政却可以直接送到 LAF 的门面，村民们只要到他的门面来拿就可以了。农村淘宝和 LAF 有合作关系，把点设在 LAF 家，让他每个月完成 60 个单的任务，然后给他一定比例的业务抽成。当研究者询问 LAF 能不能完成每个月的任务量时，他告诉研究者有时候能有时候不能，以前是根本不能，但是完不成也不会有什么严重的后果。以前是因为处于业务开拓的阶段，现在来找他下单的中学生多了，就算这个月完不成，下个月也许又能超额完成。LAF 告诉研究者，来找他买东西的很多都是初中生或者高中生，每次都是买十几二十块或者几十块的衣服鞋子之类的东西。这些中学生

---

① ［美］李·雷尼、巴里·威尔曼：《超越孤独：移动互联网时代的生存之道》，杨伯溆、高崇等译，中国传媒大学出版社 2015 年版，第 16 页。

不满 18 岁，没有办理银行卡和支付宝，只能付现金给他，让他代付。过程其实也很方便，学生们在自己的手机上选好了，把链接和钱给他，他就帮忙付钱了，然后就到他这里来收货。

到研究者离开河坝村的时候，LAF 的“代购”业务已经做得越来越熟练。在接小孩放学过石墩桥的时候，LQY 不小心把手机掉进了河里，所以让 LAF 代购了一部 OPPO 的新款手机，花了 1800 元。因为还没发工资，LQY 决定分期付款。LAF 帮她申请了，所以每个月 LQY 要到他那里还一百多元分期款。我问 LQY 有没有被收其他的费用，LQY 说 LAF 只是在网上帮忙代买，没收她其他的费用，还告诉她，彼此都是熟人，以后帮他宣传一下就行了。

在河坝村，社会网络的人情互惠也许比在外要重要得多，但是和外界的社交网络的拓展却给河坝村村民带来了更多的发展的可能性。过于亲密的社会网络具有排斥性和封闭性，这样容易阻碍其他人进入并获得社会资本的机会，当然，在网络中的人则可以获得大量利益和社会资本。

除了做年轻人的生意，LAF 还开发了多种网购业务，比如给年纪大、没文化的绣娘订购迷你电热炉，用以加热枫香牛油给枫香染点蜡，每个电热炉 19 元，他收 1 元钱的代办费即可。他一个月能帮忙订购 20 多个，而且前来询问的人越来越多，绣娘们都觉得非常方便，因为以前的炭火难以燃烧和保存，这个即开即用，用小火温热枫香牛油，也费不了什么钱。另外还有村民委托他买热水器、电磁炉等家用电器，甚至还有村民让他在网上订购了两个冰棺，用以出租给举办丧事的人家使用。据 LAF 说，在网上购买这些非常划算，比如冰棺，一个比县城便宜 3000—4000 元。在对他进行采访的这个月，他一共订购了 6 个热水器，每个热水器价格在 500—600 元，比村里和镇里的电器店要便宜一半，非常适合河坝村的消费水平。

青少年的年龄限制，其他村民在支付手段运用上的不熟练，也可以说是信息技术掌握程度的不对称，让河坝村的特殊购物网络应运而生。尽管不知道能维持多久，但是 LAF 的生意网络就此打开，也为他赚得了利用信息技术开拓的新的生意版图。从需求上来看，LAF 的生意对于村民们来说可以说是一种社会网络中的资本获取，毕竟利用 LAF 的网购便利，村民们获取到了自己想要的资源。一般而言，社会资本的研究可以分成两种理论视角，一是从微观层次，也就是从个人的角度来研究其对社会资本的使用，即“为了在工具性行动中获得回报或在表达性行动中保持所得，个人如何获取和使用嵌入在社会网络中的资源”[①]。二是从群体来研究其对社会资本的使用。这两种理论视角，在评价社会资本的作用和影响方面有所区别，但是社会资本是在成员的互动和交流中维持和再生产的，这已经成为共识。互动的概念在此非常重要，社会资本本身就存在于或者说嵌入在互动的社会网络之中。当行动者希望提高目标成功的可能性时，他们可以动用社会资本，在社会关系和社会网络中，人们可以进行社会资本的投资和回报，也就是可以借助社会关系在行动者的网络中借取和使用其他人的资源。在本案例中，LAF 和村民们可以说是各取所需。

科尔曼认为：“社会资本包括两个要素：它是社会结构的一方面，在结构内它便利了个体的某些行动。结构的任何一个方面是否是资本，取决于它是否对参与某种活动的某些个体发挥功能。出于这个原因，社会资本是个人或活动所无法替代的。”[②] 从科尔曼的理论来理解，从社会交往和人际关系中可以获得社会资本，这些社会资本就潜藏在社会网络之中。河坝村的村民在外出务工和流动的过程中，不仅建立了社会网络并从中获取利益，为自己的生活获取资源，参与资源的交换和转移，而且他们还在网络中发展出完全和面对面的社会交往无关的社会网络。林南认为：“社会资本作为一个在理论中产生的概念，应该在社会网络的背景中考虑作为通过占据战略位置（location）和 / 或重要组织位置（position）的社会关系而获取的资源。”“在这个概念中，社会资本可以操作化定义为行动者在行动中获取和使用的嵌入在社会网络中的资

① [美] 林南：《社会资本——关于社会结构与行动的理论》，张磊译，上海人民出版社 2005 年版，第 20 页。

② Colemen, J.S., *Foundations of Social Theory*, Cambridge, MA: Havard University Press, 1990, p.302.

源。”[①] 林南的观点是把社会资本分成两个方面，一方面社会资本不是个人的资源，而是公共的，镶嵌在社会网络和关系当中，任何行动者都可以通过关系获取；另一方面，行动者决定着资源的获取和使用，也就是说是由行动者主观能动性决定。这种概念的分析和概括在河坝村的个体行动者中得到了突出的体现，由村民的地域流动以及移动通信实践带来的社会网络关系，在便利河坝村村民这些个体行动者的行动中发挥着重要的功能，呈现出新的价值体系。社会网络和关系都在流转和互动中，并由此形成了社会资本的基础。

① [美] 林南:《社会资本——关于社会结构与行动的理论》，张磊译，上海人民出版社 2005 年版，第 24 页。

第四章　行动的过程和原则：移动媒介使用与社会网络建构

加拿大社会学家巴里·威尔曼提出了“网络化的个人主义”这一概念，认为在这个概念里行动者和结构或者制度之间的关系，是一种随着时代变迁的动态的关系。[①] 在封建社会和农业社会，结构和制度对人的制约作用极为强大，个人只能在宗族、父母和时空等因素限制下发展自己的社会网络。但是，“工业化实现以来，伴随着汽车和电话等媒介的发明和扩散，社会关系逐步从街坊邻居式的社区转变为超越本土的社会网络。这个过程是逐步突出个人决策的社会结网的过程，也就是个人交往的方位逐步超越由父母及时空限制所带来的社会关系的过程。在这个过程中，个人的社会交往行动逐步地以个人主义的方式呈现出来，其结果是由个人导向的一个个互联的社会网络的形成”。[②]

手机重构了少数民族交流和传播的图景。手机让传播个体随时随地地能与最亲近的社交圈子联系，也能建立弱关系拓展自己的人际交往圈层。在实践中，手机越来越密切地嵌入了少数民族的社会生态中，协调着人们的日常生活，也创造出新的交流状态。手机在少数民族的使用中，最开始满足了个体的需求，但是，随着社会发展，手机逐渐演变成

---

① [美]李·雷尼、巴里·威尔曼：《超越孤独：移动互联时代的生存之道》，杨伯溆、高崇等译，中国传媒大学出版社2015年版，第5—9页。

② 杨伯溆：《译者序》，载[美]李·雷尼、巴里·威尔曼《超越孤独：移动互联时代的生存之道》，杨伯溆、高崇等译，中国传媒大学出版社2015年版，第1页。

了社会化程度最高的媒介技术之一。手机因为能让人们更快捷地交流，因此更彻底地融入日常生活。换言之，手机意味着交流的即时性，即时性的获得必须以双方都持续性地处于连接状态为代价。手机成为社会交往逻辑的基本构成元素。

物化的社会交往方式给社会关系网络的建构既带来了便利，同时也制造了困境。约翰·厄里认为："形形色色的发展结果之一就是手机不再是'奢侈的''无用的'，而是'不得不接受的事物'；它们自然而然地与我们的身体交织在一起，总是在身边，借此让移动通信的生活成为可能。由此，当人们忘记把手机放在什么地方的时候，他们'迷失了'，器质上残疾了。因为失去了与不在身边的人交流的'自然'能力。从社会角度而言，他们与自己的网络断开了联系。"对于少数民族村民也如此，在生活中全方位地接纳了手机后，以手机为基础的社会交往产生了新的社会交往逻辑和准则，高度的便利性和易得性带来的是无限制地抵达和接近，工作和家庭之间、公共空间和私人空间之间、自我和他人之间的界限逐渐模糊，导致个体的持续性焦虑，接近的渴望和接近后的空虚相伴相随，消费的欲望和真实的意愿孰难分辨。没有界限和时空差别的在线联系，导致传播情境的交叉重叠，人际交往的意义陷入被动，面对面的交流变得可有可无，交流的真实意义被忽略和低估，消费性和目的性的交往让人们产生失衡感，而几乎不曾中断的在线联系又让人产生自我感知的失序感。人们陷入交流的困境中，社会关系网络被不断建构，又不断被消解。在乡村发展的实践过程中，不断创新参与社区治理的有效方式，构建社区利益共同体，破除社会关系网络建构中的交流困境，促进人们社会交往健康发展是应有之义。村民以手机为物质基础构成流动的精神家园，并面临着交流的困境，但也正是在建构精神世界、应对困境以及和媒介技术的互动过程中，村民群体形成了自己行动的原则和规范。

本章探讨在以互联网和手机为媒介的社会网络建构过程中，村民如何构成较为广泛、具有明显异质性的社会网络？即如何以自己为中心和他人连接成网络结构？社会资本在此过程中如何流动？村民通过移动媒介连接而成的新社会网络如何形塑人们相互联系和交往的方式和特征？

第一节　动态的网络：互动和交往的过程

一　流动过程的影响

社会交往是两个人之间实际的直接互动。社会互动和交往的过程可以体现角色关系和社会位置分化的社会结构，而且这些结构原本就是从社会互动和交往的过程中产生而来。本研究重点探讨社会过程对角色和位置中差异的影响。结构的变迁过程，有时候就是位置和角色关系的变化过程，而在这里，社会流动过程是一个基本要素。这种流动，不仅包括地域迁徙和职业变化，还包括收入的增加、婚姻状况的变化、宗教信仰的改变等。社会交往的过程通过各个位置之间的传播途径来进行串联，社会交往总是涉及传播，尤其是信息的传播。因此，本研究认为，当通信技术和工具产生变革，将极大地影响人际交往和社会网络结构。

彼特·布劳认为："从一个单一参数方面来看，人们在某一时间里只能占据一个社会位置，而这一位置又被认为会影响他们与其他人的交往。但是那些从一个社会位置转移到另一个社会位置的人则要受到这两个位置的影响，尽管他们受其中任何一个位置的影响可能要小于那些终生都处于同一位置的人所受该位置的影响。这些流动的人不能简单地抛弃现有的角色属性和角色关系，但是如果他们不能接受新的角色属性，也不建立新的角色关系，那么他们就不能适应他们的新位置。"① 从彼特·布劳的观点来看，河坝村村民的对外流动，不管是从农村流向城市，还是从山区流动到沿海，其社会生活不仅要受其西部少数民族文化背景所影响，而且会受目前所处的城市环境的影响，在这种双重影响下，村民的思想观念、角色属性和角色关系都会产生变化。

---

① ［美］彼特·布劳：《不平等和异质性》，王春光、谢圣赞译，中国社会科学出版社1991年版，第58—59页。

流动在河坝村村民中间是一种常态。流动对他们来说是一种基于经济上考虑的家庭选择，也是一种个人努力。个人的社会关系网有助于降低远距离迁徙和流动的风险，因此促进了人口流动，而人口流动反过来也拓展了新的社会网络。对于河坝村村民来说，打工和创业造成的人口流动都呈区域集中性特点。很少有河坝村人会独自外出打工，一般都会和同村的亲友一起离家，比如大部分都去往浙江、广东和福建等地，都由先去的村民慢慢带领一批一批的人外出，为河坝村的流动人口组织和经济生活提供社会基础。

（一）社会流动促进人际交往和社会网络建构

流动的个人因为要在新的环境中生存，一般而言比其他人更善于结交来自不同群体的人们，因为他们比定居的人更有可能接触不同的群体。因此，流动的人们更易在各个群体之间建立交往渠道。在某个职业中认识新的朋友和进行人际交往，会有助于人们获得从事这一职业的机会，以及获取这个职业的相关技能和信息，比如获得这个职业的角色示范和技能传授等真实信息，为他们从事或者流入这一职业提供便利和机会。

当个人在流动的过程中，在新的地方有朋友或者亲属，流动就会显得容易得多，并会大大缩短适应的过程，这是流动的人们进行人际交往和社会网络建构的主要原因之一。通过调研，本研究有以下发现。

1. 流动会推动和加固原有社会关系的交往

同时向一个方向的流动，不仅直接影响各个阶层之间的社会交往量，还会影响这些阶层的相对规模，从而改变它们之间的交往率。

村民 LLG 在采访中告诉研究者，去浙江金华打工的河坝人很多，后来又一起兴办养猪业。她和她的姐妹兄弟，一家人都在金华。还有一些河坝老乡，以前认识的不认识的都有。在金华时，他们分布在城市的各个角落，但是平时经常聚会。在金华也和在河坝一样，喜欢聚在一起吃酒，打个电话大家就来聚了。

在浙江待的日子长了，他们的后代也渐渐长大成人。虽然这次环保清查让很多人回到了河坝，但是还有一些人就此在浙江安家落户了。比如 LLG 大哥家的两个孩子都是在金华读的书，大儿子在金华中学毕业后，回贵州来参加高考，考取了杭州的一本院校，现在快毕业了，要继续攻读研究生。小儿子也考了一所好大学。她认为，因为浙江那边教育质量很好，从那边回贵州参加高考更容易考上大学，孩子们在那边读书并慢慢建立了自己的朋友圈，加之浙江经济相比贵州发达得多，所以都愿意留在那边。

这些养猪户从河坝村流动到浙江金华和广东河源地区的过程中，建立了同乡之间的交往和互动。他们一起向致富目标迈进，也一起经历着他们的位置和地位的变化。反过来，位置和地位的变迁也加固了他们的人际关系圈。

根据伯吉斯和洛克的理论，如果人们和家庭及其邻里的故乡情谊关系很有特色，那么他们就不愿意离开家乡迁居到经济条件比较好的地方去。社会流动和地理流动很可能要受有特色的内群体纽带所抑制，因为流动势必削弱这些社会纽带。尽管河坝村绕家人具有独特的文化底蕴和社会交往情谊，但是并没有影响河坝村人的社会流动与地理流动，这与河坝村的经济发展水平和贫困状况密切相关。

值得注意的是，河坝村村民的同乡交往，使得河坝人即使身处异乡，亲密的社会关系仍局限在亲近的社会圈子里，或者是角色关系和地位相近的社会圈子里，不利于异质性社会关系的建立。强有力的内群体纽带会限制个人的自由与流动，也会削弱人的信息获取能力，而各种群际交往虽然松散，但可以增进人们相互接触的机会，不管是对个人而言，还是对整个社会整合来说，都是必需的。

2. 流动促进了与外地和城市人口的人际交往和网络建构

在浙江金华养了十几年猪的LLG，在接受研究者采访时，透露出了许多与河坝人不同的观点。在说到浙江人好还是家里人好的时候，她斩钉截铁地告诉研究者浙江人好。

> 因为那边的人待人真的很好，如果在那边找不到活干，就会有人带着你这里跑那里跑，帮你找活干，人家也不是什么政府的人，一般人只要是知道了，他可以帮忙的就会帮忙的了。（LLG，49岁，2016/9/28）

另外，她还提到了她在金华租住的养猪场的房东。在那边十几年，他们一家人和房东建立了深厚的感情。他们回河坝一年多了，70 多岁的房东还经常打电话来问候。她说，如果浙江那边环保工作查得不那么严格了，还打算回浙江。在和 LLG 的交谈中，研究者发现她对浙江充满了怀念和留恋，在外地的所见所闻，改变了她看待事物和感知事物的角度。在浙江建立的人际关系圈子，使 LLG 一家真正融入了当地社会，并且有了归属感，这是一个值得推敲的案例。

不止 LLG，YWS 也因为流动到江苏南京，建立了新的社会网络，并在这个社会网络中获取了自己需要的社会资本。在回忆自己做化工原料生意是如何起步的时候，他提到了在江苏时认识的一个“经理大哥”。

当时我在百度的时候，和那个经理处得好，后来他不在百度干了，他帮我们现在的这个催干剂厂建个网站，做百度推广，后来他就跳槽到了这个厂，我去做信用卡之后他就到我们这个厂来了。当时我做信用卡很累，早上七八点钟出门，开个会，就出去敲门、办卡，到晚上十一二点钟才回来，坚持一年多，觉得很累，就想找一个新的工作，正好他那边也需要人，他就介绍我过去了，他现在也还在我们公司。

研究者问 YWS，“经理大哥”为什么和他相处得好，他说：

其实当时我也是偶尔和他联系，在微信上联系。主要是有两次他打牌说没有钱，叫我给借点钱。当时我也没有钱，但是觉得他人还可以，然后我就找朋友借了 1000 块钱打给他，第二天他也还了。之后有一次他借 500 块钱，我也给他借过去。所以后来联系就多起来，他觉得他那边还可以，就叫我过去。现在他主要跑广东那边。我有很多业务都是他介绍我做的，像我现在做的颜料，是他把我介绍给那个老板，我帮那个老板代卖的。（YWS，29 岁，2017/3/19）

人口的对外流动改变了人口的规模分布，从而改变了异质度，使得河坝村的流动人口与各种不同的人交往，促进了与外地和城市人口的人际交往和网络建构，而这些新建立的社会关系，给河坝村的流动人口提供了原来的社会网络无法提供的社会资本，甚至推动了阶层和地位的变化。大量的人口流动，创造了大量的社会交往机会。这些机会越多，人们之间偶然性地建立社会关系的可能性就越大，有些偶然性的交往就很有可能建立为正式的社会关系，进行正式的社会交往，甚至进一步发展成为紧密的社会关系。而异质性越高的社会网络，社会资本的获取来源就越丰富，越有可能创造更多的社会交往机会。

在现代社会里，个人的社会整合不再仅仅取决于内群体所建立的强有力的社会关系网络，而是由松散社会联系所建构的广泛的社会网络所决定的，只有广泛的社会网络才能提供各方面的支持，才能让行动者获取更丰富的社会资源。

（二）移动媒介促进人际交往和社会网络建构

一些研究认为，互联网会使得使用者逃避社会，会让人沉溺于网络，而与身边的人疏远。但是一些研究却证明，手机不像互联网一样会使人产生逃避社会的现象。[①] 移动媒介的传播是建立在现实的社会网络之上的，人与人之间的交往和互动相互交叉和勾连，把自己的社会资源和人际关系整合为一个巨大的社会交往网络。移动媒介既增强了和亲密的人之间的关系互动，也能够建立和发展与他人之间的关系。胡春阳认为手机“一个小小的随身携带的装置实现了网络融合，应用融合（声音、数据和视频从分离到融合），从而实现生活方式、社会关系、社会资本的融合”。[②] 而本研究认为，手机最为重要的功能或者说对人类社会最重要的影响在于，以手机为代表的移动通信技术在人际互动中承担了重要的工具作用，建立、维系和发展着每个人的关系网络，并无缝融合进了每个人的生活。

① Levinson, P., *Cellphone: The Story of the World's Most Mobile Medium and How It Has Transformed Everything*, Palgrave Macmillan, 2004, p. 17.

② 胡春阳：《寂静的喧嚣　永恒的联系——手机传播与人际互动》，上海三联书店 2012 年版，第 7 页。

1. 关系的建立

在河坝村，移动媒介让不少人建立了自己的关系网络。最突出的例子就是结识了家庭的另一半。LGY 和妻子 TT 是通过 QQ 结识的，

> 好像那个时候，是她找的我吧。我也不知道呀，我在他们学校搞军训，她看到我们连队，然后就是她加我 QQ，问我一些关于军训的事情，聊着聊着她就……我们两个就在一起了呗。（LGY，32 岁，2017/4/3）

从碧波镇嫁到河坝的畲族人 WCF 告诉研究者，她和丈夫 YXG 也是通过 QQ 认识的，

> 我的初中同学嘛，就和他在一起念书，然后玩得也是比较好。那天，他……嗯，登了那个我朋友的 QQ，我正好找我的朋友聊天，就这样认识了。然后他就加我，用他自己的号加我。（WCF，23 岁，2017/3/24）

有意思的是，WCF 还告诉研究者，在他和 YXG 通过 QQ 聊天交往的过程中，她还通过 QQ 认识了一个网友，职业是厨师。那位厨师也追求过她，但是 YXG 追得比较紧。在网上聊了两三个月以后，他们约定见面。彼时 WCF 正好在中山打工，YXG 和一个朋友决定去中山看她，结果坐错车到东莞去了。那是两人第一次见面，自此以后，每逢节假日，YXG 都会来找她，最后得到了姑娘的芳心。虽然在恋爱这件事情上，QQ 等媒介不能完全代替面对面的交往，但是 WCF 和 YXG 却是通过媒介认识、建立联系和完成最初的交往的。

移动媒介还让同行业的人建立了关系网络。在贵阳做水电工的 LBB，通过手机和多位同行联系，自己公司没活儿干的时候就可以出去单干，不影响月收入。

> 我手机里有十几个同行。有时候去那里干活的时候，帮忙的时

候认识的，大家都是同行，随便加个微信啊。有时候这边没活儿了，问一下他们，有没有活儿啊，介绍一下啦，只要他们有活干，我就可以过去。（LBB，27 岁，2017/3/28）

LBB 还告诉研究者，手机扩大了他的人际交往范围。

用了手机之后，我的朋友多了，有时候交些朋友啊，诚信一点的这些人我会留在我的微信里面，以后还可以联系。（LBB, 27 岁，2017/3/28）

在使用移动媒介建构社会网络的过程中，建立关系是最为重要的环节。尽管这些关系的建立可能存在很大的偶然性，但都是村民们出于主动意愿的选择，甚至在很多情况下怀有目的性和针对性。这样的例子很多，比如前文提到过的通过微信“摇一摇”功能认识的 LEM 和 LJW 夫妇，以及后文将提到的也是通过“摇一摇”功能认识的 AWY 校长和学校物资的募捐者。每一次关系的建立，都意味着又有了向其他社会网络连接的桥梁，尤其是通过移动媒介所建立的关系，和在本地建立的关系重叠程度低，是一种异质性程度较高的交往，有机会获取更丰富的社会资源和信息。

2. 关系的维持

使用媒介，对人际交往影响更明显的在于关系的维持。YWS 认为微信等社交软件可以灵活而没有压力地维持着朋友之间的联系和交往。

微信 QQ 肯定有好处，人家介绍个女朋友，相亲对象，可能你打电话，不知道说什么。有个微信，给他发个表情什么的。有时候有意无意发一两句话慰问一下这样子，如果是打电话的话没法完成的。比如说最近过得怎么样，没有话讲，挂掉了，不可能吧？微信的话就可以这样子。（YWS，29 岁，2017/3/19）

喜欢在手机上玩贵州麻将的LBB，通过玩手机麻将认识了很多朋友，还和这些朋友建立了联系频繁的微信群，平时玩麻将付钱和聊天都在这个群里。然而，LBB对这种关系的维持却有着清醒的认知。

> 玩这个贵州麻将的时候也认识一些好朋友，但是人家有钱就认识你，没钱谁认识你。也不是我这样想，是别人。有钱打牌了，大家就喊得很亲热。没钱了谁喊你。（LBB, 27岁，2017/3/28）

这种完全出于利益的关系，却通过手机在一个时间段内稳固地维持着，研究者劝经常输钱的LBB不要再玩了，他却说：

> 其实我现在不想打了，但是有些时候无聊还是玩一下，真的。现在叫我戒掉，真的戒不掉。（LBB, 27岁，2017/3/28）

在移动通信技术革命席卷少数民族地区以前，村民们建立异质性社会关系的机会很少，即便是通过地理、职业和社会阶层的流动而结识了新的关系，也很容易因为时空因素而难以维系。移动媒介则彻底改变了关系维持的方式和效果。许多村民在和研究者加为微信好友之后，会给研究者的朋友圈动态点赞留言，节假日也会发来祝福短信，维持着互动的关系。这种关系的维持，无法脱离移动媒介而实现。

3. 关系的发展

有了手机之后，对于关系的维护和发展显得容易得多。YWS就说道：

> 比如说老板有他固定的供应商，可以说他基本上不考虑我，但我很想和他做生意。我平时和他经常聊天，也怕他烦我，肯定的。然后他发朋友圈我就点赞，比如说到他小孩的生日了什么的，我可以发个红包表示一下什么的。久而久之对我有一种信任感，等于就是把这个感情给连上了。就是微信和电话里边有很多不同的地方。（YWS，29岁，2017/3/19）

恋爱关系也在手机的利用中得到了发展。LQ 和 LAF 夫妻俩即如此，那时手机的短信功能给他们带来了难忘的一段时光。据 LQ 介绍，他们俩刚开始恋爱的时候，因为两人年龄悬殊，LQ 又在读书，所以不敢往家里的座机打电话。为了联系，LAF 偷偷给她买了一部手机，虽然只要 200 多元，但是却成了两人联系的“秘密通道”。

> 那时候怕他们（家人）知道是谁谁帮我买那个手机，我就自己躲在那个被窝里面去摸索，跟他发信息。那时我们的短信，我拿出来看了一遍又一遍，还有那个手机它是可以语音的，它自己会读那个短信，那个人在那里读，你只要点开了就读了，读那个字。我记得那时候，他给我发的第一条短信，说的是这一个人的内心是怎样的，他的世界就是怎样的。他有同学说他不怎么会表达，但是他写的那些信息就是……感觉是挺那个的。他说话什么的就吞吞吐吐地说不来，就是只要写信息那种，他就挺厉害的。他给我第一眼那个感觉就是，他这个人就是一般般，感觉这个人好像有点傻。想不到这个人还会玩一下手机，因为他是啥都懂，所以只不过用了 50 天我就嫁给他了。（LQ，25 岁，2017/3/13）

以上例子表明，手机传播促进了人们关系的发展和解放，频繁地联系实际上激发了人们面对面互动的冲动，更有利于关系的维护和发展，尤其是从弱关系发展为强关系，随时随地的联系具有尤为强大的促进作用。

4. 接通和辅助利用关系链

在现实生活中，只有一种关系是满足不了需求的，往往需要传递性的关系链。关系链扩展了人们的交往范围，拓展了人们的能力范围。在关系链里，一般都有着弱关系在起桥接作用。河坝村人喜欢玩微信红包，但是，在河坝村，有时候微信红包已经成为一种变相的赌博活动。据村民 LAF 介绍，河坝村的微信红包有几种玩法，一种是抢红包最少的人接力发红包，那个点到数目最少的人就发，最少发一个红包，四秒就抢完啦。一般最少发两块钱，只可以多，不可以少。一分钟的话，多的不用说，就十秒一个，一分钟，六个就出去了，十二块钱就出去了！一晚上，运气差的，一百多块钱，就发完啦。（LAF, 34 岁，2017/3/15）

村民 WCF 告诉研究者，第二种是约定一个数字，抢到尾号为该数字红包的人接力发红包，

他后面选的那个尾数是，或者 1 啊 0 啊那种。你抢然后你尾数是 0 那种，你就返钱给那个人。私信给那个人钱数，还要翻倍。玩起来，输钱的时候多，现在网上有很多人在玩呀。被人拉进去了就开始玩。（WCF，23 岁，2017/3/24）

村民 LBB 也曾和研究者提到对微信红包的看法：

玩这个真的经常被封群的。我最多的一次返了 150，别人发了一个 100 的，我要翻 1.5 倍给人家，那天我拉那个 YWS 去玩一下，这个玩得真的是太大了，还是打点麻将好。（LBB, 27 岁，2017/3/28）

微信红包赌钱的进群人员，也要有关系才能进入。常常是一个熟人拉进另一个熟人，形成了一条关系链。发红包要有信用，不能只领不发。而涉及数额较大的群，常常容易被查封。因此，在被解散的群里，如果信誉好，就会被群主加为好友，如果群被解散了，也能马上被拉入新的群。这就相当于连接进入了一个关系链条。

移动媒介还起着辅助利用关系链的作用。YWS 在做化工原料生意的过程中，通过微信随时和“经理大哥”保持密切联系，因此，当经理大哥在广州发展，介绍颜料老板给 YWS，让他多了一个挣钱的门道和机会。

他把我介绍给那个老板，我帮那个老板代卖的。那个老板的儿子和他一起在广东，所以我就多了一个门道。他的话，像那个老板的儿子已经在广东卖了，所以他就没办法了。（YWS，29 岁，2017/3/19）

在这里，YWS 就是通过移动媒介，建立和利用了关系链条，拓展了自己的颜料生意。

技术极大地改变了信息传递的方式，并彻底改写了人与人的关系的维系和连接。通过这种技术，人类将更加独立，并拥有更强大的能力去改变与决定自己的生活世界。关系网络成为人类和移动技术紧密连接的所在，并在人类活动中扮演更为重要的角色。

（三）人际交往和社会网络建构是动态的过程

在对社会网络的研究中，涉及强关系和弱关系的概念，格兰诺维特、边燕杰、威尔曼和沃特利等学者，都把强关系和弱关系截然分离，把二者放置于一种二元对立的状态。从这个角度来看，强弱关系是一种对立的和静止的状态，而不是有着历史基础且会变化发展的。事实上，任何关系和社会网络都处于一种动态的、相互联系和相互竞争的连续过程中。刘林平认为："人们之间的关系是发展变化的，是一个动态的过程。因而，对关系的区分至少可以建立在两个时点上：过去和现在。"[①] 用这两个时点来定义关系，可以得出如下四种关系：强关系、弱关系、弱强关系和强弱关系。因此，关系就是一个动态变化的以及连续的过程。刘林平进一步指出："关系是变动着的，从没有关系可以到有关系，从弱关系可以到强关系，反过来，也可以从强关系到弱关系，从有关系到关系完全破裂，比没有关系更糟糕。即使是在血缘关系中，如果这种生产和再生产的过程中断，它也可能不会发生作用，甚至发生反作用。关系双方的互动对于关系的维持和发展是至关重要的。"[②]

---

① 刘林平：《外来人群体中的关系运用——以深圳"平江村"为个案》，《中国社会科学》2001 年第 5 期。

② 刘林平：《外来人群体中的关系运用——以深圳"平江村"为个案》，《中国社会科学》2001 年第 5 期。

在河坝村，以亲属和朋友为基础的关系网络是获取社会资本的最主要来源。但是到了城市以后，同行和在工作中认识的朋友，则成为获取社会资本的重要来源之一了。LBB告诉研究者，在刚开始到贵阳做水电工的时候，因为业务还不熟悉，所以就加入了一个同行之间的业务群。在那个群里，基本都是讨论施工方面的问题，大到整个工程的施工图纸，小到一个开关的安装，给他带来了不少的工作便利。但是，随着对工作的熟悉和稳定，LBB逐渐脱离了那个圈子。

> 刚开始的时候，他们建了一个群，那个群现在我不在了。是QQ群。现在很少聊QQ了，工作也是差不多稳定了，所以那个群很少聊了，不知道跑哪去了，原来有什么问题大家都是在群里交流一下，后来我也在群里指导他们。（LBB, 27岁，2017/3/28）

由此可见，人们在流动的过程中建立社会网络是一个动态的过程，尤其是通过移动媒介建立的。这种关系很容易建立，也很容易断裂。但是如果需要，再建立起来也并不困难，是随着人们流动的方向和社会实践的需要而决定的。关系是一个动态的和不断协调的过程，只有把关系放到具体的情境中，或者具体的文化脉络中才能显现，也才能被完全理解。从农村到城市的迁移是一种在方向上占有优势的流动，它使村民和其他人员交往的概率大大增加，关系和社会中每一次具体实践活动都具有内在的关联性。社会网络的建构是一个动态的过程，尽管社会网络受结构性的制约，但它并不是静止不变的，而是可以由人的主观活动和努力所改变的。河坝村人的很多关系就是通过自身努力和移动媒介作为中介寻找和发掘出来的，移动媒介连接着关系和每一次具体的实践活动。就如刘林平所说："对于关系的理解，不论是从结构还是功能的视角来看，都应该把它看作是动态的、处于发展变化之中的，是一个连续不断的生产和再生产的过程。"①

---

① 刘林平：《外来人群体中的关系运用——以深圳"平江村"为个案》，《中国社会科学》2001年第5期。

二　网络中的互惠与互动

（一）社会网络利于互惠行动

互惠是一种在各种社会文化中都普遍存在的人际交往规范。人与人在交往尤其是交换的过程中遵循的互惠原则，是社会交往能够延续的重要前提，尤其在中国，自古以来就有“礼尚往来”的交往行为规范，也有“投桃报李”的文化典故。中西方在不同的价值观体系下，对互惠的理解有所不同。西方社会中的互惠，强调互惠过程中回报周期的短暂和利己性，而中国则不大关注回报问题，而且强调的是利他性。但不管如何，互惠的核心概念就在于交换，当一个人给予了另外一个人资源的同时，也就建立了一种责任和义务，在将来的某个时间点给予相当资源的回报。那么在移动媒介社会，通过媒介介入的社会网络和人际交往中的互惠行动是否有所改变呢？本研究通过调查认为，互惠行为在移动媒介连接的社会网络中，依然可以有效促进人际关系的连接和社会资源的流动，乃至提高社会信任感以及社会资本存量。

LQZ 在 YWR 的眼中，是一个非常仗义的人，因为 LQZ 在自己开办的河坝瑶族文化博物馆中，给 YWR 提供了免费制作绕家蜡染的场地。博物馆靠近集市和河边，因此在博物馆的门厅里制作完蜡染之后，到河边漂洗非常方便。每个星期只要逢赶场天和天气好的日子，YWR 都在博物馆里制作蜡染。到了赶场的日子，村里的绣娘还会把自己点制好的蜡染半成品拿到博物馆来，请 YWR 进行染制。YWR 根据布的重量来收取费用，每个月还能有一笔收入。如果 YWR 在白兴大寨的家里的话，这笔收入就难以保证了。一来白兴大寨有其他染匠，二来路途遥远，绣娘不方便。而对于 LQZ 来说，YWR 在这里也给他带来了好处：一是博物馆的门厅就能展示绕家蜡染的制作工具、制作过程和制作成品；二是 YWR 本身就是政府认定的绕家蜡染的省级非物质文化遗产传承人，他在这里制作蜡染可以给博物馆带来较好的社会效益和广告效益。这种互助和互惠，既是资源交换的行动，也是表达感情的方式，履行着属于自己的责任和义务。

做水电工的 LBB 告诉研究者：

> 像去年我在凯里，他们建了一个群，都是同行的，他们忙的时候，弄不完嘛，就说这有活儿干，一起去弄下。一出工就是 200 多元一天，在群里面他们会通知我们。哪里有活干，然后就去那里集合。我和朋友这边有活儿干，也会通过群发出去。（LBB, 27 岁，2017/3/28）

LBB 和同行之间的互通有无和互相帮助，从小里看是一种互惠行动，从大里看这种行动可以保障经济和社会的有效运转，是经济社会的润滑剂，强化和维持着社会关系。在这里，移动媒介和互惠行动都在发挥着自己的作用。

在省城读大学的 LY，因为大学期间成绩和积极性不算突出，所以没有入党，但是在工作岗位上入党又存在一定的难度，因此，她想把团员关系和入党积极分子材料转到村里来，在村里解决入党问题。在研究者的引荐下，她见了村支书并加了支书的微信。除了入党，LY 还有自己的小心思，因为自己的男朋友是搞文化装饰装修的，她想如果河坝村要搞旅游开发，环境装饰也需要跟上，这样和村委工作人员搞好关系就更有必要了。

> 因为我那个堂姐不是说吗，河坝村这边房子外表也没有弄什么嘛，要这边弄成旅游的，我就想 LF（LY 男友）也是弄文化这一块的，等到时候弄旅游可能就会弄一个雕塑，只要他接过来的话，可能收入也是可以的。（LY，23 岁，2017/4/1）

LAF 加入了好几个手机维修群也是一例。在 LAF 做生意的过程中，如果遇到不会维修的机子，就可以拍损坏的地方或者存在的问题给群里的高手，或者发到群里大家都会给予帮助。当研究者询问里面的人为什么这么热情，要不要给他们付费用的时候，LAF 说：

> 一般如果说是不需要他怎么搞的话，不用发红包，我们这个是个内部群，就是说是我们都在那个公司买那个软件，不懂的话，他

会说。或者有时候群里的高手在忙，比如说别人不会的，我要是懂的话，也会给予别人指导。（LAF，34岁，2017/3/15）

从这些事例中，我们可以看到，网络中的互惠是社会网络建立和发展的一种必要的条件和推动力量。互惠本身深植于各种文化之中，但是在不同文化中会有不同的表现方式，因此在以共享为基本逻辑的网络中，互惠文化能够更充分地得到实现和发展。

罗家德认为："越是关系亲密，话题亲密度高，行为亲密度高，互惠内容是情感型的，认识很久，互动频率高，而且关系来源很亲密，外加亲上加亲，在中国社会就是很强的连带，反之就是比较弱的连带。"[①] 但是不管是强连带还是弱连带，社会网络都是有利于互惠的。同时我们还要注意的是，除了物质上和资源上的互惠，精神上也存在互惠，而且能够提供更好的社会支持和心理支持。第三章提到的LQY获得以前恋人的精神支持就是一例，当时与对方的QQ和短信联系已经成了LQY"唯一的精神支撑"。河坝的年轻人在社交媒体中发布消息，并互相评论和点赞，也是一种精神上的互惠。

（二）移动媒介利于网络与人际互动

在河坝村的社会网络中，移动媒介对人际互动起到了很大的推动作用。人们通过移动媒介的互动，可以进行社会资本和资源的交换，也可以辨别人们之间的亲疏，体现人情伦理，还可以观察人们义务和责任的履行。社会网络深植于文化的根基中，并在互动中连接与建构。YWS曾把账目的其中一页公布在朋友圈中，并写下一段话：

刚刚YYS（白兴大寨村民）和我说，村民反映：1.公款应该拿来用。2.去年交给我的白兴到腊谷道路硬化的余款和之前的余款应该分为两部分，道路硬化的余款应该拿出来给村民支配。我的看法和理解：可能村民一直有误解，既然是公款，当然完全可以用于白兴村的所有公共项目。无须分开道路硬化余款和之前的公款，因

① 罗家德：《社会网分析讲义》，社会科学文献出版社2005年版，第50页。

为都是公款。只是这个款怎么来支？当然不是任何一个人来说我要五千我要一万就可以随意拿出来的。我认为预支公款，首先确认是村里的公共项目。其次，预支公款之前开村民大会，至少60%以上村民通过。说句和公款无关的话，个人意见，仅供参考。如果可以，村里超过两千元以上的公共项目最好以招标投标的方式来实施，以免给他人造成腐败机会。

他把这个发到朋友圈，研究者给他点了赞，结果他把研究者拉进了一个名为“白兴委员会议室”的微信群，一进群，研究者就看到他也把这段话发到了里面，然后大家就纷纷讨论了起来：

简单幸福绕家人：我很赞成这观点。

冷静：公路余款用于修补道路也可以，五七家侧边太烂了，这地方修一下可以，总之不能拿来吃喝。

简单幸福绕家人：是的，冷静大哥说得对。白兴的基础设施还比较老火，这公款只能用在建设这方面，如果这公款处理不好的话，大家前期的辛苦就白费了。

飞杨：公款尽快拿方案，合理支配。

简单幸福绕家人：问题是怎样才能说是合理？

飞杨：项目要大家来讨论，只要有利于村里的发展，道路、娱乐场所、消防设施等都可以。

由此看来这个“白兴委员会议室”的群，是白兴大寨寨务的管理人员自行成立的议事场所。经介绍，这些委员都是由村民自发推选出来的，管理由村民或外来人士募捐的寨务经费，即谈话中提到的公款。YWS 因为人品可靠，且经济实力雄厚，村民认为他较为适合管理这笔款项，把公款支出和管理的重任交给了他。YWS 在接受研究者采访时，提到此事还颇为得意，因为这是村民对他道德品质和经济实力的一种肯定。把研究者拉进群里，YWS 还和大家做了解释，说只要是热心支持白兴发展事业的，都可以算作白兴的委员。

白兴的 YW 告诉研究者，现在寨子里事务很多都放在群里来探讨，这基本已经成了一种常态的议事手段。他有些不满地提起，以前的会议都是放在村里的会议室来召开的。但是寨子里的人太没有时间观念了，通过喇叭或者电话通知好的开会时间，往往无法准时召开，耽误了很多时间和精力。那些没有到场开会的村民，又对会议达成的决议有异议。明明自己没有按时如约参加，却说没有得到他的同意或者不知情，给寨子里的事业发展平添了一些不和谐的因素。因此，几个主要成员商议成立了这个微信群，把委员们全部拉进群。一来随时随地可以商议寨务，二来也避免了不到场、不知情的情况。村民 YW 告诉研究者：

> 有时候有些人时间观念比较模糊，他们到底是不热心还是没有时间观念，我也不清楚，但是今天这里开会，明天那里开会，通知了又不按时到，事情也做不好。所以我感觉，前段时间我表弟建了个微信群（“白兴委员会议室”）挺好的。大家可以互相讨论、互相沟通。热心的，说话有一定的水平，可靠，能为村里做一点贡献的一些人，大部分都在里面了。大家就靠微信去沟通。（YW，34 岁，2017/3/21）

河坝小学的新任校长，刚到河坝，与许多家长都不熟悉，感觉工作开展起来有障碍。在研究者的建议下，她在微信里建起了“河坝小学教师家长交流群”，把学校的教师和能联系得到的家长都拉进了群，为家长和老师建立了一个交流平台。

河坝外出打工的家长多，微信群建立以后，很多家长就靠这个平台和老师交流，自从微信群开设一年以来，每到学期末，就会有家长在群里 @ 自己孩子的老师询问成绩，老师不仅会细心解答，而且会告知孩子学习的情况，给出促进孩子学习的建议。比如 LMX 老师，在回答某学生的成绩之后，还给家长拍了孩子试卷的照片，同时告诉家长：

> 这是 ×× 的试卷，可以给她看一下，她的成绩有点下降了。

比我对她的要求少了，我给她的要求是90分以上，她平时的背诵没有按时完成，有点跟不上，该背该默写的她不完成，就跟不上别的同学，家长要督促一下。但是我们老师教不好你们的孩子，我们也有责任。（LMX，46岁，2018/1/14）

家长看完感动地写道：

这学期已经结束，希望下学期老师帮我严格要求点，老师们你们辛苦了。话不能这么说，我们当家长的也有责任，关键是这些小孩不听话，让你们费心了。

有了微信群，身在异乡的家长也能及时收到学校的相关信息，而微信群的方便之处在于，即使不和老师联系，也能收到学校的通知。比如假期的放假时间通知、作业安排，以及校长对假期的相关要求。到了开学的时候，老师和校长们也会在群里发布学生报名、作业检查以及缴费的相关注意事项。

当学生遇到重大事故时，老师也会在群里发表自己的看法。比如贫困学生YWX的80多岁的父亲去世了，只留下他和残疾的母亲相依为命，班主任LMX老师发现他不来上学去帮别人骑三轮车载货后，立即在群里表示：

只希望寨邻老幼可怜他，关心他，体贴他。再怎么他都是未成年人，是小学生，还有很多事不懂，他现在的主要任务是学习，而不是用三轮车去载人载货帮别人大忙。未成年人是受法律保护的，任何雇佣未成年人干不能做的事，都是违法犯罪的。（LMX，46岁，2018/4/22）

一些家长对微信群的评价颇高，四年级学生的家长LJX告诉研究者：

以前孩子在凯里读书的时候，那个学校有校讯通，转到河坝小学以后没有了，我经常焦虑不知道孩子的学习情况，有了微信群，有什么事情我能及时知道，和老师也好随时沟通。（LJX，32 岁，2017/4/3）

格兰诺维特等人的社会网络分析的嵌入型观点，事实上就是研究个人是如何通过网络当中的关系进行交往和互动的，在这种互动过程中，不仅个体行动者的行动会产生改变和影响，同时也会对相互之间的关系产生影响，整体的结构也会随之发生改变。阎云翔认为："研究这种地方世界社会生活的关键在于，判断个人怎样与他人互动以及怎样与社区整体互动。"[①] 在河坝村村民那里，其社会网络中互动和互惠都植根于他们的经济社会和文化传统之中，从而有和其他文化不同的表现，而在他们自己的文化社会中，不同的情境下也有着不同的表现。河坝村村民的互惠行动，体现了他们关系的流动性、变通性和策略性，当然还有生产性和再生产性，更加重要的是，从这些互惠行动中我们可以看出河坝村村民的关系网络是如何在实践中运作的。

三 网络和资本的激活过程

社会学家米切尔等认为，社会网络是"一群特定个人之间的潜在关系，这些关系只有当受到某个事件或活动的激发时才变得明显"[②]。本小节重点探讨通过移动媒介、社会网络和社会资本进行激活的过程。

（一）动员社会资源

在省城上大学的 LY，在和男朋友 LF 确定了恋爱关系以后，却不得不面临了一场严重的家庭变故。2017 年 5 月 13 日，她的男朋友 LF 的 56 岁父亲因急性脑干出血，原发性高血压三级紧急入院，同时出

① 阎云翔：《礼物的流动——一个中国村庄中的互惠原则与社会网络》，李放春、刘瑜译，上海人民出版社 2000 年版，第 215—217 页。

② Watts, H.L., Mitchell, J.C., "Social Networks in Urban Situations: Analyses of Personal Relationships in Central African Towns", *American Sociological Review,* Vol. 36, No.3, 1971, p.551.

现了双肺炎和身体左边偏瘫，在ICU病房治疗了十几天，共花费十几万元。虽然合作医疗报销了一部分，但直至6月8日，他们已经自费56000余元，家里的积蓄和亲戚朋友东拼西凑的钱已经全部花完。虽然没有出ICU病房，所幸的是病情在好转之中。据黔东南州人民医院、贵州省人民医院和贵阳脑科医院康复科的各位医生评估，LF父亲未来三个月的治疗费用和康复费用就要20万元，家里实在拿不出这么多钱。一家人心急如焚，最后只好求助筹款平台水滴筹，筹款的目标金额为20万。他们把水滴筹的筹款网页发到微信朋友圈里，请求朋友们转发帮忙筹款。研究者发现，LY和研究者的共同好友，主要是河坝村的村民，只要看到了基本都捐款或者转发了。但是从水滴筹的平台来看，筹款的效果并不理想，他们6月8日发起筹款，一天之内帮助次数为223次，筹款金额为8860.24元，到了6月29日，筹款结束，帮助次数为1168次，筹款金额为38049.01元。当研究者询问LY，38000多元是否足够支付治疗费用时，LY告诉研究者，事实上最后筹款金额超过了100000元，因为有些人是私下转账到她和男朋友的微信或者银行账号的，当然还是不够，不够的部分他们只好向银行贷了款。研究者进一步询问筹款平台上捐款的人是不是都是陌生人时，她说：

> 绝大部分是熟人，陌生人也捐，但少。这次基本上能帮的都帮了。生错病没办法，能筹一些是一些，生大病，在医院用钱就像用水一样快。水滴筹主要是积少成多，后来再不够的我们就贷款了，好心人还是多的，能筹一些是一些。（LY，23岁，2017/8/7）

幸运的是，LF的父亲最后经过康复治疗，恢复得很不错，到2017年年底就已经能下床走路了，只需要吃控制血压的药，家里算是松了一口大气。

在LY的案例中，因为家庭变故急需用钱的LY和LF，在媒介平台上积极地请求大家的帮助，动员其社会资源，而LY作为村里的大学生，其身份也让她较为容易获得大家的帮助。与研究者相识的河坝村村民认为，LY平时人好，学习很刻苦，又是大学生，大家能帮多少是多少，都是一片心意。LY 口中的“能帮的都帮了”和大家口中的“能帮多少是多少”，都是社会资源的动员成果。在 LY 和 LF 的社会网络中，他们通过微信和 QQ 等媒介，把消息既传递给了强关系也传递给了弱关系，另外又通过这两种关系传递到了这些关系连接的其他社会网络。因此，不管是 LY 口中的“熟人”还是“陌生人”，事实上都是他们在社会网络中连接的社会关系和社会资本。社会资本是嵌入在社会关系网中的资源，而 LY 和 LF 通过直接或者间接的社会关系获取到了。

LGY 为哥哥找关系帮忙的事例更是动员社会资源的一个典型案例。LGY 的哥哥在江苏常州打工，一次喝醉了骑摩托车，在路上撞到了一辆汽车，当场昏迷入院，生命垂危。对方开的是一辆价值 400 万元的豪车，受冲撞比较厉害，光修理费就要几十万元。哥哥一恢复意识还躺在病床上，对方就找到医院来，说要么就赔钱，要么就要哥哥负酒驾撞车的刑事责任。LGY 和哥哥的感情很深，他们两人自幼丧父，和母亲相依为命，后来母亲改嫁，天生残疾跛脚的继父脾气暴躁，喝酒成瘾，经常打骂他们。母亲无力保护，因此只有他们两兄弟彼此依靠、相互扶持。LGY 当时只得一方面卖房筹钱，另一方面找关系处理哥哥的这起交通事故纠纷。事发地远在江苏，思来想去，LGY 决定在社交媒体上碰碰运气，看看昔日的战友是否能够帮忙。

> 我发了 QQ 说说，我说，哪些战友在上海，或者在常州的，在的话，给我打电话，有急事，在这里出了一点事，需要帮忙。然后他就给我打电话。他打电话给我的时候，当时我就搞蒙了，我也不晓得是哪一个，因为我们战友特多，肯定记不起来，但是他说了名字，我就知道了。然后他说他爸爸是上海一个交警支队队长，不是在常州，然后就帮我解决我哥哥车祸那个事。当时我发那个说说，有 30 多个战友给我打电话。问在哪里，在上海、常州出了什么事，需不需要我们过来，我说你在哪里，有的说在浙江，有的说在黑龙江呀什么的，我说算了算了，你们太远了。（LGY，32 岁，2017/4/3）

据 LGY 说，后来上海战友的爸爸给常州那边的熟人打招呼，战友又亲自到常州帮忙处理纠纷，最后约定车主不上诉，给其 31 万元作为修车费用和其他损失的赔偿。LGY 低价售卖了在凯里的婚房，纠纷最终得以解决。LGY 认为，这一切都归功于自己的战友，在常州跑前跑后不知道帮了多少忙。自己卖房子的时候是瞒着未婚妻的，卖的时候心里也很难受，也不是不埋怨自己的哥哥，因为哥哥没事就喝酒吹牛，不务正业。

> 没办法，就是再好再坏也是自己的兄弟嘛，如果真的有一天是我出事，我想一下他是救不了我。我打一个电话，我那些战友他们分分钟会救我。（LGY，32 岁，2017/4/3）

不只大事，连小事 LGY 也觉得只有战友“靠谱”。

> 有天我那个车子不是坏了嘛，皮卡车，我少一个扳手扭不到那个螺丝，我就给我战友打电话，说你给我送个扳手过来，我战友就飞快地给我送过来。我们在（凯里）开发区，他从下司给我送过来，他是在半路跟别人拿的，然后骑摩托车过来。我和我的战友经常在外面也是这样说的，战友情比亲兄弟还要亲。（LGY，32 岁，2017/4/3）

在 LGY 那里，战友就是自己最宝贵的社会资源，即便不经常联系，也能随时激活。在哥哥发生事故以后，自己利用社交媒体，马上就联系上了可以解决问题的战友。QQ 说说发表以后，马上“就有 30 多个战友给我打电话”，这在以前是难以想象的。因此，社交媒介具有快速地在较为广泛的范围内动员和激活社会网络中的资源的能力。通过这些媒介，社会网络中的资源可以激活多个行动者的链条，更方便快捷地去寻找需要的信息和资源，尤其是寻找到并不拥有某项资源但知道谁有资源的人。

（二）情感关系和互动

霍曼斯在研究小型基础群体时，曾提出互动、情感和活动三种因素之间，存在着互惠关系和正相关关系。也就是个体互动越多，他们之间就越可能共享情感，越可能参加集体活动，与之相对的是，个体共享情感越多，也越有可能参与互动和活动。[①]所以，情感与互动是呈正相关的，当情感与互动增加的时候，社会资源也将相应增加，因为互动可以吸引拥有不同资源的个体参加活动，那么情感、互动和资源之间就存在着三角互惠关系。在河坝村村民的日常互动中，有些情感是通过移动媒介来进行表达和传递的，形成了不一样的关系交往方式，也形成了一些与面对面交往不一样的表达方式，其引起的互动面越广泛，可能产生的资源也越多。

1. 情感关系和工具性交换关系混合的交往

LY 在微信朋友圈中发布未婚夫父亲重病需要募集捐款的消息，因为微信朋友圈基本是一个强连带的圈子，所以基于“人情”和“面子”，大家也都会伸出援手。尤其是在朋友圈中比较活跃的人，更加不可能视而不见。河坝村的村民认为，遇到这种事情需要将心比心，自己碰到这样的事情也希望大家能够伸出援手，而天有不测风云，谁又知道哪天自己也会遇上天灾人祸呢。我们可以看到，河坝村在捐助 LY 这件事情上，是从情感关系开始的，但又混合进了交换关系，希望自己遇到困难时能够交换他人的帮忙。在微信朋友圈这个媒介中，其人情交换建立在较长时间的关系基础上，而且是镶嵌在一个共同的社会网络中，符合强连带的定义，因此更容易进行情感关系的互动和交换。

事实上，在河坝村，LY 的案例仅仅是因为在水滴筹和微信朋友圈中募集捐款显得并不常见，平时的河坝村几乎每天都上演着这种情感关系和工具性交换关系的混合案例。因为经济和商业不发达，请不起工人，村民每逢操办超出自己能力范围内的事情，几乎都会动员其他关系亲近的人来帮忙。小事包括每年春天的插秧播种，夏天收玉米，节日做糯米粑粑等，如果遇上红白大事，全靠族人和邻里帮忙。长此以往，在河坝村形成了一个不成文的规定和制度，以寨子为单位，一有事情每家至少要派出一个人帮忙，最好派出一个男人和一个女人。在操办红白大事时，男人可以对外，女人可以操办后勤等内务。现今外出打工的人

① Homans, G.C., “The Human Group”, *The American Journal of Psychology*, Vol.64, No.3, 1951, p.463.

多，家里抽不出人手时，不管有多远，也要赶回来，否则等到自己家操办大事时，全寨的人都不会帮忙。这不仅会对操办事务造成影响，同时也显示出该家庭的为人和品质。因此，在河坝村，不管大事小事，基本都是出于“人情”和工具性的交换混合的目的在于互相帮忙以及相互扶持。不只在河坝村，整个中国社会其实都是一个人情交换法则的社会，接受人情但是忘记回报是会受到谴责的，会降低个人在社会网络中的信任度，所谓来而不往非礼也，成了人际交往中的道德准则。

2. 移动媒介成为情感关系的纽带

互联网和媒介的普及为这种人情交往和情感关系提供了更加畅通的纽带。据河坝村村民介绍，为了不错过村里的大小事务，几乎每个寨子都有一个微信群，村子里每家至少都有一个年轻人在微信群里。比如屯上寨的微信群叫“和谐屯上”，据屯上寨的 LGY 说：

> 这个群里全部都是我们寨子的，家里面有什么事情在这个上面讲，一个寨子所有年轻人都在里面，如果家里面有什么事情，所有的人都知道，现在特别方便，比如家里面，如果哪一家有酒啊，死人啊或吃什么喜酒啊，家里面有什么事情都在这上面说。（LGY，32 岁，2017/4/3）

LXQ 虽然自己不用智能手机，但是知道自己的家族建立了微信群，并时时在上面沟通：

> 我儿子和侄子他们就建了一个群，在没有这个东西之前，我觉得这个家族是已经有点散了。我几个哥他们都在外边，在家只有三个，那么这些侄女、侄子他们都在外边，互相都不认识。现在有这个手机以后，他们建立了一个群，他们就经常沟通。（LXQ，66 岁，2017/3/20）

有研究曾表明，相比起 PC 端，手机能够强化已有的支持性关系，也就是能够增加、强化家人和亲密朋友之间的联系。因此，移动媒介的支持性首先是情感性的，同时，移动媒介作为一种能够提供有质量的情感支撑的纽带，其随身携带的特性也让情感支持能够及时获得，有利于提高使用者的精神福利。

3. 移动媒介中的情感互动

河坝村村民在利用移动媒介的过程中，情感互动是其中重要的一项。除了前文提到过的，在朋友圈点赞、评论、聊天和发红包等促进情感的互动之外，还有一种是利用发朋友圈或者 QQ 说说，对亲密的人或者是熟人隔空喊话。比如 LMZ 对职校交的女朋友在 QQ 说说中喊话："别把我对你的死心塌地，当作是你对我爱搭不理的资本，好吗？我也是有脾气的。"这条说说一经发出，就获得了 17 个"赞"。因为回到河坝村创业艰辛，LBJ 在浙江打工的妻子开始闹离婚，甚至开始不接他的电话，不理会他的短信。LBJ 多次在朋友圈中发布挽回妻子的话语，"亲你今天过得怎么样，我一直都在你的左右，我们永远是孩子的底线""人生，不是任何东西都能够用钱去衡量，去收买""没处诉说的痛苦，请别撕碎爱戴你的一颗心"等，甚至开始转发名为《最新的婚姻法规：没有满足下面的这一些条件，没有办法离婚》《2017 婚姻法新规：离婚时，这 4 类财产不再平分》等文章。村民 LGY 在朋友圈中晒出在饭店吃热气腾腾的牛肉火锅的照片，配以"吃饭咯！"的文字。11 分钟之后，未婚妻 TT 就在朋友圈发布："等待是种错误，尤其是等待不在乎你的！你在这边焦心，人家却在大鱼大肉，唉这恐怕就是区别。"这样通过移动媒介进行的"隔空喊话"，其作用一是讲出不便于面对面或者一对一的对话；二是可以让旁人围观，达到让大家知晓并加以评论的目的，这种做法不仅促进了与对方的情感互动，而且有时可以调动整个社会网络中的强连带的情感互动。

（三）扩大化的符号效用

林南认为："一个行动者通过她或他的社会网络连接的资源代表了自我资源的全集。即使自我不能使用或动员这些资源，他们也有很大的符号效用。让别人知道自己的社会资本，可以很好地改善自己的社会地位。符号效用的产生是因为这些信息通过联系来表现自我的潜力。”[①]通过对河坝村村民社交平台的观察，发现村民利用这些社交平台发布与朋友或者重要关系者合照的不在少数，尤其是乡村精英，参加任何重要活动、会议和场合，几乎都有留影和文字介绍进行发布。YWF 就会在各种重要场合拍摄照片发朋友圈，比如河坝村产业脱贫农民专业合作社设立大会的现场照片，戴着“中共贵州省委组织部组织人事干部学院学员证”的自拍照，某寨子美化工程的施工现场照片，走访贫困户的工作照片等。

因为发布了反映自我的社会地位或文化地位的信息，符号效用就随之产生了。YWF 和 LQC 因为在村委会工作，会认识各个层面的领导，也有许多出外学习和调研的机会，通过发布这些消息，YWF 和 LQC 可以在自己的关系圈子中扩大影响，提高社会认可度，社会地位也获得进一步的提高。

而之所以说移动媒介能使符号效用扩大化，其原因之一在于，通过社交媒体这些平台发布的消息是即时而又多向化的，既是点对点的传播行为，也是一对多的传播行为。在传播过程中，散布自己拥有很多好友或者与有地位的人交往的信息，既可以反映自己的社会或文化地位，也可以在自己的社会网络圈子中获得很好的社会认可，从而带来更多潜在的关系和资源。比如 YWS 就经常发布自己和朋友吃饭或进行其他活动的照片。河坝村的许多年轻人都喜欢发布自己和朋友们一起喝酒的照片，在他们的社交平台上，几乎可以清晰地梳理出他们的人际交往范围和朋友圈子。这样的符号效用显示出的正是一种自我的发展潜力，在社会网络中蕴含的资源以及在交往中的社会关系，都可以因为这种潜力而更加容易实现激活和获取，移动媒介无限放大和扩大了这种符号效用，且传播速度和效果都远胜于口头传播的时代。

---

① ［美］林南：《社会资本——关于社会结构与行动的理论》，张磊译，上海人民出版社 2005 年版，第 43 页。

第二节 社会网络和人际交往的结构制约性特征

吉登斯认为："社会系统的所有结构性特征，都兼具制约性与使动性。"[①]这种制约是在每个行动者所身处的情境性中的，所有的行动都在这个情境中进行，对于处于这个情境中的行动者来说，结构性特征是既定的、先在的，主要表现"在某一既定情境或情境类型下对一个或一群行动者的选择余地有所限制"。[②]结构和过程是相辅相成的，在社会互动和人际交往的过程中，不仅体现了社会的现存结构，而且这些结构很可能就来源于社会交往的过程。社会位置的分化、不平等和角色关系都是在这些社会交往和互动的过程中产生而来。本节主要探讨的就是社会网络中的结构制约性特征。在移动媒介作为沟通工具的社会网络中，其结构制约性具有哪些特征？这些特征怎样影响河坝村村民的人际交往？

一 不平等和异质性

社会结构的定义一般由不同的社会位置、社会位置占据者的数量、社会位置分化对社会关系的作用等因素来衡量和确定。通常把人们在社会结构上所占据的位置的分布称为结构分化，而分化的两个一般形式则为不平等和异质性。社会网络理论以结构决定论为理论基础，社会位置对社会生活的影响比文化规范等要大得多。"社会各部分的整合取决于其社会成员之间的实际交往和不同群体、等级阶层的人们的社会交往，而不仅仅取决于共享价值或功能互赖。"[③]在社会交往中，尤其是在社会

① [英]安东尼・吉登斯:《社会的构成》，李康、李猛译，生活・读书・新知三联书店1998年版，第280—281页。

② [英]安东尼・吉登斯:《社会的构成》，李康、李猛译，生活・读书・新知三联书店1998年版，第280—281页。

③ [美]彼特・布劳:《不平等和异质性》，王春光、谢圣赞译，中国社会科学出版社1991年版，第3页。

互动和信息传播中，角色关系和社会位置的分化是社会交往的一种规律性的法则，人们总是分布在社会结构当中的不同位置，要么分属于不同的群体，要么占据着不同的等级地位。所以，社会网络和建构就建立在人们的角色关系和交往过程所形成的社会差异中，这些社会差异和社会交往互相影响、互相制约，且首先就在于角色和位置的差异。

（一）不平等与社会交往

要概括不平等的含义，首先要弄清两个方面的问题，一是含糊不清的问题，因为从这个角度来看不平等很明显，也许从另一个角度来看却很模糊；另外就是自相矛盾的问题，比如权力和财富的集中反而可能意味着有广泛的平等。彼特·布劳认为："财富或权力的高度集中所带来的普遍平等表明了地位多样性不大，而不是表明不平等程度低。认为财富或权力如此极度集中意味着不平等很小，那是与常识相悖的。这也与不平等的标准相矛盾，因为这一标准使不平等这个概念具有意义，并且它也暗含在被广泛地加以应用的那些关于不平等的经验研究和测量之中。这一标准就是指，如果以平均地位为基准，则任何成对的人们之间，他们的平均地位的差别和距离越大，那么不平等也就越大。财富或权力的高度集中会增大财富或权力的平均差别，并因此增大不平等。"[①] 以这种认识作为基础，大概可以将不平等概括为人们在地位维度上分布的差异程度，地位维度包括权力、财富、教育和收入等。

由于不平等，个体在进行社会交往时可能就会产生一些差异。首先是层级差异，层级或者群体越多，社会交往机会的数量就越多；其次是规模差异，各层级或者各群体的占据者的分布越平均；最后是资源差异，各层级的人均资源差异越小，交往机会的数量越多。以资源差异为首要的等级制差异，约束了这些交往的一般原则，在现代社会交往中，如果是以回报为目的的工具性行动，交往的互惠就会出现障碍。

个体行动者因为其结构性位置不同，或占据优势地位或占据劣势地位，存在着资本上的不平等，所以在整个社会网络中，对社会资本就有不同的获取能力。弱势地位的行动者为了获取更好的地位，他们的策略

---

① [美]彼特·布劳：《不平等和异质性》，王春光、谢圣赞译，中国社会科学出版社1991年版，第17页。

性行为就需要超越他们通常的社会圈子。

河坝村大学生 ZHF，因其所学专业为篮球，所以经常代表麻江县和黔东南州的许多单位参加各种等级的篮球比赛，认识了不少州县的单位领导。2017 年 ZHF 大学毕业，在毕业之前，研究者对他进行采访时曾询问他找工作的情况，他告诉研究者贵阳市的某银行和某地税局都看中了他的篮球特长，有意向签约，他正在选择中。9 月，当研究者再次询问工作情况时，他告诉研究者，麻江县某单位想特招他进去，有编制，因离家近，他自己比较中意这份工作。然而到 2017 年年底，研究者再联系他时，发现他的工作还没有定下来，依旧在寻觅中。在谈到找工作的问题时，ZHF 不愿意透露太多，只表示一言难尽。从他发布在社交媒体上的文字可见，他在找工作过程中遭受了一些挫折。从 ZHF 的经历可发现，如果进行层级和资源上存在差异较大的社会交往，尤其是改变地位和交换资源的交往，需要更多的努力来克服结构障碍，甚至难以克服。

除了在社会结构上存在着不平等，互联网技术的出现也造成了社会交往上的不平等。林南认为，“在获取嵌入到电子空间中的资本方面，电子网络使富人 / 富国与穷人 / 穷国的差别比以前更悬殊。由于社会的（缺乏教育和缺乏语言能力）、经济的（获得电脑与通信设备的能力）和政治的（权威对获取机会的控制）约束，获取电脑、其他设备和因特网上的不平等依然存在。”[①] 林南还指出，有明确的研究证据表明，有逐渐增多的个体行动者参与到以电子网络空间为基础的新的社会网络和社会关系中来。而且因为社会网络和人际关系在以新的形式进行参与和实践，所以社会交往上的不平等也有了新的含义。在河坝村，教育水平低致使不能识字的村民到现在依然不能使用智能手机，因为连数字也不认识，甚至有一些年龄较大的妇女不会使用手机。经济水平低导致村民买不起功能较多的智能手机，装不起宽带网络则使得青少年们到处“蹭网”，这成了河坝村的常见现象。

电子网络从本质上来讲是关系和嵌入型资源，也就是一种社会资本。在全球化、网络化时代，不发达的社会和社会的弱势群体，很有可

---

① ［美］林南：《社会资本——关于社会结构与行动的理论》，张磊译，上海人民出版社 2005 年版，第 215 页。

能被排除在这个网络之外，从而加重社会和社会交往的不平等。

（二）异质性对人际交往的限制

“人口的异质性程度的操作标准就是，随机选择出来的两个人不属于同一群体。”[①] 在人际交往的过程中，人口在群体之间的分布是否均匀是由群体的数目来决定的，群体数目愈多，人口分布愈均匀，则异质性愈大。因此，异质性可以说就是人们在不同群体中的分布。

在现实的交往中，同质性的互动和交往是最为主要的，因为在个体行动者的交往关系中，互动、资源和情感等的相似性是由同质性决定的，由同质性原则把人们连接在一起。异质性互动则要求参与互动的行动者付出更多的努力，因为在这种互动中，参与者拥有的资源是存在差异的，或者是不平等的，所以参与交换的意愿变得不明朗。比如资源丰富的人就会考虑，与其他人的互动能否换来等价的资源，或者能否给自己的资源库带来新的资源加入，这是由社会网络中的结构性因素决定的。对此，林南曾经给出结论：“在异质性互动中，参与双方都要比在同质性互动中付出更多的努力。所以异质性互动相对较少发生。”[②]

研究发现，河坝村村民无论是在村子里，还是在外打工，如果做的是底层性工作，一般都以同质性交往比较多。比如在广东做泥瓦工的 LGR 夫妇，当研究者问到他们的朋友都是怎么认识的时候，他说：

> 有些是在公司认识的，外省的较多，一般都是一起工作认识的，我们一起做工，然后留下电话号码，有什么活就打电话。（LGR，44 岁，2017/4/15）

在地位和资源相对处于弱势的河坝村村民那里，一般而言并不期望在异质性互动中，从资源占据较多者那里获得相等的回报，异质性互动也不大可能从工具性的交往中获取更大的回报。比如 LGY 从部队退伍

---

① [美] 彼特・布劳：《不平等和异质性》，王春光、谢圣赞译，中国社会科学出版社 1991 年版，第 16 页。

② [美] 林南：《社会资本——关于社会结构与行动的理论》，张磊译，上海人民出版社 2005 年版，第 46 页。

以后，曾在黔东南州的军分区工作过一段时间，在那里经常承接各个机关事业单位的军事教育工作，LGY 因此认识了许多县市政府机关的负责人。在 LGY 的心目中，这些负责人都是他的学员，如果他要去某地，都可以找这些学员。他向研究者介绍：

在凯里嘛，各个县市里面，19 个县市里面，每个县市的一、二把手，都是我的学员，他们在全州党校里面培训，那个时候我是他们教官，他们准备要提干都要来培训。（LGY，23 岁，2017/4/3）

对于 LGY 来说，这些学员无疑属于异质性的行动者，但是当研究者询问他是否有他们的联系方式的时候，LGY 却显得有些尴尬。以下是研究者和 LGY 的一段采访记录：

研究者：那你有他们的联系方式吗？

LGY：他们有我的。

研究者：如果有什么事就会找你。

LGY：嗯，对。

研究者：但是你平时都不怎么跟他们联系？

LGY：不怎么联系，反正我只要，比如，唉，我想去，我想去丹寨我……我……我直接去他们单位找他。

研究者：反正你认识他们。

LGY：唉，他们认识我啊。就说上次我去丹寨嘛，我就说我找那个红平（音），他说哎呀你找我们部长干吗呀，你是他什么人呀，我说什么人都不是，你叫他出来他就认识我了。然后他来了，就说，教官，稀客，来来来，坐。

研究者：所以你现在都刷脸就可以了。

LGY：因为说实话，那时候搞军训，对他们也特别好。

同质性互动中，相同资源的行动者会彼此吸引，且易于互动，而异质性互动尽管可以提供在自身群体中稀有的社会资本，但是村民要想进行异质性互动，需要付出更大的努力。在 LGY 和身为各县市领导的学员的异质性互动中可见，异质性互动对工具性目的回报的预测力是很差的。因此，在任何有关社会网络和人际交往的研究中，结构的限制作用不可忽视和低估。

（三）移动媒介促进平等化和异质性交往

如上文所述，互联网技术可能导致了社会和社会交往的不平等，但是我们也必须看到："似乎矛盾的是，虽然这场革命加深了那些可以获取更多和更丰富资本的人与其他正在被排除在这些机会和好处之外的人之间的分化，但是随着完全开放的竞争降低了群体和个体中的权力与资本差异，电子网络中的人们已经看到了机会与利益的平等化。"[①] 在移动互联网技术中，电子空间里的经济网络、政治网络和社会网络的出现，意味着时间和空间不再制约社会交往和社会资本的建构和发展，社会关系可以超越地理和地位的界限。电子网络的成本低，且极易获取，尤其是移动互联网技术的开发和应用，使得手机等移动媒介的使用越来越普遍，人们的信息获取能力随之大大提高，流动性也更强。LQY 告诉研究者，因为搞村里的瑶族隔冬文化节，每年都要接待不少外来的领导和游客，她认识了县里旅游局的某领导，两人互相留了电话，加了微信。该领导爱好摄影，还给她拍了穿着民族服饰的照片，也拍了不少河坝村的风景照，经常通过手机发送给她。她对该领导赞誉有加，说他为人正直爽朗，一点架子都没有，是她认识的最大的"官"了。不仅在地位上有平等化的交往，有时平等化体现在感受上。在麻江县委做司机的 LAY 接受采访时表示，他和所在部里的部长关系挺好的，私底下也有互动，表现之一就是他有部长的微信，有时部长会通过微信给他发信息。他认为，虽然平时在为部长开车或者服务的时候，感觉部长挺严肃的，但是在微信上感觉他挺平易近人的，给他一种平等交往的感觉。

以互联网为基础建构的社会网络空间，促进了异质性交往，人们获取信息的渠道和来源更为多样性，其交往方式更加多元，交往对象也更

---

① ［美］林南：《社会资本——关于社会结构与行动的理论》，张磊译，上海人民出版社 2005 年版，第 228 页。

加多样。在河坝村，研究者发现，移动媒介对平等化和异质性交往起到了一定的促进作用，同时促进了社会资本的上升。

移动媒介模糊了时空距离，促进了异质性交往和社会资本上升。河坝小学的新校长 AWY 的经历值得关注。在担任河坝小学校长以前，AWY 在共和小学担任校长。据她介绍，以前教育局对各个农村小学的扶持没有这么大，所以学校和学生的条件挺艰苦的，尤其是留守儿童情况比较糟糕。因此，她在担任校长期间曾致力于向外拉赞助，给孩子们捐款捐物。而其中一个帮扶者是她通过微信的“摇一摇”功能认识的。

> 第一次加进来的时候也不聊天的，然后隔一段时间，他就是看了我的那个空间，微信空间，他发现我是老师，他说你是老师，我说对呀。然后过一段时间以后，他才知道我是校长。那时候我都还在共和小学，那里虽然是民族小学，说起来是非常好听，但是那里的孩子，那里的家长比较贫困，然后他就说他有一个朋友，是卖衣服的。他觉得那些衣服都是样品衣服，有的有一点脏，但是没被人穿过，那个牌子都还在的嘛，他说就给我们捐了。好像是 60 件吧，各种各样的，都是女孩子的。（AWY，37 岁，2017/3/31）

移动媒介模糊了地位距离，促进了异质性交往和社会资本上升。在河坝村村委会工作的 LQC，和疼爱自己的干爹、干妈都失去了联系，在他看来，如果当时要是有微信，肯定断不了联系。现在他在村委会的工作，每年都要接待大量的到访人员，也因此和许多人建立了联系，而有了手机和微信，“基本上想丢都丢不了了，丢了手机也不会丢微信和 QQ”。在他的朋友圈里，有两批人引起了研究者的注意，一是他在北京参加农村基层干部培训的时候认识的领导和其他地区的农村干部，还有一批是首都经济贸易大学的领导。首都经济贸易大学的某学院，从 2016 年开始定点在河坝村做调研，由该学院的老师带学生过来，每年待半个月到一个月的时间。因此，LQC 认识了该学院和学校的领导，还成立了一个微信群“河坝一家人”，在河坝村第一书记的介绍下，研究者也加入了这个群。在这个群里，LQC 和各位领导与学生的交流非常频繁。LQC 经常发河坝村有关的图片和文字，邀请领导们多来河坝指导工作，而领导们也会发诸如学生们评选“最佳暑期社会实践队伍”等信息，对河坝村有利的国家扶贫相关信息，有时甚至会发自己孩子学习和生活的相关图片与文字，引起交流。学生们则会发诸如赴美学习、评选活动等相关信息。LQC 经常感叹，和领导与学生们的交流，让他大开眼界，开拓了发展思路，是不可多得的学习机会。在 LQC 的异质性很强的互动和交往中，其获得了在河坝村同质性交往所不能获取的信息和资本。由此可见，各社会群体和社会阶层在电子性社会网络中的社会交往的异质性正在扩大，而其获取电子网络性社会资本上的差异正在变小。在社会网络中获取的社会资本，和其他资本有着较大的差别。社会资本必须使用，它本身就在使用中存在，在关系中存在。社会资本越用越有价值，越分享越多，这本身和互联网的精神是一致的，因此我们可以认为，互联网和社会资本有着天然的基因关联。

二 网底的吸附和消耗

学者边燕杰认为，可以通过网络规模的大小、网络顶端的高度、网络差异的大小以及网络构成的合理程度来拓展社会网络。[①] 其中网络顶端高指的就是在社会网络中拥有权力大、地位高、财富多以及声望显赫的关系人。研究者调研发现，社会网络中，既存在网顶，也存在网底。具体而言，也就是说社会网络中有无权无势、地位低、贫穷以及无名之辈。这些人，不仅在社会网络当中对个体行动者帮助极少，而且达到一定的数量，将会对个体行动者产生吸附和消耗作用，即将之同化和发展为与自己相同地位的人。

在河坝村的采访中，LXQ 就是一个非常典型的例子。在 20 世纪，他属于河坝村少有的知识分子，60 年代从凯里师院中师毕业，之后回到河坝小学教书，曾经在河坝小学担任过校长。他在培养孩子方面十分严格，一个孩子毕业于贵州财经大学，另一个孩子毕业于铜仁职业技术学院。然而，在采访过程中，研究者发现他对于网络和通信方面的了解

---

① 边燕杰:《城市居民社会资本的来源及作用：网络观点与调查发现》,《中国社会科学》2004 年第 3 期。

却相当滞后。一是他接受采访时仍旧在使用非常老式的老人机，基本功能就是打电话，据他自己说，他连短信都不发，“我也不会发短信，这我都没有学过”；二是据他介绍，他使用手机的时间也很短，他的孩子也是很晚才使用手机。当时为了学习，大学的时候都没给孩子买手机，直到孩子 2006 年大学毕业才用奖学金买了部手机，而他自己则是 2007 年到 2008 年间，才买了第一部手机。LXQ 坦言，自己在十多年前曾经也想学电脑，他找电信公司把网线牵到了家，并花了 3000 多元买了台电脑安装在家里，但是网速很慢，后来也没怎么用，放在家里闲置了。

LXQ 家里负担比较重，有老人，以前还有小孩要上学。他虽然有看起来很高的退休工资，但是据他老婆反映，他现在还在村里给修房子的包工头做泥瓦工，天晴的时候基本都出去干活了，一天大概能挣 100 多块钱。当研究者问他为什么还要这样劳累时，他却不肯多透露，只是说出去，就是想多做一些事情，在家没有什么玩的，就想去锻炼身体，反正他也不觉得劳累。

河坝村对于 LXQ 来说，可能是一个渗透性很强的环境，LXQ 给我的印象非常务实，而手机、电脑和网络对他而言，如非必需，可不购置。在采访 LXQ 的最后，他也表示出了对智能手机的兴趣，并认为自己不会使用智能手机是一种“短缺”。

> 如果我会用手机，那么我可以随时去哪里，听到他们说话、唱歌，我就可以收集，他们如果要办一件什么事情，他们怎么想，我也可以收集，只是因为我不懂，不会玩这个手机，所以呢在这方面就短缺了。哎，所以我就在想一定要买一个智能手机，但是没有，不会用。有时候看他们把河坝的这些看会啊，还有举办比赛的这些视频啊，发到手机里面，我很羡慕他们。（LXQ, 66 岁，2017/3/20）

雷同的境遇还发生在 LJX 身上。1985 年出生的 LJX 毕业于凯里师范学院，大专学历，毕业以后很快就结了婚，老公初中文化，无业，在家务农和做一点临时工，两人育有一女一子。2016 年以前，LJX 一直租房子居住在凯里，因为她觉得城市里机会多，对孩子的教育也与农村不一样。但是，生活压力越来越大，而在城市的生活也没有她想象中的那样有价值。他们因为房租的原因，住在城市边缘郊区的一栋楼房里，附近就和农村一样，周围的人也种菜，“看起来和河坝村没有什么区别”。让她唯一感受差别大的就是孩子的教育问题。据她介绍，以前孩子在凯里读书的时候，老师和家长用校讯通沟通，学校几乎每天都发短信给家长，孩子的成绩也比较好，她觉得心里踏实。生了老二之后，生活压力倍增，她只好搬回了河坝村，住在公婆家里。

说到使用手机，LJX 告诉研究者，她 2016 年才开始使用智能手机，之前一直都是使用按键手机，只能打电话、发短信。2007 年她大专毕业的时候买了第一部手机，想找工作，后来却结婚了。当时带孩子很忙，事情也很多，也没有想到要玩手机，和人联系得也少，所以就一直用那部手机，直至 2016 年，她花 600 元购入了一部金立的智能手机。她使用微信等软件都不大熟练，几乎没有发过什么朋友圈，但是用得最多、觉得最方便的还是微信。她的朋友圈中的“好友”很少，只有 58 个，以大专的同学居多。让她感到新奇的是，自从毕业以后都没有联系的同学们，一下子聚起来了，知道了大家分别在做什么。

> 我和大学同学都联系上了，我们建了一个微信群。不过大家平时也不聊什么，我也不大会玩，不会在里面说什么，就是看看他们在说什么，有时候发的一些文章链接我看看。（LJX，32 岁，2017/4/3）

她告诉研究者，以前学的东西她基本上都忘了，而对现在的生活，她反复提到了两个字——“没钱”，她觉得没钱不能干任何事情。老公只有初中文化，现在在家修葺自家房子，偶尔接一点零工。毕竟两个孩子，经济也比较紧张，但是她老公出去打工也只能干一些苦力活，他不愿意，所以只好待在家里。如果要谋什么出路，就只能靠她自己了。研究者曾问如果让她选择，是选一份稳定的工作，还是赚很多钱，她选了后者。生了两个孩子的母亲，夫妻都没有稳定工作，她对生活做了多大程度的牺牲和妥协，我们难以知晓，唯一清晰的是，长期的信息封闭、衰退的学习能力，给她造成了很大的伤害。

从 LXQ 和 LJX 的例子可以看出，社会网络的网底相对于网顶来说，有极大的吸附力和消耗作用，把原有的知识和文凭等个人资源和优势消磨殆尽，甚至丧失了学习能力，比如 LXQ 就宁可出去做泥瓦工，也不愿学习电脑，让 3000 多元的电脑就此闲置。这样的村民把其原来可能发展成强关系的社会经济阶层较高的连接关系切断或转为弱关系，而相对阶层较低的连接关系发展成为强关系，这和个人所处的地域以及其婚姻、就业等行为密切相关。网底阶层形成的同质性很强的人际交往圈，对个人的发展和信息的传播难以形成有价值的互动。

三　地域的限制作用

卡斯特认为，因为网络社会的崛起，我们的社会正在经历一种结构性的变化，所以认定有新的空间形式与过程出现，是一种合理的假设。他认为，我们现在所生存的空间，是一种“流动空间”，“流动空间作为信息社会当中支配性过程与功能之支持的物质形式，可以用至少三个层次的物质支持的结合来加以描述。第一个层次，流动空间的第一物质支持，其实是由电子交换的回路所构成的；第二个层次，由其节点与核心所构成；第三个重要层次，是占支配地位的管理精英（而非阶级）的空间组织。”[①] 但同时，卡斯特也明确地指出，“流动空间并未渗透到网络社会里人类经验的全部领域”[②]。人们依旧生活在地方世界当中，在属于此地域的文化和传统中成长。研究者在河坝村的调研发现，不仅结构性位置对社会网络的建构起到了巨大的作用，事实上，物理意义上的地域仍然对社会网络的建构和拓展起着巨大的作用，而且很多时候是一种限制性的作用。

从浙江回来的养猪户 YW 提起他在浙江养猪的经历，已经发展到

---

① ［美］曼纽尔·卡斯特：《网络社会的崛起》，夏铸九等译，社会科学文献出版社 2006 年版，第 384—386 页。

② ［美］曼纽尔·卡斯特：《网络社会的崛起》，夏铸九等译，社会科学文献出版社 2006 年版，第 394 页。

很少需要自己出去找资源卖猪了，基本上是由中介或者朋友帮忙联系客户，价格商量好，然后就卖猪出栏，自己不用去顾虑销售这方面的事务。当研究者问到是否在浙江认识很多朋友时，他回答：

也是有一定的那种关系，就是人际资源关系。（YW，34 岁，2017/3/21）

但是当研究者进一步追问是否还和他们保持联系时，他的回答却是：

因为回家了嘛，不在浙江了，毕竟大家现在都没有什么合作啊，联系也少。（YW，34 岁，2017/3/21）

可见地域对社会网络建构起着限制作用。这样的例子在河坝村很常见。LLG 是最早到浙江养猪的一批河坝人，2016 年也因为浙江省的环保大督察行动回到了河坝村养猪。同时回来的，还有她的丈夫、儿子、媳妇以及两个孙女。和许多人认为回家好不一样，她很满意自己在浙江的日子，觉得在家里人情方面的开销大，又不方便，在金华可以随时开车去菜市场买菜，但是回来以后不爬到山上去种菜摘菜就没有吃的，不到赶集的时间，几乎是想买什么都买不到。在家赚钱也相对难，她回家后很快就把山上的老房子改造成了猪舍，但是 2016 年属于刚起步的阶段，而且买猪苗和饲料都比在金华要贵，成本变高了。

另外，她觉得家乡人还不如浙江人好相处。她给研究者举了两个例子，一个是在金华的时候，房东老板对他们很好，他们一家一到浙江就在这个房东那里租了住房和一间仓库养猪，2016 年是 12000 元一年，以前是 4000—5000 元就可以了。她告诉研究者，房东总给他们送各种东西，帮她的忙，现在还经常给他们打电话。当研究者问她回来后是否经常和房东联系时，她说没有，房东倒是经常问候他们，据说前几天还说想让他们回去，但现在越来越紧了（指不让养猪的事情），还要继续清查。LLG 表示，如果查得不紧了，他们还是要回去，至少让儿子和媳妇回去。

除此之外，LLG 还提到自己的大孙女在河坝村上幼儿园，总是哭诉这边没有金华的幼儿园好，不好玩，而且大班小班都睡在一起，吵得很。她想回金华，想自己的郑老师，求妈妈带她回金华去上幼儿园。孩子还要和郑老师视频，郑老师也在视频中安慰孩子，让孩子回去玩。当研究者提到可以让孩子多和老师视频的时候，LLG 却认为没必要了，因为郑老师也知道他们不能在金华养猪，不可能回去了，以后隔得远了，联系也不能怎么样。

在外打工十几年回到家乡的绣娘 CDL 说：

> 打工的朋友，那时候我们就是没有这些微信，他们基本上都是外来人，回了家，也换了号码。所以都已经失去联系了。家里太忙，也想不起联系。（CDL，41 岁，2017/3/21）

从碧波嫁到河坝的畲族媳妇 WCF 也说：

> 现在和广东的同事联系得不多了，有的也是结婚了，就是带小孩那些。玩得特别好的有，也是没联系了。当时在一起也说过这个问题，她说我们不要离开了之后就不联系了。就是在一起的时候非常好，分开回家后就感觉没什么话题聊了。（WCF，23 岁，2017/3/24）

LQF 告诉研究者，他的父亲自回来后就没有再和外面的人联系了。

> 我爸他们单独去打工的，他们去广西打工是认识那个包工头，那个包工头是贵阳这边还是毕节那边的。现在跟那个包工头也没有联系了，之前联系是叫我爸过去，但是现在我爸他们在家里一边干活还可以种一点农活，所以就不去了。跟外面的朋友也不怎么联系了，他又不像我们可以留个 QQ 啊，以后可以联系一下，他们回来

就断联系了。（LQF，25 岁，2017/3/19）

许多村民对利用网络开展电子商务没有概念，因为技术和文化的障碍，也无法做到每家每户开展电子商务销售，然而确实可能如梅特卡夫法则指出的，存在于网络中的价值，随着网络扩大以指数方式增长。但同时，附加于从网络中排除的贬值也呈指数方式增长，而且与存在于网络中的价值增长速度相比会更快。河坝村的村民没有进入过网络，利用网络、意识不到网络的价值，而游离于网络之外，将会使自己落后的差距成倍数加大。因此，即便是搭上网络和电子商务这样的平台，基础设施——也就是地方空间的在场也是无法忽略的存在，依然受地方空间的限制和控制。河坝村的房屋变迁亦是如此，以前安居选址标准可能是土地和水源，但现在更具优势的是离路的主干道更近。公路本身也是一个媒介，加速了货物、人的流通，促进了经济的发展。现在网络信息化的高速路，村民如不进入，只会更加脱离信息化社会，贫富差距越发大，社会阶层进一步固化。

卡斯特指出："事实上，绝大多数的人，不论是在先进或传统社会都生活在地方里，并且感知到他们的空间是以地方为基础的空间。地方乃是一个其形式、功能与意义都自我包容于物理临近性之界线内的地域。"① 虽然网络和移动媒介模糊了时间和空间的距离和界线，但不管是城市还是少数民族农村，不管是精英还是草根，大家依然生活在地方里，还是受空间的地域限制。很多时候，脱离了地方，社会互动就会减少甚至于消失。地域的局限依然存在，尤其是在文化水平较低的传统社会空间里，网络社会的逻辑以及其支配性依然受到挑战。这也正如卡斯特所言："精英是寰宇主义的，而人民是地域性的。权力与财富的空间投射到全世界，民众的生活和经验则根植于地方，根植于他们的文化和历史之中。"②

① [美]曼纽尔·卡斯特：《网络社会的崛起》，夏铸九等译，社会科学文献出版社 2006 年版，第 394 页。

② [美]曼纽尔·卡斯特：《网络社会的崛起》，夏铸九等译，社会科学文献出版社 2006 年版，第 387 页。

如前所述，人们在社会中分布于不同的社会位置，由此构成了社会结构，同时，人们的社会交往和角色关系也在很大程度上受到社会位置的影响。人们的社会交往展示了社会位置之间的联系，这些联系让社会位置成为某个社会结构的构成要素。从这个方面来说，社会结构就存在于人们互相之间的角色关系和相互交往所形成的社会差异之中。而这些社会差异和社会交往相互影响，彼此关联。但我们要注意的是，对社会结构进行理解和分析的时候，也不能忽视社会过程的关键性。结构和过程是相辅相成、互相影响的。

第三节　关系传播：地方小世界的传播原则

关系传播理论指的是人际交流研究中的一种传播理论。“所谓的关系传播是指，以建立人际关系为基础的交往模式或理论环境。”[①]关系传播的突出贡献在于对人际交流中关系的互动和张力给出了合理的解释。关系传播主要有三种代表性理论：一是互动理论，这种理论的主要观点是，传播现象的研究不应放在个人身上，而必须把关系问题考虑进去，因为传播和交流都是发生在具体的情境中的，而情境会影响到人们对交流的意义的理解。二是辩证理论，辩证理论认为要用辩证的思维来看关系，人际交流过程中充满了矛盾，而矛盾则是指对立的紧张关系，每一种关系都存在一种张力，这种张力由矛盾而引发，社会关系所产生的价值和意义则会因人们处理矛盾当中的张力的过程而产生变化，因此，引起关系产生变化的不是矛盾，而是张力。三是对话理论，这种理论把对话看作是形成人与人之间关系的互相影响的传播过程。人际交流以对话来建立真实的相互依赖的交流关系，个体的价值和意义都可以通过对话产生积极的改变。斯蒂芬·李特约翰认为，关系是由交流行为来定义

---

① 王怡红：《关系传播理论的逻辑解释——兼论人际交流研究的主要对象问题》，《新闻与传播研究》2006年第2期。

的，并总结了四个经过证实的观点：“第一，关系是通过传播得以形成、维持和改变的；第二，关系都是经过协调的；第三，关系是动态的；第四，关系中的各方主动而积极地管理紧张关系。”①

以上关系传播的理论增进了我们对关系的理解，而在本研究中，关系传播除了建立在以上对关系的理解的基础上，还拓展到了中国传统的“关系”概念和理论中。在西方学界，人际关系（interpersonal relations）指个体与个体之间的各种关系，或者指个体与他人间的心理距离或行为倾向。其所包含的概念和范畴也比较广泛，比如互动（interaction）、传播（communication）、社会交换（social exchange）、交互性（reciprocity）等。虽然目前中国学界热衷于使用这一外来语，但和中国人特有的“关系”的概念仍有较大差异，如果仅从西方研究体系来理解这个词语，无法准确揭示和理解中国人际关系的特征。在中国的社会文化背景中，“关系”有其特殊的内涵，也可以说是“特殊主义”的关系概念。韦伯认为，“特殊主义原则”是中国儒家伦理的核心思想，而帕森斯则在韦伯的基础上进一步提出，“为儒家伦理所接受和维护的整个中国社会结构是一种突出的‘特殊主义’的关系结构”。对“关系”问题的探讨，固然可以从以利益和理性等西方式观念来分析中国社会关系的变化，但事实上在中国，“关系”有着非常重要的含义，它是中国人社会行动的逻辑，反映了独特的社会文化结构，是社会关系的特殊形态。费孝通认为，中国的社会结构存在着“差序格局”；何友晖认为中国人的自我是一种关系性自我；金耀基认为“儒家的个体是家庭结构之外的社会交往的触动者，是关系建构的设计师。网络建构是许多文化中普遍存在的一种现象，而关系网则是中国式的网络建构”②。许多中国学者也从文化传统的角度，在中国人的日常生活中概化出“人情”和“面子”等概念，从本土化的角度来研究“关系”。

众多关注“关系”这个概念与理论建构的多为研究本土的中国社会

---

① [美] 斯蒂芬·李特约翰、凯伦·福斯：《人类传播理论》，史安斌译，清华大学出版社 2009 年版，第 254—257 页。

② 金耀基：《关系和网络的建构》，载《中国社会与文化》，香港牛津大学出版社 1993 年版，第 81 页。

心理学家，为了寻求解释中国人的心理和行为的理论框架，将落脚点放在了“关系”的研究上。但是这些研究多带有心理学和社会学的特征，作为独属于中国的人与人互动和交流的社会和心理现象，却鲜少从传播学的角度对这一现象予以关注。另外，无论是人际关系还是中国人的所谓“关系”，当我们进入移动通信和社交媒体时代，建构方式和范围都有了较大变化，传统的关系出于人情，出于面子，在原有的社会关系基础上发展关系，但社交媒体时代，弱关系范围大大拓展，市场经济时代也注定无法仅仅依靠人情来获取和交换资源。因此社交媒体时代的村民“关系”以及以“关系”为基础的传播现象，有无变化，有何变化，是本节主要探讨的问题。

对“关系”问题的探讨，一方面是从以利益和理性等西方式观念来分析中国社会关系的变化；另一方面是从中国式的，从文化传统的角度，在中国人的日常生活中概化出“人情”和“面子”等概念，从本土化的角度来研究“关系”。在中国，“关系”有着非常重要的含义，它是中国人社会行动的逻辑，反映了独特的社会文化结构，是社会关系的特殊形态。从这种关系的定义来理解关系传播，则有了新的内涵。巴里·威尔曼等在《网络性关系》一书中，曾运用社会网络方法分析了中国社会的关系，并指出：“社会网络方法特别足以发现其他形式的关系网络——或许交织不密切距离疏远……因此它能帮助描述和分析作为科层性和正式合法互动之补充和辅助的关系的运作。”① 从传播学的角度来理解社会网络和中国式的关系，就是把媒介研究从技术化的信息传播，上升到以互动和交流为主的关系传播，关注的不仅是人类与技术的关系，也是人与人之间的关系。而河坝村这个地方小世界中所体现的关系传播及其传播原则，足以让我们管中窥豹。

① Wellman, B., Chen, W.H., Wei, Z.D., *Networking Guanxi, in Thomas Gold, Doug Guthrie, and David Wank, Social Connections in China: Institutions, Culture, and the Changing Nature of Guanxi*, New York: Cambridge University Press, 2002, p.226.

一 关系传播和平衡性的传播原则

（一）有关系才传播

在河坝村，关系传播可以说是无处不在。以 YWR 为例，因为他为人处世的方式，导致了很多人对他的做法不接受和不理解，甚至连亲兄妹都与他“反目成仇”。在寨子里，他几乎处于被孤立的境地，每天和自己的妻子在坡上干活以后就回到家中，也很少有人来串门喝酒。对于 YWR，村子里的人大都对他持有一定程度的成见，普遍认为他比较自私。据村民反映，早年间村里的百年大树被砍掉了，然后卖给了外面的人，就是在他的主持下做的。村民们渐渐有了环保意识，认为这样做不仅卖不了什么钱，而且长远来看，破坏了寨子里的环境。另外，村民们还认为他在任期间为自己和亲戚捞了一些好处，对自己家和对其他人施行两套标准。闹得沸沸扬扬的莫过于乡土文化社和他之间的一场冲突。在乡土文化社进入白兴大寨的时候，曾经给白兴大寨申请到一笔四万元的基金，用于村民发展产业，如果需要使用即可申请此项基金。这笔钱在 YWR 手里放了一段时间以后，因为使用率低，村里人和乡土文化社的工作人员决定拿出来，但遭到了 YWR 的反对。他认为把钱给他的时候有专门的人员做移交手续，现在要他把钱交出来，也需要有专门的人员来做统计和移交工作，而不是说交就交。村里的人却认为他想独吞这笔钱，联合起来到他家里来闹。他的三个弟弟还和村里人合起伙来，给州政府写告状信，他说起三个弟弟十分无奈，连连摇头。乡土文化社还把这件事情写成稿子发到了网上，寨子里的人对他的态度也让他很受伤。村里的一些工作人员认为，寨子里的人这样对他是不公平的，YWF 就比较客观地对研究者说过：

> 如果他正儿八经做错了什么事，违背了我们老百姓的一些原则或利益，我们可以通过正规的渠道、纪检委等部门来解决问题。不要轻易通过网上发出去，这对一个人是不公平的。现在他还没有犯到这个份上，如果他触犯了，上面肯定已经对他进行了惩罚。你就可以通过互联网发出去。现在都不一定是这个事情，发这个有什么

好处。（YWF，41 岁，2017/3/18）

因此，据 YWR 自己总结，现在他的关系网络一是 LQZ（上文提及过，是河坝瑶族文化博物馆的馆长），二是村委会的 YWF。他告诉研究者，YWF 从 2014 年开始接手村委会的相关工作，对村里的情况都不大了解，经常打电话向他打听某户或某人的基本情况，他都会毫无保留地告知。因此村子里有什么事情 YWF 也会通知他，他知道的有关村子里的消息大部分就来源于此。

YWF 在介绍村里的基础设施建设时，曾提到以河坝村村委会为中心，围绕整个河坝村的几大山坡上，装有 8 个广播喇叭，到了秋冬季节，村委会通过广播传播一些森林防火等知识。因为采访时间正值县里各个扶贫对口部门和单位走访贫困户，为贫困户发放物资，并为贫困户举办一些知识性的讲座，普及农业、法律和保健知识等，所以研究者提出，可以利用广播通知贫困户来开会或者领取发放的物资。YWF 闻悉却不认同。他告诉研究者，一些村民对贫困户的评定不理解，总是觉得是关系户才能被认定为贫困户，平时看到贫困户发东西参加活动就有些眼红。这样通过广播公开宣传，对村里不是一件好事，可能导致工作更加难做。

在对河坝村的调查中，确实有人对贫困户的认定意见很大。因为贫困户涉及一些经济上的利益和好处，有些人认为自己或者某些家庭的条件更差，却没有被认定为贫困户，有失公平。而村干部也一肚子苦水，早些年间，贫困户的认定条件是要宽松些，但是名额是有限的，也是有一定标准的。而现在的贫困户认定，尤其是精准扶贫户的认定，也不是村干部说了算。每个家庭交上去的材料，都要经过村一级、乡镇一级的层层审核。上报时还要上乡镇党委会逐个汇报情况，最后审核投票决定，而且国家对于脱贫时间也有规定。因此对于产生的矛盾和误解，村干部也觉得无可奈何。在村民的眼里，“关系”是基本逻辑，尤其是村干部本身也是村里两大姓氏的代表，其中有千丝万缕的亲戚关系。所以只要有一户贫困户在未脱贫期间，显得家境稍好，就会让村民觉得村干部无法脱离偏心和讲关系的嫌疑。

尽管有诸多不利因素，YWF 的工作还是得到了很多村民的认可。他不止一次向研究者表示，在村里做事情就是要讲情感和关系，谈话就要推心置腹，既要以理服人，又要以情动人。每次他出去做调解，都比较成功，“也就是村民们给我面子”。研究者通过长期的观察发现，他在维护和村民的关系上做得非常到位，不管是哪个寨子，是什么姓氏，他都广泛结交。研究者问他，是否同意村民加他的微信和 QQ，他理所当然地点头：

当然是要加啊，我这里面（手机）不知道有多少人加了我，有什么事情通过微信和 QQ 也要方便一点，特别是在外面打工的，联系起来很方便。怎么可能不加呢，我们工作也要靠他们，再说都是乡里乡亲的，我不做这个工作也是要讲一点人情的。（YWF，41 岁，2017/3/18）

通过和各类村民联系，尤其是与外出打工的村民联系，YWF 有意识地打听他们在外的务工情况，并寻机发展可以回村服务和创业的人员。研究者的报道人 YDF 就是他动员从福建回村委会做工作人员的。YWF 认为，有些务工村民在外面有了好的技术和经验，可以回乡来创业，可以作为村里的“金种子”选手培养，因此他一有国家回乡创业的相关补助优惠政策，就会通过手机给对方发过去。他认为，现在农村发展空间大，及时知道情况有利于想回乡创业的人掌握形势，但是和他没有联系的就没办法了，村里人多，他也忙，无法了解每一个人的情况。

在河坝村，研究者还发现，村里的小道消息传得特别快，但有时却是一些失真的消息。据大学生 LY 说：

村里就是几个人在一起都会说别人，所以我老妈一般都不去，因为你一去别人家就八卦了，只要女人在一起就八卦这样那样的。但是矛盾的是，如果不跟别人打这个交道村里面好多消息不晓得。有的消息，你要和人家关系好，人家才会和你讲。（LY，23 岁，2017/4/1）

据了解，更普遍的信息传播场所是在酒桌上。河坝村的饮酒文化历史悠久，且根深蒂固，村民们不管是农忙还是农闲季节，一有空就会聚在一起打平伙（俚语，每人出一份钱或物）吃饭喝酒。LY 告诉研究者，河坝村最主要的信息传播渠道就是在酒席中说八卦的村民们。当研究者提出是否可以去参加村民们的喝酒聚会来获取研究资料时，她明确地指出这对于研究者来说很难，村民们聊八卦的时候，不会说普通话，用绕家话说研究者也听不懂。而且研究者就算去了，别人当着面也就什么都不会说了。

陈先红认为，“传播的本质寓于传播关系的建构和传播主体的互动之中，传播是社会关系的整合，并且关系总是按照自身的意志来裁剪传播内容的，传播是通过一种被传播的内容来反映或说明一种关系的。关系高于内容，关系影响内容，关系决定内容”。[①] 从这里来看，传播的本质就是社会关系整合的过程。对于河坝村村民来说，有了社会关系才会进行传播，有了关系链条和连接才会有传播渠道，甚至有了社会关系才会决定传播内容。关系，是河坝村信息传播的出发点和归属点，只有读懂了河坝村的关系网络和关系属性，才能读懂河坝村的传播方式、传播渠道以及传播内容。

（二）平衡性的传播原则

20 世纪六七十年代的“社会穿透”研究，从个人行为和动机出发对关系进行了定义。其主要研究学者艾尔特曼和泰勒所依据的理论基础是经济学定理，主要内容则是人类是根据回报来进行决策的，人类传播和做生意类似，也就是在寻求利益的最大化和成本的最小化。艾尔特曼和泰勒指出，“关系中的合作伙伴不仅会在各个特定的时点上评估关系的回报和代价，同时也会利用他们所搜集到的相关信息来预测未来关系的回报和代价。只有在回报高于成本的情况下，双方才会彼此透露越来越多的个人信息，他们的关系才会变得更为亲密。”[②] 在河坝村关系的利用也隐藏着追求利益的目的，但要想实现回报的最大化，则关系传播的

① 陈先红：《论新媒介即关系》，《现代传播（中国传媒大学学报）》2006 年第 3 期。

② [美]斯蒂芬·李特约翰、凯伦·福斯：《人类传播理论》，史安斌译，清华大学出版社 2009 年版，第 233 页。

平衡性则是基本原则。

LGY 是一个家境贫寒的年轻人，自从离开部队以后，用他自己的话来说，已经走了好几年的霉运了。他的未婚妻是个大学生，和初中毕业的他可谓身份悬殊。研究者对他进行采访时，正值未婚妻面临毕业找工作以及他自己再就业的特殊时期。在接受访谈时，他不停地说到“关系”这个关键词。在他看来，关系是个很重要的东西。当时，他刚从村委会离职，关于他的离职，说法不一。他自己告诉研究者，因为村委会工资太少，无法养家糊口。而村委会其他人员却告诉研究者，因为上级政府来检查工作时，他主管的工作材料不过关，被批评得厉害，所以离职了。面临再就业的他和研究者提起，他想让在凯里公安局特警支队的昔日战友安排自己进特警支队，虽然战友和他说凡进必考，但是他认为战友一定可以把自己弄进去，只是现在关系还不到位。他准备过几天再请战友吃饭，还请研究者作陪，希望能疏通关系，把工作的事情落实。而未婚妻 TT 的工作问题，LGY 则说自己认识州里某电大的校长，前几天还在一起吃饭，可以搞定未婚妻上班的事情。LGY 离开村委会后，在替某驾校招生，如果他能当教练的话，可以再增加收入，但是因为自己的驾照没年审，已经过期了，需重新考。虽然只需要考科目一和科目二，但是初中毕业的他觉得科目一要看 1000 道题，对他来说太难了，所以他想请车管所的朋友吃饭，找点关系，结果却无功而返。他曾对研究者说：

> 他看到我能帮他的事情他绝对找我，就是这样，我看到他能帮我办的事，我绝对找他。（LGY, 32 岁，2017/4/3）

在他看来，资源的共享和互换是关系当中重要的一环。你来我往也是维持关系平衡性的一个重要因素。一方的需求得不到满足，可能就会形成关系的失衡。

从外面打工回到河坝，头脑非常灵活的 YP 对河坝村里的关系传播也有自己的想法和看法。YP 在村里开展废旧塑料的回收事业，既利于环保，同时也给他带来了不错的经济收益。他在接受采访时告诉研究者，他已经把业务扩展到周围的几个村了，看来效果不错，还准备继续扩大。一方面拓展回收的地域范围；另一方面还可以开发别的业务，如回收其他可以再循环利用的废旧物品。一天他来到了村委会，和村干部聊起村里是否对这种产业有扶持政策。在吃饭期间，喝了一点酒的 YP 提起了对村里某些政策的不满，其中一点就是对村里推选认定非物质文化遗产传承人的不满。YP 当着村干部的面告诉研究者，以前的非物质文化遗产传承人的认定，村民们几乎都不知情。每一个非物质文化遗产传承人，国家会给予每年 6000 元左右的津贴，而被认定为传承人的竟然有从外面嫁进来的媳妇，不是土生土长的绕家人，或者是手艺和水平完全算不上高超的人。村民因此产生了意见，认为只有和村里某些干部有关系的人才能得到申请传承人资格的消息，而这些消息并未被全村村民知晓。村干部听了 YP 的反映，表示这是前任干部的工作遗留下来的问题，将来的工作中一定改进。承认问题，但明确责任主体，承诺有所改进，但是不给出肯定性和绝对性的答案，都是关系传播中的平衡性原则的体现。

从浙江回到河坝村准备继续开展养猪事业的 YW，也略有疲倦地告诉研究者，因为他们是用饭店或者学校里面的剩饭来喂猪，高温加工后即可作为猪饲料了，所以养猪场如果要开办起来，必须要有去饭店收剩菜剩饭的资源。当研究者问起他有没有这方面的资源，获取这些资源难不难时，YW 说：

> 这个只能到时候再联系了，这东西，说难的话也就是价格方面，就你起步嘛，可能价格方面要贵一点。比方前面已经有一个人采购的话，你要去的话毕竟要有熟人。各种的关系要有，才能订得到嘛。订的话也不好定，竞争的话也难。还是要靠点关系。
>
> 养猪的话，基本上都是靠自己去找关系啊，各方面都是自己去。比方说你去拿料（饭店的剩饭）啊，要自己跟别人打交道。比如说请吃饭啊，各方面（打点），他才跟你打交道。你必须要有熟人，他帮你去联系的话，毕竟比你自己去联系的话要方便一点。（YW，34 岁，2017/3/21）

在这里，河坝村村民利用关系来达成某种目的，而这种目的的达成必须包含互相掂量和注重平衡原则及过程，这是决定是否运用关系与能否办成事的一种原则和标准。

梁漱溟曾经对中国社会的关系做过论断，“中国社会既不是个人本位，也不是群体本位，而是关系（伦理）本位的社会，也就是不把重点固定在任何一方，而从乎其关系，彼此相交换，其重点放在关系上”。[①]中国社会在结构上整体是由无数的私人网络组成的，其中的要义就是“关系”，而关系传播的原则就在于平衡性，乡村社会也无例外。

第一，关系传播以关系结构的平衡性为原则。翟学伟曾指出：“处于网络中的每一序列之人尽可能地通过平衡性原则来同位于中心的个体进行社会交换。当个体处在三人以上的某一序列群体中（如亲属群体、同事群体等）时，其社会交换方式是以关系结构上的平衡性为原则的。”[②]对于关系结构而言，两个人的社会交换及其互动原则，必然会影响第三者。如果第三者不按照这种原则进行交换，就会导致人际关系上的不平衡，并产生矛盾和冲突。因此，要想保持关系传播的有效进行，进行传播的个体都要注重不平衡现象的出现。

第二，关系传播平衡性的重要性和平衡标准的多少呈正向关系。在关系传播中，关系距离越近，需要考虑的平衡标准越多，关系距离越远，则标准越少。而且在中国人的平衡性考量的标准上，礼仪性要素、情感要素和面子要素都占有重要位置。

私人和宗族网络的培养及其关系的利用，既是一种权力游戏，也是一种不可避免的生活方式和行动法则，关系在其中不仅涉及工具性和目的性，也包含道德和个人感情。在河坝村，研究者发现，关系、人情和面子起到了至关重要的作用，甚至可以说没有建立关系和人情就不会有人际来往和信息传递。

二　移动媒介的扩大作用

在河坝村的关系传播网中，移动媒介起到了扩大效果的作用。其实

---

① 梁漱溟：《中国文化要义》，学林出版社 1987 年版，第 93 页。

② 翟学伟：《人情、面子与权力的再生产》，北京大学出版社 2013 年版，第 125 页。

这种扩大化的作用，梅特卡夫定律中早已指出。梅特卡夫定律的核心理念认为，网络的潜在价值是随着接入网络的节点数量呈平方函数增加的，也就是说，互联网是由节点构成的，每个节点都和其他的节点互相连接，N 个节点构成的网络，潜在的信息互联的数量呈几何倍数增加，所以当 N 的数量很大的时候，互联网的价值也就按照指数规律增加了，即为 N 的平方。[①] 这个法则有两点是本研究的探讨重点，第一是这个法则强调的是网络的价值在于节点和节点相互之间的关系价值，每一个连入网络的人事实上都连入了一个关系网络；第二是在互联网这个关系网络中，新媒介，或者说移动媒介对其功能，尤其是信息传播功能的扩大作用。村民 YW 认为：

> 现在有了手机以后，联系方面都不存在问题，就是自己有没有那个心思去联系。（YW, 34 岁，2017/3/21）

在河坝村的采访过程中，研究者认识了河坝村人 LJ。LJ 是龙山镇派出所的一名辅警，他的父亲则是龙山镇派出所的一名民警。高中毕业以后，因为父亲的关系，他成了一名辅警，也就是派出所中的无编制工作人员。据 LJ 介绍，辅警和民警的工资待遇差别非常大，比如他父亲每月的工资是 6000 多块，而他只有 2600 元，刚入职时更低，只有 1800 元左右。他家最大的愿望，就是 LJ 能够像父亲一样，成为一名正式民警。在 LJ 眼中，不仅是工资的问题，更重要的是，他怕在以后的工作竞争中被淘汰。

LJ 在派出所担任辅警以来，工作非常勤恳，也常参加各种比赛，为派出所增光添彩，比如他曾代表麻江县公安局参加黔东南州公安机关第一届警体运动会暨警务实战大比武，在多项赛事中斩获佳绩，争得了荣誉。他只有高中文化，虽然后来取得了一个县电大的大专文凭，但是

---

① 参见 [美] 拉里・唐斯编著《颠覆定律：指数级增长时代的新规则》，刘睿译，浙江人民出版社 2014 年版；程虹、王林琳《梅特卡夫法则解说与横向战略联盟价值》，《情报探索》2006 年第 12 期；俞杰、沈寿林、闵雷雷等《基于小世界网络模型的“梅特卡夫定律”反思》，《指挥控制与仿真》2009 年第 2 期。

根据现在的招考政策，以这样的学历，他转为正式编制的希望依然较为渺茫。

2017 年 3 月，LJ 在处置一起精神病人肇事的警情中，为了不让精神病人肇事升级，被精神病人撞击头部致伤，在县医院缝了十来针。研究者听闻消息去看他的时候，他被包扎好的头部还是肿的。研究者问他可以休息就几天，他说他在家闲着也是闲着，第二天就去上班。谁知道当天晚上他又出警去了。LJ 的事迹不仅引起了领导的关注，而且还引发了媒体的关注。几天以后，黔东南州网警的官方微博发布了以 LJ 为主人公的微博长文，表扬了 LJ 全心全意为人民服务、恪尽职责不怕牺牲的精神。研究者采访 LJ 时，LJ 谦虚地表示：

> 我受一点点小伤也无所谓，我是怕它升级了，当时精神病人要是情绪失控，马上打火烧房子了，那烧就烧一片了。这个是区里面报去的，我也不知道。今天我在手机上看 9300 多个阅读了。（LJ，27 岁，2017/3/28）

这篇微博立马在整个麻江乃至黔东南州的警察系统中引起了巨大反响，在河坝村人的朋友圈中更是被多次转发。不到一天，点击量就到了 9000 多次，到了第二天就已经过万了。网友纷纷留言“辛苦了”“赞”等。麻江县政府和公安局的领导高度重视，还亲自慰问了 LJ。

2017 年 10 月，麻江县进行 2017 年度的“感动麻江十大人物”投票，主要通过微信、QQ 和网页等渠道进行投票评选。LJ 是河坝村唯一的入选者，自然又在村里引起了一阵转发和投票的高潮。最后，LJ 高票当选，他的全家出席了在麻江县城举行的评选表彰晚会。LJ 的事迹更是引发全国多家知名媒体报道，包括人民之声、搜狐网、黔讯网和黔东南新闻网等。从 LJ 的事例可见，微博和朋友圈等媒介在其中起到了扩大作用，让 LJ 的事迹引起了民众的关注和领导的重视。“十大人物”评选的投票活动和媒体报道，则让 LJ 事迹的效应进一步扩大。

以智能手机为代表的移动媒介，是一种交互性的媒介，由于其可以随身携带的特性，使人们可以进行随时随地的传播和交流。在移动媒介连接而成的网络世界里，人们进行的资源消费并不会对网络中资源造成损耗。不仅如此，它还可以一边被消费，一边被再生产。连入网络的人越多，使用和消费的人越多，则包含的信息总量越大。事实上，节点之间的交叉性越多，使用者之间关系生成的可能性就越高，可利用的资源也越多，网络和媒介的效应相应地也就越大。因此，移动媒介的加入，可能彻底改写了关系的本质意义，也彻底改写了本研究所谓的关系传播的面貌。陈先红认为，新媒介里的虚拟社区的形成，"彻底改变了'关系'的性质：关系从过去单纯的代表生产关系的概念，转变为一种和资本一样有地位、有价值的生产力要素——社会资本。更准确地说，不是关系成为生产力要素，而是关系本身所携带的信息、知识、情感、信任，以及由此构成的具有资源配置性质的网络，成为一种生产力要素"。[①] 在这个资源配置性质的网络里，关系和资源的效应都进一步放大了。

三　排除者的逻辑

有关系传播，就必然有被排除在关系网络之外的情况。卡斯特认为，"在这个世界里，似乎有一种'排除者'（excluder）的逻辑，一种重新界定价值与意义之判断的逻辑，这个世界乃是电脑文盲、无消费能力群体，以及通信低度发展的地域的空间越来越狭小的世界。当网络割离了自我，这个个体或集体的自我，便无须参照全球的、工具性的参照来建构其意义：脱离的过程变成是双向的，因为被排除者也拒绝了结构支配与社会排斥的单向逻辑"。[②] 根据梅特卡夫定律，互联网具备的基本逻辑就是排除性的，因为其他人在不断地连接入网，所以每一个接入互联网的用户，都会获得成倍的信息资源以及交流机会，联网的用户越多，网络的价值就越大，联网的需求就越大。新技术的普及，在于越多人使用则变得越有价值。在互联网中，主要被消费的就是信息，信息消费的过程就是信息生产的过程。因此，互联网蕴含的信息资源和资本总

---

① 陈先红：《论新媒介即关系》，《现代传播（中国传媒大学学报）》2006 年第 3 期。

② ［美］曼纽尔·卡斯特：《网络社会的崛起》，夏铸九等译，社会科学文献出版社 2006 年版，第 22 页。

量只会愈来愈多，并随着消费者的增多而成倍数增长，每一个消费者都是资源的提供者和共享者，因为互联网是一种传播和反馈同时运行的交互性的媒介。因此，在互联网的逻辑里，与价值呈几何级数增加相对应的原则是，存在于网络中的价值，随着网络扩大以指数方式增长。如果不联网，那么被网络社会遗弃的代价则更高，因为和其他联网的人相比，被排除在外受到的价值损失也是呈几何级数增加的，也就是附加于从网络中排除的贬值也呈指数方式增长，而且与存在于网络中的价值增长速度相比会更快。如不传播，则被排除在外，如被排除在外，则损失成倍，直至被信息社会彻底遗弃。这就是排除者的逻辑。

上文提及的 YWR 案例就是典型的关系传播，而事实上这种关系传播的排斥性是非常强的，因为除非有强关系或者高度信任，否则信息不会产生传播和互动。而在河坝村的经济活动中，也体现了这一现象。

村民 YW 认为，朋友圈里也不能有闲杂人等，他很少随便加好友。

> 在村里面平时不打交道的人，不加他的。他所作所为都不想理，反正都不联系。如果感觉到两个人有一定的共同语言的话，才会加。

YW 在白兴大寨也算活跃分子，是“白兴委员会议室”微信群的一员，提到这个微信群，他也有自己的意见：

> 我在白兴委员会里就是用我自己的实名。毕竟大家都是村里面的人，我现在对村里的人有些意见，网名和头像不一样，如果你不查的话分不清谁是谁，所以想到把自己的实名和头像放上去。群里没必要加太多人进来，不相关的人，知道了寨子里的事情也没有用，也没有必要告诉别人。（YW, 34 岁，2017/3/21）

在 YW 的心目中，白兴大寨的事务就该放在内部来解决，没有必要让外人知道。这就是一种明显的排除性的逻辑。

另外，他还提到微信群里大家不团结和不和谐的因素：

> 自己村上面的发展，也关系到个人利益的，所以我很关心，在微信群里和大家一起探讨。但是我们村就像有好几个帮派，关系不怎么好的话，做什么事情都不满意，不支持，甚至他还会串通别人来一起跟你作对，我讨厌这种风俗，一点都不好。（YW，34 岁，2017/3/21）

村里的帮派斗争，给白兴的发展和建设造成了一定程度的阻碍，这也是一种排除者的逻辑。YW 认为，尤其是村里的老人，上了年纪，因此非常古板，做起事情来，就是不支持你，就是跟你作对，对村里发展影响很大。在 YW 看来，出去打工的人，见识还是会不一样。另外，一个人还要受过一定程度的教育和具有一定的文化水平，村里的人哪怕是只上过小学的，说起话来都和没上过学的不在一个水平线上。

YW 提到的文化和教育水平是一个非常重要的因素。在河坝村，排除者的逻辑出现得较为普遍的现象是在很多文化层次较低，甚至连手机都不会用的村民身上。无用和冗余信息充斥，而通信能力和网络消费能力几乎为零，因此被排除在新的社会网络逻辑之外。本研究在第五章也将提到，女性村民因为受教育和生活视野的原因，还有没有使用手机，或者只能使用最基本的手机功能的人，也被排除在信息社会之外。

在研究者的报道人 YDF 身上，也存在着这种逻辑。研究者获取的绕家文化的重要研究资料之一，是 YDF 提供的河坝村唯一的手写文本《夭（育）族简史》。在给研究者这本简史之后，YDF 一再强调除了研究者用于研究之外，不得给任何人看。其中最主要的原因就是，他生怕外人，尤其是都匀的上绕家人得到了这份资料，会据为己有并对外进行宣传，抢走了独属于河坝村的传统文化。而文化恰恰最需要传播。YDF 的行为事实上也是非常明显的排除者逻辑。

四　关系的不对称性

关系是人们社会生活中普遍存在的，但关系是不对称的。虽然很多学者在谈到利益交换和信息流通的时候，都假设关系是积极和对称的，但事实上，关系的不对称随处存在。

（一）社会关系因对双方意义不同而导致不对称

格兰诺维特和边燕杰等认为，关系是客观存在的，由人们从属于同一群体的属性或由血缘确定，但没有考虑到处于关系的连接点的个人对关系的认同程度。而韦伯则认为，“关系的客体性对称只有当它对双方的意义都一样时才存在，社会关系由于被赋予不同的意义而客体性地不对称”[①]。河坝村村民LGY认为和凯里特警支队的某战友关系很好，可以随时利用战友的关系进入某个单位，但对方却不认同，反复告知LGY现在逢进必考。在浙江打工的LLG也认为，不在浙江打工了，和好心的房东或者负责任的幼儿园老师保持联系，都没有用处了，建立好的关系随时可能断裂，其重要性在各自心目中也大为不同。LQC在浙江打工时，获得了儿子不在身边的老夫妇的喜爱，甚至认他做干儿子，把果园都交给他打理，并付给他很高的报酬。但是在LQC的心中，落叶归根才是最重要的，且从客观上来看，他离开浙江之后，尽管心里挂念，但还是逐渐断了与干爹干妈的联系。所以，当事务或者交换对双方来说不具备同等的重要性的时候，关系就是不对称的。

（二）关系过程中信息和资源流通的不对称

在河坝村村民的关系传播中的不对称性，还体现在关系过程中信息和资源流通的不对称性。而这种不对称性主要体现在双方的信息和资源获得在量上和质上的差别。LXQ老人，致力于举办绕家歌的对唱会，因为绕家歌在河坝村的下一代中已经渐渐失传，甚至连一些冷僻的绕家话也在逐渐消失，为了保护这种民族传统，LXQ多次向村民提出自己想办绕家歌的想法，但是苦于没有钱来操办。2015年，河坝村在外打工经商的L老板给LXQ老人捐了两万元，让老人来举办对唱会，这笔钱完全是义务捐献的，不需要任何回报。LXQ老人用这笔钱已经举办了两次对唱会，据他反映，截至2017年3月还结余6000余元，还可以再举办一次。对于LXQ来说，他实现了自己的想法，而L老板则连回家来看对唱会的时间都没有，这样的结果当然是不对称的。

---

① Weber, M., “The Concept of Social Relationship”, In Wilson, L., Kolb, W. L., Merton, R. K.(Eds.), *Sociological Analysis: An Introductory Text and Case Book*, New York: Harcourt Brace and Co, 1949, pp. 268-271.

据 LXQ 讲，他对自己举办对唱会时发生的一件事耿耿于怀。他全力操办、全程参与整场对唱会，而某小学老师全程拍摄了这几场对唱会，然后刻成光碟在市场上售卖。他自己则只获得了该老师赠予的一张光碟。LXQ 老人认为，该老师剽窃了他的劳动成果，因为不仅对唱会是他举办的，而且他在里面演唱的歌也全部是自己创作的心血。在这里，LXQ 老人和某老师获取的资源也是不对称的，因为在 LXQ 眼中，付出和获得显然不成正比。自此以后，LXQ 老人对任何来采访绕家歌的相关人员都心存戒备，怕又被无偿拿走自己的劳动果实。他说自己记录了很多绕家歌，这在当地是很少见的，因为会唱绕家歌的人已经不多，而有能力将其记录下来的人更是凤毛麟角。LXQ 的遭遇，让研究者对他的采访都遇到了一些困难，LXQ 不情愿配合的态度造成了信息获取的障碍。

不对称性的具体事例还有许多。比如，在非物质文化遗产传承人的评选上，原本在技艺水平和传承人评选之间是应该有对称性的结果的，但是由于信息获取的不平等性，并不具备高超技艺的村民成为传承人，得到了国家的补贴，引起了村民的不满。技艺水平与传承人的认定本该互相对应，即技艺水平高对应传承人头衔的获取，却由于村委会主导的传承人的评选结果——以政治权力为基础进行的资源再分配，产生了不合理状况，也就形成了不对称性。

可见，在关系传播的不对称性上，有些不对称是可以促进目的达成与资源共享的，但有些不对称则是对关系的一种损害。这种关系的不对称性，尽管不是人们进行社会交往和关系连接过程中的规范和原则，却是关系传播所产生的结果。

凯博文认为，作为社会组织的最直接的形式，关系网是一个家庭之外然而仍在村庄之内的“地方世界”。[①]“一个地方世界建构于社会经验之上，这种经验被界定为一种交涉、交易、交流以及其他社会活动的人

① Kleinman, A., “Local Worlds of Suffering: An Interpersonal Focus for Ethnographies of Illness Experience”, *Qualitative Health Research,* Vol.2, No.2.1992, pp.127-134.

际和主体性之间的领域。”[①]在河坝村，关系网络联系着个体行动者和地方世界，进行调节和中介作用。在这里判断的逻辑起点就在于，个人是怎么和他人互动而进行信息交换和资源分享的，又是如何与整个社区的整体互动的。在河坝村这个地方小世界中，关系传播很显然成为一种传播的逻辑和原则，这种传播现象体现了河坝村在关系建构方面的高度复杂性，以及人际交往上的高度密集性，而移动媒介又加强和扩大了其影响和作用。当然，在河坝村，关系并不是铁板一块，一旦形成就不可改变，而是呈现出动态化特点，这里的关系结构随着亲密程度而变化着，移动媒介还放大了这种亲密程度和距离。随时随地可以连接的关系，既可以随时变得密切，也可以随时变得疏离，而时空距离在其中变得可有可无。当河坝村人进行社会活动时，关系传播不仅导致了旧有社会关系网络的拓展，也有无数新的工具性的人际关系的培养，尽管有些关系的建立和维持非常短暂，但依旧在传播过程中起着无法估量的作用。

在探讨完本章以后，我们依然无法回避一个问题：是不是技术决定了人们的行为？本研究认为，虽然我们探讨的是移动媒介在村民的社会网络结网过程中的行动和原则，但是，技术并不能决定人们的行为，而是人决定了如何使用技术。也就是说，在不同的技术和媒介的条件下，人的行为和过程会改变，互联网和移动媒介推动了村民的社会网络的结构和形态的建构，使其更加广泛且多元化，而且也促使村民改变了使用互联网和手机进行人际交往的方式。我们依然不能否认的是，人的主观能动性才是其中的主要因素。移动媒介技术深深嵌入人们的生活中，但是，人们并不是被绑定在技术和媒介上，而是被彼此之间的关系网络所连接着，社会网络和媒介技术是一种动态的互动关系。

---

① Kleinman, A., “Local Worlds of Suffering: An Interpersonal Focus for Ethnographies of Illness Experience”, *Qualitative Health Research,* Vol.2, No.2.1992, pp.127-134.

第五章　资本获取的差异：社会网络中的地位与人际交往效果

本章探讨的是在移动媒介的影响下，社会网络中的地位造成的社会资本获取和人际交往效果的差异。以乡村精英和带头大姐为例进行分析，研究地位和社会资源占有的不平等对个人发展和社会交往的影响，并探讨了贫困作为一种特殊的结构性因素，对社会网络建构和社会资本获取差异所产生的作用。

第一节　乡村精英的朋友圈：社会网络中的位置和媒介使用

在河坝村，乡村精英是其中一个特殊而又突出的群体，他们在社会网络中的影响力和资源占有情况，以及移动媒介使用对他们建构社会网络和获取社会资本的影响，引起了研究者的关注。

精英是一个分层的概念，学术界对乡村精英的界定并不一致。一些学者以影响力作为标准来定义，贺雪峰认为乡村精英是“农村社会中影响力较大的人物”。[①] 仝志辉认为乡村精英是“在小群体的交往实践中，

① 贺雪峰：《村庄精英与社区记忆：理解村庄性质的二维框架》，《社会科学辑刊》2000年第4期。

一些比其他成员能调动更多社会资源、获得更多权威性价值分配，如安全、尊重、影响力的人，就可称为精英”。[①] 本研究认为从社会资源的占有情况来定义更为合适。社会学家帕雷托指出，“社区精英指的是那些具有特殊才能，某一方面或某一活动领域具有杰出才能的社区成员，他们往往是在权力、声望和财富等方面占有较大优势的个体和群体” [②]。本研究认为这个概念界定放在农村社区的精英身上同样适用，本文中所指的乡村精英，既包括体制内的乡村精英，也包括体制外的乡村精英，都以资源占有的情况来判断和衡量。

一　乡村精英的社会网络与资本获取：朋友圈就是资源

据本研究调查发现，当前农村社会的主体网络受地域的限制仍然较严重，同质性较高，即使在外务工过程中有一定程度的网络拓展，也很容易随着流动而失去联系，尤其是回乡以后，社会网络仍然倾向于自我封闭，不利于利用社会资本。乡村精英是农村社区网络和对外网络的“桥梁”，把农村社区、社区中的个体与更广阔、更开放的社会网络连接起来。乡村精英嫁接起农村社区网络和外部网络的联系后，原来的社会网络就产生了一定程度的改变，资源的获取和社会资本的形成机制也会随之产生变化。乡村精英可以通过拓展社会关系网络获取更多的社会资本，这就是乡村精英和一般村民的区别所在。

边燕杰认为，可以通过四个方面来拓展社会网络和获取社会资本，“一是网络规模大；二是网络顶端高，网顶高，网内拥有权力大、地位高、财富多、声望显赫的关系人；三是网络差异大，网差大，互补性强，潜藏的社会资本多；四是网络构成合理，与资源丰厚的各个社会阶层有关系纽带” [③]。如果拥有这些特征的社会网络，个体行动者在其中活动获得社会资本的可能性则最大，人们总是通过构建社会关系来获取社会资本，而乡村精英一般都处在结构位置较好的节点，能利用和获取较

---

① 仝志辉:《农民选举参与中的精英动员》,《社会学研究》2002 年第 1 期。

② [意] 维尔弗雷多 · 帕雷托:《精英的兴衰》，载郑杭生《社会学概论新修》，中国人民大学出版社 1994 年版 , 第 286—289 页。

③ 边燕杰:《城市居民社会资本的来源及作用：网络观点与调查发现》,《中国社会科学》2004 年第 3 期。

多的社会资源。布尔迪厄认为，“社会资本是实际的或潜在的资源的集合体,那些资源同对某种持久性的网络的占有密不可分”[①]。从布尔迪厄的定义可以看出，社会资本“是一种可以获取资源的持续性的社会网络关系，通过必要的维持手段得以形成，是个体主观意愿的表达。由于个体自身的差异,社会成员对社会资本的占有与摄取不一致”[②]。乡村精英因为主观意愿和位置的差异，是社会资本占有较多的行动者，而且通过其行动可以提高整个农村社区的资本存量。随着信息社会的到来，乡村精英的社会网络建构以及社会资本的获取，有了新的载体和表现方式。在对河坝村乡村精英的调研中，研究者从他们的微信朋友圈考察到了以下几个方面的特征。

（一）网络规模大

根据布劳的结构理论，互动的可能性是群体规模的函数。一般而言，随着行动者网络规模的扩大，收集到的信息与获取的资源可能就越多。在河坝村，在乡村精英 YWF 身上可以说能很明显地看到这一点。YWF，41 岁，是河坝村现任村支书。在河坝村的老百姓眼里，YWF 能够当上村干部，和他的家庭有很大的关系。他的大伯在 20 世纪八九十年代曾经是龙山的乡干部，他的父亲也曾在村里担任过重要职务。他的家境殷实，高中毕业以后无心向学，却有做生意的头脑，因此在麻江县开了饭馆，挣得了第一桶金。他的老婆当时在贵阳读大专，毕业后就和他结了婚，育有两子。回到河坝村以后，夫妻俩在河坝村开办了杂货批发部、邮政银行代办点、烟花爆竹批发部和猪肉屠宰售卖等事业，生意做得红红火火，还在麻江和凯里等地置办了不少房产。他在村里属于本宗族中辈分较高的，为人和善机敏而乐于助人，所以回到村里不久就当选了村民委员会主任一职，职务到期以后又通过民主选举当选村支书一职。在接受研究者的采访时，YWF 表示，他现在的微信朋友圈里的好友有四五百人，如果加上微信群里可以联系上的人，估计有上千人了。

---

① ［法］皮埃尔・布尔迪厄:《文化资本与社会炼金术：布尔迪厄访谈录》，包亚明译，上海人民出版社 1997 年版，第 202 页。

② 刘少杰:《后现代西方社会学理论》（第二版），北京大学出版社 2014 年版，第 169 页。

做化学原料生意的 YWS 也有一个庞大的朋友圈，他表示微信朋友圈里的好友数量较多。

> 一共有 684 个，我的微信好友的话工作上比较多吧，私人朋友也都差不多吧，一半一半。主要我的工作是靠电话、靠微信。如果说一般人的话，恐怕没有占比那么大。（YWS，29 岁，2017/3/19）

现任村民委员会主任 LQC 也是如此，并且还使用两个手机号码，一部手机联系业务，另一部手机处理工作方面的事务。LQC 也较为笼统地告诉研究者，自己在微信群里有四五百个好友，而且较为活跃的微信群有七八个，既有河坝村的，也有在外学习参观的，还有工作方面的，经常交流各种消息。他感叹道：

> 微信和 QQ 确实很方便，帮我积累很多人脉嘛。（LQC，39 岁，2017/4/24）

（二）网络顶端高

网顶也就是个人行动者的社会网络中拥有最多资源或者社会声望最高者，网顶越高则能获取越多资源，同时也说明个人行动者的网络中蕴含的社会资本越多。在一次交谈中，YWS 谈到，虽然他认识的网顶高的人不少，但对他来说，他未婚妻的父亲可以说是他的社会网络中网顶最高、掌握资源最多的人。他未婚妻的父亲曾是县委常委，

> 基本上在手里的资源，要是利用的话还是能解决很多问题的，但是不管怎样，我经济上不依赖他们，有事自己走正规渠道正常处理，人品不差，努力点，思想、能力不落后就行。（YWS，29 岁，2017/6/21）

从部队退伍在云南昆明西山区某社区工作的 YWJ，说自己主要的资源还是来自部队的积累，他的战友现在分布在全国各地，他在昆明也

积极参与云南省自主择业军转干部的各种活动，可以说各个层面的人都认识，不少战友现在“混得不错，要是找他们办点事非常方便”。

YWF 也在工作中认识了各个层面的领导，

> 他们（领导）经常下来的时候，下来开展一些工作的时候，他们都问我电话号码是多少，QQ、微信是什么号啊，加个 QQ、微信之类的，他们都有，方便以后我们多沟通之类的，我这个里面可以有很多了，所以我，哎哟，丢个手机肯定是我的一个大损失啊。简直不敢想象，如果说正儿八经这个手机不存在了，全部不许玩手机了，有一半人都没法活的。我的话就工作上可能是失去了一半的信息嘛。（YWF，41 岁，2017/3/18）

（三）网络差异大和网络构成合理

网络差异大其实就是指网络的异质性，而网络异质性一般就是指职业的多样化。在不断专业化的社会，不同的职业往往意味着不同的专业领域，个人如果认识多种职业的人，就可以掌握其他领域的资源，形成互补。而网络构成的合理度就是与资源丰富的社会阶层关系的纽带，包括领导阶层、知识阶层和经理阶层。孙立平认为，在社会中，如果政治精英、知识精英和经济精英结成联盟关系，会影响社会资源的分配与获得。[①] 据 YWF 介绍，他的微信朋友圈里的好友分四大类，第一类是村里的老百姓，一是大家有什么事情可以及时和他交流和反映，二是他也可以第一时间掌握村里的动态；第二类是他这么多年在生意场上交的朋友，虽然他当村干部了，但是家里有些业务老婆还在继续管理，需要联络；第三类是乡镇和县里的工作人员和领导，现在什么都用微信和 QQ 联系，有什么事情方便联系。据他说，有时候和领导联系用微信比较好，比如领导在开会，看到信息他要是没时间可以不回，有时间就打字回复，这样不会打扰领导；第四类是这些年参加省市干部培训认识的全

---

① 孙立平：《90 年代中期以来中国社会结构演变的新趋势》，《经济管理文摘》2002 年第 24 期。

省乃至全国的乡镇干部和村干部，他们不仅创立了微信群，平时在群里讨论，有些还互相加了好友，讨论自己感兴趣的农村产业发展。YWS也表示，

> 什么朋友都要有一点，因为不知道什么时候有什么事情。（YWS，29岁，2017/3/19）

而且研究者在进行滚雪球式的样本收集时，他给研究者介绍了不少河坝村籍的采访对象，这些采访对象分布非常广泛，有退伍后在云南省做公务员的，有在贵阳做生意的，有在浙江打工的，还有在凯里郊区养猪的。据他介绍，除河坝村以外，他的朋友圈有客户群、工程师、银行工作人员、学者等。因为未婚妻是县里某老干部的女儿，他还结识了一批官员。网络异质性越强，个人可以动用的资源越丰富，而网络构成合理，则可以获取各优势资源阶层的资源。尤其在中国，体制性因素对社会资本的影响较大，所以关系网络中包含合理的构成，可以更好地获取和调动社会资本。

在调研中，LQC曾向研究者介绍了他在北京学习期间，和黔东南州的乡镇干部们一起建立的微信群，一共有52人。现在这个群里的交流非常频繁，在接受研究者采访的前几天，他们还计划在黔东南各个乡镇参观，因为到处都有他们的学员，每个乡镇又各有自己的特色。他感叹道：

> 微信和QQ确实很方便，帮我积累很多人脉嘛，除了人脉是其中一点，还有一些交流。在这个发展中我们也有交流，比如他们那边什么好说一说，大家一起分享一下。我们这里有什么好，我们也可以通过微信、QQ传在上面。我们家乡什么（农作物）是成熟期，欢迎这些学员大家过来享受一下、体验一下，在里面有一些他们的文化互相沟通、互相学习。以前像我们这个文化发展真正的就谈不上，现在在手机以及电脑上面还是学到很多，到人群里面去实践了很多，所以觉得我们的文化还是有所提高的。（LQC，39岁，

2017/4/24）

YWF也有相同的说法，他认为在朋友圈里点赞评论，

> 也就是又加强了我们之间的联系和感情，所以这个工作我估计要是新支书来，不说两年，一年时间肯定他是干不了的。不是在工作上的一些经验之类的，这个也许他有一定的文化，他也有一定的思路，但是打开我这个网上的一些局面，他是很难的。这个基本上其实就是我的资源和我的积累，光是现在你要认识县里面的一些各个单位的，还有这个县里班子里面的一些领导，一年时间你都认不了，包括在麻江所有工作的这个家乡的人，还有省里面州里面的各个层面都有。他们都有我的微信的，他们只要一加我，马上都要接收。便于下一步嘛，大家好沟通一点。（YWF，41岁，2017/3/18）

移动媒介的介入，让乡村精英在社会实践过程中，积累了更多的弱关系，而这些弱关系往往意味着网络的规模更大、异质性更高、构成更合理，在很多情况下，网顶也更高。从这个意义上来说，朋友圈就是乡村精英的资源载体，作为资源的社会资本嵌入在以朋友圈为载体的社会网络中，个体则通过有目的的行为对这些资源加以利用和动员，而他们利用和动员的过程远比移动媒介时代以前要更为方便简单，社会资本不再为空间和时间所限制，行动者可以在想交换和动员的时候迅速地实现和完成。

二　乡村精英与结构性位置

位置决定人们获取资本的差异。社会网络尽管是动态性的，但毋庸置疑的是，它是一种结构决定论，这种理论认为人们分布在社会网络中客观的社会位置，对人们社会生活的影响要大于文化价值和规范的影响，即便是少数民族农村中具有的传统悠久的文化规范。网络社会资本的形成归功于个人身份的价值观，这一价值观挣脱了传统社会身份架构的限制。个人身份、社会网络以及社会资本连接起来，是对地位、等级

和位置的革命性改变。

（一）社会资本获取的位置差异：先赋位置和自致位置

当人们不是工具性而是表达性地与人交往时，往往会选择与同质性较高的人互动，在这样的交往活动中，如果想要获取更多和更好的社会资本，占有优势的人总是初始位置比较高的人。一般而言，初始位置是指个体在社会结构中所处的先赋位置和自致位置，也就是从父母那里继承来的位置或者是自致的位置。初始位置越高，就越有可能获得更多有价值的资源。

一直以来，管理学的相关研究认为，在组织中，有多种而密集的社会联系的人总是比那些拥有较少社会资本的人更受欢迎和尊敬，尤其是有身份背景的人比没有背景的人更受人尊敬，而这一切并不一定需要对其实际能力进行评估和考量。比如只要先赋位置较高即可，先赋位置是自我继承的位置，一般来自父母。在河坝村，YWF 是一个典型的例子。他的大伯是龙山的乡镇干部，父亲是村里的干部，家境历来比较殷实，也养成了他善于和人打交道的外向型性格。据村里人讲，他去村里调解纠纷就没有不成功的，他的方式一般都是先动之以情，再晓之以理，谈法律法规和政策。村民反映，看到他，火再大的人也能平静下来，总是能顺顺当当地把纠纷调解书给签下来（据悉，纠纷调解书是农村调解纠纷后达成一致的书面协议，签字以后具有一定的法律效力。每次调解纠纷后，调解员由政府补贴 100 元。河坝村截至 2018 年 3 月大约有 10 位纠纷调解员，均由村里地位较高的人担任），展现出了高超的谈话技巧和调解手段，这和他的家庭熏陶不无关系。

自致位置指自我获得与占据的社会位置和社会角色。YWS 即如此，在采访他时，研究者提出要去他家看看，参观了他家较为破旧的老式木房以及并不宽敞的水泥砖房。在他的记忆里，贫穷是一种让人心痛的记忆，甚至导致他的求学之路差点中断。即使出身于这样的家庭，他还是通过自己的奋斗，达成了年收入超过 30 万元的目标。因此村里的年轻人都相当佩服他，把他推到了一个相对较高的位置，比如白兴大寨所有村民筹集的建设基金，就全部放在他手里，由他来管理。一是相信他的人品，二是对他经济实力的一种肯定，三是对他在村里地位的一种确认。

LQC 也是如此，据他回忆，他的家境是非常贫困的，

> 我们家主要是穷房子，我那个房子像我们家才有两间，就是这样，就有两间。我们家，你看我们三姊妹和我爸妈住，后来结婚还是一起住在那两间房，包括我哥他们结婚，还有我哥有一个女儿，那个时候还住在那个房子。（LQC，39 岁，2017/4/24）

LQC 出门打拼，赚到第一桶金就回来建房，因为和寨子里的人熟悉，在寨子里举办活动没钱杀猪的时候，他用低价 1300 元购买了寨子里靠街边马路的一块公用空地，盖起了自己的第一套房子。接着让老婆开办小卖部，自己在外承包基建工程，“很累，但是赚钱，有一次我接了个工程，一个月就赚了 20 多万元。现在在村里纯粹是做贡献了”。现在他又在街边购买了第二块地皮，盖起了有两个门面四层高的大楼，用他自己的话来说，资产少说也有两三百万元了。在采访河坝村村民的过程中，当问起在村里最佩服谁的时候，有不少村民提到了他，包括在河坝小学做了几十年教师的 LMY。他在村里的地位可见一斑。

河坝村瑶族枫香染文化博物馆的馆长 LQZ，也有着自致位置的奋斗经历。据他介绍，早些年他就是在农村务农，做点小生意。一次，他偶然发现河坝村来了一些外地人，收集老人家手里的旧枫香染制品，他忽然意识到如果再不加以保护，这些老物件很有可能就再也不属于河坝，甚至要影响绕家文化的传承了。因此他开始慢慢花钱收集这些老物件，没想到这些藏品渐渐升值。后来他开办了博物馆，供人免费参观，还获得了麻江县委的大力支持，得到了 8 万元拨款。他的博物馆不仅成了各级领导参观的必选场所，也成了外地人来河坝游玩的必经之地。他每天开门迎接参观者，还有心地收集了每一位参观者的工作单位、联系方式和电话号码。据他说，有不少传统文化的爱好者成了他博物馆的粉丝，也给他带来了不少出去交流和展览的机会。

但是，位置对资本获取的差异，我们还需要厘清一个问题，也就是这个位置到底是“身份”还是“身价”。通过研究者对河坝村的观察，在市场经济的作用下，不管是先赋位置还是自致位置，“身价”占据着更多的成分，虽然他和“身份”并不排斥。但是，“个体自身的‘社会重要性’来自人们在交往中对彼此的社会有价值资源所进行的判断”。[①] 在河坝村村民的个人地位的获得中，他们都是通过个人地位的获得来联结成自己的社会网络的，从而获取自己的社会资本，也因其社会地位的高低不同，社会资本的获取从而产生了差异。如果该村民能够获得较高的个人地位，不管是先赋位置还是自致位置，他的关系圈都能够迅速扩大，形成具有丰厚社会资本的社会网络，而在这个社会网络中的不断互动又能够加固和维护他的地位。

（二）移动媒介与乡村精英的信息获取优势

美国社会学家罗纳德·伯特对社会网络中的竞争关系进行了考察，提出了结构洞理论，他认为结构洞就是“非多余联系之间的分离”和“两个联系间的非多余关系”。进一步解释就是“竞争者跟某些人相关联，相信某些人，义不容辞支持某些人，依赖于跟某些人的交换。他们息息相关，此行彼动。通过一个人跟另一个人的关联，洞就存在于竞争场域的社会结构中。社会结构中的这些洞，或简称结构洞，是竞争场域中的竞争者之间的关系间断或非对等。结构洞是指企业家获取信息、时间、人员和控制的机会”。[②] 在河坝村的乡村精英，等同于这里所指的企业家。研究者的报道人 YDF 曾表示在村里最佩服的就是两个主要村干部，佩服他们年纪不大就有一份自己的产业，另外他还指出，

> 还有一个就是他们认识很多人，领导能力也不错，而且他们做事方方面面也能够想得到，听得到消息，能力比较强，什么事情做得也是比较公平。（YDF, 43 岁，2017/4/14）

在村民看来，乡村精英们就占据着获取信息和抢抓机遇的机会，尤其是“认识很多人”的关系资源优势。在与人打交道的过程中，乡村精英的交际面较广，能够接触到很多弱关系，而这种弱关系中就存在着结

---

① 翟学伟：《个人地位：一个概念及其分析框架——中国日常社会的真实建构》，《中国社会科学》1999 年第 4 期。

② Burt, R., *Structural Holes: The Social Structure of Competition*, Cambridge: Harvard University Press, 1992, pp. 1-2.

构洞，乡村精英能够通过社会交往和社会关系产生联系，填充和弥合结构洞，从而在社会竞争中取得成功。伯特认为，占据结构洞越多的竞争者，关系的优势就越大，获得经济利益回报的机会就越高，这就是结构洞概念的基本假设。在结构洞的弥合过程中，社会网络的关系至关重要。机会就蕴藏在网络中，通过获取信息来实现。“信息使网络获益的本质就是使网络中的人知道谁知道这些机会，以及谁将加入他们。”[①]根据伯特的观点，信息利益将通过三种形式存在，即通路、先机和举荐。在河坝村，研究者发现这几种形式也存在于乡村精英的社会交往过程中。在这里，我们还将探讨移动媒介在其中所起的作用。

1. 通路

通路是指获得一条有价值的信息，并知道谁可以利用这条信息。在河坝村，当村民知道研究者是做手机和网络方面的研究时，热心的大伯LXR就兴冲冲地和研究者讲：

> 这个我跟你讲一下，这个网络为什么好，现在这个社会什么东西都可以查。不管你穷也好，不管是什么干部也好，学生也好，农民也好，都可以用这个方式查的，这个才是最重要的。（LXR，63岁，2017/3/16）

作为文盲的LXR，看到了网络社会信息获取的方便性和快捷性，甚至还有平等性，但是却没有意想到，有些信息还是有信息通路存在的，没有通路，就获取不到某些信息。信息不会在竞争的场域中均质传播，一方面与竞争者之间的联结不是均质的；另一方面每个人能够处理的信息是有限的，而每个人自己的社会网络成为重要的筛选和屏蔽装置。

据YWF说：

---

① Burt, R., *Structural Holes: The Social Structure of Competition*, Cambridge: Harvard University Press, 1992, p. 14.

我们QQ用了很多，我的QQ里面基本上就是方便群聊嘛，包括这个镇里面有几个QQ群啊。现在我发什么信息，我想找哪个人，发个信息都很快的。现在基本上是通过QQ微信来找人了，一般发一些材料之类的，我就马上传过去了，挺方便的。

微信也有我们的一些工作群啊，上次我去参加了两个培训，还有几个会议，我们都全部加入这个群了。包括我们上次，好像是在年前吧，我就到省里面去参加了一个组织人事干部学院的培训，全省只有100个村支书，每个县只有一个。有些工作，有些什么创意的，你可以通过这个群里面选择那个产业怎么沟通，怎么交流之类的。可以去咨询他们一下，如何搞，如何创建，他们都乐意跟我交流的。他们会毫无保留的。

我要是发现哪个村的东西搞得好，我就主动加那个村支书的微信、QQ什么的。（YWF，41岁，2017/3/18）

据YWF介绍，他对贵阳的贵安新区马场镇很感兴趣，因为他们村集体经济就有1个亿。村里不仅搞起了房地产，还有一个交易市场，招商家租用专搞批发。

你看基本上一个月能收多少钱。我学到很多思路，但是我们这边的条件优势就是差了，可能学到是学到，但是在我们村建的过程中，很多不适应，也达不到他们那种要求，我现在要学的就是如何来抓一些产业。（YWF，41岁，2017/3/18）

乡村精英的网络使他们获得了更多的信息通路，远超过他们通过自己一个人能获得的。初中学历的村民LBJ在谈到朋友圈的作用的时候，说出了自己朴实的看法：

我感觉这个用处大了，你不要光看这个点赞和留言，有的时候评论那些，有的话你根本就想不出来的。可以交流大家的想法，还有就是感觉这个人还可以，很有能力的那种。当一个人有能力，你去帮助一个没有能力的人那是很简单的一个事情啊。（LBJ，31岁，2016/3/17）

2. 先机

先机是网络信息传递的非常突出的特点，竞争者与他人的接触能使其成为最早被知会消息的人。这种先机就是竞争者可以提前利用信息的机会，或者也可以作为信息投资，将这种信息传递给自己社会网络中其他需要的朋友，而这些朋友将来也会给予自己回报。2017年村委会改选来临之前，YWF曾和研究者表示想发展河坝村的农村电商事业，如果自己落选，就专心从事这项事业，做得好的话可以带动很多相关产业的发展。他告诉研究者他正在咨询州里的相关人员怎么办理，还给研究者看了州里相关工作人员，一个微信号叫YY的人给他发的短信，为YWF列出了办理的条件，一共是八项：

> Y哥你好，因为这次电商会议参会人员办理人数较多，我中心决定在这周集中到麻江进行办理，具体时间会提前打电话通知。在此之前我希望您能先准备好以下资料：1. 营业执照原件。2. 组织机构代码证（若三证合一此项忽略）。3. 税务登记证（若三证合一此项忽略）。4. 经营者身份证正反面。5. 经营者名下邮政储蓄卡。6. 征信报告（最重要一项，可到中国人民银行打印）。7. 经营者手机号近期缴费发票。8. 对应手机缴费发票近两个月的通话详单。

YWF认为，他去州里咨询的时候，感觉电商办起来对村里是个大好事，但是真的要对照条件办起来，挺困难的。在他看来，如果他能够抢先办好，即便他不再担任村里的领导职务，一是抢占了商机，发展电商是未来的趋势，将来肯定大有可为；二是也为自己筹备好了退路。他在从事村干部工作以前，在村上杀猪和办小卖部等生意，现在肯定不想做了，毕竟见识不一样了。

研究者曾到访麻江电子商务运营中心，并参观了电子商务和创客的培训中心，该中心下属于麻江县电子商务发展工作领导小组办公室，运营着“云淘麻江”的淘宝店和微店，另外还成立了麻江县新合作电子商务有限责任公司。在他们的实体运营中心，研究者看到他们售卖鸡蛋、辣椒、豆腐和酸汤等各种特产，所有的东西都可以在网上下单购买。顾客当天下的订单，下午五点以前会用申通快递发出。研究者发现店里有邻村复兴村的特产灰辣椒，但就是没有河坝村的特产，当研究者询问店长时，店长只回应说营业采购方面是由供销部管。

研究者在采访龙山镇党委书记时，曾与他探讨关于河坝村创办电商的相关政策，并向他咨询电商和农村淘宝有什么区别。书记解释道，农村淘宝只是电商中的一个渠道，电商需要耗费大量的财力和人力。因此对于河坝村来说，村里或者个人要办起来还是很难，因为要有品牌，要物流，要包装，要生产，这都是一个人的力量难以驾驭的。所以现在要动员河坝村村民搭上麻江县电子商务平台的东风，让河坝村和其他村都成为这个平台的一个点，把产品放在一起销售。关于农村电商的发展现状和镇里的思路，经常在龙山镇开会的 YWF 肯定知悉，而知悉这些信息和政策无异于抢占了发展的先机。

3. 举荐

先机和通路的利益一般都集中在关系人流向竞争者的信息上，而举荐则相反。网络过滤从关系人流向竞争者的信息，也引导和集中其他人获取关于竞争者的信息，并传递给其他人。以老支书 YWR 推荐 YWF 竞选村支书为例。在前文中提到人缘较差的 YWR，他在村中的信息源之一即 YWF，原因是在 YWR 退休之前，他向乡镇党委大力推荐了 YWF，并在 YWF 刚介入村委会工作时，提供了很多信息，比如及时给他提供村里某户的情况等。另外还有 LQC，在 2017 年的村支书选举中一度落选，落选的第二天 LQC 就没有来村委会上班了，用他的话来说就是继续回去搞个人事业赚钱，不再做奉献了。因为村干部拿的工资对比这些乡村精英来说确实少得可怜，每个月拿到手只有 2000 多元，且并没有公务员编制，任职到期以后就等于解除了劳动关系。而不久后举行的村民委员会主任竞选，LQC 又再一次被推荐竞选，据他自己反映，是因为乡镇里的部分领导平常和他接触较多，对他的工作和为人比较了解，又向组织上引荐了他，组织上因此派人和他谈话，挽留他参加竞选，继续做村里的工作。

伯特认为，结构洞的存在对于竞争者而言有着至关重要的作用，“群体之间的弱关系就是市场的社会结构中的洞。这些社会结构洞——或简称结构洞——为那些其关系横跨这些洞的个体创造了竞争优势”①。而乡村精英的移动媒介使用更是加强了这些竞争优势。移动媒介使得乡村精英的网络纳入了更多的关系人，也提高了社会资本的容量，相对地，容量的扩大提高了网络的多样性和异质性，异质性则能提高利益的质量，因为非重复的关系人保证了多条信息渠道和多样的信息资源。多个关系人群体能够提供多样的信息。拥有一个能产生多种利益的网络，可以使乡村精英作为一个网络关系人，对其他人更有吸引力，使他能够轻易地扩展自己的网络，这是一个良性的循环过程。简而言之，移动媒介优化了结构洞。

第二节　带头大姐：农村妇女的人际交往与移动媒介使用

“地位就是指所有不构成类别范畴而按等级变化的社会位置。因此，地位差异属于人们在彼此交往中形成的社会差别。”②一般而言，广泛意义上的地位包括所有按照等级变化的社会属性，比如教育、收入、财富、权力等，这些社会属性的差别让人类社会产生了角色关系的等级差异，因此也反映了拥有某种社会资源的差别。在河坝村，研究者发现人们在地位上的分布影响着个人的社会交往范围，同时，社会交往范围又反过来影响着地位的分布。地位以及社会资源的不平等直接影响着个人的发展和社会交往，尤其是教育水平和媒介使用方面的不平等，这一点

---

① ［美］罗纳德·S. 伯特：《结构洞：竞争的社会结构》，任敏、李璐、林虹译，格致出版社、上海人民出版社 2008 年版，第 25 页。

② ［美］彼特·布劳：《不平等和异质性》，王春光、谢圣赞译，中国社会科学出版社 1991 年版，第 3 页。

在河坝村的女性带头人身上显得尤为突出。

一　识字的女人：教育作为一种资本

在资本理论中，一般将资本分成两种，第一种是指个人或人力资本，第二种则是社会资本。人力资本是个人所拥有的资源，个人可以自由而不需要补偿地使用和处置它们，比如教育、培训、技能和知识证书等。从投资的意义上来讲，教育是人力资本投资的重要形式，教育一直以来都是影响个人发展和社会经济发展的重要因素。女性对自身社会地位的评估取决于受教育水平、对自我能力的认可和居住区域的性别文化。教育投入是提高女性社会地位的必要条件。

（一）河坝村的女性和教育

据《龙山镇志》记载，早在清朝时，河坝就已经有人懂汉语、学汉文了，但是为数不多。1935 年开始，河坝地区私塾发展较快。当时，白兴寨、屯上寨、岩脚寨和平寨都有私塾，只是各私塾学生人数不等，少的几个，多的十几个或二十几个。1936 年政府提倡新文化教育，民众开始筹建校会。1940 年河坝开始在新校舍里办学，有教师 3 人，学生 115 人，分为 4 个年级，取名瑶家保国民小学。据 71 岁的 LAZ 讲，她入学堂时，学校虽然有几十人，但是只有两三个女生，那时候基本没有女孩子读书，知道她上学别人都会对她另眼相看。

在河坝村，女性的文盲率非常高。据河坝村的老师们回忆，直到 20 世纪 80 年代，河坝村来上学的女童都不算多。女孩子基本都是在家操持家务，即便上学，也最多只能上一两年。1986 年，我国颁行了《义务教育法》。1996 年，原国家教委在制定的《全国教育事业“九五”计划和 2010 年发展规划》中指出：“要缩小女童和男童、城市和农村、贫困地区和发达地区、少数民族聚居地区和其他地区学龄儿童入学率的差距。”[①] 据《龙山镇志》记载，河坝小学 20 世纪 80 年代曾在龙选清校长的带领下狠抓女童入学。“1985 年，由龙选清继任校长。在此期间，学校很重视女童入学率，通过各种途径找帮扶单位资助学校女童入学，从

---

① 中华人民共和国国家教育委员会：《全国教育事业“九五”计划和 2010 年发展规划》，《中国高教研究》1996 年第 3 期。

而使学校入学率、巩固率不断得到提高。”[①]2006 年农村实行了免费义务教育，河坝村的女童入学率逐年上升。据河坝小学校长介绍，河坝村截至 2017 年年底基本没有失学儿童，但还有一些流动儿童处于未知状态。2017 年 10 月，就有一位家长将 12 岁的女儿送到学校来，让她上一年级，说当时因为超生无法上户口，所以一直让孩子跟着他们在外打工，或者就待在家里。

本书所探讨的农村妇女，指的是 20 岁以上的已婚女性。河坝村的这部分女性，受教育程度低于全国平均水平。据 2010 年 12 月统计数据显示，“我国 18—64 岁女性受教育平均年限是 7.9 年，其中城镇女性为 9.8 年，农村女性为 5.9 年，农村女性接受大学专科以上学历和高中阶段以上教育的分别是 2.1% 和 11.6%。而中西部农村妇女受教育年限为 5.4 年，比东部农村妇女低 1.2 年”。[②]研究者在麻江和龙山镇走访相关部门，虽然没有得到准确的统计数据，但是据访谈中的情况来看，这部分女性的受教育程度较低，而且年纪越大，受教育年限越少。

> 我姑妈和我妈妈都算是文盲。我妈妈，有时候像我们这样说的话，听着就像我现在听英语一样的，有时候听得多一点，有时候又听不懂了连蒙带猜的那种。但是我姑妈应该就是会说一点客家话吧。一般来说就是讲绕家话才听得懂啊。（LY，23 岁，2017/4/1）
>
> 我妈是个半文盲吧，但是打电话，基本的加减法她都是会的。但她要看这些 QQ，或者说是微信、手机这些，她是看不懂的。她在浙江金华医院里面当清洁工，拖地，就是拖那个楼梯道，还有扫楼梯道，还有走廊。（LAT, 15 岁，2017/3/18）
>
> 像我爸妈这个年龄的，我们那边差不多可以说 90% 以上都是在用那种大的按键机，那种耐用，一两年都不会坏。他们不认识字，不收短信，他们就是电话不会存名字的那种，打电话就直接问你是

---

① 麻江县龙山镇编：《龙山镇志》（初稿，未出版，龙山镇政府提供）。

② 第三期中国妇女社会地位调查课题组：《第三期中国妇女社会地位调查全国主要数据报告》，《妇女研究论丛》2011 年第 11 期。

谁。我妈要我把号码写在墙上，我都帮他们存我的号码在里面。我就教他们，你们打电话给我就是按电话簿，然后按拨号键就可以打了。我父母都是小学二三年级那种水平，不认识多少字，他们全靠我爸去外省认识一点。（LQF, 25 岁，2017/3/9）

我们那时候读书的时候，其实也没有多少钱，我们开始读一二年级不用钱，那时候像我们这辈人，都不愿意去上学的，想在家里面玩。然后我们那时候也去读了，我读到六年级，就读了第一学期就没有去读了，然后就出去打工了。（CDL, 41 岁，2017/3/23）

30 岁左右的女性文化程度要高一点，LQY 告诉研究者，

当时在麻江读高中，上到高二就不读了，没钱就不读了。我爸他们生活有点困难。所以就算是高一吧，就回家直接去打工了，去了温州。（LQY，30 岁，2017/3/20）

河坝村女性普遍呈现出年龄越大，受教育程度越低的状态。而研究者接触的青少年及儿童，基本上受教育程度较高，且即便是学习成绩不好，父母也愿意送孩子读到高中毕业。

（二）乡土文化社和识字的女人

在河坝村，乡土文化社的名字是在村民和村干部口中经常提到的。据悉，贵州乡土文化社成立于 2008 年，是致力于贵州本地尤其是少数民族地区的文化传承与发展的民间公益机构，主要在贵州农村尤其是少数民族社区发现和挖掘符合本土和本民族文化价值的经济发展方式，试图实现以本土文化为根基的可持续发展，同时希望能够增进本土和本民族文化与其他地区和文化之间的文化认同，传承乡土知识。2009 年以来，贵州省乡土文化社在香港乐施会的资助下，开始了“贵州省麻江县河坝村村民族手工艺发展与生计改善”项目，因为白兴大寨的妇女们素以枫香染和绕家刺绣工艺精湛著称，所以乡土文化社这个项目主要放在白兴大寨实施。

乡土文化社的项目兼有公益和贸易的双重性质。企业一般都是通过

文化社下订单，再由文化社组织和发动白兴大寨的妇女成立合作社，由合作社承担刺绣等产品的生产。订单完成之后，不仅可以为合作社的妇女创收，并且每笔订单可以拿出 5% 的收购金额返还给村寨，作为公共基金使用，用于村里需要的各项公共事务。关于企业通过乡土文化社下的订单，既有成功的，也有失败的。因为文化社在白兴大寨的各类行动，从未通过村委会，且发生过绣娘的刺绣被退回的事情，不少绣娘反映“做了事，没有得钱，功夫都白费了”，所以村干部对文化社的项目抱着谨慎的态度，并多次告诫与乡土文化社来往密切的村民注意防范。但据绣娘 CDL 反映，被退回订单的经历只有一次，是通过乐施会下的有关订单，但是被退回的原因是绣片的质量不过关。因为多位绣娘做，手艺水平不一致，有些做得太粗糙，对方留下了质量过关的，退回了部分质量较差的。而绣娘们一传十、十传百，把这个事情传得有点失真了。报道人 YDF 告诉研究者，通过乡土文化社接来的企业订单还是有做得比较成功的，比如北京某出版社曾经向他们订了 1000 米的枫香染，作为出版书籍的布质封面，这批订单就完成得相当出色，村民共获利十多万元。

在研究者调研期间，发现乡土文化社除了给村民承接订单以外，还做了很多公益事业。比如给白兴大寨文化活动室捐赠手持录像机、相机，给居住条件不好的村民家每户资助 2000 元做厕所改造等。而最让研究者瞩目的是，他们给寨子里的村民安装了宽带。据绣娘 CDL 介绍：

（宽带）就是 2013 年、2014 年拉的。因为是文化社帮出钱，他们出一半的钱，我们出一半的钱。我们出了 800 元，他们也出了 800 元。因为他们经常到我们这来，没有网线，我们就反映嘛，就说以后社会肯定就是往网络方面发展了，我们没有网线就很不方便。你要是没有网络没有车，你就落后了嘛，对吧？但是我们就是用不起呀，手机加上话费，要是（还用）流量就多了嘛。他们经常来我们就说，要是以后我们自己有网就好了，以后跟你们也好联系。（CDL，41 岁，2017/3/23）

然而在研究者看来是重大利好的事情，最终乡土文化社却只资助了十来家人安装网线。CDL 反映，有些人家舍不得，有些人家用不着，年轻人或者男人不在家，他们不用智能手机，反正也不认识什么字。

据研究者观察，是否识字，成了白兴大寨的女人们是否能在乡土文化社的帮扶中获利的一个重要因素。在乡土文化社的带动下，参与订单制作的妇女最高曾达 50 余人，而核心人员只有五六人。其中，LSM 的技艺非常精湛。但是她不识字，不会说普通话，客家话也说得不好，在与人交往时颇有障碍。而 CDL、LFH 和 LAZ 因为识字，会说普通话，也是第一批接受乡土文化社资助安装了网线的家庭，因此从中获益颇多。如去外省交流和展览时，基本都是她们几人作为代表。在承接乡土文化社的订单时，因为沟通和理解能力强，做出的订单也很少被退回。因为使用手机熟练，总是代表妇女与乡土文化社以及企业沟通，有什么消息都是第一时间获知。发展到最近，CDL 和 LFH 等人已经成为妇女中的“带头大姐”，代表妇女们承接订单，甚至发展起了自己的生意，从中获利。据 LFH 介绍，她和 CDL 有时候会接到一些“私人订单”，自己做不完，就分给一些手艺较好的妇女一起做，而付费的方式是论斤称，即把绣片的底布先称好，作品完成之后再过秤，按重量计费，然后由她们两人交货给订货客户。LFH 说，每一斤绣片她和 CDL 可以从中获利 80—100 元。当研究者询问村里的妇女是否有意见时，LFH 认为：

> 她们年纪都大了，要么不会认字，要么不会说普通话，我们接的也不全部是乡土文化社的订单，是靠我们自己联系得来的，我们不给她们做，她们一点钱都赚不到。（LFH，53 岁，2017/3/30）

布尔迪厄曾指出，社会资本有助于人力资本的生产。比如结交广泛的父母和社会关系网络可以增加提高人力资本的机会，或者获得好的教育和经历。另外，人力资本也可以导致社会资本的增加，这在河坝村女性的生产和经济实践中非常明显，受过较多教育的女性明显有了更多的对外人际交往机会和能够获取更为丰富的资源。这二者之间有着相辅相成、互为因果的关系。但是，在本研究中，因为可获取的社会资本的值是很小的，毕竟河坝村的女性合作社也好，CDL 和 LFH 这样的带头大姐也好，事业都处于起步阶段，且没有形成规模，要发展还面临着重重困难，所以人力资本成了基础，对于地位获得和资源获取都有着很大的影响。

二　带头大姐：社会网络建构与媒介使用

（一）农村社区网络资源的利用与重构："带头大姐"和女性合作社

在河坝村考察女性的媒介使用和社会网络的建构中，研究者发现白兴大寨成立的女性合作社非常有意思。女性合作社最初的成立和乡土文化社有着密切的关系，即为了完成乡土文化社接来的订单。如前文所述，乡土文化社在香港乐施会的资助下，启动"贵州省麻江县河坝村村民族手工艺发展与生计改善"项目，白兴大寨有国家非物质文化遗产枫香染和传统手工艺绕家刺绣，具有极高的文化艺术价值和广阔的市场前景。因此，作为乐施会推广的"公平贸易"项目，它可以为绕家的民族手工艺的传承和发展提供新思路，同时也是一种造血式扶贫。据香港乐施会编撰的《公平贸易手册》介绍，"公平贸易模式"大致上是一种"农民—合作社—公平贸易组织—入口商 / 公平贸易商标认许使用者—消费者"的模式，有别于传统的"农民—中间人—出口商—入口商—分销商—零售商—消费者"的模式。其中最为关键的区别在于，农民在公平贸易中的参与程度和自主性会更高。"以白兴大寨为例：企业通过文化社下刺绣订单，而文化社则负责组织白兴妇女刺绣。除了文化社作为公益平台不向双方收取任何费用之外，企业给出的收购价格要比市场价格略高，而且每笔订单都要拿出收购金额的 5% 返还村寨作为公共发展基金。"[①] 随着乡土文化社工作的逐步开展，在白兴大寨开发了文化体验游等项目，女性合作社的成员又成为第一批对外接待游客的人员。女性合作社目前有社员 30 余人，6 个小组长，每个小组长管理 4—8 个组员，平时负责通知信息，组织完成生产和审核产品质量。其中几个手艺精湛、头脑灵活、识字并会说普通话的妇女，在各个项目的完成过程中脱

① 华璐：《瑶寨里的"公平贸易"》，http: //news.sina.com.cn/o/2011-04-27/054122364830.shtml，2017 年 12 月 8 日。

颖而出，最终成为带领大家致富的“带头大姐”。

调研过程中，研究者发现，带头大姐的生产实践活动和社会交往活动既在农村社区内部实现了社会网络的资源利用与重构，也对外建构了新的社会网络，由此获取了更多的社会资本。我们首先讨论带头大姐在农村社区内部的社会网络的资源利用与重构，研究发现，带头大姐主要是通过分工合作和雇佣性帮工重构了以地缘关系为主的社会网络。

1. 通过分工合作重构地缘关系

因为乡土文化社的项目只在白兴大寨开展，因此妇女合作社中的妇女互相之间都是邻居，邻居关系是地缘关系的主要表现形式，也可以说是农村社区社会网络中非常稳定的部分，在带头大姐的生产实践活动和人际交往活动中，这些作为邻居和合作组成员的妇女是主要的关系资源。在通过乡土文化社承接订单以后，女性合作社的成员即开始分工合作，既按照自己的手艺特长分工，也按照小组分工，虽然不是流水作业，但是依然有简单的分工合作，比如在承接的订单中，每一个小组有固定的产品类别和绣花花样。在分工合作之外，还有利益的分配与合作，比如承接文化体验游的游客到家里住，在如何分配收取的住宿费和伙食费的事情上，带头大姐们定下的规矩就是:“这次你（家）接，下次她（家）接。”谁家接了游客，那么这一次收取的费用就归谁，不再拿出来二次分配。在这里，带头大姐和合作社的妇女们，追求的是彼此间的付出和所得的大致相等，感情因素在其中呈下降趋势，而经济合作因素上升，对原来的地缘关系起到了一定的重新建构的作用。

2. 通过雇佣性帮工重构地缘关系

随着事业和项目的开展，善于交际的带头大姐，在外出交流展览和接待体验游游客的过程中，建立了自己的交际网络，并能够在乡土文化社承接的订单之外，接到自己的“私人订单”。

> 现在他们还给我订了有几个包包，那个去年他也给我订了，但是我这批染坏了。（CDL，41 岁，2017/3/23）

41 岁的 CDL 有一个 2 岁多的小儿子需要照顾，而 53 岁的 LFH 家的儿媳妇已经怀孕，枫香染和刺绣又是一个细致活儿，因此订单量一大，她们就无法单独完成。据 LFH 介绍，从 2015 年开始，她们接到订单，如果自己忙不过来的话，就把订单分给社里的妇女做。CDL 负责记账，LFH 负责称秤，以底布到绣片的重量差额计价，她们从中赚取差价。从这种现象看来看，带头大姐和合作社的其他妇女之间实际上形成了一种雇佣性的关系，这从本质上看属于市场经济的范畴。但是由于寨子里的妇女几乎没有别的收入来源，接到带头大姐的订单也和完成乡土文化社的订单差别不大，所以很多妇女也乐于接受。带头大姐的身边也因此聚集了更多的妇女，形成了一张紧密的地缘关系网络。

带头大姐和作为邻居的合作社成员之间的分工合作与雇佣性帮工，重构了原有的以农业生产为主的社会网络关系。普特南认为，“像信任、惯例以及网络这样的社会资本存量有自我强化和积累的倾向，一次成功的合作就会建立起联系和信任，这些社会资本又有利于未来在完成其他任务时的合作”[①]。在带头大姐的作用下，她们所重新建构的社会网络以邻里和家族的密切联系为基础，培养了信任，同时降低了交易成本，加速了信息的流动和社会资本的转化，其中的地缘关系网络因此而不断地更新着，有利于整个农村社区的社会资本的形成和发展。

（二）移动媒介与社会网络资源的利用与建构

在社会交往的过程中，媒介使用对社会网络的建构也有着决定性的作用。周大鸣认为，“由于技术在发展中起着愈来愈重要的作用，是否拥有、掌握某种技术已成为个体之间、区域之间、国家之间、性别之间、组织、群体之间发展不平衡的主要原因，因而以是否能够获得技术为参照来衡量主体的社会资本的效益是非常恰当的。其次，技术决定着社会资本的运行方式和变迁。这种决定作用不只是大的技术的进步导致整个社会制度、人们的经济关系、交往方式的变迁，而且更多的是表现在社会资本的渐变过程中”。[②]

---

① ［美］罗伯特 · D. 普特南：《繁荣的社群——社会资本与公共生活》，杨蓉编译，《马克思主义与现实》1999 年第 3 期。

② 周大鸣：《技术与社会网络资本——关于中国农村妇女社会网络资本的研究视角》，《湖北民族学院学报》（哲学社会科学版）2007 年第 6 期。

1. 通过移动媒介获取社会资本

在农村，因为移动媒介技术的采用，造成的不仅是某些生活方式上的变迁，而且意味着社会网络的重新建构以及社会资本的重新组合。河坝村的女人们，因为教育水平和经济水平的不平等，造成了技术采纳的先后与优劣有所差异，即媒介使用的不平等。如果说，在过去的河坝村，经济、权力、婚姻、后代和体力等是具有重要意义的社会资源，那么现在，媒介工具的优劣以及媒介使用的水平一定程度上决定了社会交往的圈子，社会交往的圈子也成为重要的社会资源，这方面的差别确实能影响角色关系和社会地位。

过去，河坝村的社会网络交往圈子中，人们与比自己地位低的其他人交往的可能性较大，与比自己地位高或者相同地位的其他人相交往的可能性较小。而移动媒介的出现则一定程度上改变了这种状况。在河坝村的经济发展过程中，河坝绕家人开始发展旅游产业，但因为旅游基础设施建设的不完善，无法大规模接待游客。村民通过探索后开始举办“绕家文化深度体验游”活动，让城市游客到河坝绕家来体验独特的民族文化，如制作枫香染、点制有机豆腐、稻田捉鱼和识别野外植物等。因为在河坝几乎没有住宿业和餐饮业的经营户，所以参加“文化深度体验游”的游客都被分散居住到村民家，由游客向村民支付每天 150 元的住宿和餐饮费用。除了住宿和餐饮费用，在“体验游”期间，游客一般都会向村民购买枫香染、刺绣和黄豆等特色农产品，村民也可由此增加收入。

“体验游”对村民来说，是对外介绍民族文化的窗口，也是增加收入的机会；对游客来说，则能深入了解和认识绕家文化。表面看来，这是一项双赢的事业，但是随着研究的深入，研究者却发现，这并不红火的“体验游”却在村寨里引发了许多矛盾。矛盾产生的主要原因在于收入分配的不平衡。参加体验游的游客每年为十来批，每次大约十几人，看似并不多的住宿费和餐饮费，却是很多村民家庭难得的额外收入，但是数量不多的游客相对于村民家庭来说，实属僧多粥少。各家住宿条件又有好有坏，游客虽说来体验，但是很多家庭连厕所都没有，游客自然不愿入住。据研究者的报道人说，有一对深圳夫妻带着儿子来参加体验游，住在某户家里，结果因为厕所在屋外，且没有灯，小男孩晚上上厕所吓得大哭。住宿的房间也打扫得不干净，当游客提出要求时，村民还嗤之以鼻，没有服务意识，最后连父母都觉得气愤，一家人发誓再也不来了。YDF 还介绍道：

> 你要知道介绍过来的这些人，普通话要求讲流利，要了解这些妇女组织的情况，他们来不光光只是说住得惯，他们还要对这些文化方方面面要有了解。但是人家过来了，只是看看这个，你其他的什么都不给他做，那行吗？这是一种文化游。你过来要给人家介绍这些，少数民族的文化，你要翻译。（YDF，43 岁，2017/4/14）

因为这些原因，在给游客分配住宿时，有些家庭成为常住地点，而有些家庭则可能一个游客都没有接待过，这种分配上的不平衡引发了矛盾。

另外，游客在村期间，多少会购买特色文化产品和农产品，会产生一些经济收益。因此在购买枫香染和刺绣等文化产品上，也产生了一些矛盾。具体来说，游客购买文化产品，除了产品本身具有的文化价值之外，另外就是看产品品质的好坏、利用价值和出售产品的村民的沟通能力。据观察，在河坝村妇女做成的枫脂染和刺绣产品中，有些村民基本就是按照原有生活习惯，制作包头巾、绣片、衣服和背篼等，且还保持着原始的状态，没有经过包装和“深加工”，对游客来说相对利用价值不高。而有的出外打过工的妇女则能制作杯垫、靠枕、手机套和包袋等产品，深受游客的喜爱，因此妇女之间的收入自然产生了差距。在出售产品的过程中，有些妇女不会说客家话也不会说普通话，沟通起来十分困难，而有的妇女则会说客家话或者普通话，沟通顺畅，无形中也增加了产品的售出概率。

CDL 即是一个典型的例子，CDL 不仅每次都能售出自己的刺绣和蜡染存货，甚至有时候还能接到订单。

> 体验游的人，他们来我们这儿留他们的微信嘛。现在他们有需要订做刺绣和蜡染的话，我们就聊一下这样子的。他们想要的

话就联系，就跟我联系，我就叫她们做，就是这样子的。（CDL，41 岁，2017/3/21）

据了解，来村里体验游的人，最开始是乡土文化社组织过来的，但现在却不一定了。很多游客走了之后还想来，就直接和村民们联系，有时还会介绍其他人过来。在问到为什么现在就她和 LFH 两个人能够接到订单时，CDL 大姐说道：

她们没有微信，像我们妇女做绣花，她们没有用微信，她们不会用。她们都是老人家。如果说要是年轻人的话，就很容易发展起来。再加上说普通话她都听不懂，跟得上的人就比较少。（CDL，41 岁，2017/3/21）

周大鸣认为，“在研究中，我们可把技术看作常量，衡量社会资本的标准；社会资本作为变量，影响着技术的获得与发挥。一般来说，能够迅速地获取先进技术并使其产生良好的效益，其社会资本构成就优，反之则劣。这样一来，就可深入、细致、准确地对社会资本加以研究，而不是在纯粹的‘关系’中兜圈子”。[①] 带头大姐们就是利用媒介技术，完成了自己关系圈子的建构，并迅速转化成有利于自己的社会资本。

加微信的话，主要的是他们来体验，他们主动加我们多。因为他们想自己体验嘛，然后他们就说，你有没有电话号码或者微信呀？我就说有。加了他就会问你一些情况，以后就会保持联系。有些人体验游过了之后，我也会问候他们一下呀。（CDL，41 岁，2017/3/21）

而识字不多的 LFH 更具有代表性意义，为了接到外面的订单，她

---

① 周大鸣：《技术与社会网络资本——关于中国农村妇女社会网络资本的研究视角》，《湖北民族学院学报》（哲学社会科学版）2007 年第 6 期。

买了两部手机。一部手机是和家人朋友联系的，她自己使用惯了的老人机，另一部则是智能手机。她展示给研究者看时，研究者发现她安装了淘宝、微信和QQ等App。据她介绍，她并不会使用淘宝购物，她安装淘宝的作用是为了看淘宝中以“民族风包包”“民族风靠垫”等关键词搜索出来的图片和花样，她可以按照这些图片来给客户做样品。而微信和QQ则是为了和外面的客户联系，

> 要什么东西，要什么花样，可以发图片给我，我家有宽带，回家就可以看。我自己不大会看，我儿媳妇会看，我也正在学。不用不行，现在人联系都用这个，都问我有没有微信。（LFH，53岁，2017/3/30）

对于未来，带头大姐们有自己的规划。CDL想通过自己的努力开办属于自己的微店销售刺绣和枫香染。她想首先在家门口挂上广告横幅，让游客到了这里就能扫二维码进入自己的微店，但是受访时孩子还小，没有空动手。

> 那时候我也想开（微店），但是产品比较少，未来产品多一点就开。我其实还想以后做些材料包。材料包意思就是我们画了我们的绕家画，然后我就寄那个布，里面放那个布和针线，让他们买了自己回家绣，练一下。对，就像十字绣。（CDL，41岁，2017/3/21）

她们还想扩大妇女合作组的规模，认为要壮大队伍的话就必须要开发新产品。对于自己的劣势，她们也有自己的看法，CDL大姐把妇女合作社发展缓慢归因到妇女们年纪大了，但无意中也指出她们不会使用微信的缺陷，可见媒介技术的使用对她们组织的发展形成了阻碍。在文化落后的地区媒介利用率最低，媒介不是一项技术，强势改变人群和使用，思想和观念，也许观念和文化本身才是技术的最大阻碍，那么技术要多久，怎样能改变人的行动？其中最大影响因素是什么？媒介使用，

再操作简易的媒介技术依然有知识门槛，越是文化程度低的人，接触移动媒介和使用移动媒介的可能性就越低，使用的功能也就越少，与外界接触程度越低的人，使用媒介技术的可能性越小。

从这里来看，媒介技术的使用，可以作为以个体为中心建构的社会网络的构成是否完善的标准，也可以作为社会资本获取效果好坏的标准。即便本研究还无法完全细致地解析整个河坝村妇女合作社和带头大姐之间关系的结构性意义，但只要看其媒介使用的功能和效果就能说明问题。也就是说本研究不需要大篇幅或者用量化的标准来描述河坝村妇女的网络关系，只要看在现实的社会实践活动中，带头大姐和合作社妇女们能够获得所需要的社会资本或者资金即可。而在本研究中，从几个带头大姐的身上，可以看到她们利用移动媒介建构了新的社会网络，并获取了新的社会资本。如果没有一定的文化素养和掌握基本媒介使用技术，则一切都不可能实现。在河坝村，受教育程度是影响社会资本获取产生差异的重要因素。而随着媒介技术的使用和发展，她们在未来还可能建构更大范围的社会网络，获取更多的社会资本，而其中的社会资本与她们追求的金融资本能互相转化。带头大姐的媒介使用与实践，将拉近自己与移动通信社会的距离，拉大与其他被媒介技术淘汰的妇女的距离，这种距离将包括社会地位与经济地位等各方面。

另外，带头大姐们通过移动通信技术而扩展了社会网络，又从中获得社会资本和互联网红利，是通信技术或直接或间接地将“养在深闺无人识”的僵化资产以及其他相关资产激活，这些资产包括河坝村妇女们的学习能力和社会交往能力，同时也指他们的媒介技术应用的能力，因为具备这些能力，她们才能够从移动互联网技术当中享受红利，获取社会资本。邱泽奇等认为，“在互联网市场中，不同时代的资产都可能是可转化的资产，一方面实现对其可转化资产种类和规模的扩展；另一方面，经由连通性提高资产的转化率；进而在互联网市场上形成不同于既往的资本，这正是互联网资本的核心特征”。[①] 带头大姐们正是通过社会网络和媒介网络的连通性提高了自身资产的转化率，把自身的技术转化

① 邱泽奇、张树沁、刘世定、许英康:《从数字鸿沟到红利差异——互联网资本的视角》,《中国社会科学》2016年第10期。

成新的资本。仅有几个能干的带头大姐，还不足以形成市场和规模，因此河坝村村民族手工艺的资产转化还任重而道远。但是带头大姐通过媒介技术和社会网络而获得社会资本和转化资产的经验，值得借鉴。

2. 媒介恐惧和自我区隔

在接触过的河坝村妇女们中，LAZ 是一个特殊的例子。如前所述，71 岁的她是村里那个年代为数极少的受过教育的妇女，据说原因在于她不识字的爸爸差点因为一张字条丢了命，所以让家里所有的兄弟姊妹都上学接受教育。她一直在学堂上到五年级，在那个时候，算是文化程度较高的，识字且会说普通话的她，在河坝同年纪的妇女中属于凤毛麟角。说起自己会普通话带来的好处，LAZ 滔滔不绝：

> 现在到麻江说普通话，随便去哪里都说普通话。他们带我到哪里我就到哪里。要是不会说普通话都不带你去的，她们（指村里的绣娘）不会说普通话，然后他们就只带我到北京。（LAZ，71 岁，2017/4/20）

因为会识字，LAZ 还是这个年纪的妇女里少数几个会使用智能手机的人。作为妇女合作社的小组长，她还带领着十来个妇女，接订单创收益。当研究者看到她使用的是智能手机时，问她是否会用微信，她表示不知道微信是什么，当询问她是否也和 CDL 和 LFH 一样与外面需要订单的人有联系，LAZ 回答从来不和外面的人联系，

> 我都不要他们的电话。不想要。他们是陌生人，然后照我的那个身份证，两边都照嘛。他们拿去好像是做展览，不知道好不好，给我钱就算了，也不想跟他们接触。所以外面的人我不想联系，我不说（电话号码），他也不说。

在面对面交流时如此活泼外向的老太太，在对外联系和使用媒介上却并不积极，而且还显示出对使用手机的一些顾虑：

> 用这种手机我不大喜欢（指她的大儿子给她买的价值100元的智能手机），还是以前的手机好，经用，这种经常卡。（LAZ，71岁，2017/4/20）

在调研期间，麻江县妇女联合会曾在河坝村实施贫困绣娘“雨露计划”，给她们培训各种脱贫所需的知识和技能。在计划实施期间，研究者曾随贫困绣娘们到凯里开发区参观。比如去凯里开发区管委会参观“2016中国银饰刺绣博览会苗妹非遗博物馆分会场”，主要陈列全国各地的苗族刺绣收藏品。苗族刺绣针法多样，色彩丰富，图案精巧，绕家绣娘们一一仔细观摩。参观期间，研究者看到绣娘YMS拿着一部老款苹果手机在拍，只是她拍的不是刺绣花样，而是对于各种刺绣绣法的介绍，她告诉研究者，拿手机拍回去随时可以看，不然根本都记不住。参观完藏品以后她们还参观学习融入了苗绣和蜡染元素的现代服饰和手工艺品，比如围巾、抱枕、床上用品、包包等。这些东西都价格不菲，一个蜡染包包售价320元，一个苗绣的抱枕售价2000多元，绣娘们看了都啧啧称奇。

妇联主席还带大家参观了“苗妹电商”。在实体示范店铺的墙上，写着“黔货出山，苗妹引领，打造全省最具特色的电商服务基地”的标语，店铺的东西多是些农副产品，比如茶叶、酸汤、辣椒、茶叶枕头等。一个绣娘感叹道，这里的东西都可以在网上售卖，如果以后河坝村的东西放到网上卖，那样在家也可以赚钱了。然而当研究者问她是否有微信、QQ时，她说没有，不大懂怎么玩。据研究者观察，会用智能手机的还属于少数，很多妇女只用按键的老式手机，据她们讲，一是因为价格便宜，二是因为经久耐用，三是有些智能手机会无缘无故消耗流量，浪费很多话费，她们不懂如何使用这种手机，不如不用。

由于文化程度的限制，如果没有政府的帮扶，或者外来力量干预，这些身处贫困之中的人根本无法搭上信息高速列车。这次妇联的培训很有意义，让她们大开眼界。但是能够在多大程度上改变她们的观念？即使改变，没有政府的组织和帮扶又有何意义？事实上，移动媒介对她们来说是门槛最低的网络信息入门通道，但是即便如此，她们也很难介人。文化程度是她们最重要的障碍，文化程度越低，就越不敢创新和行动，也无法创新和行动，因为从心理上就有制约和障碍。从教育文化鸿沟到心理鸿沟再到数字鸿沟，这是一个循环的发展轨迹。

经验研究证明，“妇女的受教育程度和自我认可程度与社会地位的满意度都呈十分显著的正相关”[①]。对于媒介使用来说，再简易的媒介技术依然有知识门槛。越是受教育程度低的人，接触移动媒介和使用移动媒介的可能性就越低，使用的功能也就越少；与外界接触程度越低的人，越少使用媒介技术。在使用过程中，受教育程度直接影响了女性对自己能力的评估，从而对自身能力缺乏信心而主动放弃一些活动的参与机会，以及对社会资本的获取，对新生的技术也会形成使用恐惧。在本研究观察的对象中，主要体现为对移动媒介的使用恐惧，从而与社会网络和信息社会自我区隔开来。

南希·哈佛金和南希·塔格特指出，“发展中国家中的绝大多数妇女，与那些同样忍受贫困的男性相比，更远离信息时代，处在这个鸿沟的最底层。如果支配和使用这些技术与社会经济的发展直接相联，那么就必须确保发展中国家的妇女能理解这些技术和使用这些技术的重要意义。否则，她们将更被排斥在国家与世界的主流之外”[②]。从河坝村的妇女们身上即可发现，不识字和不使用移动媒介，不只是将她们排斥在国家与世界的主流之外，甚至将她们阻挡在自身所在社区的社交网络之外，也排斥在某些经济利益链条之外。

在西部农村，因大量男性劳动力外出务工，女性只能取而代之，成为农村家庭支撑者和社区中的活跃者。作为社会行动者的农村女性，在社会人际交往和网络建构中，为自身和家庭获取社会资本，并试图通过经济行动和社会交往提高自身和家庭在社会网络中的结构位置，也使自身和家庭作为社会网络中的节点持续发挥作用，增加了社会资本的存量。然而不得不指出的是，因为资本欠缺的缘故，女性在人力资本和社

---

① 叶文振、刘建华、杜鹃、夏怡然：《中国女性的社会地位及其影响因素》，《人口学刊》2003 年第 5 期。

② [美] 南希·哈佛金、南希·塔格特：《性别、信息技术与发展中国家：一种分析研究》，载吴丹译、曹荣湘选编《解读数字鸿沟——技术殖民与社会分化》，上海三联书店 2003 年版，第 154 页。

会资本上都处在劣势。尤其是教育方面，受教育程度低使得河坝村的女性在社会交往和经济行动中都受到了较大程度的限制，由此导致了某些女性从中脱颖而出，显得出类拔萃，成为“带头大姐”，在社会网络中占据了较为理想的结构位置和网络位置。而不能领先使用技术或者熟练掌握技术的女性，则被排斥在信息社会之外。因此，移动通信时代不仅对妇女接受技术提出了新的挑战，同时也对农村妇女的教育、就业和发展等各个方面提出了新的问题和挑战。

第三节　贫困的影响：特殊结构因素的作用探讨

在对河坝村的调研中，研究者发现在这个国家一级贫困村，贫困是一个随处可见而又无法摆脱的影子。在与人交往的过程中，在移动媒介的使用上，都能窥见贫困对其的影响。罗家德提出，“结构就决定了这一切，人的行为模式、理性的抉择、政府的政策都变成了次要的影响。换言之，富者愈富、贫者愈贫的根本因素是人际交往的结构因素，要想使贫富平均，最好的方式是使人交往的方式不同，再多的政府政策如财税政策与福利政策其实只能延缓分配不均的趋势，却很难对症下药而逆转此一趋势。社会网的结构因素其重要性可想而知，而过去社会科学中却往往预设了孤立的个人，少了结构因素这一块，社会科学的解释能力将大打折扣”。[①] 在河坝村，贫困已经成了决定社会结构的一种要素，任何研究者都无法视而不见，因此本节专门探讨贫困对社会网络和移动媒介使用的影响。

对于贫困的定义，欧共体在《向贫困开战的共同体特别行动计划的中期报告》（1989）中认为贫困应该被理解为“个人、家庭和人的群体的资源（物质的、文化的和社会的）如此有限，以致他们被排除在他们所在的成员国的可以接受的最低限度的生活方式之外”。世界银行在

---

① 罗家德：《社会网分析讲义》，社会科学文献出版社 2005 年版，第 205 页。

《2000/2001 年世界发展报告》中，提出了贫困的相对理解定义，认为“贫困除了物质上的匮乏、低水平的教育和健康外，包括风险和面临风险时的脆弱性，以及不能表达自身的需求和缺乏影响力”。据国家统计局统计，截至 2015 年，我国西部地区农村贫困人口为 2914 万人，贫困发生率为 10%，贫困人口占全国农村贫困人口的比重为 52.3%。而贵州省属于贫困人口最多的省份，为 507 万人。[①] 少数民族地区是贫困发生率较高的地方，在我国，少数民族八省区农村贫困发生率比全国农村的平均水平要高 6.4%。

随着信息技术的发展，贫困地区的农村居民也进入了网络信息时代，但是因为贫困，网络信息技术在这些农村地区的扩散是不均衡的。卡斯特认为，“以信息技术革命所产生的技术立即运用在技术本身的发展上，通过信息技术连接整个世界。当然，这个世界上有许多区段和相当部分的人群和这个新技术体系是脱离的。再者，技术扩散的速度也具有选择性，同时是社会层面与功能层面的选择。不同人群、国家与地区接触到技术力量的不同时间，可以说是我们社会不平等的重要来源”[②]。在贫困农村，由于经济发展水平、文化程度和观念的限制，其村民的媒介使用呈现出了一些独有的现象。总的来说，贫困限制了媒介技术的扩散，造成了贫困地区和经济发达地区之间的不平等，而在村民之间，媒介使用水平的不一致，也对村民的日常生活和经济发展形成了一定程度的影响和差异，或者说形成了社会分化。

对于媒介技术扩散的不均衡造成的社会分化和数字鸿沟，学界产生了学术观点上的分歧。一部分学者认为，互联网技术为人类社会的经济和政治民主化的发展作出了杰出的贡献，而且缩小数字鸿沟的主要受益者是发展中国家和目前处于数字贫困中的群体。另外一些学者认为，数字鸿沟对弱势群体不利，蒂莫西·鲁克认为，“数字化就是指，你或者间接卷入由百里挑一的数字化邻里所组成的。占统治地位的互联网，或

---

① 国家统计局住户调查办公室：《2016 中国农村贫困监测报告》，中国统计出版社 2016 年版，第 12—13 页。

② [美] 曼纽尔·卡斯特：《网络社会的崛起》，夏铸九等译，社会科学文献出版社 2006 年版，第 29 页。

者被网络所抛弃。对那些拥有足够丰富的信息链、控制节点、个人知识和娱乐资料的人来说，所有这些都足以使他们的数字星球变成一个个或大或小的电子公社。对于那些生活于网络之外的人来说，数字鸿沟只能使他们的生活继续贫困下去”①。本节主要关注贫困因素对河坝村村民媒介使用行为及其社会交往的影响，特别是传统贫困和数字贫困之间的关系问题。

一　蹭网的孩子：农村下一代的媒介实践图景

（一）“哪里有 Wi-Fi 就去哪里玩”

一进入河坝村开始田野调查，研究者就在村寨里发现了一个非常突出的现象——蹭网。在入户调查时，研究者经常会问村民家有没有网络，有的村民就会反问研究者有没有“万能钥匙”（一种能破解 Wi-Fi 密码的软件），如果有可以连上搜索到的网络，但是信号大都比较弱。到了放学时间和周末，经常可以看到村寨里的某处，聚集了许多孩子，在屋檐下或蹲或坐或站立，齐刷刷地盯着手机。一眼望过去，只能看到一个个黑压压的后脑勺。尤其是村委会的院坝里，因为有干净的长椅可以坐，且网速较快，村委会的干部和工作人员又非常和善，从不干涉村民和孩子们来蹭网，所以几乎从早到晚都有人来上网。夏天的晚上，村委会院坝的路灯下、长椅上以及办公楼的走廊里，到处都是来蹭网的村民。据研究者观察，有时会达到二十余人，其中以孩子居多。有的孩子没有手机，就三四个挤在一起玩一部手机，比如一个玩游戏，另外几个就在旁边看。

在研究者对河坝村的少年儿童进行的手机使用情况调查问卷中，有一个问题为“请问你通常如何使用手机上网？”选项为：“A. 买流量；B. 自己家的宽带；C. 去亲戚朋友家使用宽带；D. 用万能钥匙破解密码蹭网。”在 177 份有效问卷中，选择“买流量”的为 60 人次，选择“自己家宽带”的为 36 人次，“去亲戚朋友家使用宽带”的为 22 人次，而“用万能钥匙破解密码蹭网”的为 62 人次，占比最高。研究者在白兴大

---

① ［美］蒂莫西·鲁克：《虚拟世界中严峻的物质现实》，鲁萍译，载曹荣湘选编《解读数字鸿沟——技术殖民与社会分化》，上海三联书店 2003 年版，第 49 页。

寨采访时，曾遇到 10 岁的小学生 YXH，当研究者询问她是否玩手机的时候，她回答说：

> 玩啊，但是家里没有网，要玩的时候我就和朋友们一起，哪里有 Wi-Fi 就去哪里玩。（YXH，10 岁，2016/8/18）

白兴大寨最早一批安装网络的 CDL 大姐告诉研究者，自从她家装了宽带，孩子们放了学就到她家屋檐下面蹭网，天黑了也不回家，有的父母都喊不走，所以她有时候不得不把电源断了，孩子们才会散。2016 年深秋的一个周末，研究者发现还有六七个孩子在村委会的院坝里玩手机，等到天色全暗，他们还没回家。因为天冷，他们又转移阵地躲到了楼梯口的门后面。当研究者询问他们冬天怎么上网时，一个孩子回答道：

> 没关系，在家也可以收到信号，就是网速慢一点，但是没关系，我们不怕冷。（LBQ，16 岁，2016/10/28）

做宽带安装生意的 LAF 告诉研究者，其实现在在河坝村移动安装网线非常便宜。移动公司的宽带只要 360 元一年，也就是 1 元钱一天就可以了。如果是交移动话费套餐的话是每个月 58 元，再另外交 20 元就可以安装宽带了。联通也只需 650 元，预存 650 元之后，50 元一个月，含 500 分钟通话时间，送机顶盒，2G 流量，50 兆宽带。电信要贵一点，要 1000 多元。即便如此，整个河坝村也只有几十户安装了宽带。LAF 认为，

> 装了网络之后可以节省很多电话费，而且有了微信，国家的大事小事就能随时知道。但是村里年轻人太少，消费低，老年人舍不得。几块钱的电话费都舍不得。但是现在的小孩子都想要网络，手机都是有流量的，通网络的，平时微信这些都可以用。只是小孩子要玩游戏这些，就要有网络，否则就太费流量了，玩不起。家长怕

影响学习，读书成绩提不高，就不给装。他们想玩就到别人家去蹭网络，现在的小孩都聪明（意思是知道破解密码）。但是现在就是大人们的思想跟不上，舍不得。城里的小孩还不是都有网络，成绩该好的还是好，不好的还是不好。（LAF，34 岁，2016/8/23）

只要不花钱，一些家长对孩子们蹭网采取睁一只眼闭一只眼的态度：

蹭是蹭呀！没办法呗，反正蹭网也没什么坏处。不过以前我们玩都是在动着，现在都是蹲着，对身体血液循环不好，对眼睛很不好，但是还是要跟随时代。（LAH，23 岁，2017/3/14）

一些家长不允许孩子玩手机。但是时代已变，孩子们不接触手机已经成为一件不大可能的事情，他们要么自己攒钱买手机，要么玩别人不要的旧手机，还有的孩子偷手机也要玩。2017 年 3 月，LAF 的店里就发生了一起小学生偷盗手机的事件，而且还是三个孩子团伙作案，他们一个放哨，一个转移店主注意力，一个从摆在店铺门口的玻璃展示柜里偷拿手机。因为店主大意，前后共被偷了 7 部手机，直到偷最后 1 部才被发现。这几个孩子轮流玩偷来的手机，玩得不想要了就以 50—100 元不等的价格让给其他孩子。据河坝小学的老师介绍，领头的孩子父亲年事已高，母亲是聋哑人，家里经济非常困难，有时母亲还会拿出家里的粮食到集市上卖（在河坝村，卖粮食是一件非常没有面子的事情，意味着家里很穷，只剩下粮食，村民不到万不得已不会卖自家粮食）。他们没有钱给孩子买手机，也没有精力管教孩子，所以才发生了这样的事情。

还有一些家长也想给孩子安装网线，但是因为经济原因不得不望而却步。比如 18 岁的 YHM 家，住在白兴大寨的水源处，也就是寨子里最深僻的地方。本来父亲 YSK 也想给孩子装个宽带，好让读高中的女儿可以上网查资料，但因为自己家远，需要另加几百元拉线，他们舍不得，就放弃了。他们住的地方，手机信号都时有时无，他的女儿 YHM

告诉研究者，一到家基本就用不了手机了，接电话都要看运气，所以需要使用网络的时候，她只好走到寨子里去找个地方蹭网。

河坝小学的教师LMY告诉研究者，学校里本来是不准孩子们带手机的，但是学校里有无线网络，孩子们根本控制不住自己，即使冒着被老师发现会收缴手机的风险，也要躲在学校的围墙下面蹭网，有时候放学了要玩好一阵才回家。LMY告诉研究者，私底下她从不反对孩子们玩手机，

> 对孩子还是有好处的，好处就是他们可以在网上查新闻、信息。他们会合理地利用微信、QQ，还把我加进去，都是我的学生。学生的聊天，一举一动我都可以看到。就怕他们学会打游戏以后，沉迷游戏。但是现在阻止他们玩手机，以后他们还是会去学，万事都有个开始。现在玩了，初高中就不会这么想玩了。（LMY，53岁，2017/3/16）

河坝村的孩子们使用手机，已经是时代的大势所趋，但是蹭网的行为，归根结底是贫困这个结构性因素造成的，是农村下一代在无法改变的生活环境中，发展出的极其特殊的一种媒介实践行为，已经成为河坝村在经济社会发展过程中的一道独特的风景。贫困因素既影响了河坝村孩子们的媒介使用习惯，也或直接或间接地影响了孩子们的人际交往与社会网络建构。

（二）有Wi-Fi的地方：交往与共享

在河坝村的历史发展过程中，村民在公共空间的交往经历了“聚集—分散—再聚集”的过程。据村民们回忆，在没有电和电视的年代，村民们一般在村里的水井边和晒谷坪等地方聚集聊天，进行公共空间的议事和人际交往，孩子们也聚集在那里一起玩耍和游戏。在刚有电视的年代，因为拥有电视的家庭较少，所以最早有电视的家庭则成了大家聚集的场所。随着经济的发展，家家户户几乎都有了电视，孩子们也在放学之后各回各家，因此也就进入了分散化的时代。在农村地区未推广宽带之前，孩子们已经很少成群结队聚集在一起，最多三三两两相聚。而

到了智能手机普及的年代，有 Wi-Fi 的地方，又把分散化的孩子们重新聚集了起来。尤其是像村委会院坝这样的地方，甚至可以聚集起全村的孩子，既有住在村委会旁边的孩子，也有住在需要步行近两小时的腊谷寨的孩子。作为一个近 4000 人的中型农村社区，虽然孩子们一般都在河坝小学就读，但有的年龄间隔稍大一点，或者不在同一年级的孩子，却是通过在一起蹭网认识的。从这个意义上来说，有免费 Wi-Fi 的地方，成了孩子们重新聚集在一起的公共场所。

在研究者对蹭网的孩子们进行观察的过程中，发现孩子们极具共享精神，这和互联网的精神高度一致。很多孩子的手机都装了万能钥匙，有的孩子因为手机较便宜，内存不够，没有安装这个软件。但是到了有 Wi-Fi 的地方，只要询问正在蹭网的人，其他人都会很乐意分享 Wi-Fi 密码。住在村委会隔壁的 YM 认为：

> 反正大家都在一起玩，告诉别人也不会损失什么啊，蹭网嘛，人多一点感觉还更好。（YM，19 岁，2017/3/4）

在一起蹭网时，孩子们还共享手机，有时候不管认识不认识，下载了电影的孩子旁边都会聚集好几个孩子一起看，孩子们大都喜欢看“搞笑片”，因此时不时一齐迸发出大笑。更为特殊的则是玩游戏的时候，尤其在低龄孩子中间，流行玩“王者荣耀”“天天酷跑”等手机游戏，因父母管制或者家庭经济贫困等原因，有些孩子没有手机，所以都在玩手机游戏的孩子旁边围观，有时候有手机的孩子也会分享给其他人玩一阵，共享游戏带来的紧张和快乐。

在研究者采访家中安装了宽带的 LBQ 时，他反映，家里安了宽带能带来一定的优越感，甚至有高人一等的感觉，

> 别人没有 Wi-Fi 要跑到这里来连 Wi-Fi，自己家有 Wi-Fi，就可以坐着连 Wi-Fi。对啊。他在那里坐着烤火，别人都是吹着寒风连 Wi-Fi，这就是“高人一等”。控制权在自己手里。（LBQ，16 岁，2017/4/2）

但是 LBQ 也表示，家里有宽带他也不在乎别人来蹭网：

> 蹭网，没什么看待，能蹭就来蹭嘛，无所谓。不过最好是不影响我的网速，如果影响了我会把网拔了，然后过一阵子再连。就是让他停一下，自己重新连，就会抢到比较快的网速。（LBQ, 16 岁，2017/4/2）

在河坝村，有 Wi-Fi 的地方成为新的公共场所，在这里，孩子们重新聚集在一起，同时进行着网络交往和现实交往，并且培养了极具互联网精神的共享意识。有时候，家里有 Wi-Fi 的孩子们，能比其他孩子更容易交到朋友，毕竟只要和家里有 Wi-Fi 的孩子是好朋友，就可以坐在家里玩手机了，用孩子们的话来说就是“风吹不着雨淋不着”，还有着“控制权”。在这里，孩子们凭着极有限的资源进行着数字化实践，在一定程度上等于挤上了互联网这辆快车，避免被信息社会抛弃并排斥在外，也成为极具贫困地区特色的互联网媒介实践图景。

（三）地缘、学缘和“游戏缘”交织的社交网络

在河坝村的孩子们中间，“王者荣耀”是最受欢迎的游戏。“王者荣耀”由腾讯游戏开发并运行，在 Android、iOS 平台上运营，游戏以竞技对战为主，玩家可以进行多种形式的游戏对战，还可以参加游戏的闯关模式。而最吸引人也最让研究者感兴趣的是这款游戏中的好友系统。“王者荣耀”的好友系统是玩家交流和组队游戏的平台，通过好友系统，玩家可以快速地召集队友一起进行多人游戏竞技，交流游戏心得，获得更多的游戏体验。该游戏“默认了每个人都可以拉自己的微信或者 QQ 好友进入游戏，还设置了各个区公共聊天的窗口，甚至具有和 QQ 类似的好友搜索功能，但加好友的最佳方式还是在一场战斗之后，和随机配对的队友加好友。这里可以看到，王者荣耀结合了熟人社交和陌生人社交两种不同的社交模式，这可能也是王者荣耀用户量第一快速提升和维持的社交‘双通道’”。[①] 在对河坝村青少年的采访中，孩子们的话也印

---

① 田丰:《一个社会学者关于王者荣耀的体验式观察》，http: //www.thepaper.cn/newsDetail_forward_1724465, 2024 年 7 月 14 日。

证了这一观点。对于孩子们来说，之所以喜欢这款游戏，第一是因为它公平：

> 最喜欢的游戏，王者啊，它有毒。我喜欢是因为很多人在玩吧，还有这个游戏公平，效果好。这个游戏不是人民币玩家的游戏，不用买装备，我一块钱也没有充过。（LBQ，16 岁，2018/2/9）

其次是因为这个游戏可以和其他人一起玩，并增进和同伴之间的友谊。

> 这个游戏女生都玩，我经常和人组队打游戏，一般都是现实生活中的朋友。以前我同学说过一件有意思的事情，他在初中的时候，和他们班的一个女生打王者，然后就成为男女朋友了。（LBQ，16 岁，2018/2/9）

除了和同学与河坝村的朋友们打游戏，有些孩子喜欢和游戏中结识的人一起组队玩。研究者认为，除了地缘、学缘关系之外，可以将这部分人称为孩子们的“游戏缘”关系，因为都是通过游戏认识的，而且彼此联系的纽带也是游戏。LMZ 告诉研究者，他最爱的游戏是“王者荣耀”和“穿越火线”，并认识了很多外面的朋友。

> 各个地方的都有，男的女的都有，都是玩游戏的时候认识的，我们还组了群，微信和 QQ 群都有，玩游戏就联系，平时也聊别的，想聊什么就聊什么啊，合心的就加好友。（LMZ，19 岁，2018/2/11）

11 岁的 LQB 给研究者展示了他的手机，这部手机是他爸爸的，但是爸爸平时不怎么用，只会用来打电话。因此他在里面安装了 QQ 和游戏等软件，自己注册了用户名登录。他给研究者展示的 QQ 列表里，把好友分成了“河坝”和“我的好友”等类别，并告诉研究者，“河坝”一栏里都是河坝的同学和朋友，而“我的好友”里面都不是河坝人。

> 都是我在一些QQ群里加的，游戏群里，对，有些是别人加我的。（LQB，11岁，2016/9/1）

孩子们热衷于网络游戏的原因之一，是因为他们能够在游戏中进行社会交往和互动，即他们能在虚拟空间里建立起原本要在现实生活中才能建立的联系，而且还大大扩宽了他们的交际范围。河坝村的孩子们在蹭网玩游戏的过程中，既能和虚拟空间的朋友交往和互动，比如成为队员，体验高度合作带来的快乐感和认同感，同时还能融合自己在现实生活当中的同学关系以及同伴关系，可以说是一个融合了地缘、学缘和游戏缘的社交网络。也正是因为这个社交网络，赋予了孩子们前所未有的类似于“游戏共同体”的交往感受。撇去负面因素不谈，“王者荣耀”的成功，是从用户需要出发的成功，也是虚拟社交网络和真实社会关系交织在一起的成功。游戏和社会交往交织在一起，让孩子们在虚拟世界中体验了更加紧密的社会关系，并在一定程度上拓宽了孩子们的视野，增进了自我认知。

河坝村孩子们的媒介实践，是在贫困因素影响下具有鲜明地域和文化特征的实践过程。从社会网络的视角下观照，河坝村的孩子们在其中不仅维系着原有的社会网络和人际交往，同时还在扩展着社会关系网络，更重要的是，也改变了河坝村孩子们的社会交往结构，形成了新的交往规范和原则。这在移动媒介没有出现时的河坝村是难以想象的。即使贫困，河坝村的孩子们依旧在网络空间开拓着属于自己的社会接触机会。这些出生在移动媒介时代，却又在极为有限的资源条件下成长起来的孩子，其未来的媒介使用和社会交往，将随着他们的成长和移动通信技术的普及，而不断形成新的社会景象和社会经验，也会不断形成新的社会科学研究问题，值得我们持续关注。

二 半智能手机：低水平媒介使用

当前，以智能手机为代表的移动媒介使用成为日常生活的组成部分，人们的生活开始转向以数字信息技术为核心的在线生活，信息资源获取的平等化成为趋势。从人类发展的历史和宏观的角度来看，手机以如此迅猛的速度在城市与农村的贫困者中普及，对消除数字鸿沟和提高生活质量将起到关键性的作用。但是，本研究的调查发现，随着移动通信技术的发展以及经济社会的变迁，人们对数字化媒介的使用出现差异，受教育程度和经济水平导致的低水平媒介使用，是社会阶层分化的体现，也必然导致社会资本获取的差异和不平等。

贫困对手机使用的影响，首先表现在"使用者"和"不使用者"的差异上。据河坝村的手机销售店铺的老板 LAF 告诉研究者，河坝村使用手机的人已经达到 90% 以上，用他的话来说，"就是傻人也要用个手机，他可以拿来放音乐"。作为"不使用者"，在社会经济地位的高低和社会资本获取的差异上是最显著的，这部分人可以说已经被排斥于信息社会之外，直接被网络社会所抛弃。至于河坝村那些不使用手机、不接触互联网的人，生活的贫困只能继续甚至加深。但本节主要探讨的是使用者中，因贫困所产生的媒介利用水平高低的差异。

如果在河坝村赶集，就可以发现连在路边卖魔芋豆腐的 70 岁老太太都在用手机。调研期间，她曾把电话号码留给研究者，说如果不是赶集天也需要买豆腐，就随时打她的电话，她可以临时给研究者做。LY 的 80 多岁的独居外婆也买了一部手机放在家里，尽管她连拨打电话都不会，只能接电话。智能手机越来越便宜，在村民们中也开始慢慢普及。然而，研究者的调研却发现，尽管使用着智能手机，但许多村民并没有使用"智能"功能，而是停留在低水平的使用上，比如接打电话。随着微信这种简单易操作的社交媒介的出现，一些中青年村民也开始使用，但是其使用依旧停留在水平较低的层次，一些村民只用来发语音聊天、唱绕家歌，一些村民只为了抢红包。

（一）"手机就是打电话，接电话"

河坝村村民手机的低水平使用，首先体现在随着智能手机的普及，仍然在使用手机基本功能上。还有一部分村民根本不使用智能手机，只买了最简易的所谓“老人机”。这种手机功能单一，基本上只具备满足日常生活使用的接打电话和收发短信的功能，但是，老人机的按键和字体都较大，便于操作，获得了农村地区中老年用户和受教育水平较低的用户的喜爱。一些村民收发短信功能都用不上，因为不会打字。

> 像我们会用一点什么软件，但是老人的话，就只是可以打电话、接电话，像我们这边啊，我妈妈这一辈啊，他们都不读书啊。那时候就重男轻女，目前也有这种现象。然后就没有读书，但也有的人家就去读夜校扫盲班那种的。所以他们用手机都只是接电话打电话，有的甚至只会接，打都打不了，不认识字的很多，所以想沟通各方面都很难。（LY，23 岁，2017/4/1）
>
> 像我爸那种中年人啊，一般他们只会一些基本的功能，打电话啊，短信他们都不会发，可以说他们手机用的唯一功能就是打电话。他们买手机的一个目的就是怕有人找他们，方便联系，用手机的目的就是方便通话，就是我有什么事情我好找你，或者是家里面有人在外面可以好联系，就这样。（LQF, 25 岁，2017/3/9）

受教育水平低和媒介接触极少，导致村民对手机的使用停留在低水平化的应用上，他们使用手机出于非常实际的目的——方便。在研究者最初采访村民使用手机的感受时，许多村民唯一的感受就是方便，接下来就再也说不出什么了，而这部分人，基本上都没有使用智能手机，只是使用功能单一的手机。有一些村民即便使用智能手机，也只用最简单的通话功能。

（二）“只会发语音和抢红包”

随着智能手机的普及，微信、QQ 等社交媒体也在河坝村村民中普及开来。尤其是微信，作为一种操作简捷方便的社交媒介，其创新性的语音功能使得智能手机的操作部分克服了受教育水平的障碍，受到了村民的喜爱。但是，河坝村部分村民对其功能的使用依然不够充分，停留在低水平应用阶段。

你别看我们村很多人在使用那个智能手机，包括我大哥他们，什么支付宝、浏览网页他们不会，也不看，就聊个微信、QQ，在里边发红包游戏，谁点得少谁就发。聊天，整天在里边噼里啪啦地聊这样子。（YWS, 29 岁，2017/3/19）

据 YWS 介绍，很多村民，尤其是中老年村民，即便是使用智能手机，或者是较高端的智能手机，也只用最低端的功能，他还把这种现象取了个名字，叫“半智能手机”。在接受研究者的采访时，他深入地谈了对“半智能手机”的定义和看法。

就是一个几百块钱，三五百块钱的（智能手机），也不怎么灵。那个的话，基本上解决不了问题。比如说微信转账什么的，还有支付宝转账，或者是手机银行里边，那个可能就都用不了。对他们来讲也够了，也能上微信，也能发红包什么的，不影响，只是说你要求办公的话可能就达不到那种程度。比如说买苹果的话，每个人用苹果手机都是办公的吗？也不一定，就是说有些人虚荣心比较强，看人家买了我也买一个。很多像支付宝，很多东西可能不会用。就是纯粹用那几个功能而已，也是相当于一个半智能手机，没有充分利用。但是的话，就是说你说不是智能手机吧，它也算是，里边的话微信偶尔打一下字什么的还可以。但是你说像做其他的东西，就是说银行转账什么的，可能就很麻烦，反应也比较慢。还有一种就是他们根本就不需要用，比如说买了个苹果这种高端的手机，但是他其实也不用那种特别智能的功能。（YWS, 29 岁，2017/3/19）

河坝村村民购买智能手机和使用微信，很大一部分出自娱乐目的，比如有的村民发语音是为了和群里的人对唱山歌，有的村民玩微信发红包是为了游戏博彩。“半智能手机”非常贴切而传神地描述出了河坝村村民低水平媒介使用的状况和现象，这种现象在贫困少数民族地区的移动媒介扩散过程中，是非常普遍而又独特的，即使使用了高端的通信技术工具，却无法熟练而彻底地使用，获得相应的技术回报。正如肯尼所说："那些从信息技术投资中获利最多的人是受过更好的教育、拥有更高技能的人。在低收入国家，差不多三分之一的成年人不会阅读——这可是有效使用互联网的一大关键性技能。"[①]手机、电脑和移动通信网络正变得越来越普及和便宜，但是贫困和受教育水平等不利因素却阻碍着人们完全充分地利用这些人类的技术成果。是否接触到新技术确实能够拉开城市和农村、贫困与发达地区的差距，但是媒介功能使用不平等和不充分也会起到相似的作用。

（三）"同样的手机，同样的网络，区别很大"

即便是具备一定文化水平的成年人，同样使用手机，同样利用宽带上网，但是利用手机和网络所做的事情却千差万别。LBJ 对研究者说道：

> 就是同样的手机，同样的网络，区别也是很大的，一般的人是玩不出来的。比如那个网络软件，有的人是不懂的，那人家懂一点啊，像有的我们也是不知道的啊，是吧？跟这个学历区别很大，你这个学历低了，有的东西你是不懂的，你根本就翻译不出来，万一他弄个英文什么的，比较难一点的你从来都没碰到过的。一个人的能力是区别很大的。（LBJ，31 岁，2016/3/17）

比尔·盖茨曾经说过，数字化的世界里人们更容易获得真正的公平。但是，手机可以是同一款，网络宽带也可以是相同兆数，但利用起来却不尽相同，产生的效果也不尽相同。也许数据库里有虚拟的平等，但是并非每个人都有能力获得高级终端设备和使用纷繁复杂的软件资源。数字技术和媒介技术的普及很可能带来的只是一些平等的假象，而贫困依然会长久地影响社会居民的使用水平，从而长远而潜在地影响社会经济的发展。

---

① Kenny, C., "Should We Try to Bridge the Global Digital Divide?" *Info*, Vol.4, No.3, 2002, pp.144-161.

除此之外，还有一些极端的例子。从北京当兵回来的 LXR，曾经在村里担任过村干部，还代表绕家人跟随国家民族事务委员会的专员一起奔赴云南调查，完成了绕家的民族识别工作。但是，研究者在接触他的过程中发现他经常不带电话，把电话当成座机放在家里，导致研究者好几次到他家都没找到人。因为没带电话，他的老伴和儿子也都找不到他，干活的土地离得远，贸然前去又怕扑空，唯一的办法只有等待。研究者几次询问其不带电话的原因，他闪烁其词不肯正面回答，“说不清楚”，却表示怕话费多和怕麻烦都不是原因。直到一次党员大会民主选举，村干部询问哪些人看不懂选票需要帮忙，他举起手来，研究者才恍然大悟。在后来的深度访谈中，他告诉研究者，那时候家里穷，他从没有上过学，因为幸运才当上兵，部队里又分在伙房工作，所以一直没有机会学习，他现在也只会写自己的名字和认识少许简单的字。他对研究者说，他是个文盲，几乎没有用过手机，因为他出门从来不带手机，手机对他来说就像座机一样。因为用得少，他现在和妻子共用一部智能手机，对他来说就已经足够了。尽管如此，LXR 对手机却有自己的认知，他知道手机可以上网，可以查到方方面面的信息，在接受研究者的采访时，他说了几句让研究者颇感意味深长的话，

> 说的就是像哑巴坐在窖洞一样，你没有手机，你不是像哑巴一样了嘛！什么你都不知道。手机比电视快，肯定嘛。电视哪有它快啊，因为它传播多，在我们中国是十几亿人呢，都有这个手机呢。一家才有一个到两个电视，他没有时间看。像这个手机呢，因为它动了，它在每一个人的身体上。作用好就好在这里。你没有它是不行的。你人到哪儿，人离不开它的，它就是你的那个指路灯。（LXR, 61 岁，2017/3/16）

尽管对手机的作用有着明确的认知，但是因为受教育程度较低，LXR 也对媒介产生了使用恐惧，从而和媒介自我区隔了开来。因此，他非常重视孩子的教育，可是两个孩子不争气，都读到初中毕业就再也不想读书，出去打工去了，对此他表示非常失望。

老校长 LXQ 也是特殊一例。尽管他文化程度较高，并从事了一辈子教育工作，却至今仍使用老人机，并且只会接打电话，连短信都从未发过。手机在他那里只是一个会移动的座机。在接受研究者的采访时，他曾沮丧地表达，想买智能手机，但是，

> 现在这个老脑筋恐怕学不到。现在我不知道这个手机它的功能，我总觉得功能很多，什么都可以做。原来我就说，我是时代的文盲。（LXQ, 66 岁，2017/3/20）

媒介使用水平越低，即手机功能使用得越少，也就意味着其社会交往圈子越小，同时也意味着使用者从社会网络中获取社会资本的可能性越小。如前所述，手机的使用也会影响人们的社会交往方式和交往范围，从而也会影响社会网络的构成和大小，以及网顶的高低和网差的大小，也就是社会资本的质量和总量。

低水平的媒介使用，归根结底依旧是贫困以及贫困所带来的受教育程度低导致的。LQF 告诉研究者，不仅河坝村，就连龙山镇还有麻江县，几年都没一个考上清华北大的。贵州的教育本就落后，而麻江在整个贵州的教育都是很靠后的。LQF 认为之所以这样，除了教育的基础设施落后的问题，还有这里的人的问题。据他认为，河坝村的人都不爱学习，而且家里的人也不重视，就想着完成九年义务教育就可以出去打工了。他自己就曾因沉迷游戏而耽误学习，导致他现在都觉得非常后悔。他以前在河坝小学是全校第一名，进入龙山中学后也是名列前茅，但是自从到了麻江以后，他接触了网络和手机，就沉迷于游戏不能自拔。据他回忆，以前河坝的微机室都是很“古老”的，连网络都没有，老师就只教他们打字。他读到了高中，字也不怎么会打，还是用手机以后慢慢学会用拼音。喜欢上玩游戏之后，他经常翻围墙去网吧包夜。他晚上通宵打游戏，白天上课就睡觉，所以第一年没有考上大学，后来复读了一年，从读理科改成读文科，才考上了贵州师范学院。

本研究认为，在经济落后的贫困地区，不仅媒介使用率低，还存在着媒介使用水平低的情况。移动媒介作为一项通信技术，并无法强势而

畅通无阻地改变人们的接触和使用习惯，更难以改变思想和观念。也就是说，经济发展水平，或者贫困的现实和受教育程度才是技术扩散的极大障碍。贫困影响着人们的手机使用，也影响着人们在社会网络中的位置以及社会交往的圈子，而人们的社会网络结构又取决于其在社会网络中结构的位置，这个链条互为因果，构成了连锁反应。各种因素叠加在一起，直接或间接地影响了河坝村村民在地位、财富和社会声望等个人资源上的不平等，进而对其社会交往的机会有影响，最终表现为在获取社会资源和社会资本方面的差异。我们在贫困地区网络基础设施建设方面取得了巨大进步，但是在提升人们媒介利用的水平和学习能力方面，还有很长的路要走。任何试图消除贫困的努力，都将建立在理解现象背后的深层原因上，都将根植于现实。我们必须看到，在贫困地区，技术的充分利用依然有困难，严酷的社会和经济条件制约着这些地区人们的发展。数字鸿沟产生的背景，依然是社会不平等、不断加速的城市化进程、某些农村的边缘化以及不同程度的贫困。

三 传统贫困与数字贫困

尽管河坝村有着独具特色的民族文化和得天独厚的自然条件，随着社会结构产生的变迁，其经济社会也取得了长足的发展。但是，长期以来自给自足式的经济发展水平和封闭落后的观念，让河坝村还处于一时无法摆脱的贫困状态。据河坝村第一书记冷大令介绍，河坝村自 2014 年来建档立卡的贫困户有 433 户，2016 年全村有未脱贫贫困户 243 户 778 人，其中五保户 19 户 22 人。到 2017 年仍有未脱贫的贫困户 207 户，在我国属于一类贫困村。就本研究而言，要研究河坝村就无法回避这个问题。河坝村白兴大寨的年轻人 YWS，在外读了大学以后自己创业，非常关心家乡的发展和变化。他虽在贵阳工作，但是每月都要回来参加寨子里的大小事宜的决断和筹备。一次，他通过微信和研究者深谈时，曾谈起他眼中的贫困对河坝村的人造成的巨大影响：

> 家境贫寒，骨子里比较自卑。没有接受更高的教育，能力跟不上。受农村生活环境影响，思想保守……确实，不能低估贫困对人

的心理影响。

他还给研究者举了一个例子：

2016年我从河坝带三个阿姨（我们寨子的）到龙山，之后请她们吃粉，其中一个阿姨说的一句话让我震惊了。她说你这么好，我们到死的那天都会记住你。6块钱一碗的粉……河坝人真的太淳朴了。但是贫困给他们带来的影响也太深了。（YWS，29岁，2017/2/23）

田野调查也确实让研究者对贫困产生了一些新的认知。如果没有亲身经历过贫困，那么对于贫困的影响以及造成贫困的原因，不管哪种说法和评价，对其是附和还是反驳，都嫌太过简单粗暴。如果不真正经历贫困，就无所谓感同身受。而这个问题我们无法回避，只要我们正面向农村。

由于中国社会经济发展的特殊性，到20世纪中叶以后我国还处于传统农业占据基本成分的状况，也就是说目前在我们还没有完全完成工业化社会转型的情况下，已经面临信息化社会转型的现实境遇。对于学者来说，“我们还需要研究的是农业社会—工业社会—信息社会三元结构共时态发展带来的更复杂的冲突和矛盾”[①]。而在这样的三分范式的视角下，来观照农村贫困地区在移动通信发展中的变化，具有重要的现实意义和学术意义。对这些关系到中国农村前途和发展的理论问题保持高度的敏感，是学者在中国现代化发展的崭新历程中做出理论创新的绝佳机会。

研究者通过调研发现，河坝村的数字贫困和传统贫困已经成为一条因果链。数字贫困不仅仅是一个单纯的数字技术层面的问题，它已经渗透于河坝村人们的政治、经济、文化和生活中，和传统的贫困密不可分。贫困是一种社会后果，一般由社会政策和环境导致，主要与“缺

① 王雅林：《“社会转型”理论的再构与创新发展》，《江苏社会科学》2000年第2期。

乏”有关，从表面上看是缺乏“物质和服务”以及低收入，而本质上是缺乏能力、手段和机会。根据传统的贫困理论，贫困的意思就是对人类权力、能力和机会的剥夺。数字贫困的含义来源于传统贫困的含义，并且与数字信息技术的发展紧密相关。数字贫困是信息贫困的分支。周向红认为，“信息贫困的直接体现是信息内容的贫乏和短缺，信息贫困既是收入贫困、人类贫困的重要原因，也是它们的结果”。[①] 在数字贫困和传统贫困之间，存在着很多共同之处，其中能力的缺乏最为显著，影响也最为巨大，没有掌握基本的信息及通信技术是我们判断是否为数字贫困的重要标准之一。周向红进一步总结了数字贫困的含义，“当某空间或人群在数字信息供给能力、数字信息获取能力、数字信息应用能力上分别或均处于缺乏的状态即可认为处于数字贫困状态，此状态可随着经济、社会的发展而动态改变，可从数字贫困状态脱离而成为数字富有，或反向发展”。[②] 通过对传统贫困和数字贫困进行比较、分析和总结，可以发现，这两者之间存在着互为因果的链条式关系，也就是说传统贫困产生的后果是导致数字贫困的原因，数字贫困也可以进一步导致传统贫困的发生和延续。传统贫困造成了数字化设备的接入不足，数字贫困也已经成为拉大贫富差距的主要原因之一。

在传统的数字贫困或者数字鸿沟的理论探讨中，一般从内容上可以把数字鸿沟分为五种，即国际鸿沟、种族鸿沟、语言鸿沟、性别鸿沟和代际鸿沟。从程度上将其分为“一级数字鸿沟”和“二级数字鸿沟”。“一级数字鸿沟”是指是否拥有信息通信技术产品的“接入沟”，“二级数字鸿沟”则是指在信息通信技术使用方面的差距，也就是随着信息通信技术的发展，在不同性别、种族、收入水平以及城乡之间的“使用沟”。还有一些学者不仅把技术和经济因素囊括进数字鸿沟的概念中，还纳入了数字技术应用方面的政治、社会、文化和心理因素所导致的差别。于良芝认为，“数字鸿沟应该被视作一种多维度的、多阶段的不均衡现象，包括媒介的可获取性、信息动机、信息意识等维度，而且要经历机会鸿沟、利用鸿沟和接受程度鸿沟三个阶段的发展，它是超越

① 周向红：《从数字鸿沟到数字贫困：基本概念和研究框架》，《学海》2016 年第 4 期。

② 周向红：《从数字鸿沟到数字贫困：基本概念和研究框架》，《学海》2016 年第 4 期。

数字要素的，需要扩展到非数字化世界中的不均衡现象”[①]。加州大学马克·瓦司扎尔认为“数字鸿沟就是社会排斥和社会包容的表现，取决于社会主体能否有效利用 ICT 获取、采纳或者创造新知识”[②]。

不管如何界定，数字鸿沟或数字贫困的研究中，对数字贫困的成因一般归结于收入低下、缺乏相关的教育、数字信息供给能力和获取能力低，大部分与传统贫困一致或者相关。有许多量的研究得出了类似结论，却很少有质的研究对使用环境和使用过程进行考察，也很少从社会网络的角度来对数字鸿沟的成因和影响进行研究。因为单纯地关注技术设备问题难免流于片面，解决作为社会性问题的数字鸿沟现象，需要把信息通信技术的不平等整合入社会环境和用户的生活情境之中。本研究通过对河坝村的调查发现，数字贫困的成因与个体在社会网络中的结构位置有很大的关系，数字贫困的结果又直接导致了社会资本的占有和获取的不平等。

（一）数字贫困的成因

1. 社会经济资源分配不均

数字贫困的成因主要受到个体和家庭社会经济地位的影响，也就是社会网络中个体和家庭所分配到的资源不均造成的，由于社会经济资源分配不均，数字技术“接入”和“使用”都会受到影响。河坝村的老支书 YWR 对研究者说：

> 手机对河坝村来说是有用处，但是这个费用，对有些老的人来说，太恼火，这个是个坏处。其他的不知道，我只知道扣钱多，我遭过好几回，有个把月遭（扣）一百来块，平时一个月就二三十块。（YWR，68 岁，2017/4/2）

---

① Yu, L. Z., “Understanding Information Inequality: Making Sense of the Literature of the Information and Digital Divide”, *Journal of Librarianship and Information Science,* Vol.38, No.4, 2006, pp.229-252.

② Warschauer, M., “Technology and Social Inclusion: Rethinking the Digital Divide”, *Journal of Economic Issues*, Vol.38, No.1, 2004, pp.709-733.

可以看出，因为社会经济发展水平的原因，村民对手机的费用开支感到吃力，这是一些老年人不使用手机的原因。另外，对手机使用和操作的不熟悉，比如无意中订购了一些不必要的服务，或者智能手机中自动安装的一些软件耗费了流量，这些都让村民害怕使用手机，从而使一些村民干脆放弃使用手机。

2. 缺乏时间资源

有一些村民，尤其是没有出去打工的村民，认为自己不需要使用手机和电脑，很大一部分原因在于没有时间使用。在他们看来，时间可以用来干活和挣钱，这可以产生直接的经济效益，是否使用手机的差别并不是很大。

3. 缺乏心理资源

数字贫困中一个很重要的因素是心理资源，如前所述，老校长 LXQ 就是因为害怕学不会从而把自己与数字技术的学习和使用区隔开来，他认为自己“老脑筋恐怕学不到”。LXR 因为不大识字，干脆从来不带手机，把手机当座机用。河坝村的一些女性认为自己没有多少文化学不会使用手机，即便自己有手机，打电话都需要儿女拨好号，对数字技术的应用有一种天然的心理恐惧和排斥感，也就是缺乏心理上的资源和能力。

4. 缺乏文化资源

河坝村绕家人民具有独特的地域文化，并有自己的民族语言，有些村民至今不会说普通话和客家话，更不认识汉字，因此长期以来和外界存在的文化差异，导致他们与外部世界存在着信息交流的障碍。他们信息来源的渠道主要是家庭成员和社区成员，很少从外界获取信息，信息社会的到来依然没有改变一部分村民的认知和行为方式。

5. 社会网络中结构位置不同

每一种媒介都有自己的技术特征，计算机网络、手机与电视机、固定电话的接触和使用不同。计算机网络和智能手机，融合了多种功能和科技，包括所有种类的信息、通信、经济交易、教育和娱乐等，对每个人都有使用的益处，比如 LFH 可以从淘宝上搜索自己喜欢的刺绣花样图片，寻找开发刺绣产品的灵感。社会网络中的结构位置不同，也就意味着其网络的扩展所具备的效应不一样。在网络社会中，使用数字技术和移动媒介可以创造新的联系和维系旧的联系，作为一种新的工具资源，还可以帮助人们在社会中获得更好的地位和获取与自己结构位置相关的资源。一些学者研究发现，“地方经济越繁荣，该地方越拥有广泛的连接高社会地位和低社会地位的人的社会网络”。[①] 村民们在社会网络中的结构位置的不同，不仅会影响媒介的接触和使用，同时还会影响社会资本的获取。不接触新媒介的人，将会在未来社会中被孤立。移动媒介时代，占据了社会网络中较好位置的人，同时拥有强关系和较多的弱关系，因此，和那些结构位置较差、人际网络本来就比较微小的人相比，更有可能扩展自己的网络，同时也能更好地获取资源。

（二）传统贫困造成的数字化贫困类型

传统贫困会造成信息通信技术的接触上的不平等，主要表现在社会各个领域中参与得多与少。随着数字技术的发展，在现在以及未来的社会网络中，如果不使用新媒介，就很可能被现代社会所孤立，无论是新的社会关系还是旧的社会关系，都难以维系。无论是在政治上、经济上还是文化上，所有领域的不平等参与，随之导致的可能就是个人地位的不平等和资源分配的不平等，更重要的是，也会进一步加深数字化贫困。研究者在河坝村的调研中发现，传统贫困可能导致以下几个方面的数字化贫困，部分符合学者简·梵·迪克[②] 的观点。

1. 传统贫困造成数字化动机性接触不足

在河坝村，村民的生产和生活环境单一，信息密度低。一些村民，尤其是没有选择外出打工的村民以及教育缺乏的女性村民，一般不会选择接入数字化设备。同时，设备和技能的接入不足、缺少兴趣和数字媒体焦虑而导致的基本实践经验的缺乏，也会反过来扼杀村民们接入数字化设备的动机，从而深化数字鸿沟。“不想”和“没有”这两种数字化使用动机之间没有明显的分割线，而且在不断地产生变化和转移。

2. 传统贫困造成数字化技能性接触不足

传统贫困造成的教育和社会支持不足，会导致数字技能的缺乏，即

---

① Eagle, N., Macy, M., Claxton, R., “Network Diversity and Economic Development”, *Science,* Vol.328, No.5981, 2010, pp.1029-1031.

② 可参见 Dijk, J. A. G. M. V., “The Deepening Divide : Inequality in the Information Society”, *Mass Communication & Society,* Vol. 11, No.2, 2003, pp.221-234。

有了数字技术的物理接触之后，必须要学习和掌握硬件和软件，这方面的能力不足可称为数字化技能性接触不足。[①]在河坝村，即使是乡村精英，也有可能因为使用机会的缺乏而造成技能性接入不足。比如一位在外工作的村民告诉研究者，一次他和YWF到贵阳办事，办完以后他用微信叫了一辆"滴滴打车"，当小车在他们面前停下时，YWF问他这位司机是否为他的朋友，他觉得十分尴尬，只好顾左右而言他，把这件事情糊弄了过去。

3. 传统贫困造成数字化应用性接触不足

传统贫困和社会经济水平的落后，导致即便是拥有了新媒介，并且掌握了使用它所必须具备的技能，但是依然没有实际使用的需要、时机、时间或者努力，因此会造成对数字技术使用机会的缺乏，或者使用机会的不平等，也就是"应用性接触"。在河坝村，如前所述的半智能化手机运用就是典型的应用性接触不足，即便是拥有手机并具备一定的文化程度，使用手机也没有超过基本的功能，即便是使用了社交软件，也没有充分学习和利用其功能，本研究称之为"半智能手机"使用。使用和拥有一部智能手机，并不意味着它被"物尽其用"了，一方面指其并不一定被实际使用了或使用了足够多的时间；另一方面其多样化的程序和软件并不一定被使用了，比如河坝村的孩子们通常只使用了手机的游戏和娱乐功能。这种千差万别的应用性差别，可能比动机性和物理性接触的差别更大。

（三）传统贫困和数字贫困造成的影响

1. 造成结构性不平等

随着移动媒介不断普及，使用差距可能不但不会缩小，反而可能会增加，正如"智能手机"和"半智能手机"的使用者，高级使用和简单使用之间的差距会增加。伴随着使用者在社会网络中结构位置高低的影响，媒介的使用水平可能会使一些人被完全地排斥在社会的某些领域之外，这就是结构性的不平等。如果缺乏信息通信技术的应用，将会导致社会交往的范围越来越狭窄，可获取的社会资本相应地也会减少。

---

① Dijk, J. A. G. M. V., "The Deepening Divide: Inequality in the Information Society", *Mass Communication & Society,* Vol. 11, No.2, 2003, pp.221-234.

简·梵·迪克认为，“一方面，一个‘信息精英’加强了自己的地位；另一方面，已经位于社会边缘的团体变得被排除在社会通信之外，因为这些发生在他们所不能掌控的媒介之中。此时，结构性不平等就出现了。当人们在网络里和其他媒介中占有的地位决定了他们对在社会某些领域内做出的决定是否能产生影响的时候，差距就变成结构性的了”。[①]根据这种观点，简·梵·迪克描述了一个三层的网络社会，第一层次是信息精英，指的是拥有高学历、高收入、高社会地位的与信息通信技术全方面接触的人，这种信息精英生活在关系密集的社会网络之中，能够扩展联系到很多重要的弱关系；第二层次则是广泛参与的大众，也就是大部分的中产阶级和工薪阶层，比信息精英掌握更少的数字技能，应用性接触也更差，这部分人拥有较小的社会网络和更少重要的弱关系；第三层次则是被信息通信技术排除在外的人，简·梵·迪克认为这部分人等同于最低的社会阶级，尤其是少数民族和移民的大多数，还有很大比例的老年人。研究者认同简·梵·迪克的这种观点。在河坝村的调研可以看出，几乎跳过了座机直接进入手机时代的河坝村，以一种过快的速度进入了数字化社会，而作为国家一级贫困村，贫困现象依然在河坝村广泛存在。因此，在当今的网络社会，河坝村的信息通信技术的应用与发展，将会比过去的大众社会呈现出更严重的不平等现象。

2. 影响社会参与

通过 YWS，研究者认识了一个叫 LBB 的小伙子，在采访的过程中，他向研究者倾诉了他家让人感叹的深度贫困。据他回忆，2005—2008 年，他的父母亲为了多赚点钱，在广东河源的一家石灰厂工作，一个月能挣 3000 多元。因为觉得那里工资高，父母不顾舅舅的反对，一直在那里打工，结果感染了尘肺。刚回家的时候，他们并不知道得了什么病，只是脸看起来黑黑的，身体很不好，也不知道会有那么严重，所以就没怎么去看病，在家里休养。

其实他们在广东那边经常去医院看，却没检查出什么，所以觉

---

① ［荷］简·梵·迪克：《网络社会——新媒体的社会层面》，蔡静译，清华大学出版社 2014 年版，第 199 页。

> 得不太行了就回家来了。就是那个厂也开不了多久了，他们那里要拆迁嘛，重建房子，他们就回来了。（LBB，27 岁，2017/3/18）

2010 年和 2011 年，父母两人相继去世。可怕的是，妹妹也出现了病症。

> 爸妈回来她就跟着回来了，在龙山中学读书，读了半年就身体不好了。就是爸爸妈妈还没有去世的时候，她就有一点不舒服了。她和爸妈住在一起，他们说她经常去送水，就吸到了，送水来的时候就帮忙一下，捆一下袋子。那时候戴口罩，但是没用的，那个灰真的太大了。进那里面看不到人，全都是灰，白白的。（LBB，27 岁，2017/3/18）

妹妹在龙山中学上到初一就因病退学了。当时他为了照顾妹妹，没有出去打工，只在家周边打点零工维持生活。医院一直没有检查出什么问题，他们又没什么钱，所以只给她开了一点中药吃。他说妹妹去世前总是呼吸困难，有一天他出去干活，第二天才回来，回来就发现不对劲了，

> 妹妹躺在床上，就这样没了。手里还拿着一板药，估计是想吃，但是实在没有力气了。就这样在家里去世了。（LBB，27 岁，2017/3/18）

妹妹去世后，他不再想到省外去工作，因为不想离开贵州和老家。他在贵阳做水电工，至今孤身一人。在访谈时，他告知研究者自己染上了在手机上打网络麻将的习惯，赚的辛苦钱几乎都输光了。据他说，他喜欢在一个叫“奕乐贵州麻将”的 App 上打麻将，开房就要 4 块钱，只能玩 8 局，一天下来，开房费都不少。而且输赢有时候是翻倍的，虽然是玩一块钱一把的，但还是能输赢不少钱。他告诉研究者，在心知肚明打牌不好的情况下，他却无法控制自己。他平时下了班就回寝室玩这个，也没有找女朋友。

影响不好，那个你是个赌鬼啊，谁跟你，是吧？真的，控制不住。一天输一两千的都有，手气不好那种。（LBB，27岁，2017/3/18）

LBB家庭的贫困程度深深地震撼了研究者，贫困给这个家庭带来的是致命的打击。而这种深度的贫困状态，让成为孤儿的LBB失去的是潜意识里面对生活的勇气，严重影响了他的社会参与。在他的媒介实践中，初中文化的他尽管会使用社交媒体、支付宝和手机银行等软件，但是，占据他生活的却主要是游戏软件。27岁的他，孤身一人，如果再继续下去可能就会被社会排斥。也就是说，对于困囿于贫困中的人来说，可能不仅不能从数字技术中获益，反而可能受害，数字的应用性接触将强化贫富之间的差距。

如前文所述，数字贫困正极大地影响着河坝村村民的社会参与，并加深社会排斥。正如女性合作社在参加“贵州省麻江县河坝村民族手工艺发展与生计改善”项目的过程中，一些没有受过教育的妇女表现出难以参与和融合的态势。她们既无法理解项目的操作和意义，也无法理解产品的要求，甚至并不像其他妇女一样手巧，能合格完成产品，以至于不得不被淘汰和排除在外。因此，“从这个意义上说，是社会流动影响着贫困的性质。在社会流动比较频繁的社会中，尽管贫困也具有社会分层的含义，但这样的贫困具有较强的可变性，而不至于成为一种僵硬的结构。而在社会流动不易发生的社会中，由贫困形成的结构因素具有较强的僵硬性，它一方面表现为社会排斥，另一方面则表现为贫困的复制或再生产”。[①] 就像YWS对使用手机的理解：

影响多少有一些，但肯定还是对那些学习能力强的，比较聪明的有利。你不聪明，基础工作做不好的话，什么都和自己没有关系。对，像我这样就穷怕了，穷怕了，想方设法去发展。（YWS，

---

① 孙立平：《失衡：断裂社会的运作逻辑》，社会科学文献出版社2004年版，第69页。

29 岁，2017/3/19）

因此，还很有可能出现马太效应，即贫者愈贫，富者愈富，数字贫困将会越来越加深。

2017 年年底，河坝村的贫困户进入了国家的大数据平台。研究者在河坝村的调研过程中发现，每一个村干部的手机里都装有“贵州省精准扶贫平台”的 App。在这个系统里，政府要求录入贫困户的基本信息，每个贫困户都需要用 GPS 的卫星定位地址，在定位基础上录入贫困户主的房屋照片和人员照片。在走访贫困户的同时，就在手机平台里录入信息，实现同步更新。在河坝村，很多贫困户可能没有智能手机，也不懂得使用网络。但是，在政府的帮扶下，其信息也是出现在网络中的一个节点，成为大数据系统中的一个小节点。进一步思考，也就是说政府的力量使之至少没有游离在网络和信息化之外。但这毕竟一种外力，或者说这是一种单方面的行为，缺少贫困户自己的声音以及他们的参与和互动。在缺少参与和互动的情况下，网络和媒介优势可能会大幅减弱。基于此，本研究认为，在传统贫困和数字贫困的关系中，需要关注的不仅是技术和资源，而且要关注人与技术在信息网络社会中的交流和互动；不仅要关注媒介的使用和影响，更要关注相关教育的普及；不仅要关注物质性的媒介接触，更要关注心理性和动机性的媒介接触。对于发展中国家的贫困问题的解决，许多主流观点似乎是发展程度越低的国家和地区就越应该把精力集中在最基本的贫困问题的解决上，而不应该跨越性地去解决信息通信技术方面的问题。但是，农村地区已经无法在网络信息社会中置身事外，也不应该被排斥在网络信息技术之外，否则将被社会网络所抛弃和排斥。如何同时克服农村地区的传统贫困和数字贫困，将不可回避，也是未来乡村振兴工作的一大关键。

结　论

信息技术革命自从开始，就一直在各个领域学者的关注之中，因为这场技术革命在全球覆盖的深度和广度，从目前来看是其他技术革命所难以企及的。今天，我们很难避开媒介技术来谈人类和社会的发展，同时我们也无法脱离人类和社会来谈媒介技术。媒介技术，尤其是新媒介技术永远处于不断地探索、升级和发展之中。今天的网络不会是昨天的网络，因为每一天网络中的信息都在呈几何倍数增长。今天我们把网络、手机和数字电视称为新媒体，但是没有人知道新媒介下一次更新换代后是什么样子，甚至难以想象什么样的才是最好的新媒介。新媒介的出现，彻底改变了人们连接、沟通以及交换信息的方式，人和媒介技术之间激发的行为与互动，由此产生的作用和影响，时时刻刻在我们这颗星球之上发生、持续、断裂、消亡。探讨媒介技术本身所具有的社会性，也就是媒介技术是在什么背景下、因何目的、被什么样的人所使用和产生什么影响的社会过程，不应被忽略。因此，本研究从传播学的角度，来探讨移动媒介对人类的社会网络和人际交往的影响，不失为一个极具意义的论题。

为了研究的可操作性，本研究将问题聚焦在了河坝村村民的移动媒介使用以及社会网络的建构上，河坝村特殊的文化和经济背景是其中重要的原因。研究中国问题的专家都承认文化的多样性以及地区之间的差异性的存在，因此，辨识出同一研究问题在不同文化背景和地理位置中的主要特征，也是有可能的。所有关于个体行动者的研究都必须考虑环境和背景因素，社会网络理论的逻辑出发点也是把社会看成一个结构性的存在，每个行动者都“镶嵌”在互动网络中，受到社会脉络的制约。格兰诺维特认为，“文化的影响不是一次决定的，而是一个不断进行的过程，不断在人际互动之间塑造或者重塑个人。不仅如此，文化本身也因为个人的需要而受到重塑”[①]。所有的理论都是建立在特定文化群体的研究基础之上的，在此基础上对理论的探索和概括，能让文化的独特之处和理论的适应性更好地凸显出来。这就是本研究把田野地点选在贵州农村地区的原因所在。

基于此，本研究围绕“移动媒介对农村社区及其村民的社会网络的影响”这个主题，以村民利用移动媒介在线上和线下的人际交往为背景，以河坝村的村民群体为主要研究对象，探讨了移动媒介在带动村民建构社会网络及获取社会资本方面所发挥的作用。

根据提出的研究问题，本研究要解决的第一个问题即移动媒介是如何进入村民的日常生活的。研究者通过调研发现，村民一直受贫困因素的影响，导致通电、通电视和固定电话的时间都非常之晚，普及速度也非常缓慢。但是，移动媒介的普及却是一个意外，大部分村民跨越了固定电话阶段，直接进入了移动通信时代，而且普及的速度快、范围广、程度深。这一现象具有非常重要的社会和文化意义。从乐观的角度来说，能使处于落后地区的村民真正融入全球发展的进程中来，分享技术和世界发展的红利。就这一问题，本研究在分析了河坝村的乡村发展状况之后，以口述简史的方式进行了直观的呈现。

针对其他的研究问题，本研究将其分为三个部分进行了阐述和论证：

第一个部分以“价值呈现”作为逻辑分析的中心点，探讨了移动媒介时代的社会网络和社会资本，并研究其对村民有何意义、作用和价值，在村民的移动媒介使用中如何体现，又以什么样的面目呈现在村民们的社会网络和社会资本中。

通过调查研究，本研究发现，第一，移动媒介不仅建构虚拟空间中

① [美]马克·格兰诺维特：《弱连带的优势》，载《镶嵌：社会网与经济行动》，罗家德等译，社会科学文献出版社2007年版，第6页。

的社会网络，而且在一定意义上成为建构现实生活中人际交往和社会网络的重要媒介。任何关于社会网络和社会资本的理论建构和社会实践都已经绕不开移动电子通信和网络，也不能无视移动电子通信与社会网络的互动建构所带来的行为和价值。移动互联网中的社会网络兴起带来了社会资本的革命性增长，农村村民也不例外，他们利用移动媒介在现实生活和网络世界中发展了自己的社会网络。对于河坝村村民来说，原来的强关系占主导的“熟人社会”渐渐拓展为强弱关系互为补充的社会网络。通过移动媒介，社会网络的分析让我们看到了个体的行动是如何改变社会结构的，其中移动媒介作为一个不可或缺的工具，在其中起到了什么样的作用。

第二，在移动媒介时代里，村民拓宽了社会网络，发展了具有异质性特征的弱关系，改变了原有的以“强关系”为主的社会网络。但是，在村民的社会交往过程中，强弱关系都发挥了作用。强关系在移动媒介时代的社会网络中呈现更加紧密的状态，弱关系也扮演着至关重要的角色。同时，由于移动媒介的高度交互和互动性的特点，主观能动性成为影响行动者的行动以及改变社会网络构成的重要因素。移动媒介的使用，无疑对过去社会学研究中过度社会化的研究观点造成了巨大的冲击。河坝村的地域社会文化当然有对个人的制约，但更值得注意的是他们个人行动的自主意识，而且移动媒介赋予了随着时代洪流一起成长的村民们充分的主动选择的权利。总之，社会网络的建构以及社会资本的获取和积累都逐渐在向移动媒介构架的网络世界转移。

第三，移动媒介成为村民建立亲密关系和获得情感支持的工具，并促进了隐私观念的流变。移动媒介作为情感支持工具的特殊之处在于，它能提供一种隐匿性的情感支持。通过文字进行的隐藏式的交流方式，让村民在情感表达和宣泄当中更勇于表达，文字可反复翻看，以提供持续的精神和情感支持。从这个方面来看，手机这种媒介非常适合这种情感交流，一方面交流是即时性的；另一方面它还是隐匿性的，不被其他人关注和打扰的。因此，移动媒介还促成了村民隐私观念的流变，例如设置防外不防内的密码，心照不宣的手机检查等，成为移动媒介时代村民亲密关系中的特殊景象。另外，社会网络当中的强连带可以传递信任感和影响力，并提供情绪和情感上的支持。许多社交网络都直接或者间接地提供给了人们归属感或者被帮助的感觉。移动媒介让村民的感情互动从面对面的首属关系转向了通过技术提供感情支持，起到了桥梁和工具的作用，弥补了面对面交流时具有的时空距离的缺陷。

第四，移动媒介为农村青少年的自我身份认同和同伴群体的构建提供了支持。移动媒介是农村青少年的社会交往工具，其重要性不仅在于使用性，而且在于表达自我的建构性。在人口的流动过程中，这些青少年要么随父母来往于城乡之间，要么留守在乡村，形成了尴尬难言的身份与处境。在手机这个便携式的社会交往工具中，他们充分发挥自己的自觉性、能动性和创造性，通过其来进行自我书写、自我揭示、自我反省、表达愿望和发展社会网络。研究者还发现，大部分时候，他们只进行“生活的半呈现”，即根据自己的喜好，剪裁式地展现生活状态，自由地表达和建构一个想象中的自我。但不可否认的是，网络已经成为农村青少年的一个能充分体现自我和个性的社会支持系统。

第五，河坝村村民在流动的过程中，打破了原来的血缘关系和地缘关系，跨越了地方小世界的人际网络，而选择了传递信息较强的、异质性较好的弱关系网络，从而吸取了网络中的信息、观念、价值、规范和消息等流动的符号流，发展出具有工具性的信息和情感支持网络。村民们为了发展事业，在线上寻找维修技术和养殖技术的交流群，并从中获取了有用的信息支持和社会资本。这里的资源大都由并不紧密的“弱关系”组成，但是，它却为有需要的村民提供了更大的社会空间和更丰富的专业资源接触的机会，增加了获取信息的渠道，扩展了村民的生活空间。移动媒介同时也缩短了村民们资源获取的时空距离，因为在线上，村民们可以持续在场和随时联系，使得远距离交流、合作和控制成为可能。

第二部分以“行动的过程和原则”为中心，研究村民使用移动媒介建构社会网络的过程和原则，比如村民如何使用社会网络和社会资本，如何动员和激活社会资本，以及通过移动媒介建构的新的社会网络中的人际交往和信息传播有哪些特征。

本研究发现，第一，移动媒介架构下的村民的社会网络是一个动态的网络。村民在流动的过程中建立的社会网络是动态的，尤其是通过移动媒介建立的关系。社会流动本身就会促进新的人际交往和社会网络的建构。研究发现，移动媒介更是加速推进了这种建构，而且有利于社会网络中关系的建立、维持、发展、接通和利用关系链条。移动媒介还有利于村民在交往过程中的互惠行动。在社会网络和社会资本的激活过程中，即需要利用社会资源时，人们会利用移动媒介来动员社会资源，并利用情感关系进行互动，而情感关系的互动中，情感关系总是和工具性交换关系进行混合交往，其中移动媒介已经成为联系情感关系的纽带。另外，移动媒介还具有扩大化的符号效用，村民在人际交往过程中，扩散对自己有利的信息，可以反映自己的社会地位，获得很好的社会认可，而移动媒介扩大了这种符号作用。

总之，关系是一个动态的和不断协调的过程，关系和社会中的每一次实践活动都具有内在的关联性。社会网络的建构是一个动态的过程，尽管社会网络受结构性的制约，但是它并不是静止不变的，本研究中的很多村民的关系就是通过自身努力和移动媒介作为中介连接起来的。

第二，村民的社会网络具有不平等和异质性，异质性会对人际交往产生限制，因为异质性的互动中，参与者要比在同质性互动中付出更多努力，比如克服时空因素和地位因素等，移动媒介则能促进平等化和异质性交往。以互联网为基础建构的社会网络空间，人们获取信息的渠道和来源更为多样化，其交往方式更加多元，交往对象也更加多样。在对河坝村的调研中，研究者发现，移动媒介模糊了时空距离和地位距离，对平等化和异质性交往起到了一定的促进作用，同时促进了社会资本的上升。

第三，村民的社会网络的网底具有吸附和消耗作用，同时地域会对其网络的建构起到限制作用。研究发现，社会网络的网底相对于网顶来说，有极大的吸附力和消耗作用，把原有的知识和文凭等个人优势消磨殆尽，致使原来属于强关系的社会经济阶层较高的连接关系转为了弱关系，而相对社会经济阶层较低的连接关系发展成为强关系，这和个人所处的地域以及其婚姻、就业等密切相关。同时，不仅是社会网络中的位置，物理意义上的地域仍然对社会网络的建构和拓展起着巨大的作用，很多时候是一种限制性的作用。

第四，村民中存在着以关系和平衡性为原则的关系传播，它具有排除者的逻辑和不对称性的特点，移动媒介对关系传播具有扩大作用。本研究认为，河坝村的村民中存在着以中国传统文化中的“特殊主义”关系为内涵的“关系传播”，其以有关系才传播和平衡性为传播原则。这种关系传播，具有明显的排他性，与互联网的越多人使用就越有价值的精神相违背。同时，这种关系传播具有社会关系对双方意义不同而导致不对称，关系过程中信息和资源流通不对称的特点。但不管如何，移动媒介扩大了关系传播的范围和影响。

第三部分是研究在移动媒介的影响下，村民获取社会资本的差异，即村民在社会网络中的地位与人际交往效果，村民利用移动媒介建构的社会网络的今昔差别，对人际交往和社会资本获取产生了哪些影响。

通过研究可发现，第一，乡村精英因可以熟练使用移动媒介，掌握了大量社会资本。他们的社会交往圈，具有网络规模大、网络层级高、网络差异大和网络构成合理的特点。而移动媒介的介入，比如微信朋友圈，让乡村精英在社会实践过程中，积累了更多的弱关系。这些弱关系往往意味着网络的规模更大、异质性更高，构成更合理，在很多情况下，网络层级也更高。从这个意义上来说，微信朋友圈就是乡村精英的资源载体。

第二，农村的乡村精英因具有结构性位置优势，尤其是具有先赋位置的人，可以利用移动媒介建构起富于社会资本的社会网络，尤其让他们在信息获取方面占有优势。移动媒介在乡村精英的社会网络建构和信息获取过程中，能获得更多的通路，即有价值的信息；能取得更多的先机，即在与他人的竞争中成为最先被知会消息的人；能争取更多的举荐机会，即引导和集中其他人获取自己的消息，再传递给他人，获得竞争胜出的机会。

移动媒介使得乡村精英的网络纳入了更多的关系人，也提高了社会资本的容量。相对地，容量的扩大提高了网络的多样性和异质性，异质性则能提高利益的质量，因为非重复的关系人保证了多条信息渠道和多样的信息资源。拥有一个能产生多种利益的网络，让乡村精英作为一个网络关系人，对其他人更具有吸引力，使他能够轻易地扩展自己的网络，这是一个良性的循环过程。移动媒介优化了乡村精英的社会网络建构。

第三，受教育程度和经济发展水平是农村女性媒介接触和使用水平的重要影响因素。曼纽尔·卡斯特认为:“技术扩散的速度也具有选择性，同时是社会层面与功能层面的选择。不同人群、国家与地区接触到技术力量的不同时间，可以说是我们社会不平等的重要来源。”[①]本研究通过调查发现，农村贫困地区的女性群体因为受教育程度和经济发展水平的限制，缺乏数字技能，甚至从心理上对媒介使用存在恐惧感，从而导致自我区隔的现象，她们存在错失网络社会里所要求的技术和沟通技能的危险，主要的障碍和原因就是传统贫困所造成的受教育程度低。

第四，移动媒介促进农村妇女的社会网络重构，使其获取了更多的社会资源。研究发现，由于人口流动，农村妇女成为农村当中进行生产实践和管理的重要角色，一些能干的带头大姐的生产实践活动和社会交往活动，在农村社区内部实现了社会网络的资源利用与重构，比如通过分工合作重构了地缘关系，或者通过雇佣性帮工重构地缘关系。移动媒介让她们对外建构了新的社会网络，还通过自己媒介技术应用的能力做起了生意，从互联网技术当中享受发展红利，由此获取了更多的社会资本。

因为在西部农村贫困地区调研，贫困也成了研究者无法回避的一个影响因素。这个结构化的因素对村民的媒介使用产生了巨大的影响，几乎已深入村民之骨髓。

第五，贫困让农村地区的少年儿童出现了聚集在一起蹭网的现象，这种蹭网现象增进了孩子们的人际交往和共享精神，同时让孩子们建构起了地缘、学缘和“游戏缘”交织在一起的社交网络。河坝村孩子们的媒介实践，是在贫困因素影响下具有鲜明地域和文化特征的实践过程。从社会网络的视角下观照，河坝村的孩子们在其中不仅维系着原有的社会网络和人际交往，同时还在扩展着社会关系网络，更重要的是，它使河坝村孩子们改变了社会交往结构，形成了新的交往规范和原则。

第六，村民对数字化媒介的使用存在差异，贫困导致村民中存在使用“半智能手机”的现象，即媒介技术的低水平应用。受教育程度和经济水平导致的低水平媒介使用，是社会阶层分化的体现，也必然导致社

---

① [美]曼纽尔·卡斯特:《网络社会的崛起》，夏铸九等译，社会科学文献出版社 2006 年版，第 64—69 页。

会资本获取的差异和不平等。“半智能手机”非常贴切而传神地描述出了河坝村村民低水平媒介使用的状况和现象，这种现象在贫困地区的移动媒介扩散过程中，是非常普遍而又独特的，即使使用了高端的通信技术工具，却无法熟练而充分地使用，获得相应的技术回报。贫困和受教育水平等不利因素阻碍着人们完全充分地利用这些人类的技术成果，是否接触到新技术确实能够拉开城市和农村、贫困与发达地区的差距，但是媒介功能使用不平等和不充分也会起到相似的作用。

第七，传统贫困和数字贫困互为因果链，解决作为社会性问题的贫困现象需要把信息通信技术的不平等整合入村民的社会环境和生活情境之中。卡斯特认为，“技术并未决定社会，社会也并未决定技术的生产，而是技术具体化了社会，社会利用技术，它们之间的关系是辩证互动紧密交织在一起的，在这一意义上可以说，技术就是社会”。[①] 卡斯特对技术与社会关系的看法，让我们从新的理论视角来看待数字鸿沟问题。我们应该认识到，数字鸿沟问题不单纯是一个技术问题，而且也是一个社会问题，要把它放在信息技术与具体社会历史情境的互动中来具体考察和分析。脱离移动媒介使用的具体社会历史情境来谈影响，难免会落进“技术决定论”的窠臼，因为具体的社会历史情境会影响人们对媒介的使用，以及媒介发生影响的程度和范围，而人们的主观能动性以及在社会结构中的位置，共同决定了他们使用媒介的程度和水平以及社会网络的建构。

通过总结，可见本研究的创新之处在于：第一，研究了在移动媒介发展的背景下，村民个体和家庭的社会网络的结构及其变化；第二，探索了贫困地区的社会网络和社会资本问题，主要研究贫困因素在社会网络的构成和拓展方面，以及在移动媒介的使用方面可能产生的影响；第三，把社会因素、心理因素以及具体的社会情境，纳入对村民个体和家庭的移动媒介使用与社会网络建构的分析框架之中，并从互动的角度进行了深入的分析和研究。另外，本研究在一些理论概念的提炼上作出了贡献，比如提出了“半智能手机”的概念，并发现社会网络的“网底具

---

① [美]曼纽尔·卡斯特:《网络社会的崛起》，夏铸九等译，社会科学文献出版社 2006 年版，第 6 页。

有吸附和消耗作用”，在关系传播的过程中存在“排除者的逻辑”，青少年的自我表达存在“生活的半呈现”的问题等，通过质的研究的成果，为传播学理论和社会网络理论增加了新的理论概念，可以为今后的同类研究提供指导。

当然，不可避免的是，由于能力有限，本研究还存在以下几个方面不足：第一，作为一项质的研究，本研究是建立在对河坝村的具体文化情境上的研究，因此本研究所获得的研究发现，在推广时很可能会受到研究对象的自身特点以及其所处的社会背景所带来的限制。河坝村在本研究进行调查的彼时作为国家一级贫困村，受调查人员的受教育程度和家庭经济状况等可能都低于全国其他贫困地区和农村地区，因此这一群体在学习和使用移动媒介方面具有客观条件上的劣势。河坝村村民通过移动媒介在社会网络的建构和社会资本的获取上的实践，对农村，尤其是贫困农村群体有一定的典型性意义和可资借鉴之处，但是与受教育程度和家庭经济状况较好的地区则会有一定出入。第二，因为经费和研究问题的限制，本研究主要分析了以自我为中心的个体网络，没有扩大至更大的社会结构因素，这也是本研究的局限之一。第三，虽然在集中的田野调查完成以后直至本研究完成之前，研究者都一直与河坝村的访谈对象保持联系，关注他们的社交媒体，了解他们的近况，但是河坝村的社会经济状况和村民的移动媒介实践一直在发展变化，本研究只能站在当下的时间节点，分析“现在进行时”这一历史瞬间的状态，通过已经呈现出来的村民的行为特点和社会网络的构成情况去预测两者在未来的发展。

基于以上，本研究认为，未来的相关研究可以从以下几个方面着手。

第一，从研究方法来看。一是可以运用多种方法来进行研究。量的研究可以在宏观层面进行大规模的调查和预测，而质的研究结果之呈现常为描述性分析，适合在微观层面对事物进行细致动态的描述分析，或许未来的研究可以将两种方法结合起来，进行互补；二是可以拓展优化现有研究方法，比如，可以采用个案研究，也可以使用多案例的田野比较（多点民族志）。比如由英国社会人类学“曼彻斯特学派”开创、麦克·布洛维重建和发展的“拓展个案法”，其对个案研究法的扩展体现在四个方面:“从单纯的观察者向参与者拓展，向跨越时空的观察拓展，从微观过程向宏观力量的拓展，理论的拓展。”扩展个案法不仅可以规范性地描述日常生活中的微观层面，将一般的社会情境作为考察对象，同时还试图研究这些微观层面是如何由宏观层面所形塑和建构的，希冀能弥补传统个案研究无法产生普适性的缺点，用个案来修正现有理论，产生新的一般性理论。

第二，从研究内容来看。一是随着工业化和全球化的深入，传统农村社区发生了变化，农村社区的青壮年纷纷外出，逐渐呈现“空心化”状态，人员的流动与离散成为农村社区必须关注的问题，同时还需关注移动媒介在其中起了什么样的作用，是否建立了新的社会关系网络，形成了新的社会资本。二是移动媒介不同于大众媒介，移动媒介有赋权功能，移动媒介给村民赋予了什么样的权利，村民群体的使用与实践效果如何，是否重组了其在传播中的地位和权力结构，这些都是需要我们深入研究的。

第三，从理论视野来看。本研究认为，可以运用多种理论视角来对一处田野进行研究和阐释，多种理论视角将对个案和单个的田野更具阐释性，将其放置于更宏大的背景中来获得更深入的理解。

媒介总是在不断发展，但是最终的创造者和使用者都是人类。现在的我们也许已经难以想象没有手机的生活，而人类生活在社会网络当中，从这种意义上来说，以手机为代表的移动媒介，不能只把它理解为技术网络的一部分，必须把它也理解成为社会网络的重要组成部分。在现代社会中，因为有了手机，人们共处在一个网络中，并且彼此联系；因为有了手机，人类的社会网络才能无限连接和扩大，而你我都在其中。

附录：访谈对象及访谈情境记录表

序号	姓名	性别	年龄	职业	访谈地点	主要访谈情境
1	YM	女	20	大学生	贵阳	时光左岸咖啡馆（下午）
2	LQF	男	25	大学生	贵阳	贵州师范学院图书馆文创基地（下午）
3	LQ	女	25	经商务农	河坝村	河坝街上自家门面中（晚上）
4	LAH	女	23	务农	河坝村	白兴大寨 LAH 婆家（下午）
5	LAF	男	34	经商务农	河坝村	河坝街上自家门面中（晚上）
6	LXR	男	63	务农	河坝村	新寨 LXR 家中（下午）
7	LMY	女	53	教师	河坝村	河坝小学 LMY 宿舍中（下午）
8	LBJ	男	31	务农经商	河坝村	新寨 LBJ 家中（下午）
9	YWF	男	41	村干部	河坝村	村委会办公室中（下午）
10	LAT	女	15	中学生	河坝村	村委会陈列室（下午）
11	LAY	男	25	司机	河坝村	河坝街上 LAY 家门面中（上午）
12	YWS	男	29	销售人员	河坝村	村委会调解室（下午）
13	LQY	女	30	务工务农	河坝村	村委会食堂（下午）
14	LXQ	男	66	退休教师	河坝村	岩脚寨 LXQ 家中（晚上）
15	YW	男	34	经商（养猪）	河坝村	村委会陈列室（下午）
16	CDL	女	41	绣娘经商务农	河坝村	白兴大寨 CDL 家中（下午）
17	WCF	女	23	经商务农	河坝村	牛皮寨 WCF 家中（下午）
18	LBB	男	27	水电工	河坝村	村委会会议室（下午）
19	LJ	男	27	辅警	河坝村	岩脚寨 LJ 家中（晚上）

续表

序号	姓名	性别	年龄	职业	访谈地点	主要访谈情境
20	LFH	女	53	绣娘务农	河坝村	村委会调解室（下午）
21	AWY	女	37	小学校长	河坝村	河坝小学行政办公室（上午）
22	LY	女	23	大学生	河坝村	村委会调解室（下午）
23	LBQ	男	16	初中生	河坝村	村委会会议室（下午）
24	LDC	男	16	初中生	河坝村	村委会会议室（下午）
25	YWR	女	68	村支书	河坝村	白兴大寨 YWR 家中（晚上）
26	LJX	男	32	村规划员	河坝村	村委会调解室（上午）
27	LGY	男	32	驾校教练	河坝村	屯上寨 LGY 家中（下午）
28	YDF	男	43	综合治理员	河坝村	村委会办事大厅（晚上）
29	LMZ	男	19	中学生	河坝村	河坝街上 LMZ 家中（下午）
30	YPF	女	43	务农	河坝村	河坝街上 YPF 家中（下午）
31	LGR	男	44	务农	河坝村	河坝街上 LGR 家中（下午）
32	LMX	男	46	小学教师	河坝村	河坝小学行政办公室（晚上）
33	LQC	男	39	村干部	河坝村	村委会办公室（晚上）
34	YDB	女	37	家庭主妇	河坝村	白兴大寨 YDB 娘家（下午）
35	LLG	女	49	务农经商	河坝村	河坝街上 LLG 家门口（下午）
36	LAZ	女	71	绣娘务农	河坝村	村委会调解室（下午）

参考文献

一 中文著作

[印]阿马蒂亚·森:《以自由看待发展》,任赜、于真译,中国人民大学出版社 2002 年版。

[英]安东尼·吉登斯:《现代性与自我认同:现代晚期的自我与社会》,赵旭东、方文译,王铭铭校,生活·读书·新知三联书店 1998 年版。

[英]安东尼·吉登斯:《社会的构成》,李康、李猛译,生活·读书·新知三联书店 1998 年版。

[英]安东尼·吉登斯:《现代性的后果》,田禾译,译林出版社 2000 年版。

[英]A.R. 拉德克利夫-布朗:《社会人类学方法》,夏建中译,山东人民出版社 1988 年版。

[美]保罗·莱文森:《手机:挡不住的呼唤》,何道宽译,中国人民大学出版社 2004 年版。

[美]保罗·莱文森:《新新媒介》,何道宽译,复旦大学出版社 2011 年版。

[美]保罗·莱文森:《软利器:信息革命的自然历史与未来》,何道宽译,复旦大学出版社 2011 年版。

[美]彼特·布劳:《不平等和异质性》,王春光、谢圣赞译,中国社会科学出版社 1991 年版。

边燕杰主编:《关系社会学：理论与研究》，社会科学文献出版社 2011 年版。

陈嬿如:《心传：传播学理论的新探索》，厦门大学出版社 2010 年版。

陈向明:《质的研究方法与社会科学研究》，教育科学出版社 2000 年版。

陈向明:《旅居者和“外国人”——留美中国学生跨文化人际交往研究》，教育科学出版社 2004 年版。

[美]大卫·费特曼:《民族志：步步深入》，龚建华译，重庆大学出版社 2007 年版。

[美]丹尼·L. 乔金森:《参与观察法：关于人类研究的一种方法》，张小山、龙筱红译，重庆大学出版社 2015 年版。

[美]丹尼斯·麦奎尔:《麦奎尔大众传播理论》(第四版)，崔保国等译，清华大学出版社 2006 年版。

丁未:《结构社会与媒介效果——“知沟”现象研究》，复旦大学出版社 2003 年版。

丁未:《流动的家园:“攸县的哥村”社区传播与身份共同体研究》，社会科学文献出版社 2014 年版。

杜芳琴主编:《贫困与社会性别：妇女发展与赋权》，河南人民出版社 2002 年版。

[德]斐迪南·滕尼斯:《共同体与社会：纯粹社会学的基本概念》，林荣远译，北京大学出版社 2010 年版。

费孝通:《乡土中国》，上海人民出版社 2006 年版。

[加]弗兰克·凯尔奇:《信息媒体革命——它如何改变着我们的世界》，沈泽华等译，上海译文出版社 1998 年版。

国家统计局住户调查办公室:《2016 中国农村贫困监测报告》，中国统计出版社 2016 年版。

郭建斌:《独乡电视：现代传媒与少数民族日常生活》，山东人民出版社 2005 年版。

[加]哈罗德·伊尼斯:《传播的偏向》，何道宽译，中国人民大学出版社 2003 年版。

黄浩:《移动产业内容服务采纳与市场扩散研究》，当代中国出版社 2015 年版。

黄光国:《儒家关系主义：文化反思与典范重建》，北京大学出版社 2006 年版。

胡春阳:《寂静的喧嚣　永恒的联系：手机传播与人际互动》，上海三联书店 2012 年版。

胡泳:《众声喧哗：网络时代的个人表达与公共讨论》，广西师范大学出版社 2008 年版。

[荷]简·梵·迪克:《网络社会——新媒体的社会层面》(第二版)，蔡静译，清华大学出版社 2014 年版。

[英]杰西·洛佩兹、约翰·斯科特:《社会结构》，允春喜译，吉林人民出版社 2007 年版。

靖鸣、刘锐:《手机传播学》，新华出版社 2008 年版。

金耀基:《金耀基自选集》，上海教育出版社 2002 年版。

金耀基:《从传统到现代》，中国人民大学出版社 1999 年版。

[美]柯克·约翰逊:《电视与乡村社会变迁：对印度两村庄的民族志调查》，展明辉、张金玺译，中国人民大学出版社 2005 年版。

匡文波:《手机媒体：新媒体中的新革命》，华夏出版社 2010 年版。

雷霞:《移动新媒体时代的舆论引导研究》，中国广播电视出版社 2014 年版。

李春霞:《电视与彝民生活》，四川大学出版社 2007 年版。

李丹丹:《手机新媒体概论》，中国电影出版社 2010 年版。

李惠斌、杨冬雪主编:《社会资本与社会发展》，社会科学文献出版社 2000 年版。

[美]李·雷尼、巴里·威尔曼:《超越孤独：移动互联网时代的生存之道》，杨伯溆、高崇等译，中国传媒大学出版社 2015 年版。

梁漱溟:《中国文化要义》，学林出版社 1987 年版。

[美]林顿·C. 弗里曼:《社会网络分析发展史：一项科学社会学的研究》，张文宏、刘军、王卫东译，中国人民大学出版社 2008 年版。

林聚任等:《社会信任和社会资本重建——当前乡村社会关系研究》，山东人民出版社 2007 年版。

林聚任:《社会网络分析：理论、方法与应用》，北京师范大学出版社 2009 年版。

[美] 林南:《社会资本——关于社会结构与行动的理论》，张磊译，上海人民出版社 2005 年版。

刘德寰等:《颠覆与重整——手机人的群落与游牧》，机械工业出版社 2013 年版。

刘凯:《部落化生存：新媒体对社会关系的影响》，上海三联书店 2016 年版。

刘林平:《关系、社会资本与社会转型——深圳“平江村”研究》，中国社会科学出版社 2002 年版。

刘少杰:《后现代西方社会学理论》(第二版)，北京大学出版社 2014 年版。

刘滢:《手机：个性化的大众媒体》，人民出版社 2012 年版。

[美] 刘易斯 · 芒福德:《技术与文明》，陈允明等译，中国建筑工业出版社 2009 年版。

[美] 罗伯特 · K. 默顿:《社会理论和社会结构》，唐少杰、齐心等译，译林出版社 2006 年版。

[美] 罗伯特 · E. 帕克:《移民报刊及其控制》，陈静静、展江译，中国人民大学出版社 2011 年版。

[美] 罗伯特 · D. 帕特南:《使民主运转起来：现代意大利的公民传统》，王列、赖海榕译，江西人民出版社 2001 年版。

[美] 罗伯特 · 帕特南:《独自打保龄：美国社区的衰落与复兴》，刘波等译，北京大学出版社 2011 年版。

[美] 罗纳德 · 伯特:《结构洞：竞争的社会结构》，任敏、李璐、林虹译，格致出版社、上海人民出版社 2008 年版。

[英] 马丁 · 登斯库姆:《怎样做好一项研究——小规模社会研究指南》(第三版)，陶保平等译，上海教育出版社 2011 年版。

[美] 马克 · 格兰诺维特:《镶嵌：社会网与经济行动》(增订版)，罗家德等译，社会科学文献出版社 2015 年版。

[加] 马歇尔 · 麦克卢汉:《理解媒介——论人的延伸》，何道宽译，商务印书馆 2000 年版。

[加] 马修 · 弗雷泽、[印] 苏米特拉 · 杜塔:《社交网络改变世界》，谈冠华、郭小花译，中国人民大学出版社 2013 年版。

[美]曼纽尔·卡斯特尔、[西班牙]米里亚·费尔南德斯–阿德沃尔、(中国香港)邱林川、[美]阿拉巴·赛:《移动通信与社会变迁:全球视角下的传播变革》,傅玉辉、何睿、薛辉译,清华大学出版社2014年版。

[美]曼纽尔·卡斯特:《网络社会的崛起》,夏铸九等译,社会科学文献出版社2006年版。

[美]曼纽尔·卡斯特:《认同的力量》(第二版),曹荣湘译,社会科学文献出版社2006年版。

[美]曼纽尔·卡斯特:《千年终结》,夏铸九等译,社会科学文献出版社2006年版。

[英]尼古拉斯·盖恩、[英]戴维·比尔:《新媒介:关键概念》,刘君、周竞男译,复旦大学出版社2015年版。

[美]尼古拉斯·G.卡尔:《冷眼看IT:信息技术竞争优势的丧失》,曾剑秋译,商务印书馆2005年版。

[美]尼古拉斯·克里斯塔基斯、詹姆斯·富勒:《大连接:社会网络是如何形成的以及对人类现实行为的影响》,简学译,中国人民大学出版社2012年版。

[美]尼古拉·尼葛洛庞帝:《数字化生存》,胡泳、范海燕译,海南出版社1997年版。

[英]尼克·库尔德利:《媒介、社会与世界:社会理论与数字媒介实践》,何道宽译,复旦大学出版社2014年版。

[美]欧文·戈夫曼:《日常生活中的自我呈现》,冯钢译,北京大学出版社2008年版。

[英]帕萨·达斯古普特、伊斯梅尔·撒拉格尔丁编:《社会资本——一个多角度的观点》,张慧东等译,中国人民大学出版社2005年版。

[英]帕特里克·贝尔特、[葡]菲利佩·卡雷拉·达·席尔瓦:《二十世纪以来的社会理论》,瞿铁鹏译,商务印书馆2014年版。

[法]皮埃尔·布迪厄、[美]华康德:《实践与反思——反思社会学导引》,李猛、李康译,中央编译出版社2004年版。

[法]皮埃尔·布迪厄:《文化资本与社会炼金术:布尔迪厄访谈录》,包亚明译,上海人民出版社1997年版。

[法]皮埃尔·布迪厄:《实践感》，蒋梓骅译，译林出版社2003年版。

[美]乔纳森·H.特纳:《社会学理论的结构》(第7版)，邱泽奇等译，华夏出版社2006年版。

秦琴:《当代乡村社会中的“社会资本”研究——以鄂西北×村为例》，上海大学出版社2009年版。

邱林川:《信息时代的世界工厂：新工人阶级的网络社会》，广西师范大学出版社2013年版。

[美]塞缪尔·亨廷顿:《文明的冲突与世界秩序的重建》(修订版)，周琪等译，新华出版社2010年版。

[比]瑟韦斯、[泰]玛丽考:《发展传播学》，张凌译，武汉大学出版社2014年版。

上官子木:《网络交往与社会变迁》，社会科学文献出版社2010年版。

[丹麦]斯丹纳·苛费尔、斯文·布林克曼:《质性研究访谈》，范丽恒译，世界图书出版公司2013年版。

孙秋云等:《电视传播与乡村村民日常生活方式的变革》，人民出版社2014年版。

[美]T.帕森斯:《现代社会的结构与过程》，梁向阳译，光明日报出版社1988年版。

[美]T.帕森斯:《社会行动的结构》，张明德等译，译林出版社2003年版。

[英]特希·兰塔能:《媒介与全球化》，章宏译，中国传媒大学出版社2013年版。

田青毅、张小琴:《手机：个人移动多媒体》，清华大学出版社2009年版。

王春光:《社会流动和社会重构——京城“浙江村”研究》，浙江人民出版社1995年版。

王铭铭:《村落视野中的文化与权力：闽台三村五论》，生活·读书·新知三联书店1997年版。

王萍:《传播与生活：中国当代社会手机文化研究》，华夏出版社2008年版。

[美]威尔伯·施拉姆、威廉·波特:《传播学概论》(第二版)，何道宽

译，中国人民大学出版社 2010 年版。

魏然、周树华、罗文辉:《媒介效果与社会变迁》，中国人民大学出版社 2016 年版。

吴飞:《火塘 · 教堂 · 电视——一个少数民族社区的社会传播网络研究》，光明日报出版社 2008 年版。

吴欢:《虚拟社区与老年网民的社会资本——对“老小孩网站”的个案研究》，上海交通大学出版社 2013 年版。

肖青:《民族村寨文化的现代建构——一个彝族村寨的个案研究》，云南大学出版社 2009 年版。

阎云翔:《私人生活的变革：一个中国村庄里的爱情、家庭与亲密关系 1949—1999》，龚小夏译，上海书店出版社 2006 年版。

阎云翔:《礼物的流动——一个中国村庄中的互惠原则与社会网络》，李放春、刘瑜译，上海人民出版社 2000 年版。

杨国枢主编:《中国人的心理》，江苏教育出版社 2006 年版。

[美] 约翰 · 斯科特:《社会网络分析法》（第 3 版），刘军译，重庆大学出版社 2016 年版。

[美] 约瑟夫 · A. 马克斯威尔:《质的研究设计：一种互动的取向》，朱光明译，重庆大学出版社 2007 年版。

[美] 约书亚 · 梅罗维茨:《消失的地域：电子媒介对社会行为的影响》，肖志军译，清华大学出版社 2002 年版。

岳广鹏:《冲击 · 适应 · 重塑——网络与少数民族文化》，中央民族大学出版社 2010 年版。

翟学伟:《中国人行动的逻辑》，社会科学文献出版社 2001 年版。

翟学伟:《人情、面子与权力的再生产》（第二版），北京大学出版社 2013 年版。

[美] 张鹂:《城市里的陌生人：中国流动人口的空间、权力与社会网络的重构》，袁长庚译，江苏人民出版社 2014 年版。

张其仔:《社会资本论：社会资本与经济增长》，社会科学文献出版社 1997 年版。

郑杭生等:《转型中的中国社会和中国社会的转型》，首都师范大学出版社 1996 年版。

郑素侠:《网络时代的社会资本——理论分析与经验考察》，复旦大学出版社 2011 年版。

中国大百科全书总编辑委员会《社会学》编辑委员会、中国大百科全书出版社编辑部编:《中国大百科全书 · 社会学》，中国大百科全书出版社 1991 年版。

周建国:《紧缩圈层结构论：一项中国人际关系的结构与功能分析》，上海三联书店 2005 年版。

周晓虹主编:《中国社会与中国研究》，社会科学文献出版社 2004 年版。

周宇豪:《作为社会资本的网络媒介研究》，武汉大学出版社 2014 年版。

[美] 朱丽叶 · M. 科宾、安塞尔姆 · L. 施特劳斯:《质性研究的基础：形成扎根理论的程序与方法》，朱光明译，重庆大学出版社 2015 年版。

二 外文著作

Berkowitz, S. D. ed., *An Introduction to Structural Analysis: The Network Approach to Social Research*，Toronto: Butterworths, 1982.

Bernard, H. R. ed., *Research Method in Anthropology: Qualitative and Quantitative Approaches,* Altamira Press, 2011.

Peter, H. Rossi, ed., *Toward a Structural Theory of Antion: Network Models of Social Structure, Preception, and Action*, New York: Academic Press, 1982.

Collins, R., *Theoretical Sociology,* San Diego: Harcourt Brace Jovanovich, 1988.

Dijk, J. A. G. M. V. ed., *The Deepening Divide, Inequality in the Information Society*, Thousand Oaks, CA, London, New Delhi: Sage, 2005 .

Dodge, M. and Kitchin, R. eds., *Mapping Cyberspace*, New York: Routledge, 2001.

Gergen, K. J. ed., *The Saturated Self,* New York: Basic Books, 1991.

Goggin, G. ed., *Cell Phone Culture: Mobile Technology in Everyday Life,* Routledge, 2012.

Goggin, G. ed., Larissa Hjorth, et al., *Global Mobile Media,* Routledge, 2010.

Hartmann, P., Patil, B. R., and Dighe, A. eds., *The Mass Media and Village Life: An Indian Study*, Sage Publications, 1989.

Latour and Bruno eds., *Science in Action*, Cambridge Mass:Havard University Press, 1987.

Hjorth, L., Burgess, J., and Richardson, I. eds., *Studying Mobile Media: Cultural Technologies, Mobile Communication, and the iPhone*, Routledge, 2012.

Homans, G. C. ed., *The Human Group*, New York: Harcourt, Brace&World, 1950.

Horst, H. and Daniel, M.ed., *The Cell Phone:An Anthropology of Communication*, New York: Oxford, 2006.

Ito, M., Okabe, D. and Matsuda, M. eds., *Personal, Portable, Pedestrian: Mobile Phones in Japanese Life*, The MIT Press, 2005.

Lerner, D. ed., *The Passing of Traditional Society: Modernizing the Middle East*, Free Press, 1958.

Ling, R. ed., *New Tech, New Ties: How Mobile Communication Is Reshaping Social Cohesion*, Cambridge, MA: MIT Press, 2008.

Ling Rs and Pedersen Ps Es eds., Mobile Communications: Re-Negotiation of the Social Sphere, Springer ebooks, 2005.

Marker, P., McNamara, K., and Wallace, L.eds., *The Significance of Information and Communication Technologies for Reducing Poverty*, London, UK: DFID, 2002.

Peterson, M. A. ed., *Anthropologe and Mass Communication*, New York, Oxford: Berghahn Books, 2003.

Simmel, G. ed., *Georg Simmel on Individuality and Social Forms*, University of Chicago Press, 2011.

Wellman, B. and Berkowitz, S.D., ed., *Social Structures:A Network Approach*, Cambridge : Cambridge University Press, 1988.

Wellman, B., Haythornthwaite C., *The Internet in Everyday Life*, Oxford: Blackwell, 2002.

三 中文学位论文

曹子玮:《攀援的绳索——社会网络与农民工城市生活世界的建构》，博士学位论文，中国社会科学院研究生院，2002年。

邓建国:《Web2.0时代的互联网使用行为与网民社会资本之关系考察》，博士学位论文，复旦大学，2007年。

刘凯:《个体线上关系构建、结构及其影响》，博士学位论文，北京大学，2012年。

李志青:《互动、社会资本与可持续发展中的技术扩散》，博士学位论文，复旦大学，2002年。

方师师:《中国社会网络中的动态媒介过程：关系、结构与意义》，博士学位论文，复旦大学，2013年。

霍红梅:《基于社会资本理论的农村女性创业问题研究》，博士学位论文，沈阳农业大学，2013年。

沈奕斐:《个体化与家庭结构关系的重构——以上海为例》，博士学位论文，复旦大学，2010年。

熊威:《社会网络的资本化——广州化隆拉面馆从业人员的民族学研究》，博士学位论文，兰州大学，2011年。

谢俊贵:《信息的富有与贫乏——当代中国信息分化问题研究》，博士学位论文，南京大学，2003年。

郑素侠:《互联网使用与内地大学生的社会资本——以武汉高校的抽样调查为例》，博士学位论文，华中科技大学，2008年。

庄曦:《社会融合视角下流动儿童媒介使用行为研究》，博士学位论文，武汉大学，2010年。

四 外文学位论文

Cullum, T.B., ed., *Informing Development:Mobile Telephony, Governments, and Local Stakeholders in Africa*, M.A. Georgetown University, 2010.

Ezenezi, R.E., ed., *The Impact of Wireless Phone Technology on Users in Nigeria*, Ph.D. Dissertation, Walden University, 2010.

Kraemer, Jordan H., *Mobile Berlin:Social Media and the New Europe,* Ph.D.diss., University of California, Irvine, 2012.

五　中文期刊论文

边燕杰:《城市居民社会资本的来源及作用：网络观点与调查发现》,《中国社会科学》2004 年第 3 期。

边燕杰:《找回强关系：中国的间接关系、网络桥梁和求职》,《国外社会学》1998 年第 2 期。

边燕杰、张文宏、程诚:《求职过程的社会网络模型：检验关系效应假设》,《社会》2012 年第 3 期。

蔡骐:《网络虚拟社区中的趣缘文化传播》,《新闻与传播研究》2014 年第 9 期。

曹晋:《传播技术与社会性别：以流移上海的家政钟点女工的手机使用分析为例》,《新闻与传播研究》2009 年第 1 期。

曹荣湘:《数字鸿沟引论：信息不平等与数字机遇》,《马克思主义与现实》2001 年第 6 期。

曹子玮:《农民工的再建构社会网与网内资源流向》,《社会学研究》2003 年第 3 期。

陈华珊:《虚拟社区是否增进社区在线参与？一个基于日常观测数据的社会网络分析案例》,《社会》2015 年第 5 期。

陈静静:《互联网与少数民族多维文化认同的建构——以云南少数民族网络媒介为例》,《国际新闻界》2010 年第 2 期。

陈荣杰:《论角色关系人情化——关于中国社会人际交往的一种描述和评判》,《华东理工大学学报》(社会科学版) 2005 年第 3 期。

陈先红:《论新媒介即关系》,《现代传播 (中国传媒大学学报)》2006 年第 3 期。

陈先红、潘飞:《基于社会网理论的博客影响力测量》,《现代传播 (中国传媒大学学报)》2009 年第 1 期。

陈嬿如、石迪:《移动媒介与少数民族农村社区变迁研究述评——一个全球化的视角》,《厦门大学学报》(哲学社会科学版) 2017 年第 4 期。

陈韵博:《新一代农民工使用 QQ 建立的社会网络分析》,《国际新闻界》2010 年第 8 期。

第三期中国妇女社会地位调查课题组:《第三期中国妇女社会地位调查

主要数据报告》,《妇女研究论丛》2011 年第 6 期。

丁华:《解析“面子”:一个社会学的视角》,《社会》2002 年第 10 期。

丁未、宋晨:《在路上:手机与农民工自主性的获得——以西部双峰村农民工求职经历为个案》,《现代传播(中国传媒大学学报)》2010 年第 9 期。

杜忠锋:《媒介技术的阈限:云南少数民族的触网习惯与文化认同实证分析》,《学术探索》2015 年第 4 期。

樊平:《社会流动与社会资本——当代中国社会阶层分化的路径分析》,《江苏社会科学》2004 年第 1 期。

[澳]盖纳德·高金:《移动媒介语境中的受众生态问题》,任增强译,《江西社会科学》2011 年第 4 期。

高卫华、杨兰、陈晨:《新媒介背景下民族地区手机传播功能研究——以湖北恩施市与鹤峰县实地调研为个案》,《当代传播》2013 年第 4 期。

耿瑛:《社会学视角下的中国乡村社会变迁研究》,《东方论坛》2010 年第 4 期。

苟天来、左停:《从熟人社会到弱熟人社会——来自皖西山区村落人际交往关系的社会网络分析》,《社会》2009 年第 1 期。

管成云:《农村网吧里的孩子们——基于湖北省藕镇留守儿童互联网使用与社会交往的民族志调查》,《新闻学研究》2017 年第 132 期。

郭建斌:《媒体人类学:概念、历史及理论视角》,《国际新闻界》2015 年第 10 期。

郭毅、朱扬帆、朱熹:《人际关系互动与社会结构网络化——社会资本理论的建构基础》,《社会科学》2003 年第 8 期。

郭于华:《农村现代化过程中的传统亲缘关系》,《社会学研究》1994 年第 6 期。

韩国明、李加龙:《三种社会网络视角下的农民合作行为研究——基于一个乡村社区社会网络现状的分析》,《青海社会科学》2014 年第 4 期。

韩运荣、高顺杰:《微博舆论中的意见领袖素描——一种社会网络分析的视角》,《新闻与传播研究》2012 年第 3 期。

贺雪峰:《村庄精英与社区记忆：理解村庄性质的二维框架》,《社会科学辑刊》2000 年第 4 期。

贺寨平:《国外社会支持网研究综述》,《国外社会科学》2001 年第 1 期。

何威:《网众与网众传播——关于一种传播理论新视角的探讨》,《新闻与传播研究》2010 年第 5 期。

洪小良、尹志刚:《城市贫困家庭的社会关系网络研究》,《北京行政学院学报》2005 年第 3 期。

胡鞍钢、李春波:《新世纪的新贫困：知识贫困》,《中国社会科学》2001 年第 3 期。

胡书芝、吴新慧、李洪君:《社会结构异质性与流动儿童社会网络的建构——以同伴关系为核心》,《青年研究》2009 年第 3 期。

胡艳华:《中国农村社会变迁研究的范式与困境》,《前沿》2013 年第 21 期。

胡荣:《影响村民社会交往的因素分析》,《厦门大学学报》(哲学社会科学版)2005 年第 2 期。

黄健:《少数民族地区手机使用状况及其影响研究——基于贵州黔东南州西江苗寨的调查》,《民族论坛》2012 年第 12 期。

黄荣贵、骆天珏、桂勇:《互联网对社会资本的影响：一项基于上网活动的实证研究》,《江海学刊》2013 年第 1 期。

黄少华:《虚拟穆斯林社区的社会网络》,《兰州大学学报》(社会科学版)2008 年第 1 期。

黄少华、韩瑞霞:《全球化背景下：中国东西部地区的数字鸿沟》,《兰州大学学报》(社会科学版)2004 年第 2 期。

金兼斌、楚亚杰:《科学素养、媒介使用、社会网络：理解公众对科学家的社会信任》,《全球传媒学刊》2015 年第 2 期。

雷辉、聂珊珊、黄小宝、马伟:《基于社会网络分析的网络传播主体行为特征研究》,《情报杂志》2015 年第 1 期。

李春霞:《网络媒体对社会网络的影响》,《河北大学学报》(哲学社会科学版)2013 年第 1 期。

李春霞、彭兆荣:《媒介化世界里人类学家与传播学家的际会：文化多样性与媒体人类学》,《思想战线》2008 年第 6 期。

李惠斌:《社会资本与社会发展引论》,《马克思主义与现实》2000 年第 2 期。

李继宏:《强弱之外——关系概念的再思考》,《社会学研究》2003 年第 3 期。

李健、刘永功:《农民工社会网络研究的 3 种范式：一个反思性的文献综述》,《中国农学通报》2011 年第 6 期。

李军:《新农村建设中的乡村精英与社会资本建构》,《山东农业大学学报》(社会科学版)2006 年第 4 期。

李林艳:《社会空间的另一种想象——社会网络分析的结构视野》,《社会学研究》2004 年第 3 期。

李培林:《流动民工的社会网络和社会地位》,《社会学研究》1996 年第 4 期。

李培林:《巨变：村落的终结——都市里的村庄研究》,《中国社会科学》2002 年第 1 期。

李树茁、任义科、靳小怡、[美]费尔德曼:《中国农民工的社会融合及其影响因素研究——基于社会支持网络的分析》,《人口与经济》2008 年第 2 期。

李伟民:《论人情——关于中国人社会交往的分析和探讨》,《中山大学学报》(社会科学版)1996 年第 2 期。

李煜:《文化资本、文化多样性与社会网络资本》,《社会学研究》2001 年第 4 期。

廖圣清、申琦、韩旭:《手机短信传播与大学生社会网络的维护和拓展——基于深度访谈的探索性研究报告》,《新闻记者》2010 年第 11 期。

林南、俞弘强:《社会网络与地位获得》,《马克思主义与现实》2003 年第 2 期。

林晓华、钟熠:《大众传媒对少数民族农村的影响度分析》,《西南民族大学学报》(人文社会科学版)2008 年第 9 期。

林晓华:《传统主流媒体在民族地区如何提升公信力?——对传统主流媒体在少数民族地区公信力状况的调查分析》,《西南民族大学学报》(人文社会科学版)2012 年第 12 期。

刘林平:《外来人群体中的关系运用——以深圳“平江村”为个案》,《中国社会科学》2001 年第 5 期。

刘少杰:《以行动与结构互动为基础的社会资本研究——评林南社会资本理论的方法原则和理论视野》,《国外社会科学》2004 年第 2 期。

刘军:《关系:一种新的分析单位》,《社会》2005 年第 5 期。

刘燕锦:《社交网站和微博的信息传播比较——以社会网络分析结果为依据》,《东南传播》2012 年第 9 期。

卢春天、朱晓文:《城乡地理空间距离对农村青年参与公共事务的影响——媒介和社会网络的多重中介效应研究》,《新闻与传播研究》2016 年第 1 期。

卢晖临、李雪:《如何走出个案——从个案研究到扩展个案研究》,《中国社会科学》2007 年第 1 期。

逯义峰、杨伯溆:《新媒介即新社区:网络化个人主义理论探析》,《新闻界》2016 年第 3 期。

陆双梅:《震惊的体验:迪庆藏族民众手机交往中的社会文化心理探析》,《新闻大学》2014 年第 2 期。

陆双梅:《手机社会网:藏民手机交往行为和特质分析——基于迪庆藏族村落的田野调查》,《西南边疆民族研究》2012 年第 2 期。

[美]罗伯特·D. 普特南:《繁荣的社群——社会资本和公共生活》,杨蓉编译,《马克思主义与现实》1999 年第 3 期。

孟韬、王维:《社会网络视角下的虚拟社区研究综述》,《情报科学》2017 年第 3 期。

聂磊、傅翠晓、程丹:《微信朋友圈:社会网络视角下的虚拟社区》,《新闻记者》2013 年第 5 期。

彭兰:《Web2.0 及未来技术对数字化个体的再定义》,《当代传播》(汉文版)2013 年第 2 期。

彭兰:《从社区到社会网络——一种互联网研究视野与方法的拓展》,《国际新闻界》2009 年第 5 期。

彭兰:《微信红包中的社会图景》,《山西大学学报》(哲学社会科学版)2017 年第 4 期。

平亮、宗利永:《基于社会网络中心性分析的微博信息传播研究——以

Sina 微博为例》,《图书情报知识》2010 年第 6 期。
邱林川:《新型网络社会的劳工问题》,《开放时代》2009 年第 12 期。
单菁菁:《农民工的社会网络变迁》,《城市问题》2007 年第 4 期。
沈关宝、李耀锋:《网络中的蜕变:失地农民的社会网络与市民化关系探析》,《复旦学报》(社会科学版)2010 年第 2 期。
宋红岩:《“数字鸿沟”抑或“信息赋权”?——基于长三角农民工手机使用的调研研究》,《现代传播(中国传媒大学学报)》2016 年第 6 期。
孙立平:《90 年代中期以来中国社会结构演变的新趋势》,《经济管理文摘》2002 年第 24 期。
孙立平、王汉生、王思斌、林彬、杨善华:《改革以来中国社会结构的变迁》,《中国社会科学》1994 年第 2 期。
孙立平:《“关系”、社会关系和社会结构》,《社会学研究》1996 年第 5 期。
孙秋云、费中正:《消费现代性:手机与西江苗寨的社会变迁》,《贵州民族研究》2011 年第 3 期。
孙卫华:《网络 SNS:一种社会资本理论的分析视角》,《当代传播》2013 年第 4 期。
孙信茹:《手机和箐口哈尼族村寨生活——关于手机使用的传播人类学考察》,《现代传播(中国传媒大学学报)》2010 年第 1 期。
孙信茹:《微信的“书写”与“勾连”——对一个普米族村民微信群的考察》,《新闻与传播研究》2016 年第 10 期。
孙信茹:《大众传媒影响下的普米村寨社会空间变迁》,《西南民族大学学报》(人文社会科学版)2013 年第 9 期。
孙信茹、杨星星:《媒介在场·媒介逻辑·媒介意义——民族传播研究的取向和进路》,《当代传播》2012 年第 5 期。
汤景泰、李兴丽:《消失的地域与碎片化族群的兴起——移动互联网中广州与连南瑶族自治县的“数字鸿沟”调查》,《西南民族大学学报》(人文社会科学版)2014 年第 1 期。
童潇:《社会资本范式使用及其理论研究的贡献与局限》,《甘肃社会科学》2015 年第 3 期。

王春光:《流动中的社会网络：温州人在巴黎和北京的行动方式》,《社会学研究》2000 年第 3 期。

王国华、魏程瑞、钟声扬等:《微博意见领袖的网络媒介权力之量化解读及特征研究——基于社会网络分析的视角》,《情报杂志》2015 年第 7 期。

王卫东:《中国社会文化背景下社会网络资本的测量》,《社会》2009 年第 3 期。

王晓霞、乐国安:《当代中国人际关系中的文化嬗变》,《社会科学研究》2001 年第 2 期。

王雅林:《“社会转型”理论的再构与创新发展》,《江苏社会科学》2000 年第 2 期。

王怡红:《关系传播理论的逻辑解释——兼论人际交流研究的主要对象问题》,《新闻与传播研究》2006 年第 2 期。

卫健炯、胡海波:《在线社会网络的形成机制——基于跨学科的视角》,《复杂系统与复杂性科学》2015 年第 4 期。

韦路、丁方舟:《社会化媒体时代的全球传播图景：基于 Twitter 媒介机构账号的社会网络分析》,《浙江大学学报》(人文社会科学版)2015 年第 6 期。

韦路、张明新:《第三道数字鸿沟：互联网上的知识沟》,《新闻与传播研究》2006 年第 4 期。

吴惠芳、饶静:《农村留守妇女研究综述》,《中国农业大学学报》(社会科学版)2009 年第 2 期。

吴惠芳、饶静:《农村留守妇女的社会网络重构行动分析》,《中国农村观察》2010 年第 4 期。

吴军、夏建中:《国外社会资本理论：历史脉络与前沿动态》,《学术界》2012 年第 8 期。

吴予敏、朱超勤:《新生代农民工 QQ 使用与社会资本研究——基于社会网络分析的视角》,《现代传播(中国传媒大学学报)》2016 年第 11 期。

吴中宇、王友华、吴玉峰:《社会网络与少数民族居民经济地位的获得——基于宁夏回族居民的实证研究》,《北方民族大学学报》(哲学社会科学版）2014 年第 1 期。
肖鸿:《试析当代社会网研究的若干进展》,《社会学研究》1999 年第 3 期。
徐琦:《“社会网”理论述评》,《社会》2000 年第 8 期。
徐晓军:《转型期中国乡村社会交换的变迁》,《社会科学辑刊》2002 年第 1 期。
闫慧、闫希敏:《农民数字化贫困自我归因分析及启示——来自皖甘津的田野调查》,《中国图书馆学报》2014 年第 5 期。
闫慧:《数字贫困社群实现信息社会流动的影响因素研究——一项京津晋沪粤五地调研的实证分析》,《情报资料工作》2013 年第 4 期。
杨春华:《社会网络分析在传播研究中的应用》,《当代传播》2015 年第 4 期。
杨伯溆:《社会网络化与地域场所化：当代本土传播的内涵及特征》,《新闻与传播研究》2004 年第 3 期。
杨善华、朱伟志:《手机：全球化背景下的“主动”选择———珠三角地区农民工手机消费的文化和心态解读》,《广东社会科学》2006 年第 2 期。
杨雪冬:《社会资本：对一种新解释 1 范式的探索》,《马克思主义与现实》1999 年第 3 期。
叶剑平、蒋妍、丰雷:《中国农村土地流转市场的调查研究——基于 2005 年 17 省调查的分析和建议》,《中国农村观察》2006 年第 4 期。
曾凡斌:《社会资本、媒介使用与城市居民的政治参与——基于 2005 中国综合社会调查（CGSS）的城市数据》,《现代传播（中国传媒大学学报）》2014 年第 10 期。
翟学伟:《是“关系”，还是社会资本》,《社会》2009 年第 1 期。
翟学伟:《个人地位：一个概念及其分析框架——中国日常社会的真实建构》,《中国社会科学》1999 年第 4 期。
翟学伟:《中国人际关系的特质——本土的概念及其模式》,《社会学研究》1993 年第 4 期。
张佰明:《嵌套性：网络微博发展的根本逻辑》,《国际新闻界》2010 年第 6 期。

张洪忠、官璐、朱蕗鋆:《社交媒体的社会资本研究模式分析》,《现代传播(中国传媒大学学报)》2015 年第 11 期。

张俊丽、朱学芳:《社会网络在农村信息传播中的应用》,《情报科学》2012 年第 6 期。

张明新、韦路:《移动电话在我国农村地区的扩散与使用》,《新闻与传播研究》2006 年第 1 期。

张文宏:《社会网络分析的范式特征——兼论网络结构观与地位结构观的联系和区别》,《江海学刊》2007 年第 5 期。

张文宏:《中国社会网络与社会资本研究 30 年(上)》,《江海学刊》2011 年第 2 期。

张文宏:《中国社会网络与社会资本研究 30 年(下)》,《江海学刊》2011 年第 3 期。

张文宏:《社会资本:理论争辩与经验研究》,《社会学研究》2003 年第 4 期。

赵红艳:《中心性与权力体现:基于社会网络分析法的网络媒介权力生成路径研究》,《新闻与传播研究》2013 年第 3 期。

徐宝达、赵树宽、张健:《基于社会网络分析的微信公众号信息传播研究》,《情报杂志》2017 年第 1 期。

赵延东:《社会资本理论的新进展》,《国外社会科学》2003 年第 3 期。

赵延东:《"社会资本"理论述评》,《国外社会科学》1998 年第 3 期。

赵延东、罗家德:《如何测量社会资本:一个经验研究综述》,《国外社会科学》2005 年第 2 期。

周大鸣:《技术与社会网络资本——关于中国农村妇女社会网络资本的研究视角》,《湖北民族学院学报》(哲学社会科学版)2007 年第 6 期。

周红云:《社会资本理论述评》,《马克思主义与现实》2002 年第 5 期。

周红云:《社会资本及其在中国的研究与应用》,《经济社会体制比较》2004 年第 2 期。

周霞:《社会网络视野下的农民工研究现状述评》,《西南科技大学学报》(哲学社会科学版)2005 年第 4 期。

周向红:《从数字鸿沟到数字贫困：基本概念和研究框架》,《学海》2016 年第 4 期。

邹文篪、田青、刘佳:《“投桃报李”——互惠理论的组织行为学研究述评》,《心理科学进展》2012 年第 11 期。

六 外文期刊论文

Abraham, R., “Mobile Phones and Economic Development: Evidence from the Fishing Industry in India”, *Information Technologies and International Development*, Vol.4, No.1, 2007.

Adler, P. S., “Kwon, S.Social Capital:Prospects for A New Concept”, *Academy of Management Review*, Vol.27, No.1, 2007.

Aker, J. C., Mbiti, I.M., “Mobile Phones and Economic Development in Africa ”, *The Journal of Economic Perspectives*, Vol.24, No.3, 2010.

Aker, J. C., “Information from Markets Near and Far: Mobile Phones and Agricultural Markets in Niger ”, *American Economic Journal: Applied Economics*, Vol. 2, No. 3, 2010.

Arie, Y., Mesch G. S., “The Spatial and Social Network Dimensions of Mobile Communication”, *Communication Research*, Vol. 43, Issue 5, 2016.

Barnes, J. A., “Gragh Theory in Network Analysis”, *Social Networks*, No.5, 1983.

Barrantes, R., Galperin, H., “Can the Poor Afford Mobile Telephony? Evidence from Latin America”, *Telecommunications Policy*, Vol.32, No.8, 2008.

Bobkowski, P., Smith, J., “Social Media Divide: Characteristics of Emerging Adults Who Do not Use Social Network Websites”, *Media, Culture & Society*, Vol.35, No.6, 2013.

Bourdieu, P., “The Forms of Capital”, *Handbook of Theory & Research for the Sociology of Education*, 1986.

Bourdieu, P., Johnson, R., “The Field of Cultural Production: Essays on Art and Literature”, *European Perspectives*, Vol.12, No.83, 1993.

Butt, B., “Herding by Mobile Phone: Technology, Social Networks and the ‘Transformation’ of Pastoral Herding in East Africa”, *Human Ecology: An*

Interdisciplinary Journal, Vol.43, No.1, 2015.

Campbell, S. W., Russo, T. C., "The Cocial Construction of Mobile Telephony: An Application of the Social Influence Model to Perceptions and Uses of Mobile Phones Within Personal Communication Networks", *Communication Monographs*, Vol.70, No.4, 2003.

Chua, V., Wellman, B., "Social Networks in East and Southeast Asia I: Labor Migration, Opportunity, Social Media, and Well-Being", *American Behavioral Scientist*, Vol.59, No.9, 2015.

Chen, Z. G., Kang, H. S., Yin, S. N., et al., "An Efficient Privacy Protection in Mobility Social Network Services with Novel Clustering-Based Anonymization", *Eurasip Journal on Wireless Communications & Networking*, No.1, 2016.

Croft, R., "Blessed Are the Geeks: An Ethnographic Study of Consumer Networks in Social Media, 2006-2012", *Journal of Marketing Management*, Vol.29, No.5-6, 2013.

Dijk, J. A. G. M. V., "the Deepening Divide: Inequality in the Information Society", *Mass Communication & Society*, Vol.11, No.2, 2003.

Donner, J., "The Use of Mobile Phones by Microentrepreneurs in Kigali, Rwanda: Changes to Social and Business Networks", *Information Technologies & International Development*, Vol.3, No.2, 2006.

Dunbar, R. I. M., "Do Online Social Media Cut Through the Constraints That Limit the Size of Offline Social Networks? ", *Royal Society Open Science*, Vol.3, No.1, 2016.

Fernandez, R. M., Castilla, E. J., "Social Capital at Work: Networks and Employment at a Phone Center", *American Journal of Sociology*, Vol.105, No. 5, 2000.

Furuholt, B., Matotay, E., "The Developmental Contribution from Mobile Phones Across the Agricultural Value Chain in Rural Africa ", *The Electronic Journal of Information Systems in Developing Countries*, Vol.48, No.7, 2011.

Gandhi, S., Mittal, S., &Tripathi, G., "The Impact of Mobiles on Agricultural

Productivity. India: The Impact of Mobile Phones ", *the Vodafone Policy Paper Series*, No.9, 2009.

Gilbert, E., Karahalios, K., Sandvig, C., "The Network in the Garden: Designing Social Media for Rural Life", *American Behavioral Scientist*, Vol.53, No.9, 2010.

Goodman, J., "Linking Mobile Phone Ownership and Use to Social Capital in Rural South Africa And Tanzania", *In Africa: The Impact of Mobile Phones, The Vodafone Policy Paper Series*, No.2, 2005.

Graham, M. D., Adams, W. M., Kahiro, G. N., "Mobile Phone Communication in Effective Human Elephant–Conflict Management in Laikipia County, Kenya", *Oryx*, Vol.46, No.1, 2012.

De Gruyter, C., Truong, L.T., & Nguyen, H.T., "Who's Calling? Social Networks and Mobile Phone Use Among Motorcyclists", *Accident; Analysis and Prevention,* No.103, 2017.

Hampton, K. N., Livio, O., Goulet, L. S., "The Social Life of Wireless Urban Spaces: Internet Use, Social Networks, and the Public Realm", *Journal of Communication*, Vol.60, No.4, 2010.

Hampton, K. N., Sessions, L. F., & Her, E. J., "Core Networks, Social Isolation, and New Media", *Information, Communication & Society*, Vol.14, No.1, 2011.

Haythornthwaite, C., "Social Networks and Internet Connectivity Effects", *Information Communication & Society*, Vol.8, No.2, 2005.

Igarashi, T., Takai, J., Yoshida, T., "Gender Differences in Social Network Development Via Mobile Phone Text Messages: A Longitudinal Study", *Journal of Social & Personal Relationships*, Vol.22, No.5, 2005.

Jensen, K. B., "What's Mobile in Mobile Communication?" *Mobile Media & Communication*, Vol.1, No.1, 2013.

Ji, Y. G., Hwangbo, H., Yi, J. S., et al., "The Influence of Cultural Differences on the Use of Social Network Services and the Formation of Social Capital", *International Journal of Human Computer Interaction*, Vol.26, No.11, 2010.

Jung, K., Valero, J. N., "Assessing the Evolutionary Structure of Homeless Network: Social Media Use, Keywords, and Influential Stakeholders", *Technological Forecasting & Social Change*, No.110, 2015.

Kane, G. C., Alavi, M., Labianca, G.J., et al., "What's Different about Social Media Networks? a Framework and Research Agenda", *Mis Quarterly*, Vol.38, No.1, 2014.

Kim, B., Kim, Y., "College Students' Social Media Use and Communication Network Heterogeneity: Implications for Social Capital and Subjective Well-Being", *Computers in Human Behavior*, No.73, 2017.

Lemish, D., Cohen, A. A., "Tell Me about Your Mobile and I'll Tell You Who You Are: Israelis Talk About Themselves", *Mobile Communications. Springer London*, No.31, 2005.

Lewis, A. L., Baird, T. D., Sorice, M. G., "Mobile Phone Use and Human–Wildlife Conflict in Northern Tanzania ", *Environmental Management*, Vol.58, No.1, 2016.

Licoppe, C., Smoreda, Z., "Are Social Networks Technologically Embedded? How Networks Are Changing Today with Changes in Communication Technology", *Social Networks*, Vol.27, No.4, 2005.

Lin, N., "Bulding a Network Theory of Social Capital", *Connections,* Vol.22, No.1, 1999.

Lu, X., Yu, Z., Guo, B., & Zhou, X., "Predicting the Content Dissemination Trends by Repost Behavior Modeling in Mobile Social Networks", *Journal of Network & Computer Applications*, Vol.42, 2014.

Miritello, G., Moro, E., Lara, R., et al., "Time As a Limited Resource: Communication Strategy in Mobile Phone Networks", *Social Networks*, Vol.35, No.1, 2013.

Muwanga-Zake, O., Herselman, M., "An Investigation into Possibilities for Implementation of a Virtual Community of Practice Delivered Via a Mobile Social Network for Rural Community Media in the Eastern Cape, South Africa", *South African Journal of Information Management*, Vol.19, No.1, 2017.

Ogata, Y., Izumi, Y., Kitaike, T., "Mobile-Phone E-Mail Use, Social Networks, and Loneliness Among Japanese High School Students", *Japanese Journal of Public Health*, Vol.53, No.7, 2006.

Palackal, A., Mbatia, P. N., Dzorgbo, D., et al., "Are Mobile Phones Changing Social Networks? A Longitudinal Study of Core Networks in Kerala", *New Media & Society*, Vol.13, No.3, 2011.

Pimmer, C., Linxen, S., Gröhbiel, U., "Facebook As a Learning Tool? A Case Study on the Appropriation of Social Network Sites from Mobile Phones in Developing Countries", *British Journal of Educational Technology*, Vol.43, No.5, 2012.

Portes, A., "Social Captial: Its Origins and Applications in Modern Sociology", *Annual Review of Sociology*, Vol.24, No.1, 1998.

Robin, Croft, "Blessed Are the Geeks: An Ethnographic Study of Consumer Networks in Social Media, 2006–2012", *Journal of Marketing Management*, Vol.29, No.5-6, 2013.

Saxton, G. D., Wang, L., "The Social Network Effect: The Determinants of Giving Through Social Media", *Nonprofit and Voluntary Sector Quarterly*, Vol.43, No.5, 2013.

Shu-Fen, T., Hsieh, Y. P., "The Implications of Networked Individualism for Social Participation: How Mobile Phone, E-Mail, and Im Networks Afford Social Participation for Rural Residents in Taiwan", *American Behavioral Scientist*, Vol.59, No.9, 2015.

Sife, A. S., Kiondo, E., Lyimo-Macha, J. G., "Contribution of Mobile Phones to Rural Livelihoods and Poverty Reduction in Morogoro Region, Tanzania ", *The Electronic Journal of Information Systems in Developing Countries*, Vol.42, No.3, 2010.

Skoric, M. M., Ji, P., Fu, W. J., et al., "Does the Use of Social Network Sites and Mobile Phones Promote the Acquisition of Job-Related Information, Job Mobility and Entrepreneurship in Asia?" *Journal of Contemporary Eastern Asia*, Vol.14, No.1, 2015.

Subrahmanyam, K., Reich, S. M., Waechter, N., et al., "Online and Offline

Social Networks: Use of Social Networking Sites by Emerging Adults", *Journal of Applied Developmental Psychology*, Vol.29, No.6, 2008.

Thompson, E. C., "Mobile Phones, Communities and Social Networks Among Foreign Workers in Singapore", *Global Networks*, Vol.9, No.3, 2009.

Van Cleemput, K., " 'I'll See You on Im, Text, Or Call You': A Social Network Approach of Adolescents'Use of Communication Media", *Bulletin of Science, Technology & Society,* Vol. 30, No.2, 2010.

Waverman, L., Meschi, M., Fuss, M., "The Impact of Telecoms on Economic Growth in Developing Countries", *The Vodafone Policy Paper Series*, Vol.2, No.3, 2005.

Wei, R., Lo, V.H., "Staying Connected While on the Move: Cell Phone Use and Social Connectedness", *New Media & Society*, Vol.8, No.1, 2006.

Wellman, B., "Network Analysis: Some Basic Principles", *Sociological Theory*, Vol.1, No.1, 1983.

Wellman, B., "Computer Networks As Social Networks", *Science*, Vol.293, No.5537, 2001.

Wellman, B., "Physical Place and Cyberplace: The Rise of Personalized Networking", *International Journal of Urban & Regional Research*, Vol.25, No.2, 2001.

Wellman, B., Haase, A. Q., Witte, J., et al., "Does the Internet Increase, Decrease, Or Supplement Social Capital? Social Networks, Participation, and Community Commitment", *American Behavioral Scientist*, Vol.45, No.3, 2001.

Xie, W., "Social Network Site Use, Mobile Personal Talk and Social Capital Among Teenagers", *Computers in Human Behavior*, No.41, 2014.

Yusri, I. K., Goodwin, R., "Mobile Learning for ICT Training: Enhancing ICT Skill of Teachers in Indonesia", *International Journal of E-Education, E-Business, E-Management and E-Learning*, Vol.3, No.4, 2013.